高校信息素养研究

胡燕 著

武汉大学出版社

WUHAN UNIVERSITY PRESS

图书在版编目(CIP)数据

高校信息素养研究/胡燕著.—武汉：武汉大学出版社,2018.12
ISBN 978-7-307-13910-7

Ⅰ.高… Ⅱ.胡… Ⅲ.高等学校—信息素养—信息教育—研究
Ⅳ.G254.97

中国版本图书馆 CIP 数据核字(2018)第 273871 号

责任编辑:田红恩　　　　责任校对:汪欣怡　　　　版式设计:马　佳

出版发行:**武汉大学出版社**　　(430072　武昌　珞珈山)
　　　　　(电子邮箱:cbs22@whu.edu.cn　网址:www.wdp.com.cn)
印刷:北京虎彩文化传播有限公司
开本:720×1000　　1/16　　印张:27.25　　字数:489 千字　　插页:1
版次:2018 年 12 月第 1 版　　2018 年 12 月第 1 次印刷
ISBN 978-7-307-13910-7　　定价:88.00 元

前　言

继能源、物质两大资源之后，信息成为人类社会的第三大资源。随着信息产业飞速的发展及信息技术的普及，文献信息越来越多，数量急剧增长，文献信息在内容丰富的基础上，存在形式也日益多样化，文本、多媒体、超媒体格式信息伴随网络的发展，对人们的工作、学习和日常生活产生巨大的影响。在这一传统文献和网络数字文献并存，获取途径和使用方式日益便捷的时代，通过学习管理、分析和控制信息的能力和技巧以提高新时代个人信息素养的内涵并高效地获取、鉴别信息并合理地利用信息，满足学习、工作、科研和生活的需要显得尤为重要。

自 1974 年由美国信息产业协会主席保罗·泽考斯基（Paul Zurkowski）第一次提出"信息素养"后，立即得到了图书馆学领域与教育领域专家的认可。1983 年，美国信息学家霍顿提出在教育部门开设信息素养课程。各国有关研究机构围绕如何提高信息素养展开了探索和深入研究。联合国教科文组织不仅接受了"信息素养就是人们能够充分认识到何时需要信息、并有能力去获取、评价和有效利用所需要信息的能力"这一内涵定义，而且在 2005 年通过了《亚历山大宣言》更进一步宣称信息素养和终身学习是信息社会的灯塔，照亮了通向发展、繁荣和自由之路。各国纷纷将信息素养从战略高度纳入教育体系，人们开始关注提升公众信息素养的方式和途径。而我国各高校，实际上，早在信息素养概念出现之前，就开始了以提高大学生利用图书馆、查找资料的能力为主要内容的各种教育活动，一般称为"新生入学教育"、"图书馆使用指导"等名称，在 1984 年教育部办法了《关于在高等学校开设"文献检索与利用"课的意见》，要求全国有条件的高校开展文献检索课教育，以提高大学生的情报意识和文献检索技能。这些教育活动可以被认为是我国信息素养教育活动的开始。2002 年教育部颁布了《普通高等学校图书馆规程（修订）》，明确指出各高校"通过开设文献信息检索与利用课程以及其他多种手段，进行信息素质教育"。由此可以看出，我国的信息素养教育主要来源于文献检索与利用课程，但是需要指出的是，文献信息检索与利用只是信息素养教育内容的一部分，二者不能混淆。但是目前，我国有些高校课程中除了文献检索课外，基本没有其他信息素养方面的相关课程，而且只局限与对在校生在此方面的教育，而忽视了对其任职教师的信息素养教育。

本书正是基于此编写的，旨在通过此书培养大学生独立学习的能力、获取信息的能力，并帮助任职教师紧跟时代步伐，不断更新信息世界的相关知识，解决实际问题。本书汲取了国内外图书馆学和教育学的有关研究成果，以信息素养教育的相关知识为基点，从图书馆与信息素养教育的关系出发，结合我校南阳理工学院及兄弟院校信息素养教育的现状，从教师信息素养教育和在校大学生信息素养教育的角度介绍其各自所需要学习的内容以及其评价体系，着重介绍了如何对数字资源进行获取和有效利用，提出对高校信息素养的教育应融入阅读推广的元素，从而全方位提高高校信息素养教育质量。

全文共分为七章。第一章为高校信息素养教育现状；第二章为信息素养基础知识概述；第三章是信息素养教育与图书馆之间的关系；第四章大学生信息素养教育的内容；第五章教师信息素养培训模式及评价体系；第六章高校信息素养教育措施。

在本书的编写过程中广泛吸取了国内外大量的相关研究成果，参考和引用了许多专家学者的有关著述，在此谨致以诚挚的谢意。

目　　录

第1章 高校信息素养教育现状

对信息素养进行研究是促进信息素养理论研究深化和发展的必然要求，对于促进信息素养教育发展、提高社会与公众对信息素养的重视程度、认识信息素养在个体发展与社会经济发展中的重要性具有重要意义。

1.1 国外高校信息素养教育研究

对于高校信息素养教育的研究较早地得到国外一些主要发达国家的关注和重视，并相继开展了一系列的研究和探索。国外许多国家不但制定了信息素养评价标准，其信息素养评价标准的成熟度也相当高。在信息素养测评领域进行较多研究并取得一定研究成果的国家主要有美国、英国、澳大利亚等。

1.1.1 美国信息素养教育研究

信息素养的概念诞生于 20 世纪 70 年代的美国，随后在一些主要发达国家中流行开来。美国教育以及学术界对于信息素养内涵、理论、测评等方面进行的相关研究成果较多、影响力较大。

美国最早在 1987 年由美国图书馆协会发起召开了一届全美范围内的高校领导峰会，参会的除了高等学校的领导，还有高教领域、图书馆与情报研究领域的专家学者。此次峰会成立了美国图书馆协会信息素养主席委员会，并尝试设计一套能够应用于正式的学校教育以及个体在其他可能发生的学习情境下得以应用的信息素养教育模型。随后，该信息素养主席委员会发布了《信息素养主席委员会总结报告》，其中提出了信息素养的定义以及潜在意义、列出了信息素养教育的不足并提出了改进方向。

1990 年，美国高等教育委员会制定并发布了《信息素养教育结果评估大纲》，然后在 1996 年与 2000 年分别对《信息素养教育结果评估大纲》进行了修订和发展。在 1996 年对《信息素养教育结果评估大纲》进行修改之后，该份文件成为美国指导高等学校建设、评价高等学校办学效果的一份标准性文件。

1998 年，美国学校图书馆协会（American Association of School Librarians，简称 AASL）与教育技术与通讯协会（Association for Educational Communication and Technology，简称 AECT）出版了《信息能力：创建学习的伙伴》，该书提出了学生学习的信息素养标准。将信息素养描述为学生能否高效地存取信息、能否客观准确地评价信息、能否高效地应用信息三个具体标准。在每个具体标准之下又细分为一系列的表现指标。

2000 年 1 月，经美国大学与研究图书馆协会（Association of College & Research Libraries，简称 ACRL）评议并通过了《高等教育信息素养能力标准》。该份文件对信息素养的内涵、信息素养与信息技术和高等教育的关系进行探讨。《高等教育信息素养能力标准》对于信息素养能力列出了五项基本标准，每项基本标准之下又分设执行标准和表现指标。《高等教育信息素养能力标准》不仅是第一份较为全面、系统的测评标准，而且还得到了美国大学协会及美国学术合作委员会的认可和签署。《高等教育信息素养能力标准》以其完整性、成熟性以及可操作的特征，成为许多国家和地区制订高等学校学生信息素养标准的参考性文件。《高等教育信息素养能力标准》的推出，被认为是在高等院校学生信息素养测评研究进程中具有里程碑意义的文件，是对高等教育以及图书馆领域均产生重要影响力的文件之一。

1.1.2　澳大利亚信息素养教育研究

澳大利亚属于进行信息素养研究较早的国家之一，在美国信息素养主席委员会于 20 世纪 80 年代出版了关于信息素养问题的总结报告——《信息素养主席委员会总结报告》之后，澳大利亚联邦教育、科学与培训部在所作的一份名为《高等教育机构图书馆的职能》（Library Provision in Higher Education Institutions）的报告中对高等教育机构提出了应当开展信息素养教育的要求。在 2000 年美国发布了《高等教育信息素养能力标准》之后，澳大利亚大学图书馆员协会（Council of Australian University Librarians，简称 GAUL）与澳大利亚与新西兰高校信息素养研究所（Australian and New Zealand Institute for Information Literacy，简称 ANZIIL）在 2001 年颁布了《澳大利亚和新西兰国家信息素养评估框架》。此份评估框架主要针对高等教育阶段的学生信息素养测评，评估框架主要有七个部分，七个部分总共分为二十五项表现指标，每一项表现指标之下都作出了详细说明，以提供可操作的评估标准和参考条目。

2004 年，澳大利亚与新西兰高校信息素养研究所和澳大利亚图书馆和信息协会(Australian Library and Information Association，简称 ALIA)发布了《澳大利亚与新西兰信息素养框架：原则、标准及实践》。文件认为信息素养教育应当面向所有的社会公民；列出了四条中心原则，即具备信息素养的公民应当能够独立地进行自主学习、利用信息完善自身的发展、应用信息以进行社会决策并解决现实问题、能够进行终身学习并承担社会责任；给出了帮助个体具备信息素养的六条基本标准，分别为明确自身的信息需求、有效地搜集信息、科学理性地评价信息及其获取渠道、科学地管理信息、高效地加工处理信息、将信息应用于现实生活。2004 年制定的信息素养构架分别对信息素养教育理念与内涵进行了丰富和发展，将信息素养教育融入含高等教育阶段在内的教育课程之中，认为信息素养的培育是整个教育系统以及社会协同合作的奋斗目标，对信息素养的表现标准及评价进行了更为详尽的划分和解释，并对具体实施作出了一系列指导建议，标志着澳大利亚信息素养教育与测评模式已趋于成熟。

1.1.3 英国信息素养研究

在英国，起初通常用信息技能(Information Skills)这一词汇表示信息素养。信息素养研究在英国具有比较悠久的历史，早在 1981 年牛津大学召开的一次国际性会议上，针对在不同教育阶段学校图书馆机构用户进行信息检索能力的教育问题进行了探讨。对于普通的信息通信技术，英国专门制定了国家层面的课程标准用于规范初等教育与中等教育阶段的信息素养教育，并将信息教育课列为必修课。1990 年，英国国家图书馆和大学图书馆协会(Society of College National and University Libraries，简称 SCNUL)开始关注高等教育阶段的信息技能教育情况，发现高校学生的信息技能水平普遍较低。面对高等教育阶段信息技能教育较为薄弱的问题，英国国家图书馆和大学图书馆协会决定专门成立一个单独机构用于专门研究高校学生信息技能教育相关问题。该研究机构经过研究给出了一份名为《高等教育信息技能意见书》(Information Skills in Higher Education)的文件，该文件对信息技能的构成要素进行了分析研究，对高等教育阶段学生应当具备的信息技能的内涵进行了阐述，并将信息技能划分为七项基本能力。此外，文件还对高等教育阶段学生信息技能的培养给出了指导性建议。

2003 年，英国继续教育与高等教育基金委员会(UK Further and Higher Education Funding Councils)成立联合信息系统委员会(Joint Information Systems Committee，简称 JISC)。JISC 作为一个独立的咨询机构，旨在为英联邦继续教育与高等教育阶段的教学、管理、科研等工作提供战略指导和建议，以适应信息技术快速发展的社会。在成立之初，JISC 联合红砖大学（Red Brick University）的成员曼彻斯特大学（The University of Manchester）与利兹大学（The University of Leeds）的图书馆机构开展了一项代号为 THEBIGBLUE 的研究项目，旨在设计一份适应时代要求的、具备可操作性的指导性文件，以对英联邦继续教育和高等教育阶段信息技能教育提供参考。该项研究最终以美国和澳大利亚的信息素养教育模式为蓝本，结合英联邦地区的信息技能教育现状，设计出一份关于信息技能的报告。报告针对信息技能教育提出十四项建议，信息技能教育的对象包括英联邦高等教育阶段的学生以及所有英国公民，并提出一套继续教育与高等教育阶段的信息技能培养模式。

1999 年，英国图书馆协会（British Library Association，简称 BLA）发布了一份关于继续教育与高等教育信息技能标准的文件。文件将信息技能分为七项一级指标。七项一级指标分别为：（1）个体能够认识、明确自己对信息的需求的能力；（2）个体能够识别某条具体信息的信息来源和渠道的能力；（3）个体具备能够制定相关信息获取检索计划和策略的能力；（4）个体具备能够进行信息检索、信息收集和信息存取的能力；（5）个体能够对信息进行分析并对信息的价值进行评判的能力；（6）个体能够对获取的信息进行组织整理并应用信息解决实际问题的能力；（7）个体能够通过信息活动提升自己的信息加工处理能力和创造新信息的能力。每项一级指标之下又细分为数目不等的表现指标，总共 17 条表现指标。此外，文件对信息技能和信息技术能力分别进行了研究、列出了两者之间的不同之处；还制定了一套基于七项一级指标的信息技能模型，该模型为信息技能培养与教育课程的整合提供了可行的参考方案，为继续教育和高等教育工作提供一系列可操作的工作范式，为参与信息技能教育的工作者提供一定的教育指导，推动了信息技能教育相关理论的发展。

1.2　国内高校信息素养教育研究

1.2.1　我国高校信息素养教育的发展历程

我国较规范的信息教育是从 20 世纪 80 年代中期开始起步，1984 年教育部颁发了《印发〈关于在高等学校开设文献检索与利用课的意见〉的通知》指出：《文献检索》课"凡有条件的学校可作必修课，不具备条件的学校可作选修课或先开设专题讲座，然后逐步发展、完善。"随即，各大专院校相继开设了文献检索课。1985 年国家教委又颁布了《关于〈改进和发展文检课教学的几点意见〉

的通知》，1992年国家教委再以高教司（1992）44号文件的形式，印发《文献检索教学基本要求》，上述三个文件的出台，为我国高校信息教育奠定了坚实的政策基础。但是随着计算机在各个领域的广泛应用，对以手工检索为基础的文献检索课冲击很大。不少学校20世纪90年代中后期暂时停止了这门课的教学。近两年，各高校图书馆自动化、网络化系统相继建成，具备了一定的计算机、网络检索的条件，图书情报工作者开始重新组织教学内容和探讨多媒体教学模式。文献检索课逐步过渡到信息检索课，2000年，全国高校图书馆将不定期召开的文献检索课研讨会改名为"信息素质教育研究会"；2002年2月，教育部颁布的《普通高等学校图书馆规程（修订）》总则第3条明确规定，当前高等学校图书馆五项主要任务之一就是"开展信息素质教育，培养读者的信息意识和获取、利用文献信息的能力"。这是我国首次在政府文件中对大学生信息素养教育问题作出明确规定。武汉大学于2002年底成立了国内第一家信息素质教研室，初步开发了针对该校各个校区的课程体系，具有与美国高校相似的量身定做（tailored）信息素养教育课程的雏形。其目的是提高大学生信息意识及信息获取、整序与开发能力，以良好的素质和能力服务于我国现代化建设。

我国高校信息素养教育的内容与大学生专业学习紧密地联系，注重应用性信息科学知识，教育形式主要包括信息检索课、计算机文化基础课等。从教学目标和教学内容来看，国内高校培养大学生掌握信息基本原理、提高信息能力的课程主要包括信息检索课（文献检索课）和计算机文化基础课，其他课程门类非常少。信息检索课重在对信息资源的了解和获取信息的技能的培训，计算机课则重在要求对信息处理原理、操作技能和编程能力的掌握。从高校对学生信息能力重视程度的逐步提高以及两门课程地位的不平衡所形成的对比，显然可以得出这样的推论，即学生的信息能力主要表现在对计算机的操作能力和编程能力上。而这种对于信息素养内涵理解上的偏差，无论在理论研究界还是在教育实践中已经受到普遍的批评。许多高校虽然已在人才培养方案中提出了信息素养要求，但是，相关的理论研究却主要集中在很难对教育决策产生影响的图书馆界。

信息素质教育是一种终生教育，1996年6月党中央发布的《关于深化教育改革全面推进素质教育的决定》指出："培养学生的科学精神和创新思维习惯，要重视培养学生收集处理信息的能力，获取新知识的能力。"教育部在《面向21世纪教育振兴行动计划》中明确提出了建立终身学习体系的目标和方式：到2010年在全国建立起终身学习体系。

1.2.2　大学生信息素养教育调查分析

1. 数据来源

本次调查问卷的调查对象为河南省南阳理工学院、中原工学院等几所高校的在校本科生。调查问卷针对大学生信息意识、信息能力、信息伦理道德、信息知识、图书馆及信息技术教育有关问题 5 个维度进行设计。问卷调查采用随机抽样的方法，当场发放并回收。共发放问卷 2000 份，回收有效问卷 1956份，有效问卷回收率 97.8%。各年级学生所占比例：大一 27.9%，大二26.9%，大三 23.4%，大四 21.8%。采用专门的 SPSS 统计软件进行数据分析，并对各项数据以百分比的形式呈现，即表中的数据均是选题人数与相应调查年级总人数的比值。

2. 调查数据统计分析

（1）大学生的信息意识状况

信息意识是信息在人脑中的集中反映，是人们从信息的角度对自然和社会的敏感程度，是人们对于信息需求的自我意识与信息价值所特有的思维感知能力以及对信息所特有的持久的注意力，也是一种主动利用现代信息技术搜集、判断、整理和利用信息的意识。表 1-1 表明，当今的大学生绝大多数能够认识到信息对个人和社会的重要性。

表 1-1　　　　　　　　　　大学生的信息意识状况

调查对象 具体问题	你是否经常借助网络进行信息查询？			你获取信息的来源主要是什么？			面对大量的信息你是否不知所措？		
	经常	有时	很少	纸质文献（期刊报纸）	网络信息资源	其他	经常	有时	很少
大一	77.8%	20.6%	1.6%	49.2%	49.3%	1.5%	18%	63%	19%
大二	79.4%	20%	0.6%	45.4%	50.1%	4.5%	11%	55.9%	33.1%
大三	89.8%	10.2%	0	42.1%	65.2%	7.3%	16.2%	55.5%	28.3%
大四	98.7%	1.3%	0	44.4%	67.1%	11.5%	13.8%	40.1%	46.1%

续表

调查对象 具体 问题	你认为信息是否重要？		当你学习遇到困难时，你认为最有效的解决方法是什么？			你对所查阅的信息持什么态度？		
	重要	不重要	询问他人 (老师、 同学)	通过网络检索	查询书籍	完全相信	半信半疑	完全怀疑
大一	40.3%	59.7%	69.8%	20.9%	9.3%	34%	42%	24%
大二	49.3%	50.7%	40.6%	53.9%	5.5%	26%	72.6%	1.4%
大三	53.9%	46.1%	33.9%	53.9%	12.2%	23%	82.3%	5.3%
大四	92.9%	7.1%	30.5%	69%	0.5%	0.1%	87.9%	2%

高年级学生获取信息更倾向于通过互联网，并且上网频率较低年级学生高。在学习中，高年级学生有较强的自主性学习意识，遇到困难喜欢通过网上的学习资源寻求帮助。但是面对大量纷繁复杂的信息，无论高年级还是低年级的学生在辨别、判断上都会遇到不同程度的障碍，不过判断信息真伪的意识还是好的。

(2) 大学生的信息伦理道德

表1-2表明：大多数学生具有一定的信息道德意识、信息保密意识。身处网络虚拟世界有道德约束，尊重他人的隐私权，尊重他人的劳动成果。但也有一部分学生信息道德观念不强，自我约束能力差，剽窃、盗取他人信息的现象在校园里也有发生，因此，作为道德一部分的信息道德建设也必须纳入教学计划。

表 1-2 　　　　　　　　　　**大学生的信息伦理道德**

调查对象具体问题	你认为网络信息是否具有隐私权？		你认为在借鉴别人观点或文章时是否需要表明出处？			你会使用盗版资料(书籍、光盘等)吗？		
	存在	不存在	需要	不需要	不知道	会	不会	没想过
大一	92.3%	7.7%	59.4%	13.6%	27%	66.4%	12.5%	21.1%
大二	95.8%	4.2%	76.7%	12.2%	11.1%	55.3%	27.8%	16.9%
大三	96%	4%	84.6%	8.2%	7.2%.	50.2%	33.4%	16.4%
大四	97.2%	2.8%	98%	0	2%	49.4%	37.8%	12.8%

（3）大学生的信息基础知识及运用技能

表 1-3 表明：大多数学生上网主要是查找资料和浏览新闻，在消遣娱乐时也喜欢利用计算机，基本上会使用网络搜索工具。但是在信息基础知识方面的学习还应加强，比如知识产权、信息污染、计算机犯罪以及常用办公软件的应用等。

表 1-3　　　　　　　　　　　　**大学生的信息基础知识及运用技能**

调查对象 具体问题	你知道几种网络搜索工具？		你知道什么是信息污染吗？		你了解什么是知识产权吗？	
	2 种以上	2 种以下	知道	不知道	了解	不了解
大一	77.2%	22.8%	68.1%	31.9%	66%	34%
大二	76.3%	23.7%	88.9%	11.1%	87.2%	12.8%
大三	80.2%	19.8%	74.1%	25.9%	72.4%	27.6%
大四	93.4%	6.6%	89.2%	10.8%	86.4%	13.6%

调查对象 具体问题	你检索网上信息的目的主要是为了什么？（多选）				你了解计算机犯罪对社会的危害吗？	
	检索有关学习方面的资料	检索有关生活方面的资料	休闲娱乐	浏览新闻	了解	不了解
大一	77.8%	33.5%	80.2%	39.1%	89.3%	10.7%
大二	76.4%	60.9%	64.3%	49.4%	88.8%	11.2%
大三	79.1%	72.8%	77.1%	56.5%	91.5%	8.5%
大四	79.9%	53.4%	79.9%	45.9%	94.6%	5.4%

（4）大学生的信息能力

信息能力主要指人们发现、检索、收集、鉴别、传递、开发、整合信息的能力。信息能力是一个能力集群，它由各种各样的能力构成，其中主要有：了解信息需求及信息性质的能力，知道如何寻找和检索到信息的能力，能够对收集到的信息进行鉴别以确定信息的可靠性、权威性的能力，能够对信息进行重组、分析、整合的能力，能够运用各种技术手段进行信息交流的能力。表 1-4 表明：大学生搜索自己所需的信息有时还不准确，效率不高。大多数学生选择通过书目索引和网络检索。但网络检索又造成很多学生无法判断信息的可靠性、时效性，给学习造成一定的障碍。此外还应当加强学生信息的分析、提炼、整合能力。从整体看，在校本科生的信息综合运用能力普遍偏低。

（5）图书馆及信息技术教育有关问题

表1-5表明：大学生中约半数了解自己专业的核心期刊，其中高年级所占比例略高。对于图书馆定期每周1~2次的文献知识讲座有50%~60%的学生从没有听过，经常听的不超过10%，还有一些学生根本不知道有讲座。可见，大学生对于学习信息检索技能的主动性还不够，学校在这方面应加大宣传力度。不过对于学校开设文检课学生一致赞同，在提高技能、培养信息意识、增强道德上给予了较高评价，同时也指明了今后的教学研究方向。学生去图书馆的目的主要是阅览书刊和检索文献，不少学生希望图书馆能创造更安静舒适的学习环境，置身其中，身心得到愉悦，感受温馨的人文关怀。学生在查阅文献中遇到的困难主要来自于对图书馆及查阅图书、文献知识的了解不够，所以，图书馆在加强普及教育力度的同时还应加快自身建设，以满足学生不断增长的需要。

表 1-4　　　　　　　　　　　　大学生的信息能力

调查对象 具体 问题	你能高效率地搜集到你所需要的信息吗？			你能判断信息的真实性、可靠性和时效性吗？			你能根据检索到的信息提出自己的观点吗？		
	能够	不能	不知道	经常	有时	很少	经常	有时	很少
大一	34.5%	7.3%	58.2%	16.8%	40.2%	43%	22.3%	46.8%	30.9%
大二	67.4%	7%	25.6%	34.4%	32.6%	33%	28.6%	49.9%	16.6%
大三	66.8%	2.5%	30.7%	38.6%	30.7%	30.7%	33.4%	52.1%	14.5%
大四	78.6%	7.8%	13.6%	40.8%	39.5%	19.7%	37.5%	56.8%	5.7%

调查对象 具体 问题	你能快速地从检索到的信息中提取出自己所需的观点吗？			你通过哪些信息工具进行检索？（多项选择）			
	经常	有时	很少	用书目索引	专业全文数据库	网络检索	请图书馆馆员帮忙
大一	22.8%	59.4%	17.8%	54.3%	31.8%	70.2%	21.2%
大二	43.8%	39.9%	16.3%	62.3%	55.4%	80.1%	13.2%
大三	30.5%	56.4%	13.1%	69.7%	53.3%	86.6%	8.9%
大四	36.9%	52.4%	10.7%	78.1%	89.5%	86.8%	11.8%

表 1-5　　　　　　　　　　　　图书馆及信息技术教育有关问题

调查对象具体问题	你看过几种本专业核心期刊			是否参加过图书馆的文献知识讲座?			对开设文献检索课的看法?（多选）			
	5种以上	1~4种	0种	5次以上	1~4次	0次	树立检索意识	丰富检索知识	提高检索技能	增强道德责任感
大一	0.3%	39.9%	59.8%	3.7%	34.2%	52.1%	63.3%	60.2%	58.8%	50.0%
大二	27.5%	43.6%	28.9%	4.9%	38.5%	56.6%	63.6%	67.5%	69.1%	61.2%
大三	40.1%	33.3%	26.6%	4.4%	37.5%	58.1%	77.1%	80.2%	79.8%	84.4%
大四	56.4%	43.6%	0	6.6%	37.7%	55.7%	79.1%	82.3%	76.1%	85.3%

调查对象具体问题	去图书馆的主要目的是什么?（多选）				你在检索文献信息资源的过程中遇到的主要问题是什么?（多选）			
	阅览书刊	安静的学习环境	检索文献	消遣时间	馆藏文献信息资源不足	不熟悉馆藏书刊分布情况	不会利用自助检索工具	不知如何检索信息
大一	74.4%	67.8%	53.2%	22.3%	37%	49.3%	39.1%	12.2%
大二	79.9%	59.4%	44.1%	20.6%	66.9%	30.2%	22.1%	18.1%
大三	86.4%	67.3%	40.3%	21.2%	63.8%	30.1%	22%	11.1%
大四	92.3%	79.8%	42.8%	19.8%	79.9%	18.1%	12%	8.3%

1.2.3　大学生信息素养教育发展存在的问题

　　大学生作为接受高等教育的特殊群体，他们有较高的文化水平，掌握了基本的外语、计算机、网络知识，具备了基本的信息检索技能。然而在现实中，以我们对部分学生的调查了解发现，高校大学生的信息素养培养还处在起步发展阶段，整体信息素养状况不容乐观，主要表现在：

1. 信息科学知识认识不足

　　据了解，学生的信息源主要还是来自于课堂。很多学生除了写毕业论文，平时一般不会就某个研究目的去图书馆查阅资料，有的学生根本没有利用计算机网络获取信息的意识。大学生中从未翻阅过百科全书、科学年鉴和本专业核心期刊的大有人在，他们对信息的价值和作用缺乏足够的认识和理解，信息意识和科研意识淡薄。虽然我国从 1984 年起开始在高校开展文献检索课教育，但未涉及信息科学知识教育的内容，主要是认识上的不足。由于计算机及网络等信息技术在信息社会中的重要地位，许多人误将信息技术教育等同于信息科学知识教育，以为掌握了信息技术也就具有了驾驭信息的能力。其实不然，如果一个人只偏重于信息技术的学习，而轻视信息科学知识的学习与运用，纵使掌握有高超的信息技术，也难以有效地利用信息。如今，世界已几乎是信息海洋，但人们仍时时感到信息匮乏、找不到需要的信息，根本原因就是缺少信息科学知识，从而不能有效地获取、处理、分析和利用信息。

2. 文献检索课教学内容陈旧

多年来，我国高校的信息素养教育是通过文献信息检索课的教学来实现的。文检课主要是运用科学方法和科学交流的原理来指导学生进行情报信息的搜集、处理与利用；通过传授和应用情报学、图书馆学及文献学的理论去提高学生的信息素养和治学能力，并通过检索实践，改变学生与图书情报资料的分离状态。使学生了解信息，掌握信息检索的方法、途径与步骤，能通过信息网络和计算机信息系统获取信息。而现实中的文献检索课的教学内容，注重于检索技术，中外二次文献检索工具的使用等，文献检索课局限于信息检索技能的传授，只注重理论，不注重实践能力，教学内容已远远不能适应高校学生信息素养教育的要求。随着因特网的发展，人们的信息利用方式发生了实质性的变化；网络信息资源的丰富性、交互性、易获取性、跨地域性等特征，不仅增强了信息用户对信息资源利用的自主性，而且使得与信息、知识合理利用密切相关的知识产权保护问题日益复杂化，网络伦理与信息行为，网络文化和国家安全等也都更直接地与个体的活动紧密相连。因此要改革与扩展文献检索课的教学内容。

3. 缺乏有效的监督机制

对于文件的落实情况，我国没有统一的检查监督管理机构，应定期对各院校信息素养教育落实情况做一些调研，以此推动高校信息素养教育的开展。尽管大多数高等院校将文献检索课列入高校的课程体系，但发展很不平衡，开课形式多样，有的是以讲座的形式，有的是以必修课形式，有的是以选修课形式。

4. 没有建立信息素养教育评估体系

我国在信息素养的评估、评价方面，还没有形成适合自己的有特色的评价标准。现在国际上存在的比较成熟的信息素养评价标准是美国大学与研究图书馆协会基于美国图书馆协会的信息素养定义的基础上制定的"高校教育信息素养标准",为信息素养教育提供了评价的框架。虽然我国大多数高等院校开设了信息素养教育课,但对信息素养教育培养目标缺乏统一的要求,对教学方法、教学内容、教师素质、教学效果没有评估标准,不利于信息素养教育的发展。

5. 课程设置随意性大

表现在课程设置上,有的院校没有按文件规定开设这门课,没有纳入学校教学计划;有的虽然开课,但多以讲座形式,缺乏课时保证,即使开课的院校,教学时数也时多时少,没有统一的标准。据统计,各校开设文检课的教学时数不一,有的学校不足 20 学时,有的学校高达 60 学时。

6. 培养目标滞后用户需求与教学发展

1992 年 5 月,国家教委在高教司[1992]44 号文件中指出,其教学内容与基本要求:①基本理论和基本要求:文献的基本知识、检索原理、检索工具书和数据库等;②基本技能:掌握中外文检索工具书内容特点、结构和著录格式,能通过多途径检索和本专业相关的不同类型的文献,初步掌握计算机检索的方法,包括选择数据库、制定检索策略、分析检索结果。这种"教学要求"已远离了现实,远离了大学生信息素养教育的要求。

1.3 教师信息素养现状

信息化社会中,现代教育必须培养出善于获取和利用信息的人才。《中共中央、国务院关于深化教育改革全面推进素质教育的决定》指出:"在高中阶段的学校和有条件的初中、小学普及计算机操作和信息技术教育,使教育科研网络进入全部高等学校和骨干中等职业学校,逐步进入中小学。"(基础教育课程改革纲要(试行)》指出:"大力推进信息技术在教学过程中的普遍应用,促进信息技术与学科课程的整合,逐步实现教学内容的呈现方式、学生的学习方式、教师的教学方式和师生互动方式的变革,充分发挥信息技术的优势,为学生的学习和发展提供丰富多彩的教育环境和有力的学习工具。"教师作为教学改革前沿的实践者,认识、掌握并运用信息技术已成为时代的必然要求,信息素养亦是衡量教师整体素养的重要指标。但是教师的信息素养的现状如何?产生这种现状的原因是什么?这些是需要我们去调查研究的。

1.3.1 高校教师信息素养的现状

信息技术为教育现代化提供了坚实的基础。高校教师在教育教学活动中如能有效地利用信息技术，实现信息技术与学科课程的整合，即以信息技术的方法(例如多媒体、互联网)进行学科教学，就能营造出良好的信息化学习环境，有利于提高教学效率和教学质量。高校教师必须学习、掌握和积极应用信息技术，培养良好的信息素养。现在已有学者提出了"Web 教师"的概念，认为随着信息技术的不断进步和现代远程教育的发展，一种全新的职业——Web 教师将在社会上出现，这是由于未来教育的广泛性、开放性、大众化和网络化等特点，决定了教师不但在授课方式上与以往不同，在教学方法、师生交流、学习辅导等方面都将发生重大变化。河南省作为中部地区的一个省份，高校教师的信息能力、信息技术应用水平现状如何？存在哪些问题？教师针对自身信息能力和信息技术应用水平提高有什么样的培训？等等。了解这些情况对于我们探索建立如何提高河南省高校教师的信息素养和信息技术能力水平的培训体系有重大意义。

1. 调查方法

(1)研究对象

本研究以河南省南阳理工学院、中原工学院等几所大中专学校在职教师为研究对象。从各个学校均按一定比例涉及从助教到教授的各层次教学与科研人员。共发放问卷400 份，回收 346 份，有效问卷 340 份。调查对象的基本情况如表 1-6 所示。

表 1-6　　　　　　　　　　调查对象的基本情况

类　　目	类别	百分比
年龄	30 岁以下	17.7%
	31~40 岁	46.6%
	41~50 岁	32.7%
	50 岁以上	3%
性别	男	57.3%
	女	42.7%
职称	助教	19.3%
	讲师	29.3%
	副教授	38.4%
	教授	13%

续表

类　目	类别	百分比
学历	本科以下	2%
	本科	25.6%
	硕士	37.8%
	博士	34.6%
专业	文科	12.3%
	理科	30.2%
	工科	43.2%
	其他	14.3%

（2）研究工具

本研究在实施过程中，以科学的、实证的态度为理念，主要运用了文献法、问卷调查研究法。在研究初期查阅大量文献资料、以明确信息素养的概念和科学内涵。从高校信息技术发展水平与教师应具备的信息技术能力出发，进行问卷调查，收集资源。问卷内容涉及对信息技术的态度、信息技术技能、信息技术应用、理论基础、培训需求等方面的内容。所有问题均提供一个或多个可选项。回答问卷内容采用无记名方式。

2. 高校教师信息素养的现状

（1）对信息技术作用的认识

①信息技术在教学中的作用

信息技术在教学中的应用越来越表现出无穷魅力，幻灯、投影、录像、多媒体网络等，具有极强的感染力，它们既能化小为大，化远为近，化虚为实，化难为易，化零为整，使抽象的概念具体化、枯燥的知识趣味化，又能激发学生的学习兴趣，引起学生的注意力，调动学生的积极性和主动性，故而有利于开发学生的注意力、观察力、记忆力、想象力、思维力和创造力，使学生在轻松愉快的环境中动脑、动手接受教育，既学到知识又减轻学生负担。教学媒体是一种知识载体，它既是教师的辅助工具，又是学生的认识工具。要使学生在有限的时空内打破地域界线去认识教材中的事物，达成知识领域、动作技能领域和情感领域目标，我们必须充分运用多媒体信息技术"低耗、高效、优质"地提高教学质量服务。多媒体技术的合理应用，信息传输质量高，应用范围广。利用多媒体系统的声音、图像压缩技术可在短时间内传输、储存、提取或呈现大量的语音图形、图像、活动、画面信息。能在有限的时间、空间内打破地域界线展现古今中外的客观事物，大大地缩短认识进程，起到呈现事实、创设情景、解释有所不同、设疑思辨、动作示范的作用。此外，多媒体技术在教学中的应用还具有易操作、使用方便、交互性强的特点，在教学中有重要的作用。

网络教学的应用，使教师从传统的知识传授者与灌输者的角色中摆脱出来，不再是主要的信息源，成为学生的帮助者、导航者，由于网上资源丰富具有共享性、无限性、适时性等特点，为学生提供了充足的信息源，弥补了传统教学中信息仅来源于教师教材的局限，使学生可以不受时空限制，根据自己的兴趣与需要将信息进行筛选、消化、吸收，使学生有了更为自由广阔的学习环境。网络教学可以激发学生的学习动力，提高学生的学习兴趣，改进学生的学习方法，并对学生的学习过程进行适时的监控、纠正及指导，以提高学生的学习效率。

表 1-7　　　　　　　　　　　　　　　调 查 内 容

内　容	等级（人数）			
	作用很大	作用大	作用一般	没作用
丰富教学资源	143	103	94	0
提高教学效率	112	173	55	0
提高学生学习兴趣	82	103	105	50
提高学生理解能力	88	85	95	72
发展学生的自主学习能力	99	107	98	80
培养学生协作学习能力	38	70	156	76

由表 1-7 可知：高校教师对于信息技术在自己教学中的作用认可程度很高。其中，信息技术在丰富教学资源、提高教学效率、提高学生的学习兴趣、提高学生的理解力四个方面效果显著，分别有 100%、100%、86%、79% 的教师认为有作用，只有 14% 和 21% 教师认为对提高学生的学习兴趣和提高学生的理解力没有作用或作用很小。对于发展学生的自主学习能力、培养学生协作学习能力，分别有 76.5%、77.6% 教师认为信息技术对学生的自主学习、协作

学习有作用,说明教师普遍认为信息技术在信息储存、传播方面具有巨大的优越性,在信息技术作用于教学系统之后,教师获取教学资源的途径增加了,多媒体技术支持下的网络结构,为学生学习主动性的发挥创造更加充分的条件。

②信息技术在科研中的作用

近年来各学校校园网络普遍接入 Internet,中国大学生上网比例正迅速攀升。高校教师如何应对已从网上获得大量学术新知识和创新思维的学生,这是一个必须正视的新问题。它迫切要求高校教师具备一种不断补充学术养分、拓展学术视野、更新学术理念的强大能力。全球网络提供了不同学科、不同流派、不同权威、不同见解的知识,在网络上进行新知杂交和学术融合空前便捷,而且学术建树往往就发生在这种多学科的交叉点上。因此,高校教师要立足学术前沿,有意识、有目标地吸纳新知和消化新知,让新知引燃创新智慧和创造灵感的火花,真正形成从新知到新创的强大的学术更新能力。

由表 1-8 可知:教师对信息技术在科研中的作用给予了充分肯定。信息技术在"了解学术动态、学科前沿"方面的作用,通过 E-mail、BBS 等方式加强学术交流与合作,从网上获取专业资源方面,作用也极为显著,认为作用很大的教师分别为 93.8%、51.6%、59.8%。可以看出教师对信息技术在科研中的作用总体态度偏向很大。

表 1-8　　　　　　　　　　　　信息技术在科研中的作用

内　　容	等级(与总人数的百分比)		
	有作用	作用不大	无作用
加强学术交流与合作	93.8%	5.2%	0
获取专业资源	100%	0	0
了解学术动态、学科前沿	97%	3%	0

(2)信息技术能力

教师信息技术能力与教师信息素养紧密结合在一起,并对教师的信息素养起着支撑的作用。教师的信息素养着眼于利用信息技术和网络与他人协作的能力,解决问题的能力,是通过各种能力激发、维持和扩展终生学习,而这些能力最重要的是以计算机素养和网络应用水平为代表的信息技术素养。

①计算机基本操作技能

表 1-9 计算机基本技能

内　　容	等级（占总人数的百分比）			
	精通	熟练	会操作	不会操作
Windows 操作系统	17.8%	46.6%	35.6%	0
Office 办公软件	28.5%	36.2%	35.3%	0
压缩解压软件	26.3%	31.4%	42.3%	0
应用软件的安装卸载	18.3%	31.4%	46.6%	3.7%
多媒体教室教学控制软件	5.2%	27.7%	33.3%	33.8%

从表 1-9 中可以看出，教师对计算机初级应用水平的操作技能掌握程度较好。如：Windows 操作系统、Office 办公软件（如：Word、PowerPoint 等）、压缩、解压缩软件的使用，达到会操作水平的比例为 100%。对于计算机的中、高级操作技能的掌握程度较不够理想。如对应用软件的安装、卸载技能达到熟练程度的分别为 38.5%、52.5%。对于多媒体教室教学控制软件的掌握程度更差，能熟练操作的仅为 24.6%。在问及"是否还会使用其他工具软件"时，37.7% 的人除了 Office 软件外，不会用其他任何软件。

②计算机网络应用

表 1-10 网络应用技能

内　　容	等级（占总人数的百分比）			
	精通	熟练	会操作	不会操作
使用搜索引擎查找资料	17%	41%	42%	0
网络资源的下载整理	21%	33.3%	45.7%	0
收发电子邮件	19%	40.8%	38.9%	1.3%
使用 BBS、网上论坛、QQ、微信等	8%	23.6%	60.5%	7.9%
使用电子图书馆、电子期刊库等	7.6%	32.2%	47.6%	12.6%

网络技能是计算机技能的延伸，它们从根本上都涉及确定、处理和使用信息的能力。从表 1-10 中看出网络应用技能中，除"浏览电子图书馆"外，其余技能可以达到"会操作"水平的均在 80% 以上。其中，"使用搜索引擎查找资

料"和"网络资源的下载整理"达到 100%。但各项技能的操作熟练程度还有所欠缺，各项比例均占 60%以下，其中，"使用 BBS、网上论坛"类信息发布与交流工具，达到熟练操作程度的比例偏低，仅为 31.6%。

（3）信息技术应用

对教师的教学而言，信息技术不仅是外加于教学过程，必须实现信息技术与教育过程完美结合，熟练应用信息技术媒体，使之成为教学的有机组成部分时，信息技术的效能才能充分发挥出来。据调查，高校教师能经常使用信息技术媒体上课的为 42.3%，偶尔使用的占 33%，24.7%的教师从不用信息技术媒体上课。

可见，信息技术媒体在教学中的使用率偏低。教师信息处理能力和信息呈现能力很低。究竟是什么影响教师使用信息技术媒体？调查结果参见表 1-11。

表 1-11　　　　　　　影响教师使用信息技术媒体上课的因素

内　　容	等级（人数）					
	第 1 位	第 2 位	第 3 位	第 4 位	第 5 位	第 6 位
教学理论和教学方法	100	37	52	78	50	29
设备操作技能	90	72	39	89	43	13
教学软件	103	62	44	53	51	33
没有方便的硬件条件	0	0	0	17	13	10
对教学帮助不大	0	0	0	0	0	0
使用太麻烦	0	0	0	0	0	2

（4）理论基础

信息技术在教学过程中深入应用必将引起教师知识结构的变化，要求教师通过学习不断充实教育理论基础，更高层次地拓宽自己的教育理论知识面，以适应现代信息社会的教育工作。教育理论基础调查显示如下：

表 1-12　　　　　　　　理　论　基　础

内容	方式（占总人数的百分比）			
	系统学习过	听过报告	自己看书	没有学习过
教育学	66.5%	13.4%	15.8%	4.3%

续表

内容	方式(占总人数的百分比)			
	系统学习过	听过报告	自己看书	没有学习过
教育心理学	68%	8.2%	23.8%	0
教学论	36.7%	19%	26.5%	17.8%
学习理论	23.3%	18.2%	33.7%	24.8%
教学设计	22.4%	20.3%	32.3%	25%
教育传播理论	38%	23.7%	38.3%	0

表 1-12 所示为教育理论的学习情况。教育学、教育心理学的普及程度较高，在高校教师中系统学习过教育学、教育心理学两门课程的人数比例分别达到 66.5%、68%，再加上通过自己看书的方式进行较为系统学习的教师，总的人数比例分别达到 82.3%、91.8%。但教学论、学习理论、教学设计、教育传播理论普及程度较低，系统学习过的人数比例均在 40% 以下。

（5）教学技能、方法与组织形式

信息技术在教学过程中的有效应用，要求教师既要以相关的教育理论为基础，同时也要具备在现代信息技术条件下实施教学的知识、经验和策略，即借助相应的教学方法、教学组织形式来实现。但在高校教师中，根据调查能运用个别化学习方式的仅为 50.7%，能运用协作学习、研究性学习方式的也仅占 47.7% 和 55.8%。调查结果显示如下：

表 1-13　　　　　　　　**教学技能、方法与组织形式**

内容	程度(占总人数的百分比)			
	熟练运用	能够运用	听说过	不知道
建构主义学习理论	3.6%	20.8%	42.5%	33.1%
多媒体组合教学设计	11.1%	46.7%	31.3%	10.9%
信息化教学设计	3.3%	33.6%	48.4%	14.8%
小组讨论学习	20.1%	41.9%	22.3%	15.7%
个别化学习	13.9%	36.8%	22.3%	27%
协作学习	11.5%	36.2%	33.9%	18.4%
研究性学习	13.8%	42%	34.2%	10%
任务驱动教学法	4%	29.2%	39%	27.8%

表 1-13 为部分教学技能与教学组织形式的运用情况。从总体看来，情况较差。相对来说，多媒体组合教学设计掌握情况最好，但能达到应用水平的为 57.8%。通过信息化教学设计，将网络融入教学要素中，可以充分发挥网络在学生的知识构建、交流协作等方面的作用，但能进行信息化教学设计的教师仅占 36.9%，达到熟练运用水平的为 3.3%。能在教学中应用任务驱动法、建构主义理论的分别为 33.2%、24.4%，39% 的人听说过任务驱动法，27.8% 的人对此毫无所知。听说过建构主义教学理论的教师占 42.5%，33.1% 的人不知道。

（6）教师信息技术培训

在被调查的高校教师中，有 93.8% 的高校教师接受过信息技术培训，其中国家级培训 10.1%、省级培训 45.6%、校级 44.3%。而在问到"今后是否需要接受信息技术培训时"，39.3% 的人认为很需要，48.4% 的人认为需要，由此可以看出，虽然大部分教师都参加了各级信息技术培训，但教师现在仍然很需要接受信息技术培训。说明高校教师受到信息技术的日新月异和教育信息化的不断推进等外部剧变环境的压力，从自身发展需要出发，进一步提高自身信息素养的内在愿望很迫切。

①教育理论培训需求

信息技术有效应用于教学，离不开思想理论的指导。问到"理论基础"时，调查分析结果如表 1-14 所示：

表 1-14　　　　　　　　　　　**理 论 基 础**

内容	等级（人数）			
	很需要	需要	一般	不需要
高等教育学	90	100	90	66
高等教育心理学	113	98	89	46
教学设计	152	90	76	28
学习理论	87	122	122	15
教学理论	89	115	105	37
教育传播理论	103	136	56	51

通过上表可以看到教师所需培训的教育理论依次是教学设计、教育传播理论、学习理论、教学理论、心理学、教育学。这说明，高校教师需要以上教学

内容的培训，其中对教学设计的需求程度最高。在问及"教学技能、方法与组织形式"时，调查分析结果如下所示：

从表1-13中可以看出只有多媒体组合教学设计和小组讨论学习能够达到运用的程度，而对其他教学与学习理论、方法的掌握不够理想。结合表1-14，我们发现在今后的培训中，应加强对表1-14中诸项内容的培训，尤其应加强教学设计、教育传播理论、学习理论（主要是建构主义）和教学理论的学习。在教学设计中，需要加强表1-13中有关教学技能、方法与组织形式的培训。

②信息技术技能培训需求

教师信息技术技能的掌握水平决定了其使用信息技术与教学和科研的整合能力。在问及"教师对信息技术技能的培训需求"时，调查分析结果如表1-15所示：

表 1-15　　　　　　　　　教师对信息技术技能的培训需求

内容	等级			
	很需要	需要	一般	不需要
传统媒体使用技能	123	108	87	28
计算机基本操作	89	109	98	50
网络应用技能	107	149	50	40
课件制作	163	112	15	56

教师对信息技术技能的培训需求中，课件制作技能以83.8%的需求量高居首位。这反映出在教学软件较为匮乏的情形下，教师都希望通过自制课件来优化课堂教学。但我们认为好的课件开发需要一个团队，涉及学科教师、教学设计人员及技术人员等，因此不鼓励教师耗费大量时间、精力制作课件，主张教师应用相关软件（如 Authorware、PowerPoint、方正奥思等）实现对现有资源的有效整合。其次是对传统电教媒体使用的需求，说明传统媒体由于具备普及时间长、普及面广、价格低廉、操作简便等优势，在媒体辈出的今天仍然有着广阔的应用空间，同时这也说明教师对传统媒体教学效果的认同。

此外，广大教师对网络技能培训的需求较为迫切，需求量位居第三位。由于计算机的基本操作已为多数人所熟练掌握，因此相比之下它的培训需求倾向系数最低。

③培训方式需求

在问及"所喜欢的培训方式"时，33.4%的教师选择脱产培训，46.6%的教师选择半脱产培训，20%的教师选择假期培训。可见，由于平时工作较为劳累，大多数教师不愿意占用假期的休整时间来参加培训。因此在培训方式上可采取以脱产培训为主，脱产培训与半脱产培训相结合的方式，尽量不占用假期安排教师培训。

在问及"喜欢一次性集中培训还是多次分期培训"时，调查结果显示选择"一次性集中培训"的教师占57.4%，选择"多次分期培训"的教师占42.6%，差异不显著。因而，可以根据学校的实际情况进行培训安排。

在问及"您认为多长的培训时间较为合适"时，45.1%的教师倾向于1个月以内，33.6%的教师认为在3个月内较为合适，选择半年以内的教师仅为13.9%，7.4%的教师选择半年以上。因此我们认为在培训时间上应安排在3个月以内较为合适。

3. 原因分析

导致这些问题的根源：

(1)从教育管理部门和学校管理者来讲，主要是没有顺应教育信息化发展要求，相应的在职教师信息技术培训措施没有到位，不能进一步规范、适时地开展提高教师信息技术能力的有效培训，从而提高教师的信息素养。此外，学校的激励措施不到位，教师利用信息技术上课与传统教学的酬金一样，晋升一样，故教师的积极性就会受到打击。这一点，中南大学就做得比较好，教师利用多媒体教学的酬金是平时传统教学的酬金的2~3倍；教师晋升高一级的职称时，必须通过教育技术能力考试，无论你是博士、计算机专家，都必须要有教育技术水平合格证才能晋升高一级职称。

(2)从高校教师的信息意识来看，主要表现为观念陈旧。受传统观念和习惯的影响，很多教师的教学内容一成不变，获取教学信息的途径单一，未能意识到光盘数据库、联机数据库和Internet信息资源在教学和科研中的重要作用。部分老教师对网络信息资源存在一定的排斥情绪。在网络信息环境下，知识信息的来源得以极大地扩张，计算机网络传递的信息量以惊人的速度增长，学生可以通过网络获得取之不尽、用之不竭的多媒体信息资源，学生还可以根据自己的需要来选择学校、教师、课程和学习方式，大大增强了学习的自主性。教师在人才培养中的主要作用将不再是直接传授知识，而是要转向运用各种新的技术手段，组织、引导、督促学生选择适合自己的教学内容，促使其掌握获取知识的能力。

(3)从高校教师的信息能力方面来看，主要表现为缺乏信息检索知识和计算机运用能力。在应用计算机去进行信息资源的检索、满足自身深层次的文献需求时存在诸多障碍。如：不能有效地将检索需求表达出来；不能掌握检索系统的检索语言、检索运算符以及相关的检索技巧；不能及时根据检索结果有效地进行调整；对办公软件不会使用；对本专业相关的搜索引擎了解得不够全面等，这在一定程度上阻碍了自身专业的发展。信息获取能力、识别能力、接受能力、存储能力、评价能力、利用能力以及创造能力是信息时代教师必备的信息能力。利用计算机获取信息资源是信息时代人们必须掌握并熟练使用的技术，它将直接影响教师的信息行为，成为教师快速获取信息、有效利用信息的途径。

(4)从高校教师的信息道德方面来看，绝大多数教师具有一定的道德意识，明确网络信息应该制定法律来保护其知识产权，但是，近年来学术界发生了一系列违反学术规范，不遵守信息道德的事件。这主要有两个原因：一是近年来受学术界浮躁之风的影响，再者是科研界的考评制度一定程度上驱使科研人员不断追求科研成果，导致少数急功近利者在某种情况下抄袭、剽窃他人成果。信息的传播和利用要受到社会道德和法律法规的制约。教师应该了解这些制约因素，规范自己的信息行为。

(5)图书馆在高校教师信息素质培养方面所起的作用不够。图书馆虽然开设文献检索课和举办电子资源利用专场讲座，但很少有高校教师参与这些活动。图书馆应增强高校教师信息意识，挖掘高校教师潜在的信息需求，强化信息检索技术的宣传，应创造包括传统的用户教育、信息素质教育在内的崭新的教育模式，发挥图书馆在提高高校教师信息素养教育方面的作用。

4. 思考与对策

(1)加强信息化教学环境的建设。学校应根据自身的实际情况，为课堂教学配备各种常规的教学媒体；为教师提供方便使用的多媒体教室；配备足够多的和 Internet 相连的计算机，使之适合教学；通过合理的管理机制，要求使用校园网的师生有足够的时间和机会来应用网络，为教师提供多种形式的教育信息源和方便快捷的网络服务，使教师无论身处何地都可以使用校园网络，为教师信息能力的提高提供便利条件。

(2)激发教师应用信息技术的兴趣和动机

①举办各种培训班、讲座和经验交流会让教师亲身体会到奇妙的、丰富多彩的多媒体世界和网络世界，激发他们对信息技术的好奇心和兴趣。我校在教师中举行过两次教师信息技术能力培训和一期 Internet 未来教育培训，教师的积极性相当高，真正做到了"要我学"变成了"我要学"。

②建立相应的激励机制，奖励那些在教学中应用各种信息技术和现代媒体的教师，创造一个应用信息技术的气氛，把使用信息技术设备和传授信息知识作为评价教师的一个重要标志，力求让每个教师都把现代教育技术运用到课堂教学中来。这一点可以借鉴中南大学的做法(前面已经提到过)。

(3)建立多层次的培训机制，充分利用高等院校的师资、设备等教学资源，定期开设各种层次的教育技术理论和信息技术培训班，在培训的方式上，高校可根据自身的实际情况以教师中的积极分子为主。采用以下几种模式，有重点、有层次、有计划、有步骤地对教师进行培训，不断提高高校教师的信息素养。

①全员培训和核心培训，全员培训指的是对全体教师实施的整体培训。核心培训指的是以培养中青年骨干教师为主线，通过他们带头进行教育技术和信息技术的教学科研活动，而后再"以点带面"，逐步影响更多的教师参加普及性的计算机基本操作技能和现代信息技术培训，更多地在教学中使用信息技术。总的来说，全员培训模式适用于基础内容的培训，比如初学者的扫盲培训、基于应用的培训。核心培训模式适用于较高层次的培训，比如信息技术整合于教学的培训、基于研究的培训。我省高师培训中心举行的普通高校骨干教师信息技术培训班和普通高校青年骨干教师培养对象信息技术培训就是这种核心培训。

②职前培训和在职培训，对于刚刚走上工作岗位的新教师，针对他们在学校时已经掌握了一些计算机知识的实际情况，对他们进行职前培训。培训应着重于现代教育技术理论、计算机多媒体和网络技术的学习；使他们掌握多媒体教室各种设备的操作使用方法、多媒体教材和网络课程的制作方法等，培养他们分析问题、解决问题的能力，使他们尽快适应信息化的教学环境，成为一名合格的教师。对于已经工作多年、有一定教学经验的教师，应建立定期的、多层次的在职培训制度。针对教师信息素养的高低，培训可分为初级班、中级班和高级班，初级班主要讲授计算机基础知识和教育技术基本理论；中级班主要讲授计算机多媒体技术和网络技术；高级班主要讲授信息技术、教育技术和课程的整合。定期培训的具体时间由学校领导决定，各部、院、系领导再根据教师的任课情况，抽调部分教师轮换参加短期脱产培训。培训应讲求质量，自下而上，依据需要，全员参与；成绩合格者由学校颁发证书，成绩不合格者继续参加下一期的学习。

③培训机构的培训和本校培训，基于培训机构的培训指的是教师集中到师范院校或高师培训中心等专业培训机构接受培训，获得有关的证书。教师培训

机构负责组织培训工作，包括培训内容的安排、培训教材的选编、培训者的选择与组织以及考核方式的选择等。培训形式一般是以集中授课为主，这种培训模式能够使教师在短时间内接受大量系统的知识。本校培训指的是以教师任职的各高校为基本培训单元，以提高教师教育教学能力为主要目标，把培训与教育教学、科研活动紧密结合起来的培训形式。近年来，本校培训模式得到了各有关部门的重视，因为较之培训机构的培训，本校培训是以教师所在学校为基地，更关注学校的实际需要，使教师所学到的教学技能和理论能迅速地与教学实践相结合，针对性和时效性较强，它所带来的不仅是地理位置的转换，更重要的是在更深的层次上实现了培训思路和培训方式的变化。以上几种培训模式各有其侧重点，各高校可以根据各自的实际情况和需求，采取合适的培训模式。

(4)加强信息资源建设，通过多种途径和方式加强教师培训资源的研究和开发，积极整合各类教师培训信息资源，加强院、系之间，教育技术中心和网络中心之间的联合，优势互补，实现资源共享。

(5)加强管理和评估，加强对教师培训的指导和协调，切实保证教师培训扎实、稳步地实施。加强教师培训信息化建设有关政策的研究，在教育资源开发、职称评定等方面制定相应的配套政策，建立有效的评估体系，通过有效的评估手段促进教师培训的健康发展。

在信息时代，随着产业结构从机器工业向信息化工业的过渡对劳动者的知识能力提出了新的要求，对劳动者的综合素质提出了更高的要求，从教育经济学的观点来看，社会经济与科学技术的发展能够为教育提供更加良好的教学物质环境，但同时也对教育提出培养适当经济发展需要的劳动者的要求，教育要迎接信息社会的挑战，信息素养的教育是不可缺少的重要内容。通过学习后对信息技术的掌握和利用，不断提高他们的信息意识和信息能力。使学习者学会学习，学会思考，学会合作，学会创造，有较强的社会责任感，具备终身学习的能力，成为一个全面发展的人。要做到这些，教师就必须具备一定的信息素养，才能教育和影响学生的信息素养，因此可以这样说，教师的信息素养水平是影响社会劳动者综合素质的重要因素之一。我们要加大教师信息素养的研究。下面笔者从教师信息素养的培育目标和内容两个方面着手探讨。

1.3.2 教师信息素养的目标

笔者认为，进入到信息社会以后，作为一个具有文明修养的人，应该能够积极、正确、有效地应用信息系统，正确地了解与认识信息技术，掌握信息传播方法，利用与开发各种各样的信息资源。这就是说，他们除了需要读、写、算等工业社会所应该具备的文化素养以外，还应该具备适应信息社会所特有的修养与能力，也就是必须具备应用信息技术的修养与能力，这就是我们所称的信息素养。在讨论信息素养时，有几个问题需要弄清楚。首先，信息素养作为一种素养，它是社会共同的判断。一个人有没有信息素养，不是他自称的，而是要得到大家的公认。同时，随着社会上人们信息素养的共同提高与信息技术的不断发展，人们所公认的信息素养的内容也会发生变化，原来所掌握的知识与能力，可能一部分甚至大部分不再有用了，这个时候，人们也可能就不再说你的信息素养高了。

其次，信息素养是以社会实践效果来衡量的，在信息社会这个大系统中，人们培育自己的信息素养是为了通过建立与利用"人机联系"来加强自己的"人际关系"，成为社会中有所作为的一分子，使得信息社会这个系统正常运作，并且得到比较高的经济与社会效益。因此，信息素养的高低要看它对于社会的影响大小与所起作用好坏而言。一个人的信息素养，不仅仅是看他能够不能够熟练地使用信息系统，而且要看他能不能发挥信息系统对人类社会的积极作用。

最后，信息素养不是先天就有的，而是后天培育而成的，正像读、写、算等文化修养需要通过教育才能获得一样，信息素养必须通过自己的努力才能获得，而且要注意经常地修习涵养。它可能通过学校教育有意识、有目标地培育；也可以通过自学与尝试——错误——成功领悟而获得。

综上所述，信息素养是一种可以通过教育所培育的，在信息社会中获得信息、利用信息、开发信息方面的修养与能力。它包含了信息意识与情感、信息伦理道德、信息常识以及信息能力多个方面，是一种综合性的、社会共同的评价。信息社会的教育工作者的一项重要任务就是通过各种途径，有效地培育人的信息素养，使人类社会在信息社会这个阶段能够持续地健康发展，因此教师的信息素养的具备更加重要，只有自身的信息素养提高了，才能通过教育来影响学生的信息素养的提高。当然教师的信息素养也需要通过教育来提高。根据国内外教育界的研究。我们在下面对于教师信息素养培育的各个方面的具体目标进行讨论。

1. 信息意识与情感方面的目标

第一个也可以说是在由工业社会向信息社会发展过程中，以至于信息社会的开始阶段时的人们最重要的一个要求是培养树立起信息意识与情感。丹尼尔·戈尔曼（Daniel Coleman）在其所著《情感智商》一书中说："情感智商——

自我激励、百折不挠;控制冲动、延迟享受;调整情绪、不让焦虑烦恼干扰理性思维;善解人意、充满希望。智商已有近百年的历史,研究了成千上万的人,但情感智商却是一个很新的概念,尚未有人能确切地断定它的差异将如何影响人生历程。不过,现有的资格证实了其强有力的作用,某些时候甚至比智商更重要。"该书指出了一般情感智商的范围及对于人生的意义。

笔者认为,作为信息素养的一个重要部分的信息意识,主要包括敢用与想用两个方面,而信息情感则更加偏向于对于使用信息技术的态度与兴趣方面。

(1)敢用不敢用是当前信息意识与情感的主要矛盾。当今社会由工业社会向信息社会过渡,特别是在我国这样的发展中国家,计算机与其他信息技术设备仍然是比较贵重的设备,而且信息技术硬件的安装看上去十分复杂,连接线路错综复杂,许多软件的安装与启动也十分烦琐,需要小心细致地一步一步按照提示做,一不当心就要重新来,这一切无形中给人们一种压力。这就有了一个敢用不敢用信息技术的问题。如果即使自己单位有了计算机与其他信息技术系统,也需要专门找一个有关专业的人员来使用,信息技术系统对于他们来说,是一种稀奇珍贵的宝贝,可以摆设起来,让大家参观时看到自己有多么现代化,并不是把它们真正地作为一种有用的常用工具。这样信息技术不可能发挥很好的作用和帮助人们取得真正良好的效益,人们可能会怀疑为什么要投入比较大的人力物力去建设一个效益不高的工作环境。此外,现在网络的飞速发展,网上资源也相当丰富,但是网上的陷阱也相当多,许多人不小心就掉进陷阱,从而受到损失或损害,此后就"一朝被蛇咬,十年怕井绳",以后害怕用计算机等。因此,现在必须通过各种方法与途径来解决这个敢不敢使用信息技术系统帮助每一个人的工作与学习的问题。

(2)想用不想用反映了信息意识与情感的强度

有些人认为没有信息技术也能够进行日常生活与工作,而且不要考虑信息安全问题,一些教师在教学中认为不利用多媒体进行教学,同样可以完成教学任务,特别是一些理科老教师认为多媒体教学不能达到传统教学的交互性(当然这是一种错误观点)。因此没有那种首先想到信息技术的习惯意识,而没有这一习惯与意识,在未来的信息社会中事业发展就可能失败。例如,以前的教师从事科研时往往是从自己已有的研究基础出发,考虑需要有什么改变,来确定进一步研究的项目;但是现在,他们可能会因为没有利用信息技术而影响研究的进度,甚至于因为不了解他人已经取得了什么成果,习惯上首先关心的是得到教学大纲、教材,并且对其进行研究分析、按照原来的习惯出发,能够分析重点难点,采取什么教学策略与方法,这些事情做起来轻车熟路。但是,学习者在信息社会能够获得的信息是各种各样的，如果教师没有对信息进行了解与利用，就有可能不能够回答学生提出的许多问题，也不能指导学习者如何使用信息技术去获得与利用信息。只有想到使用信息技术来获取有用的信息，才能改变这一种现象。对于我们教师来说，应该要求受教育者具有一种使用计算机与其他信息技术来解决自己工作生活中问题的意识。

（3）培养积极的态度是培育信息意识情感的第一步

作为教师还应具有信息社会中所需要的工作态度与精神的素养。对待信息技术的利用采取积极态度是十分重要的第一步，有了一套信息技术系统以后，不同的态度会产生不同的使用效率。

首先，有没有对于使用信息技术获取信息的一种迫切愿望和进取精神是态度积极不积极的一种表现。有的人把利用信息技术来获取信息作为日常生活的例行事务的一部分，就像现在的知识分子每天需要看看报纸一样，他们每天都要用一用信息技术，具有这种积极态度，使用者才会不遗漏对自己有用的信息，也才能不怕艰难，孜孜不倦地在信息海洋中去搜索自己所要利用的信息。现在网上的教学资源相当丰富，通过网络资源，教师可以得到许多教学材料，从而进行教学，可以大大地提高教学效率。但是有的人则三天打鱼两天晒网地使用，那么他们可能会遗漏有用的信息，不知道其他教师的教学改革现状，不能及时了解教育管理者的教育改革措施，等等。这种不积极的态度就可能使投入了大量人力物力设置的信息系统形如虚设，造成极大的浪费。

其次，不断追求自我发展的精神是态度积极的进一步发展。有的人对于信息技术浅尝辄止，例如学会了 DOS 以后，即使知道了还有 WINDOWS 用起来更加方便，还是觉得旧的东西用起来十分顺手，学一样新东西太麻烦，而不再愿意往前再发展去试一试，停留在原有水平上；有些人努力去迎接新技术的挑战，不断地学习新工具，做到技术上越来越进步，使用上越来越方便，效益越来越高，如 OFFICE 从 97 发展到现在 XP，许多功能得到了实现，从而使得操作多样化、显示艺术化。实际上，正是因为利用信息技术的各种工作人员在使用信息技术工作中的积极态度与发展精神，投入许多力量去发现与改造，才促进了信息技术的迅速发展。

（4）信息的财富意识是巩固积极态度的重要支柱

一方面，信息技术的使用者要有一种信息安全意识，了解自己拥有的信息资源是远远比一般软、硬件更加珍贵的财富，需要珍惜与保护，也需要与其他人共享，以扩大其教学影响，促进学生的学习，同时也应该知道使用信息技术是需要一定的代价的，关键是如何以合理的代价取得比较有效的成果，也就是实现教学的最优化，在教学中我们也要讲究效率，以最少的设备成本获得最高的教学效果；另一方面，信息技术的使用者还应该具有信息的可使用意识，也就是说，他们必须了解信息技术是可以利用来获取各种各样的有用信息，因此要努力去获取信息，而且尽量迅速地利用它们去获得利益，同时也应该知道信息对于自己不是都有用的，因此需要努力去学会选择和判断，放弃那些对于自己没用的甚至是有害的信息，取得最有用的信息。进入了信息社会，所有的东西都与信息技术密切相关，而且信息技术系统无处不在，人们从小到大都很自然地接触它们，没有了神秘感与距离感；而且人们的所有行为都与信息技术的使用密切相关，它们时时在你的身边，可以说，每天的事情很多是需要使用信息技术才能做的。因此，其中的有些信息意识(敢用与想用的意识)已经成为人类生活十分自然的一部分，也许不会再存在什么问题了；但是那时候仍然还有对待信息技术的态度是积极还是消极的问题，对信息技术是重视还是不重视的问题，以及全部排斥、全部相信还是能够有理性地利用有价值信息的问题。也可能会有另外的一种信息技术意识与情感方面的目标。

(5)守法意识是保障信息传播畅通的前提

法律是规范人类社会的一些共同约束与规定，原来的一些法律主要是针对物质社会制定的，尼葛洛庞帝在《数字化生存》一书中举了一个例子；"不久前，我在加拿大不列颠哥伦比亚省的温哥华参加了一次宝丽金公司高级经理人员的管理研习会……他们委托联邦快递公司把这批封装好、有重量、占体积的CD盘、录像带和只读光盘送到会场来。不幸的是，部分包裹被海关扣了下来。同一天，在旅馆的房间里，我却利用互联网络把比特传来传去……我的比特完全不会像宝丽金的那样，被海关扣留。"这段话说明了随着信息技术的迅速发展，许多新的问题产生，原有的法律必须重新修订。世界上各个国家与地区都十分关心如何从法制角度来迎接信息时代，他们对于原有法律进行各种修正。我国在1997年颁布的新刑法中，第285、286、287等条目专门规定了计算机信息系统的犯罪问题，把违反国家规定，对计算机信息系统的功能以及其中存储、处理与传输的数据和应用程序进行删除、修改、增加，故意制作、传播计算机病毒等破坏性程序；利用计算机实施金融诈骗、盗窃、贪污、挪用公款、窃取国家秘密；违反国家规定，侵入国家事务、国防建设、尖端科学技术领域的计算机信息系统等，都定为犯罪行为，国家将对其处以刑事处罚。这些法律的根本目的是保障信息存储与传播的安全与畅通，从而维护信息系统的安全，保障整个社会与国家的稳定与健康发展。因此，作为一名教师应该具有守法意识。只有具有这些意识，才不会因触犯法律而受到国家的处罚，也才能保障信息存储、信息处理以及信息传播的安全与畅通，最终还是维护了自己的信息获得与利用的安全与方便。

2. 信息伦理道德修养方面的目标

教师本身具有良好的传统伦理道德修养，但在现代信息技术环境中，由于信息交流的隐蔽性、开放性和没有监督，对教师的信息伦理道德修养提出了更高的要求，具体表现在：能认识信息和信息技术的意义及其在社会生活中所起的作用和负面影响；了解并遵守各种与信息技术相关的文化、法律法规和伦理道德；具有较强的自控能力，能抵抗网络不良信息的诱惑和污染；能做到文明聊天、有责任地使用信息；具有强烈的社会责任感及参与意识，平时能主动和学生进行多渠道信息沟通，利用信息技术对学生进行心理疏导、课外辅导、思想教育；主动参与理想的信息社会的创建，在获取信息的同时，能积极主动地去吸取新信息和研究学习新的信息技术等。

(1)具有高度社会责任感是信息素养中首要的道德

作为利用信息技术的教育工作者的道德修养的第一个要求是，他们必须具有高度的社会责任感。在利用信息技术的人们中，有相当一部分人是科学科研工作者与文化知识传播工作者，他们所从事的是研究知识与文化、创造知识与文化、传播知识与文化的精神劳动，这种劳动的职业特殊性决定了比直接的物质劳动要有更加高尚的职业道德的特殊要求。在应用信息技术进行科学文化研究与科学文化传播时，更应该考虑到信息传播面广量大的特点，一定要遵循科学研究工作者与知识文化的传播工作者的道德行为规范，富有责任心与追求真理的精神。

一方面，对于使用信息技术的知识与文化的研究工作者来说，他们应该认识到信息技术的传播广泛性，所进行的每一项研究都会很快地传播到各个地方，造成极大影响。因此，在进行研究的一开始就必须十分关心成果的社会应用，特别是教育应用，"他不能对他工作的成果究竟对人类有用还是有害漠不关心，也不能对科学应用的后果究竟使人民境况变好还是变坏采取漠不关心的态度。不然，他不是在犯罪，就是一种玩世不恭"。例如在科学研究领域的工作者必须认识到，利用网络可以传播有益于人类的科学技术知识的传播，也可以传播有害的计算机病毒，而他们的责任是推动前者反对后者。

另一方面，对于文化知识的传播者——教师来说，同样要了解信息技术大大增加了文化知识传播的范围，因此应该在利用信息技术进行创造与传播时，具有一种提升人类道德和理性的高度使命感，努力提高自己的教育品位，创造与传播真善美，而不是去传播一些对于人类文化发展有反动作用的知识；同时应该敢于面对社会的各种落后与丑恶现象与行为，作出正确的价值判断，并且能够进行良性疏导，从而影响学生，促进学生的健康发展。

（2）必须保证自己劳动成果的纯洁性和科学性

信息传播是人类社会借以形成的重要手段，从原始社会开始，人类社会的各种关系以及协调关系的各种活动，都离不开有效的信息传播。传播因此而成为每一个社会成员的基本社会权利，是"天赋人权"的重要内容。也可以是在大家共同遵守一定的协议的条件下，相互进行信息交换的过程，如果某些人破坏了这些协议，那么信息交换就不能畅通。这些协议的一个重要出发点是人人平等，相互尊重。在进行信息交换过程中，没有年龄区别，也没有权威与普通人的等级差别，大家应该相互尊重，尊重对方的劳动，特别是作为教育信息的传播者——教师而言，更应该去尊敬知识、尊敬别人的劳动。而且由于利用信息技术可以大量下载各种教育研究与教学资料，因此更加要特别注意尊重他人的劳动，应该提倡一种用诚实劳动争取美好生活的思想道德，不能够去剽窃和仿冒他人的教育研究成果，在引用人家的知识劳动成果时应该指明出处；同时还应该注意到由于利用信息技术可以进行跨越时空限制的大面积传播，影响十分大，因此利用信息技术进行传播的人们必须要对自己发表的成果的事实性与科学性负责，做到言之有据，同时在引用人家的成果时要进行分析，做到不传播虚假的信息。

（3）知识劳动者必须具有良好的学风、文风。"在互联网上，没人知道你是一条狗"，这句话是对互联网匿名特性的最著名的表述。同样信息技术的利用可以不知道与你进行对话的人的性别、年龄、学历与职位，而只是知道他的观点，这一点可能有利于培养对事不对人的良好作风，而且双方不会因为地位的不同，而有心理障碍，而影响信息的真实性，从而有利于培养不讲假话的良好作风。但是公正、公平、科学、实事求是地对于事实做出评价判断，不拉帮结派、任人褒贬仍然是从事教育信息传播的人们必须具有的道德品质；尽管通过利用信息技术可以得到许多信息，但是作为一个教育工作者必须自己进行研究，得出自己的判断，而不是人云亦云，要对传播的知识进行科学的分析，做到知识传播的严谨性，从而去影响学生的发展。

（4）良好的合作精神是信息技术利用者工作的保证

作为信息技术系统中的人通常有着两种身份，他们既是信息传播的传者，需要发送电子邮件、订货单、送交学术论文等大量信息，同时又是信息传播的接受者，接收人家寄来的电子邮件，还可以通过信息技术查询自己感兴趣的各种资料，教师也不例外，教师既是信息的传播者，又是信息的接受者。当然无论是作为传播者还是接受者，教育工作者都必须有一种合作精神，对于人家的问题与要求也要有诚恳的态度给予帮助，同时自己提出的要求也应该是诚恳的，不能强制对方做他们不愿意做的事情，这样才能使信息传播产生一种良好的互动效应。

作为信息传播的传播者来说，教师应该保证自己所传播的是符合人类的道德规范，促进人类文化的发展的信息，而不是有害于人类文化的健康发展的东西。例如，不应该包含那些可能对青少年有不良影响的淫秽信息；不应该传播那些不科学、不正确的无稽之谈；不应该传播计算机病毒等。其次，要善于与他人通过信息技术沟通。由于电子邮件与通常的信函相比似乎不那么规范、行文相对比较自由，但是应该认识到，在使用信息技术通讯时，你仍然是在面对人而不是机器，必须充分表达出对于对方的尊重和信任。此外，还要尊重其他人的自由，不要随意地往人家的地址发送东西。而作为信息传播的接受者，首先应该尊重其他人的劳动与信息产权，未经同意不要下载人家的信息；同时，由于利用信息技术来接收信息通常是采取允许接受者可以主动寻找自己感兴趣的互动方式，这时接受者或信息查问者就更加要尊重他人的隐私权，不要去盗窃人家的机密信息和隐私信息，教师是为人师表，自己的模范带头作用是非常大的。此外，在收到电子邮件以后，应该及时给人家答复，帮助人家解决有关问题，特别是对学生的一些问题，要及时地给予答复，使学生知识得到及时巩固。

3. 信息知识方面的目标

随着信息技术的发展，信息技术产生了许多新的科学技术知识，特别是信息技术的有关信息知识。无论是作为信息技术系统的使用者与开发者，还是作为信息时代的一个普通成员，都应该具有这些基本知识，特别是教师作为教育信息的传播者，更加要掌握这些知识，才能更好地传授信息知识。因此笔者认为教师要弄清一个对于信息技术知不知与懂不懂的问题。

（1）了解信息技术是信息时代的基本要求

随着信息技术进入人们的生活，在许多社会活动中，信息技术的发展与广泛应用成为一种热门话题在议论；在教师与学生之间，如何利用信息技术成为大家普遍关心的问题。总之，在信息时代有关信息技术的各种知识成为了一般人所应该了解的常识，作为教育信息的传播者，掌握信息知识是必要条件。很难设想，在信息社会一个有文化的人在自己与朋友的谈论中会不涉及信息技术，也很难设想一个有文化的人会在人家谈论信息技术时呆若木鸡，特别是作为一位教师对信息技术而言，更不可能在教育活动中不联系到信息技术。也就是说，对于教师有一个对于信息技术知不知的问题。

信息知识是指一切与信息有关的理论、知识和方法，一般来说它包括：

①传统文化素养。传统文化素养包括读、写、算的能力。尽管进入信息时代，读、写、算等方式产生了巨大的变革，被赋予了新的含义，但传统的读、写、算能力仍然是人们文化素养的基础。在信息时代，必须具备快速阅读的能力，这样才能有效地在各种各样、成千上万的信息中获取有价值的信息。

②信息的基本知识。包括信息的理论知识，对信息、信息化的性质、信息化对教育影响的认识和理解，信息的方法与原则(如信息分析综合法、系统整体优化法等)。

③现代信息技术知识。包括信息技术的原理、信息技术的作用、信息技术的发展及其未来、信息技术在教育中的应用。如它的应用对于教育可能有一些什么影响，又有什么局限性，信息系统有哪些组成部分(包括硬件、系统软件以及应用软件)，各个部分在信息系统工作中的基本功能，各种各样的机型代号有些什么意义，各种有关的名词术语(例如多媒体、计算机病毒、上网、下载、数据库、光盘、打印机、网卡等等)的意思是什么等。

(2)弄懂信息技术是用好信息技术的基本条件

对于教师而言，他是信息技术的利用者，不仅需要了解一般的信息技术科普知识、而且还应该深入了解信息技术的现状与发展，只有充分了解了信息技术的知识，才能更好地利用信息技术从事教育教学活动。例如，需要了解信息技术的工作原理，了解信息技术系统的基本构成，各个部分的工作机制以及在系统工作时的功能与作用。这样他们可以在自己教育教学活动中充分利用有关知识，从而提高教育教学效果。例如，教师在课堂教学中利用多媒体进行教学，那么如果懂得计算机和网络的有关知识，就可以自由地利用多媒体进行辅助教学，从而做到教学活动生动有趣，最后实现教育最优化。但是如果你对计算机或网络知识不太了解，在教学中出现问题的话，就会束手无策，从而影响教学。总之，多懂得一些信息系统的细节与原理，可以使得教师在使用信息技术时比较自由，充分发挥信息技术的作用，提高教育教学效果。

(3)了解信息技术发展的历史与发展趋势是教师信息素养的提升

任何事物都有自己的发展历史和发展趋势，信息技术也不例外，信息技术发展的历史有着它本身的客观规律，因此对于它的了解也是信息知识的一个重要方面，教师有了对于信息技术历史的了解，知道信息技术是如何发展起来的，经过了一些什么发展阶段，各个阶段的特征是什么，就可以展望未来，从而预测信息技术的发展方向，教师就可以以积极的态度迎接信息技术的新发展，做到与时俱进。教师不仅能够从历史与发展的角度来谈论信息技术，更重要的是从哲学的角度形成对信息的本质与源流的认识，从而提升自己的信息素养。

4. 信息能力方面的目标

在信息社会里，所有的人无论他们自觉还是不自觉，都要使用信息技术进行工作，教师想要自己的业务水平得到提高，是不可能不与信息技术脱离联系的，因此使用信息技术的能力是信息素养不可缺少的部分，并且应该是信息素养的核心内容。

如果从一般使用信息技术系统的角度来说，那么信息技术系统的应用能力则包括一些技术性较强的问题。例如，如何选择与安装一个适合自己需要的信息技术系统，如何启动、运行与结束一个信息技术系统的工作，如何对于一个信息技术系进行日常维护，如何利用信息技术进行教学等等。关于它们的具体内容，研究人员的看法的差异比较大，我们在以后进行专门的讨论。笔者认为从使用信息技术系统的能力角度来说，教师的信息能力可以分为如下一些方面：

(1)计算机系统的基本操作能力

最基本的信息技术能力是计算机系统的操作能力。尽管现在的信息技术的发展使得计算机系统的使用方法越来越简单，但是还必须教师自己去操作，包括启动计算机系统进行工作，在任务完成以后关闭计算机系统，选择所要使用的软件并且运行它，正确地进行人机会话等。在能力许可的情况下，还应该学会一些安装、测试等简单操作，这就是我们平时所说的计算机操作基础。

(2)计算机系统的各种软件的使用能力

一个完整的计算机系统由硬件系统和软件系统两大部分组成。硬件系统指由电子部件和机电装置组成的计算机实体，它包括主机和外部设备，用来接受计算机程序，并在程序的控制下完成数据输入、数据处理相输出结果等任务。软件系统指为计算机运行工作服务的全部技术资料和各种程序。它保证计算机硬件的功能得以充分发挥，并为用户提供一个宽松的工作环境。软件一般分为系统软件和应用软件。系统软件通常由计算机的设计者或专门的软件公司提供，包括操作系统、计算机的监控管理程序、程序设计语言等。应用软件是由软件公司或用户利用各种系统软件、程序设计语言编制的，用来解决用户各种实际问题的程序。计算机系统的硬件提供了信息传播活动的基础，软件起着控制硬件系统工作、发挥计算机系统性能的作用，一个计算机系统使用的软件不同，它所起的作用也就不同。一般计算机系统制作者在同样的硬件系统上提供了大量适合不同需要的软件，教师可以根据自己的需要选择不同的软硬件组合来完成自己的工作。许多软件是通用的，可以从事某一个类别的工作，例如用来进行文字处理的软件有 WPS、WORD 等，用来进行远程通讯与查询的有 Outlook、Netscape、Internet Explorer 等。

(3)信息资源的利用能力

教师使用信息技术的主要目的是获取信息与利用信息来提高教育教学效果、科研水平和生活质量，因此，信息资源的利用能力是教师需要的信息能力的一部分。其中，重要的一点是能够在浩瀚的信息海洋中进行有效的查找，以比较少的时间发现自己有用的信息。因特网是一个联接有数以万计个计算机的庞大信息资源，教师不可能把所有信息全部下载到自己使用的本地信息系统中来，此外现在的光盘品种很多，每一个光盘的信息容量也很大，也难以查找其中的信息，因此必须具有一定的信息获取能力，才能发挥信息系统的工作效益。另外需要注意的一点是要具有利用信息的能力，在获取了信息以后，还要善于利用这些信息，通过适当的分析与认识，使得它们能对自己的工作发挥作用。这些都属于信息资源的利用能力。

(4)信息资源的开发能力

教师除了利用信息资源以外，通常还需要自己开发一些信息资源。例如，利用文字处理软件写作一些文章，利用 Powerpoint 等准备讲演稿，编制自己使用的家庭记事录、通讯录以及简单的家庭预决算，编制一些计算机辅助教学软件等，这些都属于信息资源的开发能力。每个教师的信息资源开发能力是根据他本人的工作需要与生活习惯而各不相同的，但是具有一点信息资源开发能力可以提高教师使用信息技术的水平与兴趣，也能够促进信息意识与情感的提高与巩固。

(5)信息系统的开发能力

有一部分是从事信息系统的开发工作的教师——信息技术老师，他们不仅希望能够利用信息与开发一些信息资源，而且到了一定阶段，而且可以从自己的使用经验出发来评价所使用的信息系统，觉得这些信息系统有许多地方应该改进，也许需要进行完善或另外做一个，成为了"电脑发烧友"或是"网络发烧友"。为了进行各种各样的开发工作，他们需要更加专门化的能力，能够掌握一种效率比较高的程序设计语言，并且能够使用它们开发有效的信息系统，或者对于信息系统的硬件部分有比较深入的了解，能够设计与制作专门的信息技术设施，提高信息系统的工作效率。

（6）信息技术教学应用能力

作为教师，不仅要将信息技术应用于生活、学习，最重要的是将信息技术应用于教学、服务于教学，从而提高教学效果。因此教师要对多媒体教学、教学设计、信息技术与课程整合等熟练掌握，才能提高教学效果。教师信息技术教学应用能力包括多媒体教学能力、教学设计能力、信息技术与课程整合能力等。

1.3.3　教师信息素养内容

前面的章节，讨论了教师信息素养的意识情感方面与道德伦理方面时所进行的分析，本身就是我们需要培育的教师信息素养的一部分重要内容，而且意识情感与伦理道德的培育应该是与信息知识、信息能力的培养密切结合的，因此以下关于教师信息素养的内容问题，笔者主要集中在教师信息素养的信息知识与信息能力等方面来研究。同时，有必要先介绍一些信息系统的基本知识，有利于后面对信息素养内容的讨论。

1. 信息知识的内容

作为信息素养的重要部分，信息知识是不可缺少的内容，它说明人们对于信息技术了解的程度，而且通过了解与掌握这些知识，教师对于信息意识、情感以及伦理道德也可能得到巩固与加强。笔者认为，信息知识方面的内容包括以下几个方面：

（1）信息技术的基本常识与历史

作为信息知识的一个部分，首先需要了解信息技术的许多基本名词术语的含义，这样可以理解信息时代的许多消息的意义，也才能与周围的同事、朋友、家人谈论日常所经常发生的由信息技术所带来的各种现象与新闻。例如：办公室可能增加或者更新了办公室自动化设备，大家在谈论它们是什么品牌的，好还是不好等，只有听得懂才能与同事进行讨论。那么哪些东西属于信息技术的基本常识呢？笔者认为有以下几个方面：

①信息技术常用名词术语。例如：什么是信息？什么是数据？什么是比特？什么是字节？

②各种信息技术。例如：什么是计算机？什么是信息网络？什么是因特网？微型计算机是什么？什么是多媒体，什么是人工智能？什么是机器人？

③信息技术的特点与作用。例如：信息技术的数字化的精确性；信息多样性与可重现性；信息存储容量大；传播范围大；传播的及时性；信息交换的交互性等。

④信息技术的发展历史与趋势。例如：信息技术的发展经过了几个关键性阶段；各个阶段有些什么特点；代表性的产品与系统是什么；目前的发展趋势是什么等。

（2）信息系统工作原理

教师还应该知道信息系统的基本工作原理，这里主要指的是计算机系统。这样在一些问题上就不会有误解。例如，了解了计算机系统是按照人们规定的算法，执行人们编制的软件而进行工作的，教师才能既不对计算机系统的工作感到神秘而不敢接触，也不会对于所得到的信息盲目接受，而是首先要判断与选择有用的信息，并且加以利用。笔者认为应了解计算机系统工作原理的以下几个方面：

①数字化原理。例如，信息与数据的关系，各种信息的数字化表示，二进制原理及其演算，二进制、十进制以及其他进制之间的转换。

②程序、算法与数据。例如，什么是程序，计算机系统是如何执行一个程序的？信息是如何获取与送入计算机系统的，信息以什么样的形式存放于计算机系统中？又是如何恢复并且重现为原来面貌的？同一个计算机系统为什么可以做各种各样的信息处理加工工作，算法起着什么样的作用，等等。

③信息传播原理。信息传播的基本过程包括哪些基本环节？信息传播的基本要素有哪些？各自起着什么作用？信息在传播过程中的基本形态等。

（3）计算机系统的结构与各个组成部分

计算机系统是个由硬件、软件等许多部分组成的复杂系统，而各个部分又有着各种各样的形式与功能。作为信息技术的基本知识应该了解各个部分的作用与它们的基本类型。

①硬件。计算机系统硬件的作用是什么？一个计算机系通常包括哪些基本硬件，各自具有什么功能？例如，输入设备有哪些？输出设备有哪些？存储设备有哪些？什么是中央处理器？它们有什么样的功能特点？机型代码的含义是什么？等等。

②软件。计算机系统软件的作用是什么？一个计算机系统通常包括哪些基本软件？什么是系统软件？系统软件有哪些？各自具有什么功能？什么是应用软件？通常有些什么应用软件？各自功能是什么？等等。

③系统。计算机系统是如何组成的？硬软件之间的关系怎样？等等。

（4）信息技术的作用与影响

信息素养中的信息知识部分中很重要的一个问题是要了解信息技术对于社会、人类、教育的影响，知道信息技术有些什么作用，同时也知道它有些什么局限性。它包括如下一些方面：

①社会上使用信息技术的有利因素与不利因素。应该了解社会上使用信息技术以后，使得文化传播与交流更加迅速与广泛，有利于人类社会文化、科学技术、文艺各项事业的发展，但是也产生了对于传统文化观念的冲击，有些不符合人类伦理道德规范的东西也可能利用信息技术得到传播。例如，现在因特网上有一些色情文化传播的网点。

②使用信息技术对于经济发展的益处与不利处。使用信息技术可以很快地得到与传播各种经济信息，可以帮助人们在制造出实物之前进行各种模拟试验，获得各种数据，提高各个行业的设计与制造效益与产品质量，并且可以使工业生产做到多样化，甚至可以按需设计与制造。但是，由于利用信息技术所传播的信息都是人们开发与传播的，因此，信息资源中可能传播错误信息或者不及时的信息，如果不加判断分析而盲目轻信，就会造成损害。同时，控制计算机系统的软件也可能有错误，如果没有很好地测试，使用时可能会带来破坏与损失。

③信息技术在人们生活中的影响与它的局限性。信息技术可以帮助人们解决生活中的许多困难，改善与提高人们的生活质量，加强了相互远离的亲友的联系，但是人们的日常生活如果只有这种联系是否存在局限性，此外，由于过度玩耍电脑游戏而产生的"电脑综合征"应该值得注意。

④使用信息技术对于教育教学的有利与不利之处。使用信息技术可以使得教育教学效果得到提高，这一点已经得到大家广泛的认可，但是如果把握不好的话，可能会产生不利因素，如：过度地使用信息技术进行教育教学，学生的抽象思维能力就不能得到提高。因此，我们在教育教学活动中，要适当地应用信息技术，才能有效地提高教育质量。

(5)信息技术有关法律与道德问题

由于信息技术广泛应用而产生的一些法律与道德问题也应该引起信息社会中人们的共同关注：

①利用信息技术时注意法律与道德问题的必要性。首先，应该认识到在利用信息技术时必须关注法律与道德问题，这样在有了守法意识的同时还能够知道法律而不会犯法。

②使用信息技术中可能会遇到法律问题。利用信息技术可能产生一些新的法律问题，今后随着信息技术的广泛应用还会出现新的法律问题。例如有意制造与散布计算机病毒，利用信息技术盗窃国家机密，利用信息技术破坏人家的数据与信息，与信息技术有关的知识产权问题等。

③使用信息技术中可能会遇到伦理道德问题。利用信息技术主要的目的是能够及时地得到各方面的信息与帮助，必然与其他人通过信息技术进行交流，因此，出现了人际关系问题，也产生了伦理道德问题。

（6）外语

信息社会是全球性的，在互联网上有80%的信息是英语，此外还有其他语种，要想相互顺畅交流，就有可能需要了解国外的信息，这就要求教师掌握1~2门外语，适应国际文化交流的需要。

2. 信息能力的内容

在信息社会，每个人每时每刻接受大量的信息，这些信息具有真假之分，有序和无序之分，正负价值之分，人们生活在一个信息的海洋之中，那些"没有控制的和没有组织的信息不再是一种资源，它反而成为信息工作者的敌人"。因此，吸收判断信息的能力对一个教师的素质发展具有重要意义。美国劳工部获取必须技能部长委员会1991年6月向部长提交了一份《要求学校做什么样的工作》的报告，《报告》认为，未来工人应具备五个方面的能力和三个方面的技能和个性品质。五种能力是指：①资源：确定、组织、规划和分配资源；②人际关系：与他人共同工作；③信息：获得和使用信息；④系统：理解复杂的相互间关系；⑤技术：运用多种技术工作。三部分技能是指：①读、写、算等基本技能；②思维技能；③个性品质。报告认为，"这些能力的获得必须始于学校，随后在工作中，在进一步培训中加以提高。这些能力的教与学必须成为学校及学生的任务"。在这八个方面的要求中，信息能力起着重要作用，有关资源、系统、技术等方面的能力都与信息能力的发展有关，信息能力是这几方面能力发展的基础、读、写、算的技能和思维技能也与信息能力有关。信息能力包括信息系统使用能力、信息获取能力、信息处理能力、信息交流能力、信息判断能力。这些能力对教师的信息素养的提高具有重要意义。

（1）信息系统使用能力

在信息社会里，信息是无处不在，信息系统也随之而在，故可以这么说，使用与操作信息系统已经成为教师工作与生活最基本的事情之一。教师无论是进行科研活动还是教学活动，都不能脱离信息，不能脱离信息系统，如计算机系统等。因此，信息系统的使用能力是信息能力的基础。可以说，信息素养方面会不会与能不能的要求中最基本的就是信息系统的使用能力。信息系统的使用能力范围也十分广泛，包括能不能安装与启动信息系统工作；能不能正确无误地操作信息系统；能不能进行信息系统的日常维护保养；当信息系统发生故障时，能不能判断与估计故障的原因，能不能进行必要的处理；能不能根据工作的需要选择合适的软件系统，并且正确与熟练地使用；能不能使用一些软件开发工具进行软件与数据的开发工作；能不能设计小、中、大型信息系统等，都属于信息系统的使用能力的范畴。

（2）信息获取能力

信息获取能力是指教师通过对自然的感应、人际交流和大众传媒，并且利用一定的信息技术获取信息的能力。它是教师能够利用信息的最基本的能力。因此信息获取能力是信息能力中十分有用的一种能力。信息获取能力包括如下一些方面：

①信息接受能力。最基本的信息获取能力是能够利用信息技术在各种信息资源中进行浏览与查找，选择适合自己需要的信息，能够取得它们并且保存在自己认为合适的地方，以备后用。即要求教师具有一定的专业知识，信息知识及一定的外语水平。例如，教师知道不知道自己专业研究或教学的相关网站？知道相关的网站知道不知道可以通过哪些软件工具进行浏览与查找，如何下载信息？光盘信息如何浏览？国外网站的信息是外文能不能独立阅读，等等。②信息搜集能力。指掌握一定的信息检索的方法，运用基础的信息技术，获取信息的能力。它们包括进行各种试验设计，采集有用的数据，并且转化为所需要的信息。这里可能包含了以下一些工作：首先要对任务中的信息需求进行分析，知道需要哪些信息，它们应该从什么地方取得，并且了解如何取得；其次，应该能够考虑如果需要这些信息，可以使用哪些信息技术，是否有现成的系统可以利用，还是需要自己或者请人协助进行一些信息采集的设计工作；在有了这些以后，还需要能够使用信息系统按照预定的计划进行数据采集，并且能够将所采集的数据转化为人们能够理解与利用的信息。例如，在需要学生情况调查时，能够设计如何测试该情况的测试办法，通过各种信息技术手段进行调查测试，收集所需要情况的数据。③信息检索能力，即可以采用多种方式从众多的信息资料中查找出相关信息的能力，此外还要具有信息索取能力，即在检索的基础上，获得原始文献，了解掌握主要信息源的能力。例如：教师在进行教学研究时一般都需要参考资料，那么我们就会去图书馆或到中国知网（www.cnki.net）去检索最新研究动态和论证材料，从而为自己的研究提供依据。信息获取能力是多种能力的综合体现，由于人们的知识水平，技术水平不同，影响信息获取能力的形成和发展。

（3）信息处理能力

有人说，现今社会是"知识爆炸"的社会，因为社会的信息量每过几年就会翻一番；有人说，人类处在知识的海洋里，却忍受着知识的饥渴，因为对自已有用的知识太少了；也有人说，现在不是缺乏信息，而是信息过多，确实，随便在 Google(一个搜索引擎，网址为 www.google.com)里搜索一个关键词都会出现成千上万条信息(以"信息素养"为关键词，在 Google 里搜索到了2,020,000个结果)。据统计 Google 的搜索覆盖面只占整个互联网总信息量很小一部分。一篇名为《信息过载会杀了你》的文章指出：我们被信息折磨着，我们被信息包围着、刺激着、消耗着、覆盖着。这些严峻的现实对人们的信息处理能力提出了严峻的挑战。如何才能在知识的海洋里自由遨游而不被淹没？如何才能在纷繁复杂的信息中找到自己所需的信息？因此信息处理能力对于信息社会的人们具有重要意义，它是信息社会中最重要的能力。信息处理包括从收集信息到发布信息的整个处理流程，具体有以下五个步骤：有效地收集信息、加工信息、存储信息、发布信息、评价信息。根据"信息加工理论"，学习就是收集、加工、存储、发布(转换)、评价的信息处理过程，学习者的信息处理能力直接决定了学习者的学习效果。最初对信息素养的研究几乎都把信息处理能力作为信息素养的核心。比如 1989 年美国图书馆协会(American Library Association)下属的"信息素养总统委员会"，把信息素养定义为"要成为一个有信息素养的人，他必须能够确定何时需要信息，并已具有检索、评价和有效使用所需信息的能力"。1992 年美国学者 Doyle 在《信息素养全美论坛的终结报告》中给信息素养下的定义是：一个具有信息素养的人，他能够认识到精确的和完整的信息是做出合理决策的基础，确定对信息的需求，形成基于信息需求的问题，确定潜在的信息源，制定成功的检索方式，从包括基于计算机的和其他的信息源获取信息、评价信息、组织信息应用于实际，将新信息与原有的知识体系进行融合以及在批判性思考和问题解决的过程中使用信息。我们现在对于信息素养内涵的理解已经深化了许多，但是信息处理能力对于信息素养的基础地位是难以否定的。尽管信息素养包括了意识情感、伦理道德、知识能力许多方面，它本身主要还是体现在信息系统的操作上面，因为信息素养的培育必须通过大量的操作训练才能获得，而且信息素养的表现也要具体落实到使用与操作上，只有在使用过程中才能发现问题，进而解决问题，使信息素养得到提高。试想，如果一个人说得头头是道、天花乱坠、却不会上网浏览，我们很难说他具有较高的信息素养。把信息素养定位在信息处理能力，既超越了计算机教育时代的局限，又体现了"信息加工"理论在信息技术教育中的具体应用，反映了信息处理过程在个体素养培养中的作用，对信息技术教育前期的理论与实践起到了方向性作用；特别是既涵盖了计算机教育的优点，又有效地纠正了简单地把信息技术教育等同于计算机技能操作、软件说明书式的训练等错误观点。同样，作为教师需要掌握一定的信息处理能力。要掌握一定的信息处理能力，首先要掌握信息知识。因为，知识和能力是不能分开的，只有具备了一定的信息知识，才能具有对信息进行处理的能力，比如计算机技术、信息通讯技术和网络技术基础知识等，而且要经常更新。然后要从信息获取、信息组织、信息呈现、信息评价等几个方面不断运用所学知识逐步形成信息处理能力。例如教师在课堂教学中，要以"信息处理能力"为主线，突出对学生信息采集、加工、评价和信息发布能力的培养，并促使学生将习得的信息处理能力应用到本学科。

(4)信息交流能力

信息交流"在传播学上指人与人之间通过符号传递信息、观念、态度、感情等现象"。人类社会以系统的方式存在和发展，教师在这个社会中无时无刻不在以各种方式进行着信息交流。可以说，信息交流是人类社会形成的主要条件，没有信息交流人类社会就会停止运转、僵化灭亡。信息交流在英语中的单词是 Communication，《简明英汉词典》将其解释为"传达，信息，交通，通讯"。Communication 与 Community(团体、社区、社会)具有相同的词根。从中我们也可以看出信息交流与人类社会的关系，一方面没有信息交流就没有人类社会，另一方面人类社会也为信息提供了交流平台。信息交流也是人的本能需求，据报载，国外为了让罪犯供出犯罪事实，将罪犯关在一个隔绝的黑屋子里，无法与别人交流，时间一长，罪犯就会变得思维混乱而供出犯罪事实。信息交流不仅仅是传播新闻和信息，而且是一切传递和分享各种思想、事实和资料在内的个人或集体的活动。已被广泛接受的建构主义学习理论认为：学习是在一定的社会文化背景下，借助教师、学生等的帮助实现意义建构的过程。该理论特别强调了学习的四个要素：情境、协作、会话、意义建构。其中协作是指学习者之间不是竞争和敌视的关系，而是"合争"关系。"合争"是"博弈论"中的一个术语，通俗地说就是 1+1>2，也即学习者通过相互合作都获得了比独自学习更大的学习效果；会话是指学习者之间通过对话与讨论完成情境所规定的学习任务，使单个学习者的经验成果为整个学习小组所共享。教师在课堂教学中，师生本身就是一个信息交流过程，通过师生交流达到传递知识的目的。当然，现在师生之间的信息交流方式多种多样，已经突破了教室的门框，是一种立体交叉模式。例如：在传统教学中，是教师讲、学生听的一对多的单向交流，如果按学生人数来平均的话，单个学生和教师"交流"的时间很少。而现在信息技术使师生交流渠道增多，交流时间延长，除了师生直接面对面的交流，又增加了"学生——信息技术工具——教师"这样一个交流渠道。学生可以通过微信、BBS论坛、聊天工具QQ、网络电话、电子邮件(E-Mail)等与教师进行一对一的双向交流，也能进行一对多、多对多的双向交流。学生在学习中遇到了问题，可以在BBS论坛贴出帖子，说明问题，然后请教师回答或与小组同学讨论；也可以通过聊天工具QQ或是微信与教师实时交流。QQ还有视频聊天的功能，只要有一个摄像头就可以与教师"面对面"地交流了，从而真正做到个性化学习。

(5)信息判断能力

随着信息技术的迅猛发展和普及，我们已经逐步进入了信息社会，因特网为我们打开了一个绚丽多彩的世界，为我们工作和学习带来了极大的便利，但由于其信息交流的隐蔽性，又同时会给我们造成某些负面的、消极的影响。譬如网络病毒、网络色情、网络欺诈、网络黑客等给人们造成了干扰和不良影响。由于部分人对信息的识别、分析、判断能力不强，自律力较弱，因而信息道德的培养是不可缺少的，应采取一定措施，学会搜索分析处理网络信息，提高信息判断能力。譬如：创建相对安全、单纯的网络环境，安装杀毒软件、反黄软件、把好的教育资源下载到学校的服务器上，利用局域网进行网上学习；向学生推荐优秀的网站，教会学生批判地看待和选择网上的信息，加强青少年网上安全教育。信息技术就像一把双刃剑具有双重性，如果一个人具有很高的信息技术应用能力但没有良好的信息道德，其危害会更大。因此，教师应该具备相应的信息判断能力，具有与信息时代相适应的信息伦理与道德，熟悉相关的法律法规，为学生树立信息伦理道德和遵纪守法的典范。

(6)信息技术教学应用能力

教师不仅要能获取信息、处理信息，最重要的是将信息技术应用于教学。教师信息技术教学应用能力包括多媒体教学能力、教学设计能力、信息技术与课程整合能力等。如：教师不仅要掌握多媒体计算机、多媒体教室的使用，而且要掌握多媒体教学的模式、多媒体教学的方式等内容，才能有效地充分发挥多媒体教学的优势；教师要掌握教学设计的一般模式、教学设计理论、教学设计的过程及方法；教师还要掌握信息技术与课程整合的模式、评价与实践等。

1.3.4　教师信息素养培育途径

在明确了教师信息素养的目标、内容和了解了教师信息素养现状以后，很重要的事情就是确定对于教师信息素养培育的途径，即有哪些办法可以培育教师的信息素养。但是人们是从计算机等信息技术出现并且广泛应用以后才开始考虑这些问题的，不过只有几十年的简短历史。而现在人们所重视的数学、语文等课本知识与能力素质的培育问题，它们都经过了几百年的发展，已经形成了一系列的目标、内容与活动的体系。教师信息素养的培育途径方面也存在着许多不同的做法。归纳起来说，职前的教师教育中的信息素养教育；职后的教师的信息素养培育；同时，作为一个教育工作者还应该注意到，社会与家庭教育也是培育信息素养的一个不可忽视的重要方面。

1. 职前的教师信息素养培育的途径

职前的教师信息素养培育主要指的是在校师范生的信息素养培育。20 世纪 80 年代初，我国一些师范院校就开设了现代教育技术和计算机课程，经过二十多年的努力，培养了大批具有一定信息素养的新型教师，推动了各级各类学校改革和教育信息化的发展。为了加快我国教育信息化的进程，教育部于 2002 年颁布了《关于推进教师教育信息化建设的意见)，提出应"加强师范院校信息技术和教育技术等专业建设，培养、培训适应普及信息技术教育需要的中小学教师"，同时指出应普及信息技术和现代教育技术等公共课，其目的无疑是为了提高师范生的信息素养。由此可见，培养具有信息素养的师范生已成为时代发展和推动各级各类信息化进程的必然要求。

（1）提高思想认识

面对以多媒体计算机和网络技术为代表的信息技术在基础教育中的应用，广大师范生还缺乏思想准备，对信息技术的发展引走的教育思想、教学模式、教学方法的重大变革的意义还要有一个明确的理论认识。随着信息技术在教育活动中越来越广泛地得到应用，教师不可能游离于教育信息化进程之外，教育的信息化也不能没有教师的积极参与，信息技术运用到教学活动之中是教师无法回避的事实。因此，需要对他们加强信息技术知识的传授，应当让他们认识到教师是信息技术的直接使用者和受益者，信息技术的出现，为教师施展才华提供了契机。教师应该首先掌握现代化信息技术，具有较强的信息技术意识，能够在教学过程中有效地应用信息技术，如果说信息技术是威力巨大的魔杖，那么教师就是操作这个魔杖的魔术师。

（2）加强信息环境建设

首先，落实在师范生的教学过程之中，开设好与信息技术相关的公共必修课程，使师范生对信息技术的掌握落到实处。使师范院校的各专业教学法或教学理论课程设置与中小学相对应的有关信息教育的内容联系起来，使师范教育教学内容设置与中小学信息技术教育的课程联系起来。其次，完善学校教学设施。如校园网络通到教室，师范生能随时上网，能更快地了解外面的信息。提供先进的设备供教师在上课时使用。为教师教学提供方便使用的多媒体教室；

为课堂教学配备各种常规教学媒体；为教研室配备计算机以便查询网络信息；建设好学校的教育技术中心、计算机中心和网络服务中心，使之有效地配合教学；为师范生提供多种形式的教育信息源和方便快捷的网络使用服务，为师范生信息能力的形成提供最大的便利。同时，学校的信息化教育教学设施要向师范生开放，如计算机房、电子阅览室、语音室等全天向师范生开放，最大限度地提高利用率，给师范生提供实际操作的机会，利用数字化的校园环境来影响师范生。此外，还要加大教育资源的建设。建设好校园网、精品课程网，做到信息资源共享(具体信息环境建设后面的章节我们谈到)。

(3)加强教师信息技术培训

培养师范生的信息素养，至关重要的环节是加强教师信息技术培训和多媒体计算机辅助教学的研究和实践。首先，对计算机课程和现代教育技术基础课程骨干教师及各学科带头人进行培训，并加强学术交流，配备必要的硬件和软件，让他们进行深入的研究。同时，不断扩大骨干队伍，从而指导并带动广大教师投入信息技术教育应用的行列，使广大教师对信息技术的环境有所熟悉，能熟练操作信息系统，能从网络上检索资料，会用相应软件制作课件，能和师范生交流。其次，加强信息技术与各学科的整合。由于多媒体 CAI 的灵活性、交互性，能够使师范生从被动接受知识信息变为主动控制信息的选择、流向和内容，充分发挥师范生的主体作用，充分显示出教师的培训及开展教研活动相互交流的重要性，在教学上加强与学科进行有效整合，防止在计算机多媒体教室中的那种课件模式，即逐一点击鼠标或打开菜单，从而有序地在屏幕上呈现相关视音频教学内容。这样一种模式固然生动，但较之"人为灌输"没有本质上的区别，对师范生的主动学习和能力增强没有显著帮助。而要避免这一现象，就必须加速教师信息技术培训，加强教学研究。

(4)加强学科建设与课程整合

①重视信息技术课程设置，促进师范生信息技术知识和技能的系统学习信息技术课程的设置，是保证师范生进行信息技术基本知识和基本技能学习的基础。信息技术基本知识包括：一是掌握信息技术的基本原理，如计算机、网络、多媒体技术、信息传输及接收与控制的基本原理等。二是熟悉信息技术的发展史，了解信息技术发展的未来，能够对未来信息技术的发展有无限的想象力。三是掌握信息技术基本操作技能，能够熟练使用各种信息技术硬件，掌握常用软件的使用，掌握网络上学习资源的搜集方法，懂得常用软件的开发与应用，熟悉计算机和网络以外的其他信息科学技术知识。因此，设置诸如计算机应用基础知识、信息技术、多媒体课件设计与制作、教学设计等课程，通过专

门的信息技术课程的学科教育，以系统的理论和比较集中的时间让师范生学习信息技术基本知识，使师范生掌握信息技术的基本知识和技能，并为其他途径的信息素养培养奠定基础。

②利用学科课堂教学的有效途径，培养师范生的信息意识和情感学科课堂教学是培养和提高师范生信息意识的有效途径。培养信息素养所需的能力不应该脱离课程，而要与课程内容、结构及顺序紧密结合的，应注重在运用信息技术进行教学的过程中促进信息意识和信息素养的培养。因此，在各门学科的教学过程中，通过开放式信息化教学环境的创设，将信息技术的内容显性或隐性地贯穿于学科课程，以此来指导教师的教与师范生的学，让师范生在潜移默化、耳濡目染中感受信息技术带来的新鲜气息，体味信息技术的无限魅力。从而产生学习信息技术、运用信息技术的强烈愿望和需求，认识到信息在信息时代的重要作用，使师范生对信息技术产生积极的内在需求，迅速有效地发现并掌握有价值的信息，对信息产生敏感性和洞察力，这种信息意识的培养是让师范生主动参与，贯穿整个教学活动的知识的内化和提升。能较好地培养师范生的信息意识和情感，最终发展师范生的信息素养。

③实施信息技术与课程教学整合的策略，提高师范生的信息技术能力实现信息技术与课程整合能培养师范生具有现代化教学资源的使用和开发能力，能培养师范生对信息技术的理解和实际应用的能力。信息技术具有实践性很强的特点，不反复接触是不可能形成素养的。教师要根据课程内容，利用多媒体集成工具或网页开发工具将教学内容以多媒体超文本等方式进行集成、加工、处理，转化为数字化教学资源。运用信息技术系统设计方法、将各种教学信息资源整合到教学设计中，构筑电子化教案。建构能有效地培养师范生的"信息获取、信息分析和信息加工"能力，又能较好地体现新型教学结构要求的新型教学模式。如基于信息技术的"研究性"学习模式和"协作式"学习模式，创设基于多媒体、网络技术下开放互动的教学情境，给师范生充分的信息实践的机会。只有让师范生充分接触各种信息系统，经常性使用思维技能，对丰富的信息资源进行筛选，才能调动师范生的内驱力，不断巩固和提高师范生的信息素养。从实际出发培养师范生最有效地利用信息，创造性地处理和加工信息和对相关信息的整合能力。

(5)强化信息伦理道德教育

相对于师范生信息素养结构中的信息观念、信息知识和信息能力，信息伦理道德的培养往往是被忽视的内容，师范生的信息伦理道德是指师范生在信息的获取、使用、制造和传播过程中应遵守一定的伦理道德规范，不传播不良信息，不做损害他人利益的事情，不做危害公共信息安全的事情。师范生作为即将走上教师岗位履行教书育人职责的新一代教师，自身必须具有良好的信息伦理道德才能做好学生的表率。因此高等师范院校在培养师范生信息素养中，必须重视信息道德问题。教育形式和渠道应是多方面的，比如学校可以开设网络德育课程，针对上网引发的各种道德问题开展讨论；设立网上咨询站；在网络教学中注意渗透德育内容；也可仿照国外某些大学的做法，对一些不道德的网络行为明令禁止；在人文教育中加入信息伦理道德教育等等。通过教育和引导，让师范生学会分析、判断、选择和自我控制，他律与自律结合，塑造师范生良好的信息道德品质。增强师范生对信息的分辨力和对不良信息的抵抗力。应使师范生明白，"学高为师，德高为范"。作为一名师范生更应注意自身形象，在信息活动中自觉地约束自己，讲求信息伦理道德。既不能只顾自己方便，阻碍信息交流，也不能不分良莠，随便下载信息和传播不良信息，更不能目无法纪地影响干扰正常的信息活动甚至危害社会安全。师范生要本着有益于学习和提高的原则，在一定的信息道德规范下进行信息活动，信息素养水平才会有真正意义上的提高。

(6)建立合理的评价标准

目前师范院校往往以计算机等级考试作为衡量师范生信息素养的标准，虽然计算机等级考试对促进师范生的计算机应用能力起了很大的作用。但是也带来很多负面问题：有些师范生把拿到等级证书作为终极目标，仅仅是为了考试而学习，导致在计算机教学上出现新的应试教育；也有的师范生只满足通过考试，而不注重实际应用能力的锻炼，这样的师范生即使高分过关，其信息素养也并未得到较大的提高。当前世界上不少国家都根据实际国情制定了不同年龄段的信息素养能力标准，美国高等教育图书研究协会(ACRL)制定了"美国高等教育信息家养能力标准"(Information Literacy Competency Standards for Higher Education)，该标准分为三个板块：标准、执行指标和效果，有5大标准和22项执行指标。我国教育部在2004年12月15日颁布了《中小学教师教育技术能力标准》。所以师范院校应结合我国国情和专业特点积极展开师范生信息素养标准的讨论，有效地建立我国师范生信息素养的能力标准，并成为实际工作的指南。

(7)编制师范院校的信息技术教材

从当前师范院校所使用的教材来看还存在着一定的问题。《计算机》与《现代教育技术》教材都涉及信息技术教育的内容，但都不完整。所以应该编制出能根据中小学信息技术教育教学要求、适合师范特点的《信息技术》教材。教材内容既要有信息技术方面内容，又要有信息技术教育的理论阐述；既要有文字教材又要有多媒体课件配套资料的教学用书，这样在教学过程中目标更加明确，教学效果也会更好。

2. 在职的教师信息素养培育的途径

教育部 2002 年发布的《教育部关于推进教师教育信息化建设的意见》指出："坚持解放思想，因地制宜，开拓创新，与时俱进注重应用，立足于培养具有创新精神和实践能力的新型中小学师资，全面提高中小学教师队伍的信息素养，"可见提升教师信息素养已经成为全社会的共识。教师的信息素养培养可以分为职前培育与在职培育。前面我们分析了教师信息素养的职前培育途径，而在职教师信息素养培育也是非常关键性的部分。在职教师信息素养培育要采取灵活多样的培训进修活动。下面笔者来探讨在职教师信息素养培育的途径问题。

（1）更新教师教育观念，树立新型的教育理念

教师的教育行为主要受其教育思想、理念所支配，只有树立符合时代精神的教育教学理念，才能在教学实践中不断创新，从而培养出符合时代需要的合格人才。随着信息技术时代的到来，教育信息化无时不在冲击着教师的旧有教育观念。因此，教师必须更新教育观念，树立新型的教育理念：由封闭式单一化的教育转变为开放式多元化的教育；由知识传播型教育转变为知识催生型教育。具体到教学上，这种转变则表现为：教学手段由静态的物质载体向多媒体转变；由课堂讲授向合作化、协作化学习转变。要将信息观念与原有教育观念相融合，内化成自己的教育理念，真正提高自身的综合素质，迎接教育信息化的挑战。

（2）营造信息环境，加强学校的信息氛围建设

首先，努力增加基础设备的建设，尽可能地提高设备的利用率，为提高教师信息素养创造良好的物质条件。学校要筹措经费、增加投入，为教师配备信息化教学的工具。其次，制定相应的政策和措施，鼓励和督促教师参加相关内容的培训和学习，要对教师进行职业培养，使之能利用各种信息处理工具进行备课及开展教学活动，提高教师利用信息技术进行信息收集及处理的能力，增强教师的信息敏感度。再次，还应建立相应的竞争机制，加强教师教育教学的"现代化"含量，在实际教学中，可以要求教师利用计算机备课、利用多媒体教学；将教师的教案、备课笔记上网、使师生在网上交流，网上批改作业。通过这些措施，使教师信息素养在相互学习和研究中得到提高和完善。此外，通过多种途径和方式加强教师培训资源的研究和开发，积极整合各类教师培训信

息资源，加强各教研室之间，教育技术中心和网络中心之间的联合，优势互补，实现资源共享；加强教师间、学校间交流与合作，如优秀教学课件观摩、现代教学经验研讨以及教学评价活动，相互学习，相互促进，共同提高。

（3）加强在职培训

在职培训是在职教师信息素养培育的主要途径和重要方式，应该作为我们研究和探讨的重点。目前在职教师信息素养和能力的培育主要有以下几种方式：

①集中脱产进修。这种方式是指教师为了提高专业水平和学历层次，或者为了获得相应学位而参加的各种专业脱产进修活动，包括各种自学考试、函授、远程教育等形式的专科、本科、专升本学历教育以及有关信息技术教育、教育技术等学科的研究生学位学习等。这种进修培训专业性强，所学知识比较系统全面。但对广大在职教师来说不具普遍性。

②短期培训。这主要是指由各大专院校、地方教育管理部门或师资培训中心等组织的有计划、大范围、短期集中进行的信息技术应用培训活动。如由政府部门组织的骨干教师技能培训、中小学教师信息技术轮训等都属于这种形式。

③校本培训。这是指各个学校利用节假日等空暇时间自行组织的教师信息素养培训活动。这种培训方式的特点是：时间可长可短，次数可多可少，形式灵活多样，或专题讲座、或计算机知识培训、或教学观摩等；内容较有针对性，强调实用性，能有效地将信息技术与学科课程结合起来，使培训活动更具活力和效果。

④专家讲学。通过聘请教育技术专家到校举办专题讲座，让全体教师了解有关教育信息化的理论和发展趋势，使其接受新的教育观念，自觉树立信息教育的意识，自觉投入到信息化教育的改革中去。

⑤观摩教学示范课。对多数在职教师来讲，如何运用信息技术进行教学还是一个崭新的课题，他们有强烈的愿望要看——看别人是怎么做的，从中受到启发。因此，学校要经常组织教师走出去了解别的学校的成功实例，观摩、学习优秀教师的示范教学，这样能鼓励并带动更多的教师自觉加入到信息技术教学实践中去。

⑥远程教育培训。通过因特网、通讯技术等设施进行远距离培训。这种培训对在职教师来说，一是解决了"工学矛盾"，教师可以随时随地进行培训学习；二是教师学习的方式比较自由，可以根据自己的需要选择学习内容。

⑦自发研修。这是指在职教师为了教学和科研需要，为了提高信息技术水

平和信息素养而自发地学习相关知识、掌握相关技能和进行相关研究的活动，包括利用闲暇研读有关教育技术和信息技术教育方面的专业书刊、自行参加有关的专业培训或业务研讨会、利用信息网络资源自学、积极开展信息技术教研活动、发表教学成果等。

以上几种培养方式中，前6种都属于有组织、有计划的培训活动，对教师信息素养培育的影响和作用已得到人们的普遍肯定，而自发研修方式还未得到足够的认识。笔者认为自发研修活动增强了教师提升信息素养的迫切感，并且能够在网络上得到知识、情感的支援，与专家、同行进行交流，特别有助于教师进行信息技术与课程整合的活动。因此，自发研修方式是最具生命力和活力的一种教师信息素养培养方式。

（4）加大信息技术与课程整合的力度

教师信息素养的培养和提高需要在实践中去体验、反思、总结，因而学校管理部门应加大信息技术与课程整合的力度。

①了解本校信息技术与课程整合所处的层次

有关信息技术与课程整合的理解，有不少专家学者提出过自己的观点。他们根据信息技术与课程整合的不同程度和深度，将整合进程大略分为三个阶段；封闭式的、以知识为中心的课程整合阶段；开放式的、以资源为中心的课程整合阶段；全方位的课程整合阶段。在以上不同的阶段，教师的角色、技术的使用、学生的学习方式存在着差异。比如在封闭式的、以知识为中心的课程整合阶段，信息技术是作为演示、交流、个别辅导的工具，教师仍是知识的权威与施予者，学生是集体听讲、做作业为主，教学方式基本上是灌输式。而在以开放式、以资源为中心的课程整合阶段，信息技术主要作为信息加工、研发的工具，教师以指导者、帮助者的身份出现，教学方式多是问题、任务驱动式的学习。教师要把握信息技术与课程整合不同阶级的特征，了解本校信息技术与课程整合所处的层次，发挥已有优势，弥补现有不足，做到有的放矢。

②鼓励教师进行信息技术与学科整台实践

在教师信息素养的培养中，教师信息素养的终极体现并非一定是在纯粹意义上的"信息技术与课程整合，而应从更广义的角度来理解整合"，即创造性地以多种方式在各种类型的课程教学之中使用信息技术，在教育教学中不断地创新，关注学生学习能力、信息能力、信息素养的培养。所以，这就要求教师在教学过程中身体力行，在教学实践过程中自觉使用信息技术，以实现提高教学效果和自身信息素养的双赢目标。因而，各个学校必须对现行教师的评估体制进行修订，建立教师开展信息技术与学科整合的激励机制。学校对教师的评估与激励机制是教师教学行动的指挥棒，只有在机制上真正体现对信息技术与学科整合的重视，才能成为教师实践的推进力。

（5）建构完善的培训教材

目前还没有一套完善的教师信息素养培训教材，培训学校所开设的课程，多以学科教学法为主。由于没有教材，培训教师往往各施其法，通过参阅相关的教育类书刊杂志备课，存在随意性大，系统性、科学性相对较差等问题。因此，迫切需要开发、建构一套完善的培训教材。基于信息技术的发展，学科资源库的建设备受关注。建构一种包括传统文字教材在内的，把专家讲座、录像资料、网上资源、优秀教师资源等整合一体的、超文本、非线性、立体化的多媒体教师培训教材不但是可行的，而且是必要的。广大教师都意识到自主、协作、探究式学习的必要性，但真正变革原来的学习观念以及思维习惯并不容易，建构基于信息技术环境下的多媒体教师培训教材，为学习者创设了一个良好的学习环境。学习资源的变革，必将促使教师更新学习观念，转变学习方式，推动自主、协作、探究式学习的开展和应用，以适应教育信息化的发展需要。利用先进的网络技术，加强专家学者与教师的交流，实现教师的专业化发展。

（6）建立合适的教学评价、评估体系

学校应系统地对各学科教师进行信息技术培训，并建立一套较完备的评价、评估体系，有意识、有目的地把信息意识和信息技术贯穿并融入各学科教学中。学校要鼓励教师在学习、生活中自觉运用信息意识和信息技术处理各种问题，不断提高信息处理能力，逐步完善自身的信息素养。对教师运用多媒体教学、教学资料的网上共享、制作多媒体课件、实验实训模拟操作、网上与学生互动教学等进行综合评价。

（7）加强信息伦理道德教育，提高教师的伦理道德修养

有针对性地开展新时期伦理道德教育，提高广大教师的伦理道德修养。只有教师的思想观念、行为规范、道德品质等综合素质提高了，才能使教师的信息素养得以提高，增强广大教师对信息社会新的知识现象、知识信息好坏、真伪的判别能力。

3. 社会家庭教育

还有一个不可忽视的重要途径就是社会家庭中的信息教育。实际上，教师不但在师范接受教育、在职后进行培训，而且在社会上得到多种多样的社会教育。它们是信息素养培养的重要补充途径，也是培育的特色所在。大众媒体具有信息教育作用。由于信息技术是一门发展很快、应用面十分广泛的新兴技

术，必然引起社会各个方面的关注，电视、广播、报纸杂志以及信息网络传播等各种媒体都在讨论信息技术，在各种书店以至出售书籍的超级市场，到处可以看见许多热门的、从各种读物到百科全书的各种档次涉及信息技术与信息时代的书籍出售，图书馆内也到处可见有关读物。各种各样的博览会、展览馆里许多内容涉及信息技术与信息知识，许多表演与展出方式都与信息技术有关。因此，许多人在这些场所学习到了信息技术的各种知识，了解了信息技术发展的新动向，很好地补充了学校教育的不足之处。家庭中的讨论与使用信息技术可以使教师信息素养进一步提高，家庭成员见面时也在谈论信息技术。此外，教师大部分时间是生活在社会与家庭之中的，当他们到处都会接触信息技术时，例如在商店里使用 POS 系统结账，在银行使用自动柜员机取款与存款，回到家里，使用信息技术休闲娱乐；同时，在备课时，教师自己也利用信息技术来寻求帮助，他们还利用信息技术来进行阅读，漫游知识的海洋，或者是利用信息技术进行各种各样的休闲娱乐活动。那么，教师必然从中得到进一步有关信息技术的教育。这点是大家都能够看到的，我们不应该对此有所忽视。社会家庭中的信息教育本身就是一种培育信息素养的环境，对于培养信息意识情感有着十分明显的作用，同时各种各样的伦理道德问题也主要是在这里发现了冲突，也在这里找到初步解决的办法。同时，许多社会活动、例如信息技术知识比赛、操作比赛，其中有名的国际信息学奥林匹克竞赛及其有关的选拔与培训活动，对于培育拔尖人才也有着十分巨大的影响。社会家庭的信息教育的一个重要特点是信息素养培育的同步性，所学习与培育的信息能力可以与信息技术发展基本同步。而且这种同步造成了一种十分有趣的现象：一些信息技术的生手可能与一些信息技术的专家或者老手同处一个地方共同学习某种新东西，他们相互交流启发，不仅生手从老手那里学习到许多东西，而且新手们可能提出老手没有想到过的问题，不断给信息素养增加新内容。例如，多媒体技术刚刚出现时，许多原来的计算机专家与许多视听技术的专家都要学习与讨论；而在 JAVA 语言出现以后，大家又一起讨论它的应用方法了。这种情况，正像西摩·佩珀特所描述的桑巴学校的例子："代表着一种学习环境应该具有而且能够具有的属性，学习没有脱离实际，桑巴学校有着它的目的，学习是为了这个目的而与学校结合在一起的。新手与专家在一起，专家也在学习。充分体现了信息素养的绝对权威与普及性等特点。

但是，这种培育途径没有明确的教育目标，也难以评估不同人的学习效果，因此很难把它作为一种主要的信息素养培育途径。而通常是把它作为其他途径的必要的补充。

第2章　信息素养基础知识概述

2.1　信息素养的内涵

新时期，高等教育正在进行重大的变革，就是从塑造型教育变成服务型教育，以顺应时代发展，信息素质教育是其改革的重要部分。在信息社会和知识经济时代，信息已经成为社会发展的决定力量和主导因素，信息素质是学校教育和终身教育的基本构成，成为科学技术和知识经济发展的基础。信息素质教育直接关系到人们如何立足于社会、建立信息社会这一基本点。只有加强信息素质教育，教育职能才能充分发挥，信息社会才能得以全面实现。在信息社会，信息技术的知识已经成为社会生活的一个重要部分。能够拥有多少信息资源、是否具有信息分析能力，能否熟练快速地挖掘信息技术，已经成为一个人能否在社会立足的重要因素和条件之一。对当代高校人员的信息素养的教育顺应了时代的潮流，迎合了信息社会对人才的要求。

2.1.1　信息素养的概念

信息素养这一概念的确立和引起高度重视有一个历史演变的过程。这与信息重要性的凸现以及计算机的快速普及、网络的飞速发展和社会的日益信息化密切相关。

自 1974 年美国信息产业协会主席保罗·车可斯基首次提出这一概念以来，人们对这个概念的定义、内涵做了许多研究和探索，并已深入到对信息素养人特征购描述，以便为深刻理解这一概念的丰富内涵提供更广阔的视角。保罗把信息素养定义为"人们在解决问题时利用信息的技术和技能"，其含义包括对传统文化素养的延续和拓展，对信息源及信息工具的了解和运用，对信息筛选、检索、评估、组织、处理的技能等。1983 年，美国信息学家霍顿提出，教育部门应开设信息素养课程，以提高人们对电子邮件、数据分析以及图书馆网络的使用能力。实际上，这已经把信息素养与计算机和网络联系了起来。1987 年，信息学专家帕特里亚将信息素养概括为一种了解提供信息的系统，并能鉴别信息的价值，选择获取信息的最佳渠道，掌握获取和存储信息的基本技能。1989 年，美国图书馆协会和美国教育传播与技术协会提交了一份《关于信息素养的总结报告》，提出有信息素养的人必须能够认识到何时需要信息，能够评价和使用所要的信息，有效地利用所需的信息，有信息素养的人最终是指那些懂得如何学习的人，懂得如何学习是因为他们知道如何组织知识，如何找到信息，知道如何利用信息。从此，信息素养这个概念跨越了图书情报界，迅速扩展到教育界甚至全球各个领域。1990 年，美国国家信息素养论坛在本年度报告中提出信息素养人是：了解自己的信息需求；承认准确和完整的信息是制定明智决策的基础；能在信息需求的基础上系统阐述问题；具有识别潜在信息源的能力，能制定成功的检索策略；能检索信息源，包括能利用以计算机为基础的信息技术或其他技术；具有评价信息的能力；能为实际应用而对信息进行组织；具有将新信息结合到现存的知识体系中的能力；能采用批判性思维，利用信息并解决问题。

1992 年，道伊尔在《信息素养全美论坛的终结报告》中进一步将信息素养定义为：一个具有信息素养的人，他能够认识到精确和完整的信息是作出合理决策的基础，确定对信息的需求，形成基于信息需求的问题，确定潜在的信息源，制定成功的检索方案，从基于计算机和其他信息源中获取信息、评价信息、组织信息并实际应用，将新信息与原有的知识体系进行融合，在运用批判的观点思考和解决问题的过程中使用信息。这个定义使信息素养的内涵更加具体化了。1998 年由全美图书馆协会和美国教育传播与技术协会出版的《信息能力：创建学习的伙伴》一书中，从信息技术、独立学习和社会责任等方面更进一步扩展和丰富了信息素养的内涵和外延，并指定了学生学习的九大信息素养标准。

上面所列举的每一个概念都从不同的侧面反映了信息素养的特征。他们的总和形成了信息素养丰富的外延。概括来说，人们主要是从两个方面对信息素养进行界定的。一方面从人的认知角度及对信息内化角度来阐明；另一方面从人具备的确定、检索、获取、加工、利用和创造信息等的良好的信息素养能力的角度来定义。从上述定义的表述中可以明显地看出，人们主要是将信息素养作为一种能力来认识的。因此信息素养的概念从广义地讲信息素养是个体内在修养的一个重要方面。它外在表现为个体在为实现认知而进行的信息活动中所表现出来的信息意识、信息处理能力或技能(包括信息搜集、鉴别、综合分析的能力，信息技术运用能力)，以及丰富的信息知识和良好的信息道德。简而言之，信息意识、信息技能、信息知识和信息道德观念是个体内在信息素养的外在表现，是信息素养的四大基本要素。这里的认知有两方面含义：一方面是知识的学习；另一方面是指个体在工作、生活中对所面临的问题及相关信息的认识和处理。从狭义方面看：信息素养就是在获取、运用、加工信息，生成、创造、表达新信息的过程中所表现出来的综合能力。

2.1.2 信息素养的构成体系

信息素养包含信息意识、信息知识和信息技能，它具有一定的体系结构，包括信息意识、信息伦理道德、信息知识和信息能力。

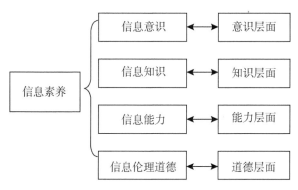

图 2-1 信息素养构成体系

1. 信息意识

众所周知，意识具有主观能动性，它可以驱使人去做某事。现代信息社会中，占有更多的信息资源是财富的观念已经成为人们对信息的内在需求，不断追求自我发展、尊重知识、勇于创新已经成为当今社会的新理念。作为信息素养的一个重要部分的信息意识，主要是指人们对信息的认识、观念和需求，信息意识表现为对信息的态度与兴趣、是否想用和敢用信息。所以，一个具有良好信息素养的人应该具有使用信息技术的积极态度。培养积极的态度是培育信息意识情感的重要因素，具体为：

（1）渴望使用信息技术，利用信息技术能把事情做得更好；

（2）对使用信息技术有信心，通过信息技术能知道更多自己想知道的信息，使自己的学习达到更高的层次；

（3）享受使用信息技术后的喜悦，通过利用信息技术能更具创造性地完成任务。

2. 信息知识

信息技术产生了许多新的科学知识，特别是信息技术的有关知识。无论是信息系统的开发者和使用者，还是信息时代的社会成员，都应该较好地掌握相关知识，具有较好的信息素养的人更要率先掌握和运用信息技术知识。从使用的角度和人的发展角度出发，信息知识主要包括：

（1）了解信息技术是信息时代的基本要求。从一般性了解上说，大学生应该知道信息技术是什么，如：了解信息技术基本工具的作用；理解信息技术的术语；信息技术工作的基本原理和使用信息技术的常用设备，并能排除常见的故障；认识多媒体和网络，并能操作；掌握常用计算机软件(如操作系统、文字处理软件、电子表格等)。

（2）弄懂信息技术是用好信息技术的条件，掌握信息系统的细节与原理，在使用信息技术时更加自由，如了解信息技术的工作原理、基本构成，以及各个部分的工作机制和功能，这样便能在开发信息技术中充分发挥它们的优势。

（3）了解信息技术的发展历史与发展趋势，不仅能从历史和发展的角度谈论信息技术，而且能够从哲学的角度形成对信息技术与源流的认识，从而建立更高层次的信息素养。

3. 信息能力

信息时代的社会可以看成一个信息传播系统，所有的人都要使用信息技术进行工作和学习，因此，使用信息技术的能力是信息素养必不可少的部分。牢固地掌握丰富的信息技术知识是有效地应用信息技术的重要基础和保障。

信息技术的应用能力是信息素养中最具活力的因素、它对学生的学习、创造性思维的发挥，甚至为将来的终身学习、信息化社会中开展工作都具有重要的作用。从实用信息技术系统的能力角度来说，信息技术能力主要包括：

（1）信息系统的基本操作能力。这是最基本的要求，主要指安装、测试技术的能力。

（2）各种软件的使用能力。一般信息系统制作者都会在同样的硬件环境下提供大量适合不同需要的软件，人们可以根据自己的需要选择不同的软硬件组合来完成自己的工作和学习。尽管人们对软件的需要不同，掌握各种软件的程度也不尽相同，但能够正确使用一些软件工具是信息能力的一个共同要求。

（3）信息资源的利用能力。在浩瀚的信息海洋中进行有效的查找，具有快速地确定自己需要什么信息并获取所需信息的能力，并能够分析、利用所获得的信息，具有评价、筛选、判断、分类、存储信息的能力，具有组织和表达信息的能力，同时还具有信息的通信能力，利用信息技术(如电子邮件、互联网络等)与别人交流。

(4)信息资源的开发与加工能力,利用信息技术(如多媒体等形式)展示自己的作品(或学习成果),利用信息技术进行合作学习、自主学习,对于信息资源的认识有前瞻性,具有查错和纠错的能力,根据已有信息提出问题并创造性地解决问题。

4. 信息伦理道德

信息社会中从事知识产品创造的人越来越多,无论是创造还是开发知识产品的人都需要遵循一定的开发利用的行为规范,这样也就产生了信息伦理道德的诸多要求。

信息伦理道德在信息时代尤其要加强。这是因为传统的社会条件下人与人的交流是面对面的,人对某些问题的自律或良好的道德表象是由于受到社会舆论的压力。但在信息时代,人与人的交往是隐性的,缺乏直接的舆论监督和社会的压力。信息技术是一把双刃剑,如果一个人具有很高的信息技术的应用能力,但没有良好的信息伦理道德,其危害就很大。所以一个具有良好信息素养的人,首先应该是一个具有较好的信息伦理道德修养的人。它具体表现在:

(1)具有高度的社会责任感,有一种不断提升人类道德和理性的使命感,努力提高自己的品位,创造与传播真善美,敢于面对社会的各种落后与丑恶现象,并进行良性疏导。

(2)保证劳动成果的纯洁性和科学性,利用信息技术大量下载资料时,必须特别注意尊重他人的劳动,提倡一种诚实劳动的思想道德,不剽窃他人的研究成果。同时考虑到信息技术论文进行跨越时空的传播,必须对发表成果的真实性和科学性负责,做到言之有据。

(3)保持良好的学风与合作精神,作为信息的传播者,要保证传播的信息符合人类的道德规范,促进人类文化的发展,不能有害于人类文化的健康,如:主动抵制黄、赌、毒、反动等不良信息的入侵;不制造和传播计算机病毒;作为信息的接收者,尊重他人劳动与信息产权,不非法复制软件和购买盗版软件,加强对网络安全问题的认识,预防网络犯罪,不窃取机密信息,不做黑客等。

2.2 信息素养的特点

2.2.1 综合性

信息素养不是单纯的一个方面的含义,而是一个多层次、多角度的有着丰富内涵和广泛外延的综合性概念，包含信息意识、信息能力、信息道德到信息评价等诸多方面。美国佛罗里达州立大学的信息学教授 McClure 博士将信息素养内涵分为四个层面，即：传统素养（读、写、算的能力）、媒体能力（适用电子媒体阅读、评价、分析、制作、传播知识的能力）、网络素养（了解网络信息源的价值、具有利用检索工具在网络上查找、处理和利用的能力）和道德素养。张艺兵、李芝在"信息素养新界"对信息素养作了比较透彻的分析：从技术学视野看，将信息素养定位在信息处理能力；从心理学视野看，把信息素养定位在信息问题解决；从社会学视野看，把信息素养定位在信息交流；从文化学视野看，把信息素养定位在信息文化的多重结构。对信息素养从任何一个层面或任何单一角度来描述都是不尽完善的，因为信息素养是一个多层次、全方位、多维度、多元化的综合性概念。

2.2.2　交叉性

信息素养不只反映单一的在信息学领域的修养，信息素养是一个具备多学科交叉特征的修养，是经过传统文化素养、信息理论素养、信息技术素养、美学素养、法学素养等多方面素养互相作用形成的一种内在素质、涵养和能力。

2.2.3　渗透性

包含在信息素养中的信息价值观、信息发展现、信息人生观对信息时代人才的思维习惯、行为方式产生了深刻的影响，作为一种内涵渗透到生活中的每个细节。信息知识、能力素养渗透在通过信息资源、信息技术解决问题的过程中，信息道德素养渗透在信息行为结果和信息行为价值当中，信息素养是一个开放的概念，它的深刻内涵及无限外延渗透到影响信息社会发展的各个领域。

2.2.4　动态性

"素养"在《辞海》中的解释为"经常修习涵养，如艺术修养、文学修养"。强调素养形成的过程是一个"修养"过程，体现出素养是动态的、发展的概念。同样，信息素养的形成也是后天养成的从无到有、从低向高的过程，它区别来自于先天的素质，信息素养是一个与时俱进的动态概念。

2.3　信息素养与相邻概念的关系

随着计算机的普及以及网络的广泛运用，人们越来越重视自身素养的培养，因此当今社会进入了"素养时代"，如"计算机素养"、"技术素养"、"媒体素养"等，而这些和信息素养究竟如何区别呢？我们谈一谈这些概念之间关系。

2.3.1 信息素养和综合素养

美国教育技术 CEO 论坛 2001 年第 4 季度报告提出 21 世纪的综合能力素质，包括基本学习技能，即读、写、算，信息素养、创新思维能力、人际交往与合作精神、实践能力。可见，综合素养包括的是全方位的素质，是对生活在自然环境和社会环境中所具备能力的综合考量，它决定着一个人对环境的适应能力和改造能力，决定着人的学习、工作和生活的质量。

信息素养是综合素养的一个方面，他涉及信息意识、信息能力、信息知识和信息伦理道德，是综合素养的一部分。信息技术的知识和能力是现代智育教育一个不可缺少的部分。在信息时代，计算机与信息技术的技能与使用技术排列在技能培养的首位，成为教育目标的重要部分，同时，开展信息技术教育是进行素质教育的一条途径。信息技术支持信息素养，通晓信息技术强调对技术的理解、认识和使用技能。信息素养的重点是内容、传播、分析，包括信息检索以及评价，涉及更宽的方面。它是一种了解、收集、评估和利用信息的知识结构，既需要通过熟练的信息技术，也需要通过完善的调查方法、通过鉴别和推理来完成。应该说，信息素养是一种信息能力，信息技术是它的一种工具。首先，信息素养是一种基本能力，是一种对信息社会适应能力，其次，信息素养是一种综合能力，涉及各方面的知识，是一种特殊的、涵盖面很宽的能力，它包含人文的、技术的、经济的、法律的诸多因素，与许多学科有着紧密的联系。

2.3.2 信息素养与技术素养

技术素养是指对科学和技术进行评价，并做出相应决定所必需的基本知识和能力。它是一种对科学方法评价的强有力的认知方式，是区分科学和技术并觉察它们之间联系的能力。信息素养与技术素养共同的部分是与信息技术(如计算机、网络、通信)有关的知识、技能特别是信息技术的熟练掌握。信息技术的熟练着眼于对技术基本概念更深层次的理解，分阶段逐渐熟练地使用技术，将问题解决技能和批判性思维用于技术的使用中。

信息素养与技术素养是两个部分重叠的概念，信息素养与信息技术技能不断地交织在一起。信息技术技能是个体使用计算机、应用软件、数据库和其他技术去获得广泛的学术信息，达到与工作相关的个人目的；信息素养着眼于对信息的理解、分析、查找、评价和使用，对这些智力活动的完成一部分依赖于信息技术的熟练，但更重要的是通过批判性的洞察力和推断力完成，信息素养通过各种能力激发、维持和扩展终身学习。信息素养对个体、对教育体制、对社会来说，其含义更广。信息技术技能与信息素养紧密结合在一起，并对信息素养起支持的作用。

2.3.3　信息素养与科学素养

科学素养是指对科学技术的最基本的理解水平。科学素养包括对科学知识、科学本质的理解，对科学的研究过程和方法的理解，对科学技术、社会影响的理解等，它是每个社会成员不能缺少的基本素质。

2.3.4　信息素养与媒体素养

媒体素养是指通过各种大众媒体进行分析、评价、存取以及制作信息的能力。它不仅包括判断信息的能力，还包括有效地创造和传播信息的能力。

2.3.5　信息素养与计算机素养

由于信息素养与计算机素养部分重叠，人们常常把两者混淆起来。实际上，信息素养比计算机素养更宽泛一些。计算机素养包括计算机操作、文字处理等，所有这些集中于如何使用计算机和计算机工具。人们往往把计算机素养误认为是了解多少计算机知识或计算机网络设备的操作或会使用某种软件，也就是软、硬件的机械式学习。其实，计算机素养是指一个人是否具有能从计算机获益的能力，是否能熟练地、有效地利用计算机及其软件完成实际工作任务的能力。而信息素养着眼于利用信息技术和网络与他人协作的能力、解决问题的能力。

2.3.6　信息素养与信息能力

信息能力是指以各种形式发现、评价、利用和交流传息的能力。信息能力是信息素养的核心，但并不是信息素养的全部内容。信息能力是个多元化的概念，它包括信息技术的操作能力和运用信息技术解决问题的能力，对软件的应用、评价、开发的能力，对信息和信息资源的搜集、开发、评价、利用、表达、创造的能力。

2.4 信息素养教育的必要性

21世纪是信息时代，它的到来给国家和个人均带来了巨大的机遇和挑战。一个国家能否在信息时代中获取、占有和使用足够的信息为本国的政治、经济和文化服务，将在很大程度上制约该国的经济发展水平，人口素质的提高和政治上的和平稳定。然而，在现实生活中，西方发达国家利用雄厚的经济实力和先进的传播手段，抢占了广阔的信息市场，发展中国家由于受到经济条件、传媒手段和国家政策等影响，获得的信息有限，这就造成了发达国家和发展中国家的占有信息不平衡的信息鸿沟现象。信息鸿沟现象，不但在发达国家与发展中国家之间存在，在发达国家之间，发展中国家之间，在一个国家的地区间也不同程度地存在着，这个现象已引起了各国政府的注意，要想在信息时代里站住脚跟，如何缩小信息鸿沟，已成为欲谋求发展国家的不能逃避的议题。

2.4.1 我国信息资源的现状

1. 信息鸿沟现象

20世纪70年代，蒂奇洛等人在"大众传播流动和知识差别的增长"的论文中提出了信息鸿沟的假说：随着大众传媒向社会传播的信息日益增多，社会经济状况较好的人比社会经济状况较差的人容易以更快的速度获取这类信息。因此，这两类人之间的信息鸿沟呈扩大之势，而非缩小之势。另外，随着大众媒介信息越来越深入社会系统，社会高经济地位的人群比低经济地位的人群要求更多的信息，因此两种人群间信息鸿沟也呈现出加大的现象。20世纪80年代，计算机技术发展起来后，"信息鸿沟"概念又讨论了关于接入条件，即不同信息技术使用者的社会和经济地位差异和使用机会差异，特别是他们拥有计算机和掌握计算机技术的差异。到了20世纪90年代，随着因特网的迅猛发展，信息鸿沟已成为我们不得不重视、不得不讨论的重要的话题。

2. 信息鸿沟对我国国民社会的影响

我国是最大的发展中国家，也是发展最快的国家，但由于种种主客观条件的限制，我国在对信息的占有和使用上依然和发达国家存在着不平衡的信息鸿沟现象，同时，因为我国地区间经济发展水平的不平衡，各区域因经济地位和政治地位的不同，在地区间和阶层间也存在着较严重的信息鸿沟现象。信息鸿沟现象先是由经济条件、政治地位及文化差异引起的，而信息鸿沟又反过来加刷了这种差距。在信息时代，提高我国人民的信息占有、使用和生产的能力即信息素养，加强信息素养教育，对于发展我国的经济，提高我国的人口素质是十分必要的，是国家和民族不可推卸的责任。

（1）信息鸿沟的存在具有积极意义

对于国家和地区来说，信息鸿沟的存在，在某种程度上可以促进国家和地区间政治、经济、科技、文化、教育、卫生等领域的合作与交流，扬长避短，既缩短摸索的时间，又利于世界的和平稳定，促进共同进步。因为信息鸿沟是信息占有利使用的不平衡，所以，信息鸿沟的适当存在有利于人们去学习和交流，即有利于人际传播和群体传播，而这积极的人际传播和群体传播对于人的发展和综合素养的提高都具有积极的作用。例如人际传播就有如下功能：①交流信息，认识自己和环境；②提供直接互动机会；③有助于形成和发展个人意识和社会意识；④满足人们社交的需要，是个人心理保健的条件；⑤是个人与社会连接的直接中介。群体传播则可以增强凝聚力，形成团队合作精神，增强集体主义荣誉感等。

（2）信息鸿沟的消极影响

信息鸿沟本身就是由对信息的不对称占有和使用引起的，而信息鸿沟的存在又反过来加大了这种不平衡性，致使信息富国与信息贫国之间差距进一步加大，进而引起世界秩序失衡，不利于世界的和平稳定发展。地区间信息鸿沟存在，对国家的整体发展和和平稳定也是种潜在的威胁。

对个人和群体而言，信息鸿沟的存在，影响了个人和群体交往的范围，限制了个人和群体交往的对象，长此以往，个人和群体的社交圈基本固定下来，由于经济地位的限制，引发社会分层，由此而来可能会引起阶层间的纠纷和矛盾，给社会的稳定带来较大影响。

2.4.2 缩小信息鸿沟的对策及提高信息素养的必要性

1. 缩小信息鸿沟对策

（1）关注弱势群体

李克强总理在政府工作报告中，明确提出要关心弱势群体，各级政府部门要积极帮助解决他们的实际问题。传播学上的弱势群体是指信息穷人，传播学上的关注弱势群体也就是信息扶贫。信息扶贫在我国现阶段尤显重要，因为它关系到社会的稳定，关系到共同富裕的国策，关系到现代化建设的全局，关系到民族素质的提高。

我国的弱势群体绝大多数分布在经济落后、交通状况差，或地理位置偏远、人口素质较低的农村和山区。关注弱势群体，一是大力扶持弱势群体所处地区的经济发展，从根本上提高他们对信息传播媒介的购买或支付能力如收音机、电视机、计算机、报刊、杂志等。二是为弱势群体拓宽信息渠道，搭建信息平台；现以1999年云南大学新闻系等单位所做的调研"云南少数民族地区信息传播调查"为例来说明。据这次调查显示，云南少数民族地区平均能收看到的频道是7个，而且其中顶多只有一两个是清晰的；云南少数民族地区有高达83.2%的人几乎看不到报纸，只有16.8%的人对报纸有不同程度的接触。对广播有不同接触的人只占云南少数民族地区总人数的16.4%；在最近一年内，云南少数民族地区的群众只有20.8%的人看过一场以上的电影，其中绝大多数是免费为群众放映的护林队防火片。云南少数民族在地域特征、经济条件、文化素质及信息素养上是能够代表我国弱势群体的相关特征的。由此可见我国弱势群体的信息渠道较单一，以电视媒介为主，但收到的频道较少，很少看报、听广播。对于计算机网络，因购买硬件价格高，更是几乎不用。所以要信息扶贫，必须拓宽弱势群体的信息来源渠道，搭建更广阔的信息平台，比如为弱势群体增加有线电视服务，降低收费标准或免收部分费用，增加频道如乡村频道、农业经济频道、农村教育频道、再就业频道等；在落后地区设立社区图书馆，建报亭，设网站等都可以为其提供更广阔的信息服务，增强与外界的信息联系，缩小与其他阶层的信息鸿沟。

（2）提供教育和培训机会，提高认知水平和信息素养

弱势群体由于受自身经济条件和所在地条件的限制，一般来说，他们的教育程度普遍偏低，这一方面限制了他们对传媒的选择，比如只能看看电视、听听广播，对于文化素质要求相对较高的计算机网络来说，他们只能望尘莫及了。另一方面，也限制了对信息的判断、分析、使用和再生产的能力，这都加大了弱势群体和其他阶层间的信息占有和使用的差距。所以，为弱势群体阶层提供教育和培训的机会，比如增加教育教学机构，改善教育条件，设立专项培训班，提供师资力量支持，倡导互助学习，建立一帮一、一带一的学习型机制等，提高他们的文化素质和技能水平，提高他们的媒介使用能力，对信息的分析、判断和使用能力，对于缩小信息鸿沟、稳定社会、提高民族素质都是非常重要的。

我国西部信息高速公路建设还比较落后，所以加大西部大众传媒建设，拓宽西部信息渠道，对于缩小东西部信息差距，推进东西部经济协调发展有着重要作用。传播学者吴信训针对"东西部传媒经济失衡的现象"提出了四点对策：①给西部"传播特区"政策，架设缓和区域经济落差的信息滑板；②优先享用

国际卫星电视节目等信息资源；③组建国家级的中国西部电视台；④允许有条件的西部报纸、期刊、广播电视台等新闻传媒跨区域经营，并可在北京、上海、广州、深圳等发达城市设立记者站或办事处。除此而外，还要：①国家给予政策倾斜，大力推进西部经济发展，为西部传媒发展提供强有力的资金支持；②国家在传媒的技术和硬件建设上给予帮助，在机构的运营、管理上提供经验借鉴；③东才西用，鼓励东部传媒人才去西部工作、发展，把东部传媒的成功经验和高效模式带进西部；④西部传媒机构在原有基础上进行改革或重组，总结成绩和吸取成功传媒机构经验，精简机构，进行人事改革，把传媒的高效运营方式应用到工作实践中去，增强自身的竞争能力；⑤可与东部传媒机构建立业务合作关系，相互设立分支机构，互派传媒工作人员，互通有无，加强信息的流通和互补。

2. 提高信息素养的必要性

提高信息素养是时代的要求。信息时代，人们选择传媒已经成为一种生活方式和必须具备的能力，所以信息素养成为信息时代信息大众的一项必备素质。媒介深受意识形态影响，媒介上充斥着各种意识形态的信息；再者，媒介深受商业化和功利色彩的影响，商业化的倾向可能会误导消费或存在欺骗，媒介可能会受到不良人士、不法分子的控制，传达错误或有害信息，总之媒介上信息良莠不齐，真假难辨，需要人们提高信息素养以分析、获取、使用信息。还有，提高信息素养对于个人、群体、国家来说都有重要的意义。如对于弱势群体来说，提高信息素养，可以缩小与强势群体的信息鸿沟，减轻国家信息扶贫的负担，对于落后国家来说，人民的信息素养整体提高，意味着民族素质提高，也缩小了与发达国家间的信息鸿沟，可以加快经济的发展和建设的进程。

在我国随着传媒普及率的不断提高，人们使用传媒的时间越来越长。人们时时刻刻都得面对来自电视、广播、计算机网络、电影、报纸、杂志、电话、传真、微信、微博、论坛、博客等的诸多信息，人们花在媒体上的时间仅次于睡眠时间，如何面对纷至沓来的铺天盖地的信息，提高信息素养已是一项刻不容缓的任务。

2.5　高校信息素养教育

高校信息素养教育是一个帮助师生读懂媒体、使用媒体的过程，是帮助师生认清媒体特性、媒体传播技巧和媒体传播效果的手段。另外，信息素养教育还要求师生具有创作媒体作品的能力。据此信息素养应包括三方面能力：
(一)是认识和使用不同媒介的能力，如认识报纸、杂志、书刊、电视、广播、
计算机网络等不同传媒的特点，还有根据不同的需要使用不同的传媒，并掌握
其使用方法，如开电视、换频道，调节音量，利用计算机上网，会从事简单的
微机操作；粘贴、复制、删除、创建信息等。(二)是利用技术获取(例如输入
关键词搜索等)信息，利用理性和立场判断、分析信息，占有(根据需要保存
信息)、使用(复制、粘贴等)、生产(信息的有目的有系统的整合法权益)、交
换(接收和发送信息)信息的能力。(三)是能抵制不良信息(根据理性的判断、
分析和推理，摒弃有害信息如暴力、色情、迷信信息等和无用信息如虚假信
息、不去抄袭别人信息)的能力。

1. 信息素养教育的内涵及要素分析

大众传播作为一种重要的社会力量，在监测环境、传递信息、反映社会、
提供娱乐等方面起了重要的作用。它不但改变着人们的价值观念和生活方式，
也在塑造着人们的品格。大众传播进入人脑的信息大概可分为四种：(1)认知
信息；(2)情感信息；(3)审美信息；(4)道德信息。这四种信息对于人格的
形成、素质和品格的提高都具有重要意义，这四种信息的获取都依赖大众信息
素养的提高，可见加强信息素养教育，提高大众的信息素养意义重大。信息素
养教育是在大众传媒时代，针对多种媒介对人的影响而提出的一种教育思想和
方法。它以培养人的信息素养为核心，以培养人们正确使用媒介和有效利用媒
介的能力以及独立判断信息价值的知识结构为目标，力图使人具备再生产、传
播信息的能力。

从单方面看，教育是教和学的系统过程，在此过程中，需要各教育要素的
协调。有关教育过程系统的要素有以下几种结论：(1)两要素说。认为构成教
育过程的只有两大要素：学生和教学材料。其中学生是教学的主体，而教学材
料是客体，教育过程就是学生自己寻找教育资料自我学习的一个过程。教师所
起到的作用是对教育资料的加工、选择，教师并不构成教育过程中的单独要
素。(2)三要素说。这种观点认为，构成教育过程必须有三个要素：教师、学
生和教材。要进行教学活动，必须有教师的教和学生的学，但是教什么，学什
么，这就一定要有教学材料，表现于物质形式的就是书本、讲义等。(3)四体
论。认为教学过程有四个构成要家，主体——师生，客体——自然界和人类社
会，介体——各种物质和精神的教育手段，周体——学校、家庭和公共场所。
(4)五要素论。即参照传播学先驱拉斯韦尔的五个 W 模式，认为有五个要素：
即教师、信息、媒体、学生以及效果或反馈。有人在此基础上发展成"7W"模

式(见表2-1)。其中每个"W"都类同于教学过程中的一个相应要素，这些要素自然也成为研究教学过程、解决教学问题的教学设计所关心和分析、考虑的重要因素。这7W所指的分别是：

表 2-1　　　　　　　　　　　　　　　**7W 模式表**

Who	谁	教师或其他信息源
What	说什么	教学内容
Which Channel	通过什么媒介	教学工具
Whom	讲给谁	教学对象
What Effect	达到什么效果	教学目的
Why	为什么	教学效果
Where	在什么情况下	教学环境

对于教育过程的要素说，虽然学术界还一直没有定论，但是能从七个 W 的角度来考虑各种要素的存在还是比较科学的。下面就从这7W模式探讨一下我国的信息素养教育。

(1)教师或其他信息源。指国家和社会应该培养专业信息素养教育的人才老师或者具有专业知识的培训人员，组建传递信息素养知识的网络、电视、广播频道成规划针对不同阶层、层次的专门媒体教育教材。

(2)教学内容。包括以下几点：①对不同传媒的特点、性质的介绍；对传媒机构的认识；对不向传媒的使用方法及技巧的介绍。②对信息的分析、存储、使用、整合、生产和交换及对信息真伪的判断技能的传授。③对不良信息的抵制能力，特定心理学知识的传授，德育的培养。④大众传播学的基本常识。⑤特别是注意知识专业性和丰富性的结合。

(3)教学媒体。可以因地制宜，因条件而异，条件不允许，采用传统的授课方式，条件允许，可采用现代化多媒体手段，视听结合。

(4)教学对象。其主体应该是广大学生，也可以面向社会大众或主动接受信息素养培训学习的或应要求必须接受学习的人。

(5)教学效果评价。对不同对象评价标准应有不同，但仍有共性标准，如对传媒的功能特点认识能力提高；使用媒体的技能提高；信息的识别、使用、再生产能力提高；理性认识传媒所塑造的世界，能辨别信息的真伪等。

(6)教学目的即教学目标。旨在提高大众的信息素养，使人具备信息的获取、分析、整合、生产和传播的能力。加拿大信息素养协会理事、媒体教育学家约翰·庞甘特提出了信息素养教育的十大目标。这十大目标值得我们研究和借鉴。以下是十大目标的具体内容：①教育学生使他们成为懂得欣赏而又具批判性和分辨力的听众、读者和观众；②向学生介绍各种媒介的历史发展情况；③讨论并辨析媒体的主要用途；④辨析各种不同媒体运用的技巧和语言；⑤辨析与媒体产品生产相关的各种因素如经济、政治、文化、社会、组织等因素；⑥教育学生使学生认识到媒体的操纵能力；⑦使学生能够对媒体信息进行评述、解译、分析和评估；⑧使学生理解媒体对社会的影响；⑨教育学生使他们能够自主地对媒体信息加以选择；⑩如有可能，使学生有能力通过媒体产品表达自己的观点。信息素养教育的目标，在媒体无处不在的时代，用 Len Masterman 的一句话概括，便是"批判性的自主"——学生一遇到信息，便有能力自主地质疑和分析。

（7）教学环境。可因对象群体而异，因条件而异，可在分散的环境中进行，如家中上网学习，也可集中在学校或培训机构等专门教学的集体环境下进行，对于在校学生，应该采取集中式教育。所以，我国的信息素养教育，要充分发挥以上 7 个要素的整体协调功能。

2. 加强信息素养教育工作

目前来说，我国的信息素养教育工作可从以下几个环节抓起：

（1）组建教育团队，保证信息素养教育的师资力量。从人才抓起，积极培养传媒素养教育师资力量，师资力量是进行传媒素养教育的主导力量，这是人员保障。

（2）出版教材，合理教育体系。从教材抓起，先组织专业人士进行受教育对象的群体年龄、心理、学历、地域等特征的分析，讨论、制定传媒素养教育纲要和教学目标，对传媒教育进行宏观设计；再针对受教育对象的不同特征，根据宏观设计、编教材。

（3）创造优越的教育环境，并借助外力支持。从硬件和组织实施机构抓起，推广学校的传媒素养教育，并鼓励和扶持集体和个人创办相关的教育培训机构。

（4）借助发挥大众传媒的传播优势，多渠道地宣传和进行传媒素养教育，形成传媒教育的气候，从而推动大众信息素养的提高。

（5）制定信息素养教育的评价标准，适时检查信息素养教育工作，建立合理的奖惩制度。

2.6　信息素养教育评价体系

评价是指按预定的目的，确定研究对象的属性(指标)，并将这种属性变为客观定量数值或主观效用和行为。评价包括下面两个要素：(1)指标体系：指标是指描述评价对象功能的量。随着人们对世界认识的不断深化，描述评价对象功能的指标往往不止一个，而是若干个，它们一起构成一个多指标系统。(2)评价方法：对多指标系统中的不同对象，无法直接比较其优劣，必须借助某种评价方法，将多指标系统转化成单指标系统，再进行对比。评价是人类行为自觉性与反思性的反映，促使人类的各种活动逐渐完善，是人类有意识活动的一个特征。

处于数字环境下的信息时代，信息的收集、处理及应用已成为构成国家综合实力的一部分，信息素养成为一个人除读、写、算之外的一项基本技能。作为信息时代的大学生，信息素养成为其生存发展的基本技能，同时也奠定了其信息素养的基础。在强调素质教育的今天，评价是教育活动中一个重要组成部分。大学生信息素养的评价就是对大学生信息素养的教学或培养过程中的自觉性与反思性的反映。信息素养评价标准是用来衡量个体信息素养达到了什么水平、个体之间信息素养的差异。对信息素养的评价标准的研究，国内外专家及学者，还有科研机构在 20 世纪 90 年代就开始进行了。

2.6.1　国外信息素养评价标准

美国信息素养概念是由美国的信息技术教育工作者将图书检索技能和计算机技能集合而成的，在制定信息素养评价标准上美国比较早。美国各高校起草了诸多《信息素养标准草案》，如：加利福尼亚大学和图书馆协会起草的《信息素养标准草案》；威斯康星州大学图书馆协会起草的《信息能力和标准草案》；加利福尼亚大学圣马科斯分校起草的《信息素养构成草案和评价》；德尔塔学院起草的《信息素养构成草案和评价》；马萨诸塞大学起草的《信息能力草案》等。

美国加州州立大学确定的学生信息素养评价指标体系包括如下 7 种核心能力：

(1)学生不仅能够在某一学科的概念结构框架内形成和陈述自己的研究问题或研究主题，且研究的问题能够较容易地被他人理解和参与合作。

(2)学生具有根据自己的研究问题或主题决定信息需求的能力。

(3)学生具有使用合适的技术工具在各种形式的信息中定位或提取相关信息能力。

(4)学生能够组织信息，且组织的信息能够被人们分析、评价、综合和理解。

(5)学生具有使用各种媒介创造和交流信息的能力。

(6)学生能够理解信息中的伦理、法律和社会政治问题。

(7)学生能够理解运用从各种资源中提取信息技术、观点和实践。

1998年全美图书馆协会和美国教育传播与技术协会在其出版物《信息能力创建学习中的伙伴》中指定了学生学习的九大标准，这一标准从信息素养、独立学习和社会交往三个方向表述，更进一步充实了信息素养在技能、态度、品德等方面的要求。2000年1月，美国大学与研究图书馆协会(ACRL)通过《高等教育信息素养能力标准》，包括5项标准和22项操作说明，对学生需要具有的信息素养作了较为详细的说明，成为评价学生信息素养水平的标准之一(以下章节会详细介绍)。

澳大利亚、英国、韩国、日本等国家对信息素养标准的研究也起步较早。澳大利亚在2000年10月的大学图书馆协会会议上，通过了澳大利亚的《信息素养标准》，该标准主要应用于高等教育中，也可适用于其他层次教育。该标准在澳大利亚的信息素养教育实践中起了一定的指导作用，澳大利亚昆士兰中央大学图书馆概括该标准，构建了信息素养大纲，指导教师把信息素养纳入各门课程教学中。

澳大利亚与新西兰信息素养协会(ANZIIL：Austrialian and New Zealand Institute for Information Library)和澳大利亚大学图书馆协会(CAUL：Council Austrialian of Information Literacy)制定的《澳大利亚和新西兰信息素养框架(第二版)》，在ACRL标准的基础上增加了2个指标：具有信息素养的人能够对收集与产生的信息进行分类、保存、管理和修改；能够认识到信息素养是终身学习和具有参与感的公民的必需。

英国国家和大学图书馆协会制定的《高等教育信息技能：SCONUL意见书》，给出了信息技能模型(图2-2)。

我国的专家、学者及有关研究人员也制定了一些信息素养标准，如：陈文更、杨晓光老师编制的《高等院校学生信息素养能力标准》，针对高等院校学生的信息素养制定了9项标准；马玉娟硕士构建的《中小学生信息素养评价指标体系》，考虑中小学各个学段基础知识的连续性，从信息精神、信息知识、信息能力三个维度进行评价；魏非硕士编制的《师范生信息素养评价指标体系》，针对师范生既是学生又是明日教师的特点，从基本概念和操作、学习环境的创设、教学和课程、评估与评价、工作效率和职业实践以及社会、伦理、法律、人文主题六个方面对师范生信息素养进行评价；李立新老师编制的《中小学教师信息素养量化评价指标体系》，针对中小学教师的专业特点，从信息意识、信息能力、信息伦理三个方面进行评价。高丽老师用层次分析法（AHP）构建了《教师信息素养评估模型》。

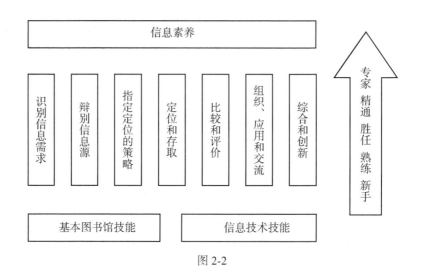

图 2-2

2.6.2　信息素养评估基础指标体系的构建

信息素养具有可测性。信息素养是描述人内在品质的概念，从表面来看无法直接通过量化来测量，但信息素养总会通过日常行为表现出来，我们完全可以通过细致的观察，根据他们对事物的反应及行为表现做出评判。

信息素养的各项评价要素彼此间是独立的，可以单独测量。信息素养包含信息态度和信息价值观念、信息能力、信息技术等多个维度，我们在研究过程中，认为这些要素都可以实现单独测量，而且这些要素对信息素养的整体起着影响作用。

个体之间信息素养水平存在明显差异。信息素养受多种因素影响和制约，不同个体间，信息素养是存在区别的。不同年龄、职业、性别、学历、地域的社会个体，他们的信息素养是不相同的，因此本节信息素养评估体系是基于信息素养的基本知识体系建立的。

1. 评估指标体系框架

信息素养内涵主要由以下几个方面构成：信息情感态度和价值观，信息知识，信息能力。其中信息情感态度和价值观与信息知识是信息能力的基础，信息能力是信息素养的核心部分，这几个方面构成了信息素养的主体框架。由信息素养评估指标体系框架可见。评估指标体系的构建即是在这三个维度的框架内来进行的，在这三个维度基础上，分别衍生出信息素养评估的一级指标。其中，信息情感态度和价值观维度衍生出一项一级指标，即信息意识素养，信息知识维度衍生出一项一级指标，即信息知识素养，信息能力维度衍生出三项一级指标，即信息定位能力、信息获取能力和信息加工能力。

2. 指标项目设置

在深入理解和领会信息素养内涵、构成的基础上，以及借鉴已有的信息素养评估标准(主要有《北京地区高校信息素质能力指标体系》和《美国高等教育信息素养标准》)，我们建立了一套通用层次的信息素养评估指标体系。我们确定一级指标的原则是，对多数评估标准包含的一级指标项目进行概括，剔除重复的部分归纳而成，作为本评估指标体系中的一级指标。通过对一级指标进行分解和阐释获得二级指标，三级指标则是对二级指标的解释和补充说明，在确定二级指标项目和三级指标项目的过程中，也参考了国内外已有的信息素养评估标准，并且从上述标被中引用了部分指标内容。

最终确立该指标体系由 4 个一级指标、9 个二级指标和 42 个三级指标组成。一级指标：信息意识素养、信息知识素养、信息能力素养、信息道德素养四个方面。一级指标展开后共包含信息的敏感性、信息价值观、信息法律道德

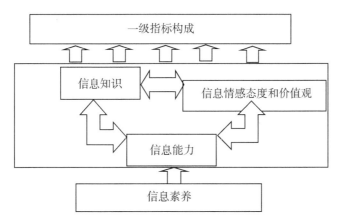

图 2-3 信息素养评估指标体系框架图

71

等 9 项二级指标；我们对每项二级指标做了细分，即三级指标，共 15 项；并且对三级指标进行具体的解释说明，形成四级指标，共 42 项，是比较具体化的问题，也只有这一级指标可以直接测量，通过它将复杂抽象的问题具体体现出来。在研究过程中，我们将四级指标直接转化为问卷上的题目，并进行相关的数据分析处理。四级指标是否能充分体现上级指标的内涵，将对测评体系能否完全反映被测试者信息素养水平产生关键影响。指标要素构成见表 2-2：

表 2-2 信息素养评估指标体系构成表

目标	指标层		
	一级指标	二级指标	三级指标
信息素养	信息意识素养	信息敏感性	对信息的敏感度
		对信息的价值和作用的认识	对信息的价值和作用的认识
	信息知识素养	基本文化素养	具备基本文化知识
		信息技术知识	具备有关信息技术的基本知识
		信息法律、信息政策相关知识	熟知信息法律、信息政策相关知识
	信息能力素养	信息定位能力	能够明确地表达信息需求
			辨识各种形式的信息源
		信息获取能力	采用多种方式获取信息
			根据需要能够制定信息检索策略和步骤
			对获取的信息作出判断和识别
		信息加工能力	能够保存、整理获得的信息
			可以在获得信息的基础上重组或者创建新的信息
			并能够熟练地与他人交流信息
	信息道德素养	在信息的获取、处理、传播、使用的过程中，能够考虑到相关的法律、法规、政策、道德、经济等问题，具有正确的信息使用价值观	在信息的获取、处理、传播、使用的过程中，能够考虑到相关的法律、法规、政策、道德、经济等问题
			具有正确的信息使用价值观

3. 指标内容说明

一级指标、二级指标和三级指标建立以后，由于指标内容过于概括和抽象，不适合实际评估的需要，因此，需要对三级指标做进一步的分解，即为四级指标。

（1）信息敏感性。

具有信息素养的人能够捕捉生活中的每一个信息。

具有信息素养的人能够从公开传播的信息中发掘到被他人忽略的重要信息。

（2）对信息的价值和作用的认识。

具有信息素养的人能够认识到信息作为资源在个人、国家发展中的重要地位。

具有信息素养的人能够认识到信息是作出决策的依据和基础。

具有信息素养的人能够认识到信息科学在科学体系中的重要位置。

（3）基本文化素质。

具有信息素养的人应具备基本的读、写能力。

具有信息素养的人应具备一定的外语知识。

（4）信息技术知识。

具有信息素养的人能够理解信息技术的术语、信息技术的基本原理。

具有信息素养的人能够使用常用的信息设备并排除常见故障。

具有信息素养的人具备信息处理相关工具软件及程序知识。

具有信息素养的人具备信息科学知识（关于信息及相关概念的理解、信息生产、传播规律等）。

（5）信息法律、政策知识。

具有信息素养的人能够了解知识产权有关知识。

具有信息素养的人能够了解国家有关信息生产、传播、利用的政策与法规。

（6）明确地表达信息需求。

具有信息素养的人能够确定所需要的信息范围和层次。

具有信息素养的人能够用明确的语言表达信息需求。

（7）辨识各种形式的信息源。

具有信息素养的人能够了解各种不同信息源的特点。

具有信息素养的人能够熟悉和自己职业相关的主要信息。

具有信息素养的人能够识别潜在的信息源。

具有信息素养的人能够根据实际需要选择最佳信息源。

具有信息素养的人能够开拓挖掘信息源。

(8)采用多种方式获得所需信息。

具有信息素养的人能够通过图书馆等重要的信息机构获得信息。

具有信息素养的人能够利用网络搜索引擎检索网络资源。

具有信息素养的人能够通过多种媒体获得信息(报纸、广播、电视等)。

(9)根据需要制定恰当的检索策略与步骤。

具有信息素养的人能够根据所需信息的特点选择最合适的检索系统。

具有信息素养的人能够为需要检索的信息确定关键词、主题词、同义词和相关术语。

具有信息素养的人查询到的信息能够对生活、学习、工作起到很大的帮助作用。

具有信息素养的人能够根据检索结果来决定是否调整检索策略与方式。

(10)对获取的信息做出判断和识别。

具有信息素养的人能够对收集的信息进行提炼、鉴别,筛选出与所需信息相适合的数据、资料。

具有信息素养的人能够对所获取信息的质量和价值作出判断。

(11)能够保存、整理信息。

具有信息素养的人能够采用不同的方式保存信息(复印、下载、保存在邮箱)。

具有信息素养的人能够将信息分门别类地保存(按载体形态、主题)。

具有信息素养的人具有组织信息的个性化方法和习惯。

(12)信息重组与创造能力。

具有信息素养的人能够对所拥有的信息进行深层次加工整理、概括其主题思想。

具有信息素养的人能够通过新信息与原有信息比较、构造新的概念、思想、观点。

具有信息素养的人能够利用重组与创新后的信息。

(13)信息交流能力。

具有信息素养的人能够通过多种渠道、利用多种手段与外界交流。

具有信息素养的人能够与外界进行的信息交流范围宽、内容广。

(14)在信息获取、处理、传播和使用的过程中,能够考虑到相关的法律、道德、经济问题及正确的使用价值。

具有信息素养的人能够合理利用受版权保护的知识产品。

具有信息素养的人能够尊重他人的隐私。

具有信息素养的人能够对自己的信息进行安全保护。

具有信息素养的人能够尊重他人的智力成果。

具有信息素养的人能够自觉爱护一切提供公共信息资源的设施。

通过上述过程，我们建立起一个结构严密，内容详细的信息素养评估指标体系，维度框架从宏观上指明了评估标准的评价方向，即从哪些角度评价信息素养，四层指标结构是具体的评估内容，指出了达到该内容的要求所应该达到的具体的素质要求。

第3章 信息素养教育与图书馆之间的关系

3.1 图书馆与信息素养教育

3.1.1 图书馆的产生与发展

图书馆是人类生产和社会活动发展到一定阶段的产物。它的产生是人类历史上的一件大事。它从一开始，就与人类的文明紧紧联系在一起，其发展与演变始终是人类文明的标志。

1. 图书馆产生的条件

(1) 文字和文献是图书馆产生的前提

人类在征服自然、改造自然的社会实践中，需要表达思想、沟通信息、交流经验、传递知识，进行多方面的信息交流。没有社会的信息交流，人们就无法进行共同的社会活动，可见这种交流是人类社会得以存在和发展的不可缺少的基本条件。

语言与人及人类社会同时产生，是社会交流必需的工具。但是，由于语言自身的局限性，给交流带来种种不便，其中最主要的是语言一经说出就成为过去，受到时间和空间的极大限制。随着社会实践活动的日益扩大和知识积累的日益增多，人们仅凭大脑记忆和口耳相传的原始方法交流信息、积累知识，已难以满足需要。于是在长期社会实践中，人类从利用原始的"结绳记事"、"契刻记事"等方法帮助记忆和进行信息交流，进而发展到用图形和符号来表达思想。随着社会的发展和人类思维能力的提高，终于创造出一种能有效地用来记忆和交流感情的附属——文字。

文字的产生，必然伴随着相应载体的出现。文字与载体的结合，就产生了文献。文献是图书馆赖以产生、存在和发展的物质基础，没有文献，就不会有图书馆。

综上所述可以看出，文字是使人类社会发展到目前程度的必要条件。没有文献，也就没有现代社会的文明。而文字的功用是通过文献体现出来的，文献又是通过图书馆收藏、加工和利用的。所以说，文字和文献是图书馆产生的基础。

（2）生产力水平的提高是图书馆产生的基本保证

图书馆产生于人类文明的萌芽时期——农业社会，由于生产力的发展，为图书馆的产生提供了必要经济条件。

随着社会生产力的不断发展，人们创造了越来越丰富的社会财富，从而为图书馆的产生提供了必要的物质基础。图书馆文献的书写和载体形式以及馆舍和设备等，就是在生产力水平有了一定发展的条件下才以实现的。另外，社会生产力的提高也为图书馆专职人员的出现创造了条件。图书馆活动并不直接创造物质财富，这种精神领域的活动之所以能够产生，只能是在社会生产力有了一定的提高，社会的物质产品除了满足人类维持生存的基本需要之外还有剩余的条件下，部分人能够脱离物质生产劳动去生存，也就是从事精神领域的劳动。因此，图书馆专职人员正是在社会需要与生产力发展水平提供可能的条件下产生的。

（3）社会需要是图书馆产生的根本原因

文字及文献的产生和发展，从很大程度上提高了人类对信息和知识的存储效率。随着人类社会的发展。文献数量日益增多，个人和社会集团都难以靠自身的能力和条件去有效地收藏和利用，因此就产了新的社会分工，出现了收集、整理、保存各种文献的专职人员，也出现了保存文献的专门场所，这就是最初形态的图书馆，它是作为人类信息、知识的存储机构而出现的。

在奴隶社会，由于生产力的低下以及知识被王公贵族所垄断，文献也只有最高的统治者需要进行保存，也只有最高统治者才有能力保存文献。因此，社会生活对保存文献的需要主要是通过最高统治者去实现的。从考古的情况看，最早的图书馆都出现在全国的政治文化中心，即首都，而地方的图书馆则是在图书馆事业有了一定的发展之后才出现的。

上述叙述说明、图书馆是人类生存的需要，是社会进化过程中的必然产物。图书馆使得人类能够将一个时代积累崇尚的经验、知识、思想保存下来，留给后世。所以，图书馆从其诞生之日起就担负着存储与传递人类精神财富的社会职能，没有这样一种社会机构，人类文明的延续和发展是不可能的。

2. 图书馆的发展

（1）影响图书馆发展的因素

首先，社会生产力的发展是图书馆发展的基础。

人类社会进步，离开生产力水平的发展，是不可能实现的。生产力的发展是推动社会前进的动力，也为图书馆的发展提供了必要的物质条件。生产力的发展使人们生产出了甲骨、铜器、简册、绵帛到后来出现了更为轻便且廉价的纸张、胶片、磁带和光盘等，使文献的生产技术有了巨大的发展，文献的数量也迅猛增长。从古代的藏书楼到现代的图书馆，从图书馆原始的简单而繁杂的手工劳动到图书馆自动化的实现以及电子计算机、光学技术、声频技术及现代通信技术在图书馆的应用，无一不是与生产力发展紧密相连的。因此，图书馆的发展，在很大程度上是由社会生产力的发展水平所决定的，图书馆的发展，是随着人类社会发展的进程而发展的。

其次，科学技术的发展是图书馆发展的基本动力。

科学技术作为第一生产力，其发展从一开始就与图书馆有着极为密切的联系。一方面，科学技术的发展有赖于图书馆提供前人及当代人的著述及数据；另一方面，科学技术的发展又为图书馆的发展提供了新的文献信息、技术和方法。两者相辅相成，互相促进。

人类知识是历史长河的积累，是一代又一代人认识和改造社会、改造自然的经验总结。每一代人都是把前人或别人认识的终点作为自己认识的起点，然后通过自己的再实践获得新的认识，探索出新的成果。到目前为止，文献的生产技术大致经历了手工抄写、机械印刷、电子传递等阶段；记录载体也由自然物体(龟甲、兽骨、石头等)发展到人工物体(泥板、纸等)，再发展到电子装置。每经历一个阶段，文献的数量都会随之剧增。尤其是伴随着工业革命而出现的机械化印刷设备使文献成倍增长。这对于近代图书馆的发展、无疑起到了巨大的推动作用。

在当今信息社会里，由于科学技术的飞速发展，文献的形态也发生了巨大的变化。因而在图书馆的发展进程中，也必然会发生显著的变化，甚至与现实意义上的图书馆完全两样。对于这一点，从现在起，我们就应当有所认识。

未来的图书馆将通过互联网通向世界各地的用户。"知识"将在社会发展的进程中起到越来越重要的作用。而知识的传播、积累和学习与图书馆工作紧密相关。图书馆的作用将不断扩展，其任务将更加繁重。此外，数字化和网络化以及互联网的发展，将从根本上推动图书馆现代化的进程。图书馆工作的内容、手段和服务方式都将会发生重大变革。

(2)图书馆发展的特点

图书馆作为人类社会的特殊产物，它一出现就有其自身的发展特点。

①就世界范围看，图书馆的发展具有不平衡性

图书馆在数量上的分配是以国家的经济实力和文化水平为基础的。发达国家图书馆的数量要远远超过发展中国家图书馆的数量。

②图书馆由封闭式向外放式发展

在古代，图书馆是不面向大众的，它被少数皇家贵族所把持，只为他们提供服务，对社会则是封闭的。而现代图书馆是对全社会开放的。随着计算机等现代信息技术在图书馆的应用，图书馆收藏形式多元化，传播方式网络化，图书馆的管理也逐步走向现代化，极大提高了服务能力，使人类精神财富能够在更广阔的范围内实现资源共享。

③图书馆的职能在不断扩大

图书馆已经由最初的藏书楼发展成为收集、整理、存储、加工、利用、传播知识信息，并为社会经济文化服务的信息中心，肩负社会教育职能，是社会的教育中心和学习中心。

④图书馆的发展始终与人类文明的发展同步

由于图书馆囊括了整个社会发展的文献信息资源，成为人们学习的主要基地，因此图书馆的发展已成为社会进步与文明的重要标志。

3.1.2 图书馆的定义与构成要素

1. 图书馆的定义

什么是图书馆，这个问题似乎非常简单，有人甚至会脱口而出："图书馆就是借阅图书的地方。"这样的回答不能算错，因为出借图书是图书馆工作的一个重要内容。可是这种回答不是对图书馆所做出的科学定义。因为它没有把"图书馆是什么"这样带有质的规定性的问题表达清楚。要准确地、科学地回答这个问题，我们必须指出它定义的内涵，找出图书馆的实质——对图书馆质的全面系统的规定，从而形成图书馆的概念。这样，我们才能真正理解图书馆活动的全部内容及其意义，能真正从理性认识的高度把握图书馆，认识图书馆。对图书馆的科学定义，由于认识问题的角度不同，因而表述也不相同。到目前为止，国内外图书馆学者、专家进行不同的表述，比较有代表性的有以下几种：

法国的《大拉鲁斯百科全书》定义：图书馆的任务是保存各种不同文字写成的、用多种方式表达的人类思想资料……图书馆收藏各种类别、按一定方法组织起来的图书资料，这些资料用于学习、研究或属于一般信息。

《苏联大百科全书》定义：图书馆是组织社会利用出版物的文化教育和科

学辅助机关。图书馆系统地从事收集、保存、宣传和向读者借阅出版物以及进行图书信息工作。

《英国百科全书》定义：图书馆是收藏图书并使人们阅读、研究或参考的设施。

《美国百科全书》定义：图书馆出现以来，经历了许多世纪，只担负着三项主要职能：收集、保存和提供资料，图书馆是使书籍及其前身发挥固有潜力的重要工具。

日本《图书馆用语词典》定义：图书馆是收集、组织、保存各种图书和其他资料、信息，并根据使用者的要求予以提供的公共性服务机构。

在我国，从 20 世纪 30 年代开始就有学者相继探讨图书馆是什么，并在探讨不断将图书馆的概念深化、完善。

刘国钧先生认为：图书馆是以搜集人类一切思想与活动之记载为目的，用最科学、最经济的方法保存它们、整理它们，以便社会上的一切人利用的机关。

黄宗忠先生在其《图书馆学导论》一书中指出：图书馆是对以信息、知识、科学为内容的图书文献进行搜集、加工、整理、存储、选择、控制、转化和传递，提供给一定的社会读者使用的信息系统。简言之，图书馆是文献信息存储与传递的中心。

吴慰慈先生在其《图书馆概论》一书中指出：图书馆是收集、整理、保管和利用书刊资料，为一定的社会经济服务的文化教育机构。

《图书馆百科全书》将其定义为：图书馆是收集、整理和保存文献信息，并向读者提供利用的科学、文化、教育机构。

尽管对图书馆的定义众说纷纭，但从这些解释中我们可以看出有两点是共同的：其一，图书馆是收藏各种载体的图书资料的地方，其二，收藏的各种载体的图书资料是供人们利用的。

综上所述，可以这样回答图书馆是什么：图书馆是收集、整理、存储和利用文献信息，并为社会的政治、经济服务的文化教育机构。

这样解释有三层意思：①图书馆是科学、教育、文化机构；②图书馆是对文献进行收集、整理、存储和开发利用的机构；③图书馆是为社会的政治、经济服务的机构。

（1）图书馆是科学、教育、文化机构

科学事业的本体是科学研究。每项科学研究都会产生一系列科研成果。科研成果的传播，科学知识的继承和借鉴，则离不开科学交流。利用文献传播科研成果，是现代图书馆的重要使命之一。所以，图书馆工作是科研活动中不可缺少的重要环节。同时，随着社会的发展，图书馆工作越来越复杂，图书馆员本身就是科学工作者，他们从事着对文献信息的收集、加工、存储和开发。因此，图书馆是科学事业的重要组成部分；图书馆通过传递科学知识及信息对广大公民开展社会教育。它同学校一样，向读者传道、授业、解惑。正如人们常说的，图书馆是一所"没有围墙的大学"，是社会每一个成员终身学习的"社会大学"。列宁曾经说过，图书馆是"各种机关和企业的国民教育中心"，是文化事业的一个组成部分，它是人类文化财富的宝库。

（2）图书馆是对文献进行收集、整理、存储和开发利用的机构

事实上，在人类社会的发展过程中，图书馆一直扮演着这样的角色——不断收集、整理古今中外各种文献信息，以其特有的传递手段，将信息和知识传递给社会成员，供全社会享用。

（3）图书馆是为一定社会政治、经济服务的机构

图书馆作为一种社会现象，在阶级社会中，它总要受到人为的控制有一定的阶级性，为一定的阶级利益服务。

以上三个方面是互相联系、互相依存、不可分割的。

图书馆的概念是抽象的，但图书馆的形态则是具体的；图书馆的形态在不断变化，图书馆的概念也在发展、变化，处于不断完善过程中。因此，随着社会的发展和科技的进步，对于图书馆的概念还要进行更深入的认识。

2. 图书馆的构成要素

现在一般认为图书馆包括藏书、图书馆工作人员、读者、建筑和设备、技术方法和管理六个要素，这六个要素相互结合，构成了图书馆这个发展着的有机体。

（1）藏书

所谓藏书是图书馆所收藏的各种类型、各种载体的文献的总称，既包括传统的印刷型文献，如图书、期刊、科技报告、会议论文、学位论文、专利文献、标准文献等，也包括缩微制品、光盘、视听资料、网络数据库等。藏书是图书馆基本要素之一，是图书馆赖以生存并开展各项服务的物质基础。随着社会和科学事业的发展，藏书体系和藏书结构已发生了极大变化，如何提高藏书系统的输出功能已经成为现代图书馆的主要任务之一。

（2）读者

读者是图书馆的服务对象。读者工作是图书馆的一线工作，也是图书馆其他工作的出发点和归宿。读者指凡是具有利用图书馆文献信息条件的一切社会

成员。既可以为个人，也可以是团体；发展读者、研究读者、服务读者是图书馆读者工作的重要内容，读者的存在和需求决定图书馆服务工作的价值。读者对图书馆的依赖程度，决定了读者服务工作的发展方向和水平。读者不仅是图书馆服务工作的受益者，也是推动服务工作前进的动力和检验服务质量的标尺。

（3）图书馆工作人员

图书馆的工作人员，包括各层次的行政管理人员和专业技术人员。他们是图书馆各项工作的管理者和组织者，是促使藏书与读者发生关系的媒介，也是使藏书由潜在价值变为现实价值的关键。因此，图书馆工作人员是构成图书馆系统诸因素中最活跃、最重要的因素。图书馆工作开展的好坏，图书馆社会作用发挥得如何，在很大程度上取决于图书馆工作人员的职业道德和业务水平。

（4）技术方法

技术方法是做好图书馆工作的主要手段。图书馆能不能发挥作用，主要决定于图书馆工作人员能不能掌握正确的技术方法。现代图书馆作为社会知识信息的交流中心，必须以各种技术手段、工具和方法作为自己存在的基础。藏书的收集、整理和开发利用的技术方法、读者服务的技术方法、图书馆组织管理的技术方法以及以计算机技术为代表的现代信息技术，构成了图书馆科学的方法系统。这个方法综合地应用于图书馆实践活动中，促使图书馆工作不断向前发展。

（5）建筑与设备

建筑与设备是图书馆开展各项业务工作必不可少的物质条件，包括馆舍和技术设备、阅读设备、办公设备、水电设备等。图书馆建筑的功能要与图书馆的职能相适应。馆舍建筑如果不能适应工作需要，馆内各种设备不齐全、不符合标准都将阻碍图书馆工作的开展，降低图书馆的社会功能。

（6）图书馆的管理

图书馆的管理就是应用系统论的科学方法，按照图书馆工作和图书馆事业发展的规律，合理地规划、组织和最大限度地发挥图书馆的人力、物力、财力等各种资源的作用，以最少的消耗实现图书馆的既定目标，完成图书馆任务的过程。

图书馆管理是其工作顺利进行的基础。没有科学的管理，必然导致图书馆工作的分散、重复、混乱和低效。

图书馆管理是有效利用图书文献资源的需要。在海量信息的当今社会里，图书馆必须对数量庞大、内容复杂的文献信息进行准确的筛选和科学地整理加工，以便及时地将用户所需的信息传递到其手中。

图书馆管理是实现图书馆工作现代化的需要，不实行科学的管理，就不可能提高管理水平，即使有了先进的技术和设备，也不能充分发挥作用。现代化图书馆网络的建设，不仅取决于现代化的技术设备，而且也取决于科学的管理水平。

上述六个要素的相互依存、相互促进，共同构成了统一的图书馆有机整体。

3.1.3 大学图书馆的性质、任务、职能

我国的《普通高等学校图书馆规程》(修订)指出："高等学校图书馆是学校的文献信息中心，是为教学和科学研究服务的学术性机构，是学校信息化和社会信息化的重要基地。高等学校图书馆的工作是学校教学和科学研究工作的重要组成部分。高等学校图书馆的建设和发展应与学校的建设和发展相适应，其水平是学校总体水平的重要标志。"这一论述明确了大学图书馆的性质，同时也指出了大学图书馆工作任务与方向，这对于大学图书馆的发展与提高，有着极为重要的意义。

1. 大学图书馆的性质

教育性是大学图书馆最基本的性质。大学图书馆是为学校教学服务的，一切以教学为中心而开展工作，是大学图书馆全部工作的出发点，并贯穿于全部工作过程和各个工作环节。它的一切工作都体现在为学校教学服务之中。学生的学习、教师备课和科研都离不开图书馆。图书馆是学校教学补充的重要场所。教师利用图书馆丰富的书刊文献资料充实、完善补充和更新自己的知识。

学生们除了在课堂上获取知识以外，还需要利用图书馆丰富自己的知识，排疑解难，巩固加深课堂所学知识。

图书馆是对学生进行思想教育的文化阵地。利用图书资料向学生传播先进的科学文化知识及马列主义、毛泽东思想，使学生不断地接受新思想、新知识，从而树立远大的理想和高尚的情操，这是对大学生进行思想教育的重要手段之一，是其他教学手段所不能替代的。

图书馆工作有很强的科学性。就大学图书馆的工作而言，无论是文献资料的搜集整理，还是服务工作的组织管理以及现代化手段的运用等，都是一个科学的工作过程，又有很强的科学性，大学图书馆还直接担负着为学校的科学研究服务的任务，为科学研究提供文献资料，属于科学研究的前期劳动，也有着明显的科学性；另外，在图书的采编、流通、阅览以及情报资料服务等各个工

作环节，也都有着一套科学的工作规范，否则，就不能充分发挥图书馆应有的作用。

大学图书馆的服务性也是通过为教学、科研人员和学生服务来体现的。图书馆的中心工作，就是将书刊资料提供给读者利用。

图书馆的收集、整理、加工、保管藏书等工作，是间接地为读者提供服务。而图书馆的借阅、流通、咨询、辅导等则直接为读者提供服务；因此，可以说，大学图书馆不但是为教学服务的服务性机构，也是为学校科研服务的服务性机构。

2. 大学图书馆的任务

一定的社会教育目的，是由一定的社会政治、经济制度所决定的。在社会主义条件下，高等学校的根本任务就是为社会主义现代化建设服务，培养有创新能力的有用人才。围绕这个根本任务，国家教育部在《普通高等学校图书馆规程》(修订)中明确了高校图书馆的主要任务是：高等学校图书馆必须贯彻国家的教育方针，履行教育职能和信息服务职能，为培养德、智、体、美等方面全面发展的人才，发展教育科学文化事业，为建设社会主义物质文明和精神文明服务。高等学校图书馆需要完成以下具体工作：

(1)根据学校的专业设置与教学任务采购图书

图书资料是图书馆工作的物质基础。图书资料的采集必须坚持以学校的专业设置为依据，以教学需要为出发点，有目的而不是盲目地采集图书。既要考虑学校长远的需要，也要考虑学校近期的需求；既要采集教学需要的参考书、工具书，也要兼顾采集适合读者需要的其他方面书刊。真正做到重点采集，适量兼顾，藏书丰富，全面提高。一个图书馆只有收藏较为丰富的图书资料，才能更好地为学校教学和科研服务。

(2)认真开展借阅工作，满足读者需求

书刊借阅，就是书刊的流通。图书馆收藏的图书资料是通过外借和阅览来满足读者对文献资料需求。这是图书馆一项经常性的、最基本的任务。图书资料的外借，是读者获取文献资料信息的 个重要手段。通过借阅传递有关馆藏文献的信息，可以更为广泛地满足读者需要，读者在查阅馆藏目录以后，可以充分了解该馆是否藏有自己所需文献，这样读者就可以有的放矢地借到自己所需要的图书资料，从而达到获取文献信息内容的目的。因此，图书馆工作人员应积极主动地为读者提供文献内容信息和馆藏信息。

(3)根据教学和课外阅读需要，大力开展课程辅导工作

阅读辅导是图书馆对读者的阅读目的、内容、方法进行指导的教育活动。

阅读辅导工作主要体现在两个方面。一是读书内容的辅导。这要求图书馆有关人员，向读者推荐健康向上的优秀书刊，辅导读者正确理解书刊的内容，从而达到使读者吸取有益营养的目的。二是读书方法上的辅导。图书馆有关工作人员要指导读者如何掌握科学的阅读方法，养成良好的阅读习惯，有计划、有目的地阅读书刊，提高阅读的自觉性。读者应围绕教学和科研内容掌握阅读重点，形成一定的阅读中心，以达到阅读的目的。

(4)加强参考咨询工作，为读者排疑解难

参考咨询工作是大学图书馆读者服务工作的一项重要任务。参考咨询工作，实际上是以文献检索途径来解决读者在学习中遇到的各种疑难问题。大学图书馆服务的主要对象就是教师和学生，他们在备课和学习过程中，往往会遇到一些问题，这就要求图书馆给予必要的解答或提供一定的有参考价值资料，以帮助他们克服备课和学习上的疑难。因此，参考咨询工作是图书馆工作中最能发挥文献信息潜能和作用的工作，也是最能发挥信息服务职能和教育职能的一项重要工作。

(5)做好文献查阅方法的教育和辅导工作

文献查阅方法的教育工作，是一项重要的文献服务工作，它的任务就是帮助读者学会使用文献检索工具。它是一项重要的文献服务工作，属于科研工作的前期劳动，可以使读者从大量的繁杂的文献查阅劳动中解放出来。

(6)开展馆际互借，实现资源共享

馆际互借，实际上就是馆与馆之间建立起来的一种互相借阅的关系。利用对方的文献资料来满足本馆读者所需要的一种外借形式，以达到互通有无，资源共享的目的。这种互借形式打破了馆藏文献的馆域界线，体现了资源共享的原则。随着时代的不断发展和图书馆现代化手段的应用和提高，馆域之间通过互联网、文献资源的共享已经推动了高校图书馆事业的发展。

3. 大学图书馆的职能

现代化的大学图书馆与高水平的教学队伍，先进的实验设备共称为现代化大学的三大支柱；大学图书馆具有教育职能和信息服务职能，随着教育体制的改革与发展，图书馆的职能将会愈来愈充分地显示出来。

(1)大学图书馆的教育职能

大学图书馆是学校的文献情报中心，肩负着教育和情报信息的双重职能，其潜移默化的教育职能具有其他部门无法替代的特殊作用。因此，图书馆应当充分发挥这种独特的优势，使其成为"以科学的理论武装人，以正确的舆论引导人，以高尚的精神塑造人，以优秀的作品鼓舞人"的重要场所，为培养出创新型人才作出应有的贡献。发挥图书馆的教育职能主要包括以下几个方面的内容。

①配合学校教学进行专业知识的教育

高等学校在教学工作中一个中心的环节就是对学生进行专业教育，其教育的方式主要是教师课堂讲授。但根据现代教育和对学生培养目标的要求，仅有课堂教育是远远不够的，还需要依靠图书馆这个"第二课堂"，以自学的方式来完善和补充学生的专业知识。图书馆的"教学"不像课堂教学有那么严格的规定性，它可以由学生自己去选择，所以图书馆"教学"在发挥读者的主观能动性上是十分重要的。

课堂的讲授是向学生注入式的灌输知识，图书馆则是通过学术性服务活动，沟通知识与读者之间的联系。主要形式是书刊外借、阅览、推荐参考书目、目录索引、咨询解答、情报服务等形式，以满足读者自学、独立钻研的需要，进而达到补充和巩固学生所学专业知识。图书馆的专业知识教育是课堂教育的继续。因此，加强图书馆教育职能，对提高学生的专业知识水平和理论基础是十分必要的。

②拓宽学生知识面，进行综合教育

随着我国社会主义市场经济的建立和发展，对高等教育的人才培养提出了一个需要研究的新课题。过去仅有书本知识的培养人才模式，也越来越不适应社会主义市场经济的要求。社会市场经济条件下，要求培养的人才应该是知识面广、一专多能，既有基础理论知识，又有专业能力和较强的动手能力的复合型人才。这就要求必须在单一课堂教育的基础上，加强课外教育，加强一专多能的教育，培养自学能力，扩大知识视野。

培养这样一种人才，图书馆有着重要的作用，因为大学图书馆是一座知识的宝库。它所收藏的文献，在学科特点、学术价值和专业范围方面都有特定的要求，并形成了一定的优势。图书馆不断地将信息知识传递给学生，使他们掌握更加丰富的知识，为将来走入社会奠定基础。图书馆这种传递知识的方式除日常的借书服务以外，还应大力向学生推荐课外优秀读物，举办图书展览、读书活动，扩大开放借阅面，等等，为学生的阅读提供优质的服务，以满足他们对知识的渴求。

③对读者进行利用文献的教育，提高文献利用率

图书馆收藏有丰富的文献资料，如何提高文献利用率，是图书馆工作中的一个重要方面。藏以致用是图书馆藏书的重要原则，这也是现代图书馆与古代藏书楼的一个根本区别。藏书的目的是为了利用，否则文献资料等于废纸一

堆。为此，大学图书馆对读者进行利用文献的教育是十分必要的。

要想充分利用文献，就要依靠文献检索。文献检索既是文献利用的条件，又是文献利用的本身。文献检索就是利用一定的检索工具和参考工具书，运用科学的方法和一定的技巧，从浩瀚文献中，找出符合特定需要的文献。因此，图书馆对读者进行文献检索知识的教育，目的是为了更好地让读者充分利用图书馆的文献。

文献检索是图书馆的一门独立的实践性极强的学问。图书馆要教育读者重视检索的方法和技巧的掌握，重视检索的实践，这也就是人们常说的"授之以鱼，不如授之以渔"。这样可以使其终身受益。对读者进行利用文献教育的方法很多，如使用目录辅导、利用工具书介绍、利用图书馆知识讲座以及开设文献检索课等，以提高读者的文献检索能力，从而掌握打开知识宝库大门的钥匙。

④配合学校教学工作，对师生进行文化素养教育

文化素质是整体素质的基础，高校师生文化素养如何，直接接影响着其他素质的提高。良好的文化素质不但有利于思想的提高，而且也能促进业务素质的提高。大学图书馆和学校其他部门一样，共向担负着提高全校师生素质教育的任务。图书馆是学校的文献信息中心，这是图书馆对师生进行文化教育的物质基础。所以，图书馆要从思想道德教育、文化素质教育、业务素质教育的需要出发，整体考虑书刊的购置。要引导该校师生能有效地利用图书馆资源提高自己的文化素质；要配合学校文化素质教育，向师生宣传介绍馆藏的有关书籍，引导师生能够有效利用馆藏资源，形成良好的校园文化氛围，充分发挥图书馆在大学文化素质教育中的作用。

⑤配合学校思想政治工作，对学生进行思想品德教育

大学图书馆作为学校教学的有机组成部分，不仅是传播知识的场所，同时也是社会主义精神文明建设的重要阵地，对于培养社会需要的德才兼备的人才有着义不容辞的责任。

(2)大学图书馆的信息服务职能

图书馆的信息服务职能，是指图书馆借助于所收藏的文献信息知识，通过传递和流通、开发和利用，促进教学和科研发展与提高工作。图书馆作为传递文献信息的机构，充分发挥其信息服务职能，就是让广大读者利用人类已有的科学文化知识和最新知识。

图书馆的信息服务职能，要求图书馆把收藏的文献资料看成是信息源，不能把它们视为单纯的收藏品，一定要进行开发和利用，在教学和科研中发挥

作用。

要发挥图书馆的信息服务职能，需要解决以下三个问题：开展信息素养教育，开发利用文献，信息服务工作。

①开展信息素养教育

开展信息素养教育是为了增强读者的信息意识和信息检索知识，使读者学会利用文献信息。大力开展文献信息基础知识教育，有助于培养学生的自学能力、科学研究能力、敏锐的思维能力、组织管理能力，同时有助于培养师生在信息时代的市场经济竞争中的适应能力。

信息素养教育的内容大致有三个方面，一是向读者普及文献检索知识，二是普及文献信息知识，三是培养读者的文献检索技能。它既是一门工具性很强的基础课，同时又是目标明确的实践课，是在书海中寻求知识的导航员，对学生利用文献能起到事半功倍的作用。

在当今信息社会，普及文献信息知识，无论对学习、工作、科研研究都有十分重要的作用，它可以教会读者获取文献信息的方法和途径，提高读者检索文献信息的查准率和查全率。

②开发利用文献

图书馆收藏的文献是多种多样的。如果不进行开发和利用。只停留在图书借还的工作上，就很难发挥其信息服务职能，必须将丰富的文献资源进行开发利用，才能更好地发挥其信息服务职能。

信息源是信息的来源。它来源于文献资料等，其中包括：图书、报刊、资料、缩微制品、视听资料、网络信息资源等，它们都是信息的原始材料。信息是从信息源中提炼加工和筛选出来的知识，然后才具有信息的特性。所以，要进行信息服务工作，就必须首先对信息资料进行开发和加工整理。

图书馆开发利用文献是有针对性的，主要是根据学校教学内容和科研课题，加工整理成各种形式的信息产品加以利用。信息产品的主要形式有：题录、索引、简介、文摘、综述等。文献的开发利用是高校图书馆工作的一个重要内容。

③信息服务工作

大学图书馆信息服务职能的加强，也标志着读者服务工作内容的深化和文献利用程度的提高。信息服务工作包括以下几个内容：

咨询服务。咨询服务是以个别解答方式为读者解决查询文献中的疑难问题。它以文献为根据，有针对性地向读者提供具体文献或检索文献的途径。

书目服务。书目服务是有针对性地对原始文献进行选择和加工整理工作，它属于一种满足读者需求的文献报导。其具体内容包括：编制各种书目索引、进行书目宣传、普及书目知识、进行书目报导以及其他使读者获取检索文献的途径。

定题服务。定题服务是根据读者研究课题的需要，为其进行文献资料的搜集、筛选、加工整理，定期或不定期地提供给读者，应至课题完成为止，它是一项主动性的服务工作。

3.1.4 图书馆信息资源、内部结构与服务内容

1. 图书馆信息资源介绍

图书馆是学校的文献信息中心，无疑也是校园网上的重要信息资源。图书馆的自动化、网络化、数字化建设为图书馆上网奠定了基础，校园网的开通为图书馆提供网上服务创造了条件。目前，许多大学图书馆已建成了自动化集成管理系统，正进行网络化、数字化建设，并通过校园网开始上网服务、读者进入相应的图书馆主页(Homepage)，就可使用图书馆资源。

Homepage 被国内许多专家译为"主页"，也有将其翻译为"起始页"的。Homepage 主要用来介绍本单位的情况，包括本单位的产品、主要服务项目，甚至在网上的连接接口、订购业务等。图书馆在 Homepage 上不单介绍本馆情况，更重要的是作为网上服务的窗口，引导读者使用图书馆的资源和服务，并帮助读者以最快的速度获得所需的信息。此外，图书馆还可以利用 Homepage 收集有关信息源的网址，建立学科信息导航系统，帮助读者在茫茫的网上电子信息世界中漫游、检索所需的文献信息(特别是各种免费资料)。各图书馆提供的网上服务项目不同，因而其主页的内容也不相同。图书馆主页一般由三方面的信息构成：一是自我介绍类信息，包括图书馆概况、读者指南及新闻通告等；二是图书馆提供网上服务选项，如馆藏书目数据检索、光盘检索、新书预订、预约借书、续借等；三是网络信息资源导航。

2. 图书馆内部结构与服务内容

图书馆的性质、资源配置、服务对象和工作流程决定了图书馆的机构设置和服务项目。以南阳理工学院图书馆(http：//book. nyist. net/)为例，该馆除各种类型书(刊)库外，还设有采购、编目、外借、阅览、咨询、检索、报刊、馆际互借、复印、电子阅览等业务部门，并开展相应的业务工作，为用户提供相应的服务。不同图书馆在资源配备、用户构成和服务项目等方面各有特色和优势。图书馆网络、图书馆联盟为实现资源互补和资源共享奠定了基础；计算机技术、现代通信技术和网络技术的应用使用户利用远程图书馆资源和服务成

为可能。例如：清华大学图书馆的"图书馆利用 100 问"从一般性质的问题、查找资料、数据库检索、公共书目的查询、图书流通阅览、有关规则和咨询服务等方面将如何利用本馆资源归纳成 100 个常见的、有代表性的问题，具有很强的针对性。北京大学图书馆的"读者指南"则包括入馆指南、基础服务和特色服务 3 类信息，其中在基础服务项目中，向读者介绍了本馆馆藏借阅、公共目录、借书证卡、馆藏复制、视听服务、收藏服务、参考咨询、电子资源服务、拨号上网以及自动化系统等问题。因此，用户应根据自己工作、学习和研究性质选择能够满足其文献信息需求的图书馆，熟悉图书馆信息资源，充分利用图书馆信息资源。

3.2　大学生与图书馆信息素养教育

3.2.1　图书馆对大学生进行信息素养培养的必要性

1. 培养当代大学生信息素养是当今时代的迫切要求

21 世纪人类将以难以置信的速度跨入全新的信息社会。随着全球建设信息高速公路热潮的兴起，信息高速公路纵横世界各地。这个多媒体传输网络使人们获取信息的方式发生了前所未有的伟大变革。通过它，人们可以漫游世界，可以随意领取学术新见解、科研成就、市场新信息，阅读各类佳作，欣赏艺术作品。但这个美好的信息化社会的发展前景，最终取决于社会成员的信息素质状况，取决于社会成员的信息知识与技能水平。因而，重视信息主体的信息素养教育是信息社会的坚实基础。而当代大学生是世纪之交的栋梁之才，是未来的各类专业人才，担负着科学研究、科技发展的重任，大力培养他们的信息素养应视为一项战略性举措。

2. 培养当代大学生信息素养是大学生自我发展的需要

信息是人类发展的基础，是人类的智慧之源。在社会实践中，人们在不断地获取、吸收和利用信息后，积累了丰富的经验，增强了知识和才干，再创造出新的信息，再吸收，再创造，如此循环往复，不断发展进步，才创造出辉煌的人类文明。

现代科技高速发展，各学科相互交叉渗透，新兴学科、边缘学科又不断涌现，为适应这种既高度分化又高度综合的发展，要求当代大学生必须具备一专多能的复合型知识结构，具有广博的多学科知识，而且要不断接受继续教育予以更新和补充。

因此我国教育界顺应时代的潮流，提出终生学习是 21 世纪生存的概念，而不断学习的过程也就是信息的不断获取和利用的过程，如何把握学习的方向，涉猎、鉴别、选择、索取、利用知识实质上是个信息能力问题。而信息能力的主要内容是信息技术，信息技术是扩展人的信息器官功能，增强人的信息能力的技术。信息获取技术可扩展人的感觉器官功能，使人们能有效地探索世界的深层奥秘；信息处理与再生技术可扩展人们的思维器官功能，为人们认识世界和科学决策提供强大的智能；信息利用技术可扩展人的效应功能，为人们改造世界提供强有力的工具。同时，给予人们科学的求知方法，有效地提高学习技能。总之，信息技术促进人的全面发展。所以说培养信息素养是当代大学生自我发展的需要。

3. 培养当代大学生信息素养是社会持续发展的需要

网络化的市场经济，是将传统产业置于网络平台上的一种运作模式。推动经济文化发展的核心动力是因特网和教育，掌握因特网和教育的是人才，人才资源已成为可持续发展的根本。目前，信息化的发展已凸现出人才尤其信息素养人才的短缺。因为只有这种人才，才能不断获取新信息，学习更新的知识，不断创新，不断发展，显现出无限的发展潜力。因此可见，社会的持续发展需要大力培养当代大学生的信息素养。

4. 图书馆是大学生受教育的最佳场所

一个人从中学步入大学，这是人生旅途的重大转折。中学学习时期主要是学习文化基础知识，准备升入大学或走向社会从事某种职业。一旦升入大学之后，在心理上就有一个转变，学习目标有了一个更高的境地，就是在国家规定的培养目标下，将个人的前途与国家的发展需要结合起来。为此，一要构建自己合理的知识和智能结构；二要加强自身全面修养，尽量让自己成为国家所需要的某一方面的专业人才。

每个人，为了把自己培养成德才兼备的专业人才，他们必须接受专业教育、基础知识教育和综合教育，以适应未来的社会需求。

（1）专业知识教育

大学教育，主要是进行专业基础教育。所谓专业教育，是指符合本专业发展方向的专业知识结构，绝不是仅仅几门专业课，而是数十门和本专业相关的专业知识课。此外，为了学好专业基础知识，还要学习大量相关的参考书以巩固、加深和扩展专业知识。

（2）基础知识教育

它是指大学生需要共同学习和掌握的知识课。如汉语、外语、写作、电子计算机等课程。专业知识教育和基础知识教育都是大学生不可缺少的学习内容。但作为大学生，仅有这些知识还是不够的，还必须接受综合教育。

（3）综合教育

它是指大学生应具备的完善知识结构和文化素养。完善的知识结构，如同一棵大树，有主干、枝、叶，是个网络形的。要成为有用之才，他们的知识结构和智能结构应该是完善的。不仅要具备专业知识，还应具备与专业相关的知识，也就是说，知识要渊博，一个人的知识越渊博，在事业上才越有可能有建树。

5. 大学生要学会利用图书馆

每个大学生，为了适应未来的工作需要和科学的不断发展，他们必须提高获取知识的能力，才能使自己成为专业知识扎实、学识渊博、思维敏捷的大学生。在大学学习生活中，必须学会获取知识的方法与技能。这其中包括以下三方面：

（1）了解图书馆馆藏资源

图书馆是学生获取知识的主要场所，所以应了解图书馆的藏书结构。也就是了解图书馆收藏哪些类别的书刊资料，其突出特点是什么，以便于自己选择阅读。

（2）了解和检索图书馆目录

图书馆目录是馆藏书刊的反映和缩影，通过目录可以了解馆藏资源，目录是打开知识宝库的钥匙。了解图书馆目录，也就是了解图书馆有哪些目录以及各种目录的使用方法，把它们作为学习和治学的途径。

（3）掌握工具书使用方法

工具书能为人们迅速提供各类知识和资料线索，为人们读书治学和查找资料提供方便，因而必须学会使用工具书。同时工具的种类很多，应学会各类工具书的使用方法，为获取各种知识提供方便。

对图书馆的利用是多方面的，但主要是利用它的文献资料，并掌握使用方法，为今后走上工作岗位打下了一个良好的基础。

6. 图书馆为大学生成才创造了有利条件

图书馆保存了大量的古今中外的文献资料，供读者去利用，尤其是大学图书馆，它们收藏有符合本校性质的、系统的、历史的及现实的文献，反映了古代和现代科学发展水平，为培养新一代大学生创造了极为有利的条件。图书馆为充分发挥这些文献资料的作用提供了多种服务项目和内容。

（1）一切工作都是以"全心全意为读者服务"为目的的。

图书馆的一切工作都是为读者服务，始终贯彻"读者第一，服务至上"的服务思想，把为读者服务看成至高无上的原则，做到"每个读者都有其书，每本书都有其读者"，为读者利用图书馆提供方便。

（2）图书馆的服务活动

图书馆为了更好地配合学校完成教学任务，开展有多种形式的服务活动。除了日常的书刊借阅工作之外，还开展有图书馆宣传与推荐、阅读辅导、参考咨询等服务活功，都是为进一步深化课堂教学效果，巩固所学专业知识，开阔学生知识视野，为培养创新专业人才进行的服务活动。

（3）图书馆发挥教育与信息服务职能的作用

高校图书馆有两个职能，即教育职能和信息服务职能。教育职能要求它紧密配合教学任务进行服务工作。一方面为教师提高教学质量优先满足他们对文献资料的需求；另一方面，就是采取多种服务形式来满足学生对书刊资料的需求，帮助他们牢固掌握专业知识和提高他们的文化素养，使其成为合格的专业人才。信息服务职能要求图书馆配合教学和科研工作为广大师生提供信息资料；同时，对学生要进行信息知识教育，提高学生的信息素养，使他们更好地适应信息时代的要求。

3.2.2 图书馆对大学生进行信息素养教育的目标

"信息素养"已成为教育中的一个热门话题。前面章节已经对一些国家对高校学生的信息素养评估标准做了基本的介绍。但是由于信息素养教育所针对的人群不同，因此会呈现出不同的特征，所以本节会在介绍美国在 2000 年制定的"美国高等教育信息素养能力标准"的基础上，专门探讨我国大学生信息素养能力目标。

1. 美国高等教育信息素养能力标准

1998 年全美学校图书协会（AASL）和美国教育传播与技术协会（AECT）出版了 K—12 学生信息素养标准，制定了学生九大信息素养标准：能够有效地和高效地获取信息；能够熟练地、批判性地评价信息；能够精确地、创造性地使用信息；能探求与个人兴趣有关的信息；能欣赏作品和其他对信息进行创造性表达的内容；能在信息查询和知识创新中做得最好；能认识信息对民主化社会的重要性；能履行与信息和信息技术相关的符合伦理道德的行为规范；能积极参与活动来探求和创建信息。

2000 年 1 月 18 日，美国高等教育图书研究协会（ACRL）在德克萨斯州的圣安东尼召开了美国图书协会仲冬会议，参加这次会议的 11 位理事为分别来自全美高等学校的校长、副校长、图书协会的理事长等。会上审议并通过了"美国高等教育信息素养能力标准(Information Literacy Competency Standards for Higher Education)"。该标准分为三个板块：标准、执行指标和效果。有 5 大标准 22 项执行指标和若干个子项目。现介绍如下：

标准一：具有信息素养能力的学生能决定所需要的信息种类和程度。

执行指标：

(1)具有信息素养能力的学生能选定并连通所需要的信息

效果包括：

①与教师交流，参与课堂讨论、同行讨论和电子讨论，确认研究课题和其他信息需要。

②展开论点，根据信息需要，系统阐述问题。

③从探索一般信息源提高到对课题熟悉程度的探索。

④确定或者调整信息需要，到达易控制的中心点。

⑤辨认关联的概念并用术语描述信息需要。

⑥确认现有的信息能与已有观念、实验或分析结合起来，并能产生新的信息。

(2)具有信息素养能力的学生能确认各种不同类型和格式的潜在的信息源

效果包括：

①了解正式与非正式信息是怎样产生、组织和传播。

②确认能把知识条理化，这种条理化影响获取信息的方法。

③辨认各种类型的潜在资源的价值和不同(如多媒体、数据库、网站、数据系统、声像、纸介文本)。

④辨认潜在资源的目的和使用者的反馈信息(如大众化与学术化；时尚与历史)。

⑤区别初级和中级来源，确认这些来源的使用及重要性将随条理化而发生改变。

⑥懂得在初级来源的原始数据中可能需要建构。

(3)具有信息素养能力的学生能考虑获取所需要信息的成本和利益

效果包括：

①确定所需要信息的可用性，决定扩大超越本区域资源的搜索信息的方法(如图书通借、异地使用资源、获取镜像、声像、文本和声音)。

②为了获得所需要的信息并明白其来龙去脉，考虑获得新的语言或技能的可行性(如外语或者基于条理化的信息)。

③确定实际而全面的计划，有条不紊地获取所需要的信息。

（4）具有信息素养能力的学生能重新评价信息需要的特点和信息需要的扩充

效果包括：

①进一步审视原始信息需要阐明、修改、优化的问题。

②描述判断遴选和决定取舍信息所采用的标准。

标准二：具有信息素养能力的学生能有效而又高效地获取所需要的信息。

执行指标：

（1）具有信息素养能力的学生能选用最适当的探究方法或检索系统获取所需要的信息

效果包括：

①确认正确的探究方法（如实验方法、模拟、野外作业）。

②考查各种不同类型探究方法的优越性和适用性。

③考查信息检索系统的范围、内容和结构形式。

④从探究方法或信息检索系统中，选择有效又高效的获取所需要信息的途径和方法。

（2）具有信息素养能力的学生能建构和完善有效的搜索策略

效果包括：

①根据探究方法制订研究计划。

②辨认关键词、同义词和所需信息的相关术语。

③根据条理化和信息检索来源，选择控制词义的具体内容。

④运用选择信息检索的正确命令，建构搜索策略（例如：布尔代数运算符截断和搜索引擎代理、网际组织，如书目检索）。

⑤运用不同界面、搜索引擎、不同的命令语言、协议和搜索参数，完善在各种不同类型信息检索系统中的搜索策略。

⑥运用正确的条理化的探究协议，完善搜索。

（3）具有信息素养能力的学生能运用各种方法检索在线信息或个人信息

效果包括：

①运用各种的搜索系统，检索不同格式的信息。

②运用各种不同的分类组合和其他的系统（数字呼叫系统或目录检索系统）找出本区域图书馆的信息来源或确认有形探究开发的具体特征。

③运用专业在线或个人可行的服务系统，在某一机构检索所需要的信息（例如图书通借，文件传输，专业协会、团体研究办公室、社区资源、专家和

使用者)。

④利用调查、书信、面谈或其他形式的调查方法，检索初级信息。

(4)具有信息素养能力的学生必要时能优化搜索策略

效果包括：

①评价搜索结果的数量和质量，确定两种方法的选择：用信息检索系统还是探究方法。

②辨认在信息检索中的差别，必要时，决定是否修改搜索策略。

③必要时，重新采用修改策略再检索。

(5)具有信息素养能力的学生能写出摘要、记录和管理信息及其来源

①在各种不同的技术方法中选择最适当的一种，完成所需信息的摘要的任务(例如拷贝、粘贴功能，相片复制、扫描、声像设备、探测仪器)。

②能就信息组织的系统进行创新。

③区别来源引用的类型，懂得扩大信息范畴所涉及的内容和正确引用资源的句法语言。

④记录所有的相关信息，以便将来参考。

⑤采用各种不同类型的技术，管理所选用和形成的信息。

标准三：具有信息素养能力的学生能评判性地评价信息及其来源，并能把所有选出的信息与原有的知识背景和评价系统结合起来。

执行指标：

(1)具有信息素养能力的学生能从所收集的信息中，概括出中心思想

效果包括：

①理解文本并遴选出中心思想。

②用自己的话复述原文的观点并能准确地选用数据。

③确认将可能适当引用的完全照抄的材料。

(2)具有信息素养能力的学生能连通并运用原始的标准来评价信息及其来源

①为了评价可靠性、有效性、准确性、权威性、时间界限性、叙述角度或带有的偏见性，检查并比较各种来源不同的信息。

②分析结构和展开辩论或方法的逻辑性。

③确认偏见性、欺骗性或操纵性。

④确认在其信息创建中文化的、物质的或其他形式的环境，懂得这种环境对理解信息的影响。

(3)具有信息素养能力的学生能综述中心思想有新的创新理念

效果包括：

①确认概念中的相互关系，把这些概念结合到潜在有用而又重要的原始的观点，并有利于对论据的展开。

②扩充原始的综述，可能的话，写出更高水平的摘要，构建新的假设所需要补充的信息。

③利用计算机或其他技术(例如电子表格、数据库、多媒体、声像设备)研究理念和其他现象的相互作用。

(4)有信息素养能力的学生能对新旧知识进行对比，确认所增加的价值、矛盾性或其他别具一格的信息特点

效果包括：

①确定信息是否满足研究或其他信息需要。

②有意地利用所选择的标准判断信息是否具有矛盾性或者验证来源于其他资源而又被利用的信息。

③根据所收集到的信息作出结论。

④利用正确的条理化技巧，对理论进行验证(例如模拟、实验)。

⑤对数据来源、信息收集工具的局限性、搜索策略或缺乏理性的结论产生疑问，进而确定可能的准确性。

⑥对新旧信息和知识进行整合。

⑦遴选能给主题提供证据的信息。

(5)具有信息素养能力的学生能判断新的知识是否对个人价值观体系产生影响，并采取措施谋求和而不同

效果包括：

①考察所收集到的不同的学术观点。

②确定对所收集到的观点是整合还是排斥。

(6)具有信息素养能力的学生能够通过与他人或者某一领域的专家、实践者对话，验证对信息的理解和解读

效果包括：

①参与课堂讨论或其他形式的讨论。

②参与班级举办的目的在于对主题鼓励对话的电子通讯论坛(例如电子信箱、电子白板、聊天室)。

③通过不同的机制征求专家的意见(例如面谈、电子信箱、文件清单管理系统)。

(7)具有信息素养能力的学生能确定原始的咨讯应该如何修改

效果包括：

①确定原始的信息需要已经满足或者需要补充。

②重新审视搜索策略并把其他的理念作必要的整合。

③重新考察所采用的信息检索系统，必要时扩大采用其他的信息检索系统。

标准四：具有信息素养能力的学生，无论是个体还是团体的一员，能有效地利用信息达到某一特定的目的。

执行指标：

(1)具有信息素养能力的学生能用新旧知识创造新的计划、新的作品和表现形式

效果包括：

①用一种组织内容并运用一种有利于目的的实现和有利于作品或表现形式的格式(例如大纲式、初稿式和故事版)。

②知识与技能的整合，把从原有的经验转移为新的计划和创造新的作品与表现形式。

③用一种有利于目的实现，有利于作品或表现形式的格式，对新旧信息进行整合，包括引用和释义。

④必要时利用数字文本、镜像、数据，把它们从原有的位置和格式转移为一种新的环境。

(2)具有信息素养能力的学生能修改发展程序以满足于作品或表现形式的需要

效果包括：

①保持记录或寻找信息行记录。

②重新审视过去的成与败和可选策略。

(3)具有信息素养能力的学生能把作品或表现形式与他人有效地交流

效果包括：

①选择最佳的有利于目的、作品或表现形式实现和预期观众的交流媒体和形式。

②运用一套信息技术设备去创造新的作品或表现形式。

③把设计原则与交流进行整合。

④交流顺畅明了并能用有利于达到预期观众的目的形式进行交流。

标准五：具有信息素养能力的学生值得有关信息技术的使用所产生的经济、法律和社会问题，并能在获取和使用信息中遵守公德和法律。

执行指标：

（1）具有信息素养能力的学生懂得与信息和信息技术有关的道德、法律和社会经济问题

效果包括：

①判断和参与基于纸介质和电子文本环境下有关隐私和安全问题的讨论。

②判断和参与有关获取信息免费与收费问题的讨论。

③判断和参与有关审查与言论自由的讨论。

④懂得知识产权、版权和合法使用带有版权的资源。

（2）具有信息素养能力的学生遵守法律、规章、团体制度和有关获取和使用信息资源的礼貌规范和网络行为规范

效果包括：

①遵守公认的惯例参与电子讨论。

②利用获准的密码和其他形式的身份证获取信息资源。

③遵守团体的有关获取信息资源的政策。

④维护信息资源、设备、系统和仪器的完整性。

⑤合法地获取、储存、传播文本、数据、镜像和声音信息。

⑥懂得构成剽窃的成分，不把属于他人的成果占为己有。

⑦懂得有关人的课题研究的团体政策。

（3）具有信息素养能力的学生能在交流作品或表现形式中使用信息来源

效果包括：

①选择正确的文件格式和一直使用同一格式的引用来源。

②必要时，公布被允许使用的版权资料的通知。

2. 我国大学生信息素养的目标

根据国外信息素养教育标准的研究，我们在下面对于大学生信息素养培育的各个方面的具体目标进行讨论。

（1）大学生信息素养目标制定原则

大学生信息素养评价标准要体现大学生信息素养的基本特征。同时，构建大学生信息素养评价标准应遵循以下原则：

①科学性原则

以现代教育特征，特别是以与时俱进的大学生评价理论为指导，遵循建立评价指标体系以标准的方法与步骤，构建大学生信息素养评价标准，保证评价结果的准确性和可靠性的基础，是评价体系切实可行的方法。坚持科学性原则，本评价指标体系由相互影响又彼此独立的指标组成，指标间具有逻辑层次

关系，逐层递进，环环相扣。上下级指标要具有一致性，同一层次的指导与指标间不雷同，外延不交叉，确保整个评价标准体系构成一个完整的科学的逻辑系统。

②整体性原则

构建师生信息素养评价标准应满足属性集体性原则，即要求指标应满足属性集体性原则，也就是要求指标应涵盖为达到评价目的所需的基本内容，制定的大学生信息素养评价标准及其体系不能遗漏任何重要的方面，应全面地、系统地、本质地、辩证地反映、再现和涵盖大学生信息素养的各个方面。否则，如果标准体系遗漏了某些重要的方面，不具备完整性，评价者就不能多角度、多层次、多侧面地准确地评价与分析所面对的对象，从而影响评价结果的精确度，出现偏差。构建大学生信息素养评价体系应全面地、系统地考察大学生信息素养的方方面面，指标体系覆盖大学生信息素养的内涵和外延，培养目标以及未来的发展要求的内容。

③简要性原则

大学生信息素养评价标准需要层次分明、简明扼要；每个指标要内涵清晰，相对独立。从理论上讲，评价指标越全面、越丰富、越完整，越能清楚地反映大学生的信息素养的结构体系。但评价实践表明评价数量超少，层次价指标尽量少而精，把最能代表根本性质、最能反映大学生信息素养内涵的指标提取出来，保证评价指标完整、精练、评价结果准确。

④可比性原则

要尽可能采用相对属性，便于对不同指标进行对比，但为了反映对象规模的差异，也应采取一些绝对指标。采用哪种形式指标要具体问题具体分析，绝对指标与相对指标结合起来，才能体现指标的科学性。

⑤可操作性原则

构建大学生信息素养评价体系要适应现代高等教育中的提高高教质量、建立和谐校园的要求，最终目的是服务于大学生。应用这个评价体系评价大学生的信息素养，要能为大学生所接受，成为培养大学生信息素养努力的方向。为了能被大学生所接受，在确立评价指标时广泛征求大学生的意见，做一个切实可行的评价体系，成为大学生通过努力都能达到的一个评价标准。

⑥实际性原则

构建大学生信息素养评价体系应遵循实际性原则，从实际中来到实际中去，符合我国高等教育的实际情况，符合当代大学生信息应用的要求，构建一个标准的评价体系，能够应用于实际。

⑦可测性原则

构建大学生信息素养评价体系应遵循可测性原则。信息素养评价标准采用多层次法，一级指标相对抽象，各级越来越具体，末级指标最具体，做到每个评价指标内容明确、直观、具体、全面。构建评价指标体系时应对大学生信息素养认真分析现象，找出最能反映其特点和内涵的主要因素，准确地、具体地表述评价标准，从而构成可测的大学生信息素养评价体系。

⑧导向性原则

大学生信息素养评价应遵循导向性原则，应体现高等教育信息多样性、高质量化的时代特征．成为指导大学生信息素养未来发展的航标。

在明确大学生信息素养的内涵基础上结合大学生信息素养评价标准，依据以上八项基本原则，认真制定大学生信息素养评价体系，其中包括三部分内容：评价所需考查的因素集合，即评价标准体系；各因素的重要程度，即评价指标权重；确立系统分类，即评价等级。

(2)信息意识与情感方面的目标

当前震撼世界的信息革命，实质上是一场空前巨大的生产力革命，它必将带来从经济基础与上层建筑甚至意识形态的深刻变革。在八大新技术(材料、能源、信息、生物、海洋、空间、环境与管理)群中信息革命是核心，因为，信息革命一方面是人类认识世界的飞跃(信息既不是物质，也不是能量)与认识手段(电脑)的变革，另一方面是人与人的相互联系与相互交往方式(互联网)的空前活跃，人类从此进入信息社会。当代大学生首先必须认识信息的本质及其对社会的重要意义。树立强烈的信息意识，以便正确认识信息，准确捕捉信息，科学地处理信息，创造性地使用信息。因此，大学生信息素养的一个培养目标就是要求大学生树立起信息意识与情感。丹尼尔-戈尔曼(Daniel Colemant)：在其所著《情感智商》一书中说："情感智商——自我激励、百折不挠，控制冲动、延迟享受；调适情绪、不让焦虑烦恼干扰理性思维，善解人意、充满希望。智商已有近百年的历史，研究了成千上万的人，但情感智商却是一个很新的概念，尚未有人能确切地断定它的差异将如何影响人生历程。不过，现有的资料证实了其强有力的作用，某些时候甚至比智商更重要。"指出了一般情感智商的范围及对于人生的意义。

①培养积极的态度是培育信息意识情感的第一步

作为大学生还应具有信息社会中所需要的工作态度与精神的素养。对待信息技术的利用采取积极态度是十分重要的第一步，有了一套信息技术系统以后，不同的态度会产生不同的使用效率。

首先，有没有对于使用信息技术获取信息的一种迫切愿望和进取精神是态度积极不积极的一种表现。有的人把利用信息技术来获取信息作为日常生活的例行事务的一部分，就像现在的知识分子每天需要看看报纸一样，他们每天都要用一用信息技术，具有这种积极态度，使用者才会不遗漏对自己有用的信息，也才能不怕艰难，孜孜不倦地在信息海洋中去搜索自己所要利用的信息。现在网上的学习资源相当丰富，通过网络资源，大学生可以得到许多学习材料，从而进行学习，可以大大地提高学习效率，扩大知识面，提高专业素养。但是有的人则三天打鱼两天晒网地使用，那么他们可能会遗漏有用的信息，不知道自己专业最前沿的知识等。

其次，不断追求自我发展的精神是态度积极的进一步发展。有的人对于信息技术浅尝辄止，例如学会了 DOS 以后，即使知道了还有 WINDOWS 用起来更加方便，还是觉得旧的东西用起来十分顺手，学一样新东西太麻烦，而不再愿意往前再发展去试一试，停留在原有水平上；有些人努力去迎接新技术的挑战，不断地学习新工具，做到技术上越来越进步，使用上越来越方便，效益越来越高，如 OFFICE 从 1997 发展到 2015，许多功能得到了实现，从而使得操作多样化、显示艺术化。实际上，正是因为利用信息技术的各种工作人员在位用信息技术工作中的积极态度与发展精神，投入许多力量去发现与改造，才促进了信息技术的迅速发展。

②信息的财富意识是巩固积极态度的重要支柱

一方面，信息、技术的使用者要有一种信息安全意识，了解自己拥有的信息资源是远远比一般软、硬件更加珍贵的财富，需要珍惜与保护；另一方面，信息技术的使用者还应该具有信息的可使用意识，也就是说，他们必须了解信息技术可以利用来获取各种各样的有用信息，因此要努力去获取信息，而且尽量迅速地利用它们去获得利益，同时也应该知道信息对于自己不是都有用的，因此需要努力去学会选择和判断，放弃那些对于自己没有用的甚至是有害的信息，取得最有用的信息。

进入了信息社会，所有的东西都与信息技术密切相关，而且信息技术系统无处不在，人们从小到大都很自然地接触它们，没有了神秘感与距离感；而且，人们的所有行为都与信息技术的使用密切相关，它们时时在你的身边，可以说，每天的事情很多需要使用信息技术才能做。因此，其中的有些信息意识(敢用与想用的意识)已经成为人类生活十分自然的一部分，也许不会再存在什么问题了；但是那时候仍然还有对待信息技术的态度是积极还是消极的问题，对信息技术是重视还是不重视的问题，以及全部排斥、全部相信还是能够有理性地利用有价值信息的问题。也可能会有另外的一种信息技术意识与情感方面的目标。

③守法意识是保障信息传播畅通的前提

法律是规范人类社会的一些共同约束与规定，原来的一些法律主要是针对物质社会制定的，尼葛洛庞帝在《数字化生存》一书中举了一个例子："不久前，我在加拿大不列颠哥伦比亚省的温哥华参加了一次宝丽金公司高级经理人员的管理研习会。他们委托联邦快递公司把这批封装好、有重量、占体积的CD盘、录像带和只读光盘送到会场来。不幸的是，部分包裹被海关扣了下来。同一天，在旅馆的房间里，我却利用互联网络把比特传来传去。我的比特完全不会像宝丽金的那样，被海关扣留。"这段话说明了。随着信息技术的迅速发展，许多新的问题产生，原有的法律必须重新修订。世界上各个国家与地区都十分关心如何从法制角度来迎接信息时代，他们对于原有法律进行各种修正。我国在 1997 年颁布的新刑法中，第 285、286、287 等条目专门规定了计算机信息系统的犯罪问题，把违反国家规定，对计算机信息系统的功能以及其中存储、处理与传输的数据和应用程序进行删除、修改、增加，故意制作、传播计算机病毒等破坏性程序；利用计算机实施金融诈骗、盗窃、贪污、挪用公款、窃取国家秘密；违反国家规定，侵入国家事务、国防建设、尖端科学技术领域的计算机信息系统等，都定为犯罪行为，国家将对其处以刑事处罚。这些法律的根本目的是保障信息存储与传播的安全与畅通，从而维护信息系统的安全，保障整个社会与国家的稳定与健康发展。因此，大学生作为一名公民应该具有守法意识。只有具有这些意识，才不会因触犯法律而受到国家的处罚，也才能保障信息存储、信息处理以及信息传播的安全与畅通，最终还是维护了自己的信息获得与利用的安全与方便。

(3)信息伦理道德修养方面的目标

大学生本身具有较好的传统伦理道德修养，但在现代信息技术环境中，由于信息交流的隐蔽性、开放性和监督的艰难性，对大学生的信息伦理道德修养提出了更高的要求，具体表现在：能认识信息和信息技术的意义及其在社会生活中所起的作用和负面影响；了解并遵守各种与信息技术相关的文化、法律法规和伦理道德；具有较强的自控能力，能抵抗网络不良信息的诱惑和污染；能做到文明聊天、有责任地使用信息；具有强烈的社会责任感及参与意识，平时能主动和老师进行多渠道信息沟通，利用信息技术进行自我心理疏导、思想教育；主动参与理想的信息社会的创建，在获取信息的同时，能积极主动地去吸取新信息和研究学习新的信息技术等。

①具有高度社会责任感是信息素养中首要的道德

作为利用信息技术的大学生的道德修养的第一个要求是，他们必须具有高度的社会责任感。在利用信息技术的人们中，有相当一部分人以后会从事科学科研工作与文化知识传播工作，他们所从事的是研究知识与文化、创造知识与文化、传播知识与文化的精神劳动，这种劳动的职业特殊性决定了比直接的物质劳动要有更加高尚的职业道德的特殊要求。在应用信息技术进行科学文化研究与科学文化传播时，更应该考虑到信息传播面广量大的特点，一定要遵循科学研究工作者与知识文化的传播工作者的道德行为规范，富有责任心与追求真理的精神。

一方面，对于使用信息技术的知识与文化的研究工作者来说，他们应该认识到信息技术的传播广泛性，所进行的每一项研究都会很快地传播到各个地方，造成较大影响。因此，在进行研究的一开始就必须十分关心成果的社会应用，特别是教育应用，"他不能对他工作的成果究竟对人类有用还是有害漠不关心，也不能对科学应用的后果究竟使人民境况变好还是变坏采取漠不关心的态度。不然，他不是在犯罪，就是一种玩世不恭。"在科学研究领域的工作者必须认识到，利用网络可以传播有益于人类的科学技术知识的传播，也可以传播有害的计算机病毒，而他们的责任是推动前者反对后者。

另一方面，对于文化知识的传播者来说，同样要了解信息技术大大增加了文化知识传播的范围，因此应该在利用信息技术进行创造与传播时，具有一种提升人类道德和理性的高度使命感，努力提高自己的教育品位，创造与传播真善美，而不是去传播一些对于人类文化发展有反动作用的知识；同时应该敢于面对社会的各种落后与丑恶现象与行为，作出正确的价值判断，并且能够进行良性疏导，从而影响学生，促进学生的健康发展。

②必须保证自己劳动成果的纯洁性和科学性

信息传播是人类社会借以形成的重要手段，从原始社会开始，人类社会的各种关系以及协调关系的各种活动，都离不开有效的信息传播。传播因此而成为每一个社会成员的基本社会权利，是"天赋人权"的重要内容。也是在大家共同遵守一定的协议的条件下，相互进行信息交换的过程，如果某些人破坏了这些协议，那么信息交换就不能畅通。这些协议的一个重要出发点是人人平等，相互尊重。在进行信息交换过程中，没有年龄区别，也没有权威与普通人的等级差别，大家应该相互尊重，尊重对方的劳动，特别是作为接受着高等教育的大学生，更应该去尊重知识、尊重别人的劳动。而且由于利用信息技术可以大量下载各种教育研究与教学资料，因此更加要特别注意尊重他人的劳动，应该提倡一种用诚实劳动争取美好生活的思想道德，不能够去剽窃和仿冒他人的教育研究成果，在引用人家的知识劳动成果时应该指明出处；同时还应该注意到由于利用信息技术可以进行跨越时空限制的大面积传播，影响十分大，因此利用信息技术进行传播的人们必须要对自己发表的成果的事实性与科学性负责，做到言之有据，同时在引用人家的成果时要进行分析，做到不传播虚假的信息。

③大学生应具备一定的社会责任

"在互联网上，没人知道你是一条狗。"这句话是对互联网匿名特性的最著名的表述。同样信息技术的利用可以不知道与你进行对话的人的性别、年龄、学历与职位，而只是知道他的观点。这一点可能有利于培养对事不对人的良好作风，而且双方不会因为地位的不同，而有心理障碍，而影响信息的真实性，从而有利于培养不讲假话的良好作风。尽管通过利用信息技术可以得到许多信息，但是作为象牙塔里的大学生，应有自己的判断，而不是人云亦云，要对传播的知识进行科学的分析，做到去粗取精，去伪存真。

④良好的合作精神是信息技术利用者工作的保证

作为信息技术系统中的人通常有着两种身份，他们既是信息传播的传播者，需要发送电子邮件、订货单、送交学术论文等大量信息，同时又是信息传播的接收者，接收人家寄来的电子邮件，还可以通过信息技术查询自己感兴趣的各种资料，大学生也不例外，在学校里他们已经既是信息的传播者，又是信息的接收者。走入社会后随着担任了一定的社会角色，他们在信息传播者和信息接受者两种角色间的分量将会更重。当然无论是作为传播者还是接收者，都必须有一种合作精神，对于人家的问题与要求也要有诚恳的态度给以帮助，同时自己提出的要求也应该是诚恳的，不能强制对方做他们不愿意做的事情，这样才能使信息传播产生一种良好的互动效应。

作为信息传播的传播者来说，大学生也应该保证自己所传播的是符合人类的道德规范，促进人类文化发展的信息，而不是有害于人类文化健康发展的东西。例如，不应该包含那些可能对青少年有不良影响的淫秽信息；不应该传播那些不科学、不正确的无稽之谈；不应该传播计算机病毒等。由于电子邮件与通常的信函相比似乎不那么规范，行文相对比较自由，但是应该认识到，在使用信息技术通讯时，你仍然是在面对人而不是机器，必须充分表达出对于对方的尊重和信任。此外，还要尊重其他人的自由，不要随意地往人家的地址发送东西。而作为信息传播的接受者，先应该尊重其他人的劳动与信息产权，未经同意不要下载人家的信息；同时，由于利用信息技术来接收信息通常是采取允许接受者可以主动寻找自己感兴趣的互动方式，这时接受者或信息查阅者就更加要尊重他人的隐私权，不要去盗窃人家的机密信息和隐私信息。此外，在收到电子邮件以后，应该及时给人家答复，帮助人家解决有关问题。

(4)信息知识方面的目标

随着信息技术的发展，信息技术产生了许多新的科学技术知识，特别是信息技术的有关信息知识。无论是作为信息技术系统的使用者与开发者，还是作为信息时代的一个普通成员，都应该具有这些基本知识，特别是要掌握这些知识，才能更好地传授信息知识。因此笔者认为大学生要弄清一个对于信息技术知不知与僵不僵的问题。

①了解信息技术是信息时代的基本要求

随着信息技术进入人们的生活，在许多社会活动中，信息技术的发展与广泛应用成为一种热门话题在议论；如何利用信息技术也成为大家普遍关心的问题。总之，在信息时代有关信息技术的各种知识成为了一般人所应该了解的常识，作为信息的传播者，掌握信息知识是必要条件。很难设想，在信息社会一个有文化的人在自己与朋友的谈论中会不涉及信息技术，也很难设想一个有文化的人会在人家谈论信息技术时呆若木鸡，特别是作为受过高等教育者。对信息技术而言，更不可能在教育活动中不联系到信息技术。也就是说，对于大学生有一个对于信息技术知不知的问题。

知识是指一切与信息有关的理论、知识和方法，一般来说它包括：

第一，传统文化素养。传统文化素养包括读、写、算的能力。尽管进入信息时代，读、写、算等方式产生了巨大的变革，被赋予了新的含义，但传统的读、写、算能力仍然是人们文化素养的基础。在信息时代，必须具备快速阅读的能力，这样才能有效地在各种各样、成千上万的信息中获取有价值的信息。

第二，信息的基本知识。包括信息的理论知识，对信息、信息化的性质、信息化对教育影响的认识和理解，信息的方法与原则(如信息分析综合法、系统整体优化法等)。

第三，现代信息技术知识。包括信息技术的原理、信息技术的作用、信息技术的发展及其未来、信息技术在教育中的应用。如它的应用对于教育可能有一些什么影响，又有什么局限性，信息系统有哪些组成部分(包括硬件、系统软件以及应用软件)，各个部分在信息系统工作中的基本功能，各种各样的机型代号有些什么意义，各种有关的名词术语(例如多媒体、计算机病毒、上网、下载、数据库、光盘、打印机、网卡等)的意思是什么等。

第四，外语。信息社会是全球性的，在互联网上有80%多的信息是英语，此外还有其他语种，要想相互顺畅交流，就有可能需要了解国外的信息，这就要求当代大学生要掌握1~2门外语，适应国际文化交流的需要。因此，作为大学生也有一个懂与不懂信息技术知识的问题。

②弄懂信息技术是用好信息技术的基本条件

对于大学生而言，他是信息技术的利用者，不仅需要了解一般的信息技术科普知识，而且还应该深入了解信息技术的现状与发展，只有充分了解了信息技术的知识，才能更好地利用信息技术从事教育教学法活动。例如，需要了解信息技术的工作原理，了解信息技术系统的基本构成，各个部分的工作机制以及在系统工作时的功能与作用，这样他们可以在自己的学习活动中充分利用有关知识，从而提高学习效率。

总之，多懂得一些信息系统的细节与原理，可以使得大学生在使用信息技术时比较自由，充分发挥信息技术的作用，提高学习效率。

③了解信息技术发展的历史与发展趋势，从而提升大学生信息素养

任何事物都有自己的发展历史和发展趋势，信息技术也不例外，信息技术发展的历史有着它本身的客观规律，因此对于它的了解也是信息知识的一个重要方面，大学生有了对于信息技术历史的了解，知道信息技术是如何发展起来的，经过了一些什么发展阶段，各个阶段的特征是什么，就可以展望未来，从而预测信息技术的发展方向，就可以以积极的态度迎接信息技术的新发展，做到与时俱进。大学生不仅能够从历史与发展的角度来谈论信息技术，更重要的是从哲学的角度形成对信息的本质与源流的认识，从而提升自己的信息素养。

(5)信息能力方面的目标

在信息社会里，所有的人无论他们自觉还是不自觉，都要使用信息技术进行工作，大学生想要自己的专业水平得到提高，是不可能与信息技术脱离联系的，因此使用信息技术的能力是信息素养不可缺少的部分，并且应该是信息素养的核心内容。

如果从一般使用信息技术系统的角度来说，那么信息技术系统的应用能力则包括一些技术性较强的问题。例如，如何选择与安装一个适合自己需要的信息技术系统，如何启动、运行与结束一个信息技术系统的工作，如何对于一个信息技术系统进行日常维护，如何利用信息技术进行教学等。关于它们的具体内容，研究人员的看法的差异比较大，我们在以后进行专门的讨论。笔者认为从使用信息技术系统的能力角度来说，大学生的信息能力可以分为如下一些方面：

①计算机系统的基本操作能力

最基本的信息技术能力是计算机系统的操作能力。尽管现在的信息技术的发展使得计算机系统的使用方法越来越简单，但是还必须由大学生自己去操作，包括启动计算机系统进行工作，在任务完成以后关闭计算机系统，选择所要使用的软件并且运行它，正确地进行人机会话等。在能力许可的情况下，还应该学会一些安装、测试等简单操作，这就是我们平时所说的计算机操作基础。

②计算机系统的各种软件的使用能力

一个完整的计算机系统由硬件系统和软件系统两大部分组成。硬件系统指由电子部件和机电装置组成的计算机实体，它包括主机和外部设备，用来接受计算机程序，并在程序的控制下完成数据输入、数据处理和输出结果等任务。软件系统指为计算机运行工作服务的全部技术资料和各种程序。它保证计算机硬件的功能得以充分发挥，并为用户提供一个宽松的工作环境。软件一般分为系统软件和应用软件。系统软件通常由计算机的设计者或专门的软件公司提供，包括操作系统、计算机的监控管理程序、程序设计语言等。应用软件是由软件公司或用户利用各种系统软件、程序设计语言编制的，用来解决用户各种实际问题的程序。

计算机系统的硬件提供了信息传播活动的基础，软件起着控制硬件系统工作、发挥计算机系统性能的作用，一个计算机系统使用的软件不同，它所起的作用也就不同。一般计算机系统制作者在同样的硬件系统上提供了大量适合不同需要的软件，大学生具体在操作时可以根据自己的需要选择不同的软硬件组合来完成自己的工作。许多软件是通用的，可以从事某一个类别的工作，例如用来进行文字处理的软件有 WPS、WORD 等，用来进行远程通讯与查询的有 Out Look、Netscape、Internet Explorer 等。

③信息资源的利用能力

大学生使用信息技术的主要目的是查阅专业资料、获取信息与利用信息来撰写论文和提高生活质量，因此，信息资源的利用能力是大学生需要的信息能力的一部分。其中，重要的一点是能够在浩瀚的信息海洋中进行有效的查找，以比较少的时间发现自己有用的信息。因特网是一个联结有数以万计个计算机的庞大信息资源，大学生不可能把所有信息全部下载到自己使用的本地信息系统中。此外现在的光盘品种很多，每一个光盘的信息容量也很大，也难以查找其中的信息，因此必须具有一定的信息获取能力，才能发挥信息系统的工作效益。另外需要注意的一点是要具有利用信息的能力，在获取了信息以后，还要善于利用这些信息，通过适当的分析与认识，使得它们能对自己的工作发挥作用。这些都属于信息资源的利用能力。

④信息系统的开发能力

有一部分大学生是学习信息系统的开发专业的，他们不仅希望能够利用信息与开发一些信息资源，而且到了一定阶段，可以从自己的使用经验出发来评价所使用的信息系统，觉得这些信息系统有许多地方应该改进，也许需要进行完善或另外做一个，成为了"电脑发烧友"或是"网络发烧友"。为了进行各种各样的开发工作，他们需要更加专门化的能力，能够掌握一两种效率比较高的程序设计语言，并且能够使用它们开发有效的信息系统，或者对于信息系统的硬件部分有比较深入的了解，能够设计与制作专门的信息技术设施，提高信息系统的工作效率。

⑤信息技术应用能力

作为大学生，不仅要将信息技术应用于生活、学习，最重要的是将信息技术应用于学习、服务于学习，从而提高学习效果。因此要对常用的软件熟练掌握，才能提高学习效果。大学生信息技术学习应用能力包括信息技术处理能力等。

⑥信息资源开发能力

大学生除了利用信息资源以外，通常还需要自己开发一些信息资源。例如，利用文字处理软件写作一些文章，利用 Powerpiont 准备讲演稿，编制自己使用的家庭记事录、通讯录以及简单的家庭预决算等，这些都属于信息资源的开发能力。每个大学生的信息资源开发能力是根据他本人的学习需要与生活习惯而各不相同的，但是具有一点信息资源开发能力可以提高大学生使用信息技术的水平与兴趣，也能够促进信息意识与情感的提高与巩固。

第4章 大学生信息素养教育内容

大学生信息素养教育内容可以从信息知识、信息伦理道德以及信息能力这三个方面来探讨。

4.1 大学生信息知识教育内容

信息知识是人们在利用信息技术工具、拓展信息传播途径、提高信息交流效率中所积累的认识和经验的总和。信息基本知识包括对信息、信息资源的概念和特征的认识；对信息组织过程的了解；掌握信息检索的基本原理和方法。另外，随着时代的发展，对大学生信息素养的培养不能局限于对信息素养的相关基础知识的学习，还要培养他们自学的基本能力。对于自学能力的培养，应通过阅读推广来进行引导。只有具备了一定的信息知识，才能更好地辨别信息，获取和利用信息。信息知识是信息素养的重要组成部分，是信息素养教育的基础。

4.1.1 信息

1. 信息

随着网络的全面覆盖和计算机应用的普及，信息跻身跨入社会的重要资源，成为影响科技进步、社会发展、经济进步的重要因素。我国第十二个五年规划纲要指出："加快建设宽带、融合、安全、泛在的下一代国家信息基础设施，推动信息化和工业化深度融合，推进经济社会各领域信息化。"是全国人民在 2011 年到 2015 年的奋斗目标之一。因此，这就需要我们进一步的认识信息和运用信息。

(1)信息的含义

当今社会，无论何时无论何地，人们都能听到"信息"的声音。大到人们关心的世界局势、国际关系，小到商场促销、邻里闲谈，都可以被称之为"信息"，可以说，人们的生活已经被信息完全包围。但是究竟怎样来定义信息呢？不同的学者提出了不同的观点，目前为止，还没有一个严格的定义。信息论的奠基者哈特莱在 1982 年发表的《信息传输》论文中，把信息定义为选择通信符号的方式，并用选择的自由度来计量这种信息的大小。他认为，发信息者所发出的信息，就是他在信息符号表中选择符号的具体方式。当然，此时对信息的理解还比较浅显，人们的认识是一个不断深化的过程。1984 年，申农在《贝尔系统技术学报》上发表的论文 *A Mathmatical Theory of Communication*（通信的数学理论）中，给出了信息的定义，他认为，信息是用来减少随机不确定的东西，并把熵引入信息领域，得到了著名的计算信息熵的公式：$H = \sum -pilogpi$。（C. E. Shannon. The Mathematical Theory of Communication BSTJ, Vol. 47：379）基于此，这一论文成为现代信息论研究的开端，申农也被称为"信息论之父"。但是申农对信息的定义有一定的局限性：首先，它的定义并没有描述出信息的内容和价值；其次他并没有对模糊不定性等形式的语法信息进行解释。控制论的奠基人维纳则把信息看做广义通信的内容。他在《控制论与社会》（1950 年）一书中写道："信息就是我们在适应外部世界，并把这种适应反作用于外部世界的过程中，同外部世界进行交换的内容的名称。""接收信息和使用信息的过程，就是我们适应外界环境的偶然性的过程，也是我们在这个环境中有效地生活的过程。"为那对信息的定义从动态上解释了信息的功能与范围，但是没有阐述出信息与物质、能量的关系。我国信息论专家钟义信在《信息科学原理》一书中归纳了前人对信息的定义：

信息就是信息，既不是物质也不是能量。

信息是事物之间的差异。

信息是系统的复杂性。

信息是事物相互作用的表现形式。

信息是物质的普遍属性，是事物联系的普遍形式。

信息是物质和能量在时间和空间中分布的不均匀性。

信息是收信者事先不知道的报道。

信息是消除不确定性的东西。

信息是使概率分布发生变动的东西。

信息是负熵。

信息是有序性的度量。

信息是被反映的差异。

信息是人与外界相互作用过程中所交换的内容的名称。

信息是作用于人类感觉器官的东西。

信息是选择的方式和自由度。

信息是通讯传输的内容。

信息是加工知识的原材料。

信息是控制的指令。

信息是决策需要的智慧。

信息就是消息。

信息就是信号。

信息就是数据。

信息就是经验。

信息就是资料。

信息就是知识。

我国《辞海》对信息下的定义是："信息是指对消息接受者来说预先不知道的报道。"美国《韦氏大辞典》载："信息是通信的事实，是在观察中得到的数据、新闻和认识。"

信息科学理论研究的深入和信息技术的发展，使信息涉及的领域越来越广，内容也越来越丰富，很难有一个统一的定义。为了便于理解，可以从两个方面对信息进行阐释：首先，信息是客观存在的，是有实质内容的，但由于事物都应具有特殊性，呈现出不同的状态和特征，因此在人们认识的过程中形成不同的信息；其二，信息不同于消息，可以减少消息中含有的不确定的东西。因此，我国国家标准《情报与文献工作词汇基本术语》（GB4894—85）把信息定义为："信息是物质存在的一种方式、形态和运动状态，也是事物的一种普遍属性，一般指数据、消息中所包含的意义，可以使消息中所描述事件的不定性减少。"

（2）信息的特性

分析研究信息的特性，不仅有利于人们将信息区别于其他事物，更有助于人们能够有效地掌控信息。

①信息具有客观性，信息的内容具有客观性，是对客观事物的存在和运动状态的真实的反映，它的存在不以人的意识为转移。

②信息对物质载体既有依附性又有独立性，信息可以表现物质的存在方式和运动状态，但是信息并不是事物本身，它不能独立地表现出来，只能借助于纸、光盘、语言、符号等各种载体来记录、传递和储存，因此信息对物质载体具有依附性；但是，值得注意的是，信息不会因载体的不同而产生其本质和内

容的不同，如，商品的预售信息，它可以通过报纸、宣传页等纸质载体传播，也可以通过广播等电波媒介来传播，载体的不同并不影响信息的性质和内容。

③信息具有共享性，不同于其他具体的物质，一条信息可以随时被多个主体分享，而且在被分享的时候并不会因此消耗。例如，某人阅读了一篇论文，他从这篇论文中所获得的信息量并不会因为其他人的阅读而受到影响，同样，也不会给其他阅读这篇论文的人造成影响。信息的共享性是信息的本质属性，这是它区别于其他资源他重要属性，但是此项属性给信息产权的维护带来了消极的影响。

④信息具有可传递性，信息由信息源产生，但信息产生后并不完全依附于信息源，它可以独立于信息源而存在，由于信息对物质载体具有独立性，因此，信息可以通过不同的物质载体在时间或是空间中传递。信息在空间中传递呈现的形态是存储，在时间上传递的形态是交流，就如明日天气的预测信息，气象工作者在收集资料、数据分析，并多方会商后将气象信息通过电视、广播、网络等手段传递给关注人们，以便人们知道，此时信息完成了交流的功效；而当气象工作者预测的最终结果记录下来，那么此时信息完成的是它的存储功能。信息的传递性十分重要，它不仅使人类社会能够进行有效的信息交流和沟通，而且能够进行知识和信息的积累与传播。

⑤信息具有价值属性，信息的价值属性表现在信息可以帮助人们认识事物、了解事物，帮助解决人们的问题，给人们带来精神上的满足。人们对于自己陌生而又好奇且没法亲身接触的事物，可以通过搜集相关信息来了解，正如明代冯梦龙在《醒世恒言·三孝廉让产立高名》中说的："要知天下事，须读古人书。"

⑥信息具有可塑性，一方面信息可以通过选择、处理和浓缩等手段进行加工，如一部著作，根据读者的需求，通过阅读整本著作获得所需信息，也可以对书进行加工，变为书目或简介等形式，从而满足读者的需求，这种对书本的所含信息的再次加工就表现出信息的可塑性；另一方面信息也可以通过引申、推理、聚合等方式，产生出更多的信息，就如股票投资者根据政府对某一行业扶植的信息再结合其他相关信息的基础上来推测出相应的企业的股票行情来进行投资，这种将一条信息推理、聚合出的另外的信息也是信息可塑性的表现。

2. 数据、信息、知识与情报

数据广泛存在于人类社会，起覆盖面最广，数据是反映事物状态和变化的零星的、未经组织的物理符号，一般以数字、图像、声音等方式出现。

信息是经过收集、处理和解释的数据。可以说，人们通过数据得到信息，对信息的获取必须在一定规则和条件下对数据进行深入的分析和理解。

知识是在大量数据和信息的基础上推导出、用来指导人类活动的有价值的信息。可见知识来源于信息，但并非信息一定会产生知识，只有人们通过对社会实践中获得的认识和经验的提炼、推理和总结，对所掌握的信息加以系统化，知识才会产生。

关于情报的概念，有多种下定义的方法。有学者用拆字的方法，将"情报"两字拆开，解释为"有情有报告就是情报"；也有学者从情报搜集的手段来给其下定义，说情报是通过秘密手段搜集来的、关于敌对方外交军事政治经济科技等信息；还有学者从情报处理的流程来给其下定义，认为情报是被传递、整理、分析后的信息。情报的定义是情报学中一个最基本的概念，情报是指被传递的知识或事实，是知识的激活，是运用一定的媒体（载体），越过空间和时间传递给特定用户，解决科研，生产中的具体问题所需要的特定知识和信息。情报是为实现主体某种特定目的，有意识地对有关的事实、数据、信息、知识等要素进行劳动加工的产物。目的性、意识性、附属性和劳动加工性是情报最基本的属性，他们相互联系、缺一不可，情报的其他特性则都是这些基本属性的衍生物。

4.1.2　信息资源

人们跨入信息时代，信息也成为了人们生活之中的重要资源，信息作为一种新型的资源，已经成为市场竞争的重要手段。信息虽然是普遍存在的，但是并不是说所有的信息就是信息资源，信息只有被人类接受、加工、整理、利用的信息才可以成为信息资源。对于企业来说，信息的重要性更是不言而喻。资金、厂房、物资和能源有了，但是独独缺少相关信息资源，那么企业的筹建就会相当困难，企业的运转也会因此缺乏先机。因而，信息是最重要的资源，谁占有的信息多、掌握的信息准确，谁就有了权威，有了制胜的先机。然而，信息技术的发展，信息资源也被人们愈加重视，同时人们获得信息的渠道越来越广泛，不再只局限于报纸、广播、电视等传统渠道，手机、计算机、互联网等新型媒介被人们熟知并广泛运用于生活当中，海量的信息被人们共享。这样就会出现这样一种现象，不同的人面对相同的信息，往往会产生不同的效果，有的人利用信息资源取得了预期的效果，有的人却是一无所得。这是为什么呢？这是因为，面对同样的信息资源，那些受过专业信息素养教育的人根据自己的具体需要，灵活运用自己所学的知识，对信息进行筛选、分析、归纳、总结，最终得到了囊括了最大价值的信息；而那些没有受过信息素养教育的人，由于没有科学的方法论作为指导，对信息的分析往往不能那么精确，因此，信息的价值并不能得到最大限度的发挥。综上所述，为了在这个信息时代处于有利之地，要求人们对信息有更深入地了解，即要了解什么是信息资源，如何区分信息资源，以及怎样描述信息资源。

1. 信息资源的定义

信息资源一词最早出现于沃罗尔科的《加拿大的信息资源》。对信息资源界定作出贡献最多的是美国学者霍顿，他认为从政府文书管理的角度看，信息资源具有两层意思：①当资源作为单数时，指某种内容的来源，即包含在文件和公文中的信息内容；②当资源为复数时，信息资源指支持工具，包括供给、设备、环境、人员、资金等。从 20 世纪 90 年代初期开始，我国一些学者开始探讨信息资源问题，如孟广均等人在《信息资源管理导论》中阐述："信息源不等于信息资源，信息资源是可利用的信息的集合，是高质量、高纯度的信息源。"乌家培认为信息资源有两种理解：狭义的理解，即指信息内容本身；广义的理解，指的是除信息内容本身外，还包括与其紧密相连的信息设备、信息人员、信息系统、信息网络等。赖茂生、杨秀丹等认为，信息资源包括人类活动的各个领域(包括政治、军事、经济、文化和社会生活等)所产生和有使用价值的各种信息集合，如数据的集合、(显性)知识的集合，包括各种来源、各种载体、各种表示方式、各种传递方式和渠道以及各种使用场合和用途的信息资源。

由此可以看出，由于研究的方法、侧重点、学科领域不同，各位学者对信息资源的定义也有所不同。在分析信息和数据关系、信息与知识关系的基础上，对信息资源作出如下定义：信息资源是信息生产者通过使用各种信息设备或是信息技术而生产出能够创造社会财富、增进人类福利、经过加工处理的有用信息的集合，信息能成为信息资源，必须通过人的主观能动性才能形成。归纳起来，可以认为，信息资源由信息生产者、信息、信息技术三大要素组成，三者是相辅相成，缺一不可的。

为了某种需求而进行生产信息活动的人们被称为信息生产者，其包括原始信息生产者、信息加工者或信息再生产者。人们为了了解或是完成某种目的，对信息进行收集、整理、挖掘、总结、归纳以及使用，那么这个人就成为了信息生产者，信息的发现、挖掘是人类独有的技能之一，在这里应当区分什么是信息源与信息生产者，信息源是人们在科研活动、生产经营活动和其他一切活动中所产生的成果和各种原始记录，以及对这些成果和原始记录加工整理得到的成品都是借以获得信息的源泉，它可以是自然界中任何一项事物，信息生产者可以是信息源，但是信息源不一定是信息生产者。如以往人们根据动物的反映来预测地震的前兆：骡马牛羊不进圈，鸭不下水狗狂叫。老鼠搬家往外逃，鸽子惊飞不回巢。冰天雪地蛇出洞，鱼儿惊惶水面跳，以上动物的反映给人们一个明确的信息，那就是可能要发生地震的，那么此时，动物就是信息信息源，而人类通过观察，将动物的异常反应进行分析、归纳和总结，此时人类就是信息生产者。再如海水异常的暴退或暴涨，或是离海岸不远的浅海区，海面突然变成白色，其前方出现一道长长的明亮的水墙，或是位于浅海区的船只突然剧烈地上下颠簸，或是突然从海上传来异常的巨大响声，在夜间尤为令人警觉，其他的还有大批鱼虾等海生物在浅滩出现；海水冒泡，并突然开始快速倒退，这些都是海啸的前兆，那么海水就成为了信息源，而信息生产者则是通过观察得出结果的人们。

信息可以成为一种资源，除了信息广泛存在于自然界和社会之中，还有一天重要的原因是精确的信息本身可以消除事物运动过程中的不确定性，有助于人们作出正确的选择，降低各种物质资源的损耗，从而获取最大的经济利益。从整体上说，信息作为一种资源囊括的范围十分广泛，应包括人类社会活动中的各种有使用价值的信息。作为资源的信息产生价值的具体程度依赖于它的用户，且价值发挥的程度是不能提前预知的。此外，信息的使用并不意味着信息就会有所消耗，它的分享和传递反而引起增长，也就是说，信息的可塑性使信息在交换过程中产生新的内容，不一定造成重新分配、损失和消耗。

信息技术作为生产工具，是用于管理和处理信息所采用的各种技术的总称。一切与信息的获取、加工、存储、传递、交流、管理和评价等有关的技术都可以称之为信息技术。其中，应用在教育领域中的信息技术主要包括电子音像技术、卫星电视广播技术、多媒体计算机技术、人工智能技术、网络通信技术、仿真技术和虚拟现实技术等。信息技术的发展，促进了信息社会的变革，给人们的生活带来更为深远的影响。首先，信息技术增大了信息的存储量，使众多信息可以聚集，从而确保信息能够更有效地传递给用户。其次，信息技术可以帮助信息价值程度达到最大化。通信技术的发展能够帮助信息快速传递，直观的多媒体技术和互联网技术能够降低信息在传递过程中出现的失真现象，从而保证了信息的价值。就如春秋时，宋国有个姓丁的人，是个农夫，家中以耕地为生。由于家中没有井，为了能及时地汲水浇地，丁家家中经常派一个人在外面，专门负责汲水浇地之事。这样过了好几年，丁公觉得自己家中没有井十分不便，于是，便在自己家中的田头凿了一口井。从这以后，丁公家中用不着再派一个人在外面专门负责汲水浇地了。丁公便告诉人家说："我家凿了一口井，等于挖到了一个人。"其中有的人没听清楚，把丁公的话传成："丁公家挖井挖到了一个人！"这样一传十，十传百，传遍了整个宋国。有人还把这件事向宋国国君作了禀报。宋国国君听说丁公竟从井中挖出一个人来，十分惊奇，便派官员去向丁公询问这件事。丁公回答说："我说的是我家凿了一口井，等于家中多了一个能劳动的人，而不是在井中挖到一个人。"那官员回去向宋国国君如实作了禀报。宋国国君笑着说："我想，井中怎么可能挖出人来呢？原来是这么回事。"从此可以看出，传统的信息传递方式容易使信息出现失真现象，从而使信息的价值也有所损耗，从某种角度可说信息技术"实现"了信息价值。再次，互联网的普遍使用和远程通信系统的发展促使信息传播可以不受时间、空间、语言、地域和行业限制而广为传播，信息传播成为全球性的人类活动，信息产品和信息服务的市场得到拓展，信息的共享性呈现出扩大化的发展趋势。信息技术的发展与应用，进一步巩固了信息资源的地位，促使信息资源渗透到社会的各个角落，更使现代社会由此发生一系列的变革，如信息技术会改变了人们的消费习惯，人们购买产品不再局限于实体商店，网络购物成为了一种潮流。信息技术是为信息的开发利用而存在的，它的建设必须根据信息价值规律的要求而展开，信息的配置集中原则要求与信息数据库相关的收集加工存贮技术得以加强。信息的时效性只有通过发展电信传递技术得到满足。信息价值的个性—功能分散，使得信息技术必须向智能化方向发展，以满足系统中不同用户的不同要求。信息技术的建设是信息资源得以充分利用的必要条件。

2. 信息资源的分类

对事物进行分类，是人们认识事物的一种基本方法，人们要开发利用信息资源，就必须了解信息资源的类型，信息资源的分类标准是多种多样的，信息资源可以划分为以内容类型为特征的信息资源和以形式为特征的信息资源两个类型，然后又把以内容类型为特征的信息资源划分为知识型信息资源、消息型信息资源和资料型信息资源，以形式为特征的信息资源划分为文献信息资源、网络信息资源、实物信息资源。

（1）以内容为特征的信息资源

①知识型信息资源

知识型信息资源是人类在生产活动和其他活动中积累的各种成熟的知识系统与尚未成熟知识以及内化的知识、智慧、经验等。可分为两大类型：显性知识信息资源与隐形知识信息资源。第一，显性知识信息资源，是人类已经生产和积累下来的记录知识。显性知识信息资源的类型：自然科学知识信息资源，

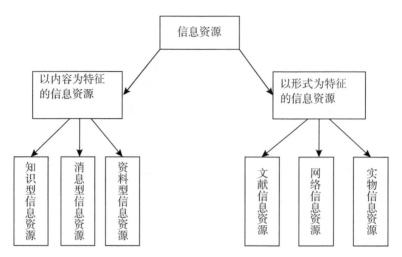

图 4-1 信息资源的分类

人文、社会科学知识，思维科学知识等；也可以分为显性公共知识、显性普通知识、显性专门知识等。第二，隐性知识信息资源，是以大脑为载体、不能用文字记述并难以交流的知识信息资源，这部分知识存储于人的大脑中，以手工技能、实际行动表现出来，包括经验、技能、能力、预见性等，它是无形的财产。隐形知识是显性知识产生的基础，人们拥有的知识中有大量的是隐性知识，它的作用有时甚至比显性知识更重要，是个人创造力的条件。

②消息型信息资源

消息是关于社会和自然世界发展变化情况的动态描述，是对客观事物最新情况的报道。消息的特点是：时效性强、生存周期短、更新快。其作用是：了解内外情况，研究事物发展变化的重要资源，也是知识、信息生产的"原料"，进行决策的重要参考资源。同时，消息型信息资源也影响和塑造人们的价值观与人生观。

③资料型信息资源

资料型信息资源是关于社会现象的客观记录及自然现象的静态描述，它是客观现实的真实记载。其特点是保存价值达、生存周期长，有较强的积累性，是科研、决策的重要信息。从各类型上看，资料型信息资源可以按学可分为综合资料、专科资料等；也可能以按其使用的对象分为公开资料、内部资料、机密资料等；还可以按其使用范围分为公用资料、企业资料、个人资料、人事资料和技术资料等。

（2）以形式特征的信息资源类型

①文献信息资源。文献信息资源是以文献为载体的信息资源。它又可按文献信息资源的载体形式进行划分、按信息资源出版形式进行划分和按信息资源的内容加工层次进行划分。

第一，按文献信息资源载体形式进行划分，可以分为印刷型信息资源、声像型信息资源、缩微型信息资源、电子型信息资源。

• 印刷型信息资源。印刷型信息资源是一种传统的、常见的信息资源，指通过油印、铅印、胶印等各种印刷手段将信息记录在纸张上的信息资源。其特点是使用方便，易于携带和阅读，但体积大，不易整理和保存。

• **声像型信息资源**。声像型信息资源包括唱片、录音带、录像带、电影和幻灯片等，是指通过专门的设备使用声、光、磁、电技术将信息以声音、图像等形式记录下来的信息资源。其特点是直观形象，但需要专门的设备。

• **缩微型信息资源**。缩微型信息资源包括缩微胶卷和缩微平片，是指通过利用光学技术将信息记录在感光材料上的信息资源。其特点是体积小、易保存、存储密度高，但是它的使用需要专门的设备和环境。

• **电子型信息资源**。电子型息资源是指通过编码技术将信息转换为计算机可识别的语言，并将信息记录在磁带、磁盘、光盘上的信息资源。它需要用计算机才能读取信息，具有存储容量大、存取速度快、体积小、可共享的特点，但它的价格较高，保存条件较高；电子型信息资源主要是指电子图书、电子期刊、电子会议录等，如果这些电子型信息资源能够在互联网或局域网内检索，那么它们就被视做网络信息资源。

第二，按信息资源出版形式划分，可以分为图书、期刊、报纸、科技报告、会议文献、专利文献、标准文献、政府出版物、学位论文、产品说明书、技术档案这十大文献信息资源。

• 图书。图书是一种成熟而稳定的出版物，是对已有的研究成果、生产技术、实践经验或某一知识体系的概括和论述。国际文献标准草案（ISO/DIS5217/II）认为：凡篇幅达到48页以上并构成一个书目单元的文献叫图书，是将文字、图画或其他符号书写或印刷于纸张上的具有完整装帧形式的非连续出版物。特征：内容主题突出、系统全面、观点成熟。但编辑出版周期长，报道速度相对较慢，具有相对滞后性。图书是传播知识、教育和培养人才的主要工具。按用途可分为：阅读型图书和工具型图书；按版本形式有单卷书、丛书、专著、参考书等；外在特征：通常由封面、书名页、版权页、目次、正文组成。识别图书的主要依据：ISBN号、书名、作者、出版社名称、出版地址、出版年、页数等。

其中 ISBN 号的全称是 International Standard Book Number，中文为国际标准书号，是国际通用的图书或独立的出版物(除定期出版的期刊)代码。1967年英国图书界创立了国际通用的图书编号方案，并率先在国内试行。1972年国际标准化组织(简称 ISO)正式将这套图书编号方案制订为国际标准颁布即 ISO2108——国际标准书号(ISBN)，并在德国柏林国家图书馆成立了该标准实施的管理机构：国际 ISBN 中心。中国出版者号的分配和管理由中国 ISBN 中心负责，设在国家图书馆。

ISBN 号在 2007 年 1 月 1 日以前是 10 位数字，之后由 13 位数字组成，分5 部分，并以 4 个连接号或 4 个空格加以分割，每组数字都有固定的含义。

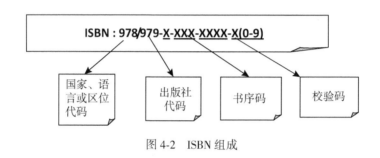

图 4-2　ISBN 组成

第一组：978 或 979

第二组：国家、语言或区位代码

第三组：出版社代码，由各国家或地区的国际标准书号分配中心，分给各个出版社。

第四组：书序码，该出版物代码，由出版社具体给出。

第五组：校验码，只有一位，从 0 到 9

例如：《信息检索基础》一书的 ISBN 号为 978-7-80748-167-6，分别为国际物品编码协会指定给国际标准书号(ISBN)系统的专用前缀码是 978 即图书商品的代码、语区号、出版社号、书次号、校验号。

出版社可以通过国际标准书号清晰地辨认所有非期刊书籍。一个国际标准书号只有一个或一份相应的出版物与之对应。新版本如果在原来旧版的基础上没有内容上太大的变动，在出版时也不会得到新的国际标准书号码。当平装本改为精装本出版时，原来相应的国际标准书号号码也应当收回。

·**期刊**。期刊又称杂志，是一种有固定名称，它是有比较固定的名称和出版时间、比较一致的开本及稳定的栏目的连续不断的出版物。其特点是种类多，出版周期短，报道速度快，内容丰富新颖，信息含量大，能及时反映当代社会和科技的发展水平和动向，有国际连续出版物编号。期刊情报占整个信息源的60%~70%，因此期刊是研究人员进行研究时个可缺少的信息资源。

我国正式期刊的刊号是由国际标准刊号(ISSN)和国内统一刊号(CN)两部分构成，"CN"是中国国别代码，缺少"国内统一刊号"或"内部报刊准印证"都可认为是中国国内的非法期刊，国家不认可，也不准在中国国内发行。

ISSN，即国际标准连续出版物编号(International Standard Serial Number)是根据国际标准ISO3297制定的连续出版物国际标准编码，其目的是使世界上每一种不同题名、不同版本的连续出版物都有一个国际性的唯一代码标识。ISSN有八位数字组成，分为前后两段各4位，中间用连接号相连，格式如下：ISSN XXXX-XXXX前7位是数字序号，是刊名代号，最后一位是计算机校验号。

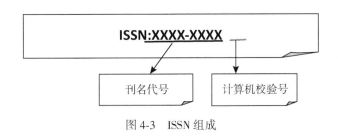

图4-3 ISSN组成

中国国内的连续出版物的号码CN又称国内统一刊号，是1989.7.1开始实施。其格式是由前缀CN和6位数字组成，具体表现为，XX-XXXX/YY。CN为中国的国名代码，6位数字由国家出版管理部门负责分配给连续出版物。前2位为地区号，是各省、自治区、直辖市地区号从北京10到65为止；后4位数字为地区连续出版物的序号，各省、自治区、直辖市国内连续出版物序号范围一律从0001~9999，其中0001~0999为报纸的序号，1000~5999为印刷版连续出版物的序号，6000~8999为网络连续出版物的序号，9000~9999为有形的电子连续出版物(如光盘等)的序号。

·**报纸**。报纸以刊载新闻和时事评论为主的定期连续向公众发行的连续出版物，通常每天或隔天以散页形式出版，多为四开或多开。主要特征是出版周期最短，能以最快的速度报道国内外发生的新事件和科技的最新研究成果，信息量大。它报道的内容极为广泛，和人们的生活息息相关，是人们日常个活中最常接触到的信息资源。报纸的信息具有极强的时效性，信息量大。这也造成

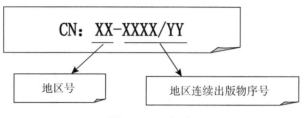

图 4-4　CN 组成

报纸查找的不方便。

·**学术论文**。学术论文指作者为发布其学术观点或研究成果而撰写的论述性文章。论文内容一般是某一学术课题在理论性、实践性或预测性上具有新的研究成果或创新见解，或是某种已知原理应用于实践中取得新进展的科学总结，向使用者提供有所发现、有所发明、有所创造的知识信息。特点：信息新颖、论述专深、学术性强，是人们交流学术思想的主要媒介，也是开展科学研究参考的主要信息源之一。学术论文按撰写的目的可分为以下四种：科学论文、技术论文、专题论文、学位论文。

·**专利文献**。专利文献是指与专利制度有关的所有专利文件，包括专利说明书、专利公报、专利分类表、专利检索工具以及专利的法律文件。其中，专利说明书是主体，它具有统一编号、数量大、内容丰富、新颖、实用、可靠、报道迅速等特点。

·**科技报告**。科技报告是科技人员从事某一专题研究所取得成果和进展的实际记录。其特点是反映新技术、新学科较快，内容比较专深、新颖，数据比较可靠，保密性较强，有相当一部分科技报告不公开发行。科技报告每份单独成册，有专门编号，用以识别报告类型及其主持机构，是最新技术研究成果信息的重要信息资源。

·**会议文献**。会议文献是指发表在各种学术会以上的论文和报告。它的特点是学术性很强，反映某些学科或领域的最新研究进展和成就，具有较高的研究价值，尤其通过参加相关的具有一定国际影响的学术会议，不仅能结识同行，把握科研动态，而且对启迪研究思路，寻找合作伙伴，传播与交流信息均具有相当重要的作用。

·**技术标准文献**。标准文献是描述有关产品的工程质量、规格、工艺流程及其测试方法的技术文件，是对产品和工程建设的各个方面所作的技术规定，是进行科研和生产的共同依据。它是一种经权威机构批准的规章性文献，具有一定的法律约束力。根据使用的范围：国际标准、区域标准、国家标准和企业（行业）标准。按内容：基础标准、产品标准、工艺及工艺装备标准和方法标准等。特点：计划性、协调性、法律约束性。

·**产品说明书**。产品说明书是对一种产品的性能、规格、构造、用途及使用方法等所作的说明。

·**政府出版物**。各国政府部门及其专设机构出版的文献。如：政府公报、会议文件、法规、法令、政策、统计、调查报告等。特点：正式性和权威性，对了解各国政治、经济、科技具有独特的参考作用。

·**技术档案**。它是生产建设中和科研部门在技术活动中形成的具体工程对象的技术文件、图像、图表、照片、原始记录或其复制品。其内容包括任务书、审批文件、研究计划、技术指标、技术措施、调查材料、设计计算、工艺记录等。它是科研和生产建设中积累经验、提高质量的重要依据。此类文件具有明显的保密件和内部控制使用的特点。

第三，按信息溯源的内容加工层次划分：根据信息资源加工层次不同，可分为零次信息资源、一次信息资源源、二次信息资源、三次信息资源和高次文献。

·**零次信息资源**。零次信息的载体形式称为零次信息资源。它是指未经正式出版发行的最原始的记录，如书信、手稿、笔记、实验记录等。其主要特点是内容新颖、具有原始性，但不成熟、分散，难以检索。

·**一次信息资源**。一次信息的载体形式称为一次信息资源，也称原始文献。它是以作者本人的科研工作成果为依据而创作的原始文献，如期刊论文、科技报告、会议论文、专利文献、学位论文等，它具有新颖性、创造性和系统性等特征，参考和使用的价值较高。

·**二次信息资源**。浓缩二次信息的载体形式称为二次信息资源，是查找一次信息资源的工具。它是将分散的、无序的一次信息资源进行加工整理，使之成为系统有序的信息资源。二次信息资源具有浓缩性、汇集性、有序性等特点，它的作用不仅在于报道信息的内容，更重要的是可以提供一次信息资源的线索。

·**三次信息资源**。三次信息的载体形式称为三次信息资源，它是指对一次信息资源进行综合分析、研究和评述而编写出来的成果。如手册、百科全书、年鉴以及其他综述和评论性文章等。三次信息资源源于一次信息资源，又高于一次信息，是一种再创性文献。

·**高次文献**。高次文献是在对大量一、二、三次文献中的知识信息进行综合、分析、提炼、重组的基础上，加入了作者本人的知识和智慧，使原有的文献信息资源增值，生成比原有知识品位更高的知识信息新产品。如专题述评、可行性分析论证报告、信息分析研究报告等，具有参考性强、实用价值高、社会效益和经济效益显著的特点。

②实物信息资源。实物信息资源是指以实物为载体的信息资源。依据实物的天然与人工特性又可将实物信息资源分为以自然物质为载体的天然实物信息资源和以人工实物为载体的人工实物信息资源(如产品、样品、样机、模型、雕塑等)。

③网络信息资源。网络信息资源是指从计算机、通信技术、多媒体技术相互融合而形成的网络上可查找到的资源。网上可利用的信息资源是多种多样的，从网络信息管理和利用的角度出发，人们对已存在于网络中的信息资源进行了类型化和系统化研究，不同的角度有不同的分类形式，一般有以下几种：

第一，按信息表现形式分有电子出版物和非电子出版物信息资源。

·**电子出版物信息资源**。电子出版物是指以电子方式或机读方式生产和发行的出版物。电子出版物的文字、图像和声音信息是以数字方式存储在磁盘和光盘等介质上的，通过电子计算机输出设备和电信网在视频终端上显示出来。目前出版的各种电子出版物有电子期刊、电子报纸、电子图书、电子名录、电子地图、数字声音(如 CD)和数字图像(如 VCDE，DV)等。其中，全文数据库、二次文献数据库和新一代联机公共检索目录(on—line Public Access Catalog OPAC)、数值数据库、事实数据库是最受用户欢迎、最具代表性的电子出版物。

·**非电子出版物信息资源**。它主要是指电子新闻、电子论坛等。

第二，按信息的媒体形式分为文本信息资源、超文本信息资源、多媒体信息资源和超媒体信息资源。

·**文本信息资源**。普通的文本信息资源的知识单元按线性排列。

·**超文本信息资源**。超文本信息资源是按知识单元及其关系建立的知识结构网络。它的本质和基本特征就是在文档内部和文档之间建立联系，这种关系给了文本以非线性的组织。简言之，超文本是由存放信息的结点和描述信息之间关系的链组成。结点是超文本系统中的自然数据单元，结点可大可小，规模不同，类型不同。链是超文本系统中表现信息之间关系的实体，它隐藏在信息背后。用户通过链接浏览信息内容时，往往意识不到是在分布式的计算机网络上从一个结点跳到另一个结点。只有链的存在，才能在信息单元之间建立联系，才有了非线性的信息组织方式。

·**多媒体信息资源**。多媒体是包括文本、图像和声音在内的各种信息表达或传播形式的总称。由于计算机软、硬件技术的限制，相当长时间以来，计算机信息检索系统只限于存储和检索书目、文摘等二次文献型文献，多媒体技术的出现和使用使得人们接受信息资源的范围扩大到事实型数据库，如图谱、切片、三维结构等。

·**超媒体信息资源**。超媒体是超文本与多媒体两种技术的结合。一般说来，当超文本结点中的信息是多媒体信息时，就称为超媒体，它是超级媒体的简称。意即主页里包含了大量多媒体的超级链接，除了图像、动画、声音外，还可以包含表格、表单等形式。近年来，超媒体技术发展迅速，在网络上，超媒体应用系统不断涌现。在超媒体信息系统中，不同类型的媒体信息能高度综合和集成，空间上图文并茂，时间上媒体信息同步实现有超文本和多媒体两种信息资源的特点，具有高度的交互性。

第三，按网络信息资源加工层次，可以分为网络资源指南和搜索引擎、联机馆藏目录、数据库信息资源、电子出版物、网上参考工具和其他动态信息。

·**网络资源指南和搜索引擎**。

网络资源指南是按主题的等级排列的主题类目索引，类别目录按一定的主题分类体系组织，排列的方法有字顺法、时序法、地序法、主题法等，或是各种方法综合使用。用户通过逐层浏览类别目录、逐步细化的方式来寻找合适的类别直至具体的资源。资源指南是人工编制和维护的，在信息的收集、编排、HTML 编码及信息注解上要花费大量的人力和物力。

搜索引擎主要是使用一种计算机自动搜索软件在网上检索，将检索到的网页编入数据管理中，并进行一定的程序自动标引，用户使用时输入检索词，搜索引擎将其与数据库中的信息匹配，然后产生检索结果。常见的搜索引擎有ALtaVista、Yahoo、Google 等。

·**联机馆藏目录**。包括网上传统图书馆信息资源和网上数字(虚拟)图书馆网上传统图书馆信息资源。在互联网中，图书馆目录已发展成为 OPAC(联机公共目录检索系统)。使用时人们可以通过图书馆的主页找到 OPAC，就可随时查询世界各地大学图书馆、公共图书馆、专业图书馆的馆藏，完全消除以往利用图书馆的时空距离的限制。

·**网上数字(虚拟)图书馆**。电子图书馆、虚拟图书馆、数字化图书馆等将是未来图书馆的发展方向，是未来图书馆的一种存在方式和服务方式。未来图书馆的模式将是传统图书馆的信息资源网络化和网上虚拟图书馆并存的方式，为广大用户提供信息服务，例如清华大学虚拟图书馆和超星数字化图书馆。

·**数据库信息资源**。数据库检索是用户获取有用信息的重要途径。在网络环境下，数据库生产商将其产品连入互联网供用户自接进行使用，从而降低了检索费用，改变了传统的联机检索服务费用高的状况，提高了利用率。其次，数据库作为高质量的学术、商业、政府和新闻信息的重要来源，以其可靠的质量，成为网络信息资源中重要的、不可替代的信息来源。

例如：

国外参考数据库——Springer、EBSCO 等；

国内参考数据库——万方数据库、中国知网数据库等；

全文数据库——中国期刊网全文数据库、中文科技期刊全文数据库。

·**电子出版物**。电子出版物是指以数字代码方式将图、文、声、像等信息存储在磁、光、电介质上，通过计算机或类似设备使用，并可复制发行的大众传播体。类型有：电子图书、电子期刊、电子报纸和软件读物。随着网络的发展，狭义的电子出版物已被人们认为是指完全在网络环境下编辑、出版、传播的书刊报纸等出版物。最初的电子图书主要以百科全书、字典等参考工具书为主，但近年来发展迅速，已经涉及很多学科领域，文学作品、学术专著所占比例越来越大，电子图书正在逐步发展成为比较主要的网上信息资源。电子期刊包括与纸本并行的电子期刊，如著名的《科学》(*Science*)、《自然》(*Nature*)以及中国电子期刊杂志社的期刊等。电子报纸同样也有印刷型报纸的电子版和纯电子报纸两种类型。

·**网上参考工具**。参考工具是百科全书、指南、年鉴、手册、辞典等工具书的统称。许多传统的和现代的参考工具书都进入了因特网，如大不列颠百科全书、牛津大辞典等网络版参考工具书使用起来非常方便，用户只需键入待查的词或词组，就可以对相关的定义和使用方法等进行查询。此外，用户还可利用网上众多的指南、名录、手册、年表等。

·**网上动态信息**。因特网上的许多电子邮件(E-mail)、电子公告(BBS)、新闻组(Newsgroup)、网络广告、用户组是网上信息动态交流和获取信息的重要渠道。电子公告(BBS)的信息资源是人们常用的获取多方面信息的方式之一，包括科技、工作、生活、学习、休闲等各方面的最新消息。

第四，按照用户采用的不同的网络协议来划分，可以分为基于超文本传输协议(HTTP)的信息资源、基于文本传输协议(FTP)的信息资源、基于远程登录(TelNET)的信息资源、新闻组(USENET/Newsgroup)资源和电子邮件(E-mail)信息资源。

·**基于超文本传输协议(HTTP)的信息资源**。万维网(WWW)信息资源是一种典型的基于 HTTP 协议的网络信息资源。它是建立在超文本、超媒体技术上，集文字、图形、图像、声音于一体，以直观的图形用户界面展现和提供信息的网络资源。由于其使用简单，功能强大，目前是发展最快、规模最大、资源最丰富的一种网络信息资源形式。

·**基于文本传输协议(FTP)的信息资源**。FTP(文件传输协议)的主要功能是利用网络在本地与远程计算机之间建立关联，从而实现运行任何操作系统的计算机之间的文件传送。FTP 是实现文件传输的主要工具，用 FTP 可以访问Internet 上的各种 FTP 服务器，可以查看并下载其中的资源，也可上传资源。Internet 上的 FTP 服务器数量相当多，若想获知用户所需要文件信息资源的具体位置，最好的办法是借助于一些 FTP 资源检索工具，如 Archive，FTPscearch 等。访问 FTP 服务器视具体情况选择方式，注册用户可输入账号、密码登录进入，对于非注册用户，若 FTP 服务器接受"匿名"访问，则可采用"匿名"方式进入。

·**基于远程登录(Telnet)的信息资源**。Telnet 信息资源是指借助于远程登录，在几 Telnet 协议的支持下，登录远程计算机，使自己本地计算机暂时成为远程计算机的一个终端，进而使用远程计算机对外开放的信息资源。

·**新闻组(USENET/Newsgroup)资源**。Usenet 是一种利用网络环境提供新闻组(Newsgroup)专题讨论服务的应用软件。该体系非常庞大，由众多的新闻组服务器接收和存储各个主题的消息，用户在自己主机上运行新闻组阅读软件，申请加入某个新闻组，便可从服务器中读取新闻组信息同时也可将自己的见解发送到新闻组中，供其他用户参考。目前网上已有上万个新闻组，并有一套命名规则来区分各自的主题范围。

·**电子邮件(E-mail)信息资源**。电子邮件是指借助于网络彼此传递信息的快速、高效、便捷、廉价的现代化通信方式。利用电子邮件可以发送或接收文字、图像、声音、动画、HTML 等形式多样的信息。但使用的前提是必须拥行自己的电子邮箱(或电子邮件地址)，该邮箱是由提供电子件服务的机构为用户建立的。

总之，对网络信息资源分类，其目的都是为了使人们更好地认识、了解、检索和使用信息资源。

4.1.3 信息资源的时间、空间分布规律

研究信息资源分布的规律和特征不仅对实际的信息管理工作具有重要的指

导意义，而且可以揭示信息管理学奠基性的定律。由于信息资源生产的多目的性和无序性，使得信息的分布十分复杂，研究信息资源分布具有较大难度。而文献是信息的主要载体，具有较好的稳定性和可计量性，因而目前有关信息资源的分布及其相关规律的研究大多集中在以文献为载体的信息，并取得了较突出的成果。本章也主要以文献信息资源为对象，从随时间变化的分布动态和在不同载体和领域的分布状态来研究信息分布的特征和规律。

1. 信息资源的空间分布规律

（1）马太效应

①马太效应的表现和作用形式

在社会信息流的产生、传递和利用过程中，我们发现信息及相关因素常常表现出明显的核心趋势和集中取向，如少数出版社会成为某类图书的权威（核心）出版机构，为数不多的科学期刊因刊载了某学科领域的大量论文而成为该领域的核心期刊，少数作者（即信息生产者）因写得最多、被引率最高而成为某一领域的核心作者，少数网站集中了大量用户，传递功能强的词汇被经常选用，SCI 中 80% 的引文集中在 15% ~ 20% 的期刊中等等。这就是信息产生和分布。

马太效应是美国学者 R. 默顿引用圣经《新约全书·马太福音》中的一段话："……谁若有，就给他，并不断增加；而谁没有，则连已有的都要被夺走。"用以论述科学社会中的评价与奖励机制。人们发现，马太效应在人类社会生活中普遍存在，因而被广泛地引申和应用。马太效应真实地概括了人类社会生活中的惯性。描述了优势和劣势的积累过程：一经存在即有优势，这种优势局面就会不断加强，反之若处于劣势，则这种不利条件也会继续加剧。社会信息流无疑是宏观的社会活动过程，必然受马太效应的支配，这种支配已表现得习以为常。

为什么会出现这种信息分布的"富集"与"贫集"现象呢？这实际上是人类社会持有的选择机制支配的结果。在这种选择作用下，当一系列同类对象被选择时，有的经常被选择，有的不常被选择，这种频度不均匀的选择结果，实际上表征着对象之间个体特性方面的差异，其本身又可以反过来作为再次选择的依据。如果我们把对象受到一次选择看成一次成功，那么，这种成功的累积必然使得该对象具有突出的优势，从而引致新的成功。以科学论文而言，两篇同样水平的文章，一篇是新作者，另一篇是知名度较高的老作者。由于新作者缺乏"成功"的积累，其论文人选可能性很低。甚至决然没有，而反之老作者具有较多的"成功"积累，名气较大，论文发表可能性很大，"还要给他，并不断增加"，这样高产作者就逐渐出现，并形成一个核心群体。于是在信息生产的社会实践中，"强者"与"弱者"愈渐分明，乃至悬殊。论文(信息)的数量上使出现严重倾斜。

如前所述，由马太效应引起的信息富集分布表现为核心趋势和集中取向。核心趋势如高产作者群体的形成、期刊信息密度增大、高频词汇的确立等都是信息生产主体(行为者)的主动期望中的"马太效应"(Matthew Effect)。与采取实际步骤的结果。尽管高产作者有编辑出版部门的支持，期刊信息密度增大是编辑部的选择与追求的结果，但一般都是信息生产者努力造成的核心趋势，行为者的实践是主导因素。集中取向则不同，如一篇论文多次被引，一个网站被众多用户点击，某些图书频繁地被借阅，这种富集是社会选择和影响的结果。虽然与信息生产主体不能说无关，但大多数情况下，都不是信息生产者主动造成的，信息生产者基本上处于被动状态。核心趋势和集中取向的效果是一致的，仅仅是累积的程度不一样。前者可能是相乘的累积，后者是相加的累积；前者是主动的选择，后者是被动地接受；前者称为自增生过程，后者倾向大变量分布过程。

②马太效应的负面影响

马太效应所导致的信息分布的富集现象其积极意义显而易见，在实际的信息管理工作中，它可以帮助我们突出重点、抛弃平均。为信息源的选择、获取、评价和利用提供依据，为降低信息管理成本，提高信息利用效益提供指导和方法。在理论上，马太效应描述的优劣可以帮助我们认识信息集中和分散的特征、趋势和规律，发现信息管理学的基础性定律。但是马太效应的负面影响也是显而易见的，需要在应用中加以约束和限制。

马太效应描述信息对象的优势和劣势过度积累，容易使信息工作者按简单的优劣进行信息的选择、评价、传播和利用，走入极端，使信息工作者因循守旧、不思进取，不求变革创新，按经验和简单的规则从事复杂多变的信息管理工作。

马太效应所形成的信息分布富集有时仅仅是表面的、外在的。例如一篇论文被引次数多并不一定表明它有较高的价值，一些有错误观点或有争议的论文也可能有较高的被引率(人们出于对它的批评或商榷)。有的优势积累过程带有突发性和受统计学因素的影响，使得信息价值失真。例如，加菲尔德利用《科学引文索引》1961—1975 年的 15 年共计 3000 万条被引数据，按被引次数排序，评选出 250 名科学家(平均被引频次为 3811 次)。其中诺贝尔奖获得者44 人，他们的被引频次在得奖前后有重要变化，有的在获奖前被引次数并不高，获奖后由于名声大振，被引次数剧增。这有可能掩盖了事实真相，因为并不能保证诺贝尔奖获得者的每篇论文都具有较高价值。

核心信息源是马太效应优势积累的结果，由于其所含相关信息密度大，一直是信息服务机构选择和管理的重点对象。但如果过分注重核心信息源，就会忽略分布在其他信息源中有价值的信息。而核心信息源(如核心期刊)本身有一个发育过程，如果不加以控制，任其在某一方面的优势过度积累，高度专门化，其所含的信息就会越来越单一。这对部分用户可能有利，但它却会失去更多的用户。这也是信息管理和信息服务之大忌。

信息生产者的成长和数量无疑对信息的产生和分布具有较大影响，马太效应青睐名人、拒绝新人的习惯势力不利于新人成长，限制了新思想、新知识和新信息的产生及传播。以科技领域为例，所谓杰出新人的出现和成长由于受马太效应的影响是很困难的，除非做出划时代的成果一鸣惊人(这是十分罕见的)，要想一步一个脚印、一级一级台阶地进步和成长，其道路是十分艰难的。然而循序渐进又是人才成长的普遍规律，一鸣惊人也需长期积累、社会扶植、不断突破。业已证明，人类的最佳创造年龄段在 25 岁至 45 岁之间，但由于马太效应的视差，使得这一年龄段的新人和他们取得的成果被忽略，未能有效汇入社会信息流。

由以上分析可知，马太效应的积累要适度，不能任其发展，为保证信息的产生和分布比较科学合理，适当的干预是必需的。

(2)布拉德福定律

①布拉德福定律的意义

对于信息资源的空间分布，以论文为例，通过观察发现，与某一主题或学科密切相关的论文信息资源大量地集中发表在某些专业期刊上；与此同时，与这一学科或主题密切相关的为数众多的论文也刊载在许许多多其他期刊上。同理，图书、会议记录等不同的出版方式的信息资源的分布也会出现类似现象。对这一现象最早关注并进行定量研究的是英国科学家布拉德福。布拉德福在长期观察和大量统计研究的基础上，提出了著名的"布拉德福定律"。

布拉德福定律揭示论文在科学期刊中的分布，实质上简化了信息离散分布这一过于宽泛而十分复杂的课题的研究。

英国著名文献信息学家布拉德福发现，某一学科领域中的相关论文在期刊中的分布是不均匀的，而且具有明显的集中与分散规律。他在长期的观察和统计基础之上，提出了有名的"布拉德福分散定律"(Bradford's Law of Scattering)，简称为布拉德福定律或布氏定律："如果将科学期刊按其刊载某个学科主题的论文数量，以递减顺序排列起来，就可以在所有这些期刊中区分出载文率最高的'核心'部分和包含着与核心部分同等数量论文的随后几区，这时核心区和后继各区中所含的期刊数成 1：a：a^2 的关系（$a>1$）。"这就是布拉德福定律的区域表述形式。算式中的 a 是一比例常数，或称为布拉德福常数，布拉德福经统计分析认为 a 值约为 5.0。需指出的是，对于不同的学科专业而言，其 a 值也不尽相同。例如，有的学科专业与其他学科专业相关性，交叉性较强，则其 a 值可能相对较大；反之，则可能较小。

假设某一年中，被刊载的某一专业研究领域相关文献共计 1800 篇，涉及期刊 620 种。根据布拉德福定律的区域描述，核心区的期刊数量仅为 20 种，次核心区域的期刊数量为 100 种（即 20×a = 20×5 = 100），外围区域的核心期刊数量为 500 种（100×5 = 500）；所以本专业所含有期刊刊载的有关文献均为 600 篇，具体见表 4-1 所示。

表 4-1

区域	期刊数量	论文数量	刊均载文
核心区	20	600	30
次核心区	100	600	6
外围区	500	600	1.2
合计	620	1800	2.9

当然，以上只是布拉德福定律的区域描述在理想状态下的"区域分布"的理论值。在现实中，各区域所含期刊刊载的文献数量只是"大致相等"，a 的取值也只是在一个"大致"范围和区间。

布拉德福定律还可用图形表示。如果横坐标取期刊按载文量递减排列时的顺序号 n 的对数，纵坐标取 1 至 n 号期刊所载论文的累积数，我们将绘制出的曲线称为布拉德福分散曲线。

布拉德福分散曲线由三部分构成，先是一段上升的曲线 AC，然后是一段直线 CB，最后是下垂的曲线。B.C. 布鲁克斯用下述模式来表示布拉德福定律：

$$R(n) = \alpha n^{\beta}(1 \leqslant n \leqslant C) \tag{算式1}$$

$$R(n) = k\log(n/s)(C \leqslant n \leqslant N) \tag{算式2}$$

（曲线上 BD 部分只是近似地满足于算式 2 式中：$R(n)$——相关论文累计

数；n——杂志等级排列的序号（级）；α——第一级杂志中的相关文章数 R
（1），也就是载文率最高的杂志中的相关文章数。）

C——"核心区"中的杂志数量；N——等级排列的杂志总数；k，s——待
定参数，k 等于分布曲线中直线部分的斜率，可用实验方法求得。当 N 足够大
时，$k \approx N$；β——参数，与收藏的杂志（核心中杂志）数量有关，大小等于分布
图中曲线部分的曲率，β 总小于 1。

算式 1 和算式 2 就是布拉德福定律的图形表述形式。

弯曲下垂部分 BD，我们称为格鲁斯下降，这说明：布拉德福曲线在进入
直线部分后，并非无休止地延伸下去，后来总要下垂，关于下垂的原因，目前
已经从数学上得到解释。

显然，布拉德福定律的区域描述与图形描述是矛盾的。布拉德福回避了图
形描述，对他得到的经验数据作了数学解释：

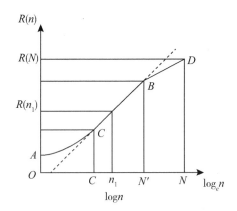

图 4-5　布拉德福分散曲线

令 m_1、m_2、m_3 为一、二、三各区中的论文数量，P_1、P_2、P_3 为对应区的
杂志数量，r_1、r_2、r_3 为各区每种杂志的平均论文数量，则有：

$$r_1 = m_1/P_1, \quad r_2 = m_2/P_2, \quad r_3 = m_3/P_3。$$

显见

$$P_1 < P_2 < P_3, \quad 而\ r_1 > r_2 > r_3$$

划分区域使得：

$$r_1 P_1 = r_2 P_2 = r_3 P_3 = m_1$$

于是：$P_2/P_1 = r_1/r_2 = a_1$

$$P_3/P_2 = r_2/r_3 = a_2$$

式中，α_1 和 α_2 均为大于 1 的常数，根据布拉德福假设，令 $\alpha_1 = \alpha_2 = \alpha$，便得到：

$$P_2 = \alpha_1 P_1 = \alpha p_1$$

$$P_3 = \alpha_2 P_2 = \alpha = \alpha_2 P_1 = \alpha_1{}^2 P_1 = \alpha^2 P_1$$

于是有 $\qquad\qquad P_1 : P_2 : P_3 = 1 : \alpha : \alpha^2$ （算式 3）

布拉德福认为，上式与前面的区域描述形式是一致的。

B. 维克利（B. C. Vickery）修正了布拉德福模式，他将杂志分区的数目推广到 $n>3$ 的普遍情形。设将载有某一学科相关论文的杂志划分为 m 个区，使每一区的论文数量相等，则各区中期刊的数量 $n_1 : n_2 : n_3, \cdots, n_m$ 有如下关系：

$$T_1 : T_2 : T_3 : \cdots : T_m = 1 : b : b_2 : \cdots : b_{m-1} \qquad\text{（算式 4）}$$

（b 为维氏分布系数）

式中：$T_i(i=1, 2, \cdots, m)$——前 i 个区的杂志数量。即：

$$T_1 = n_1, \quad T_2 = n_1 + n_2, \quad T_3 = n_1 + n_2 + n_3$$

$$T_m = n_1 + n_2 + \cdots + n_m = N, \quad N \text{ 为杂志总数}$$

算式 3 和算式 4 是不同的，我们把算式 3 称为布氏定律。维克利解释文献为什么会分散呢？我们可以这样设想，在某一新的学科中，写第一批论文时，人们首先把它寄给最合适的杂志发表。这些杂志伴随着该学科的发展，刊载越来越多的这类文章。于是许多著者都希望把他们的文章发表在本专业的、以前发表了大量高质量论文的这类杂志上。投稿数量大大增加，使杂志选择性增大，因而对文章的质量要求提高，杂志的威信也日益提高，这就产生了一些带"核心"性质的杂志，这种现象就是文献分布中的"堆加"效应。与此同时，有关这一学科的文章也在其他杂志上发表，这就产生了集中与分散的现象。

由上可见，布拉德福定律有两个基本要点：一是频次等级排序，形成主体来源（期刊）的有序目录；二是确定相关论文在主体来源中的分布规律。具体方法则包括区域分析和图形描述，虽然两者数值并不相等，但它所揭示的都是论文在期刊中的分散规律。

布拉德福虽然在 1934 年就发现了文献信息离散分布的规律，但未引起学术界的关注。直到 1948 年，维克利首次将布拉德福的表述称为"布拉德福定律"（B. C. Vickery. Bradfod's Law of Scattering. Journal of Documentation，1948（3）：198-203）之后，才引起学术界的普遍关注和广泛兴趣。20 世纪 60 年代，曾一度形成研究布拉德福定律的热潮，人们从不同的角度和侧面提出了许多经验分布公式和理论模型，使布拉德福定律取得了很大发展，也得到学术界普遍承认。但也存在一些问题，如公式繁多、立论各异，至今尚无统一的结论，理论与实际脱节等。这些都说明该定律还不够成熟，经验色彩较浓。今后，需要运用大量的统计数据，以严密的数学方法，对布拉德福定律进行严格检验，比较各公式的优劣，寻找更为规范的精确的数学模型；其次要深入研究布氏分布的机理，寻找科学的统一的理论解释；再次，进一步分析和研究其适用条件及局限性，努力与实际结合，大力开展应用研究。

布拉德福定律主要揭示的是宏观层次的信息（文献）离散分布，而对于微观层次的信息（内容单元）分布的研究则基本上是空白。为了探索信息在微观层次上的离散分布，我们曾选择电子学、物理学、生物学、工程技术等具有代表性的学科领域，利用 BIOSIS、INSPEC、COMPENDEX 光盘库输出记录，用计算机分析统计记录的集中、聚类和分散状态，并绘制出文献单元和内容单元（关键词或主题词）的分布曲线，对文献单元和知识单元离散分布的曲线进行了比较和模拟，发现它们都符合布拉德福定律，同时也符合齐夫定律。这说明，布拉德福定律虽然研究的是论文在科学期刊中的分散规律，但它对于揭示信息的离散分布仍然具有普遍意义。

②布拉德福定律的应用

布拉德福定律的应用范围较为广泛，对于确定核心期刊、定制文献采集策略、确定学术专著的分布等方面都有一定的指导作用。

a. 确定核心期刊

所谓"核心期刊"是一个相对概念，就某一主体的研究来说，如果某一期刊刊载该学科或专题领域的文献相对于其他期刊明显居多，那么这一期刊就可以定义为该学科或专题领域的"核心期刊"。确定核心期刊是此定律最基本、最常见的应用。这可以直接按照此定律所提供的方法进行。目前，这种应用已被广泛地运用于许多学科或专题领域的"核心期刊"确定的工作中。

b. 制定文献采集策略

对于科技人员、科研团队和专业文献资料部门，在经费、时间、资源等方面处于优化配置的考虑，需要通过有效的方法有针对性地精选文献品种。利用此定律可以指导他们制定出较为优化的文献采集方案。具体来说，通过运用此定律，可以从某一主题相关的众多中文文献中优先选出核心期刊和次核心期刊，并且在这些选出的期刊中进一步精选。例如，对"数据挖掘"在科技情报方面应用的专业人员，可以重点选择期刊《科技情报开发与经济》，该刊在2007 年至少刊载了 13 篇与其相关的文献。

c. 确定学术专著的分布

利用此定律，统计分析出各个出版社关于某个学科或专业的专著出版情况，从而掌握其专著的基本分布，确定这个学科的"核心出版社"。

同理，利用此定律，和可以指导科技情报报检索、文献信息及检索系统完整性测定、不同学科与技术领域之间发展的相互比较及测评，各类读者对重点期刊的利用等。

（3）齐夫定律

词汇是表达和载荷信息的基本单元。词汇的选择、使用及出现频次必然地影响着信息的分布。那么，任何文集或文献中不同词汇的使用有什么特点？它们在文献中出现的频次有没有一定的规律？如果有规律，其表现形式应当是怎样的？齐夫定律正是要回答这个问题。

①齐夫定律的表述

齐夫定律基本可以表述为：在自然语言的语库里，一个单词出现的频率与它在频率表中的排名成反比。所以，频率最高的单词出现的频率大约是出现频率第二位的单词的 2 倍，而出现频率第二位的单词则是出现频率第四位的单词的 2 倍。如果将一篇校长文章（约 5000 字以上）中每个词按其出现频次递减排列起来（高频词在前，低频词在后），并用自然数给这些词编上等级序号，出现频次最高的为 1 级，其次为 2 级……这样一直到 D 级，如果用 f 表示词在文章中出现的频次，用 r 表示词的等级序号。则有：

$$fr = c \qquad\qquad （算式5）$$

式中 c 为常数。上式称为齐夫定律。

下表列出了一组词汇的出现频次与递减排列的等级序号的统计数据。如果建立 f 与 c 的直角坐标系，用纵坐标表示词的等级序号，横坐标表示出现频次，就得到一条双曲线（图 4-6）。

如果等级 r 与频次 f 都取对数，则图 a 中的双曲线变成一条直线（图 4-7）。与之等价的数学表达式为：

$$\lg r + \lg f = \lg c$$

r	f	$\lg r$	$\lg f$
1	400	0	0.99
2	200	0.69	5.30
3	133	1.10	4.89
4	100	1.38	4.60

续表

r	f	$\lg r$	$\lg f$
5	80	1.61	4.38
6	66	1.79	4.19
7	58	1.94	4.06
8	50	2.08	3.91
9	44	2.20	3.78
10	40	2.30	3.69
⋮	⋮	⋮	⋮

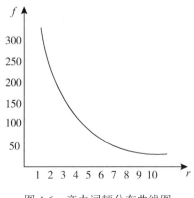

图 4-6　齐夫词频分布曲线图

　　图 4-7 中的虚线表示理想化形式，一般地，斜率为 6 的任一直线可表示为：

$$k\lg r + \lg f = \lg c$$

这一直线由图 4-7 中的实线表示。如果将其改写成算式 1 的形式就得：

$$fr^{b} = c \qquad\qquad （算式 6）$$

　　取 $b=1$，算式 6 与算式 5 相同，因此可以将算式 6 看做是对齐夫定律的修正。

　　(2)齐夫分布的其他形式

　　无论是算式 5 还是算式 6，适应范围都有一定的局限性。因为齐夫定律是一个纯粹的经验定律，仅仅使用了一般的统计方法，其过于简单的形式和结论对于出现频次特别高的词和特别低的词都不能完全满足。于是有的学者尝试引

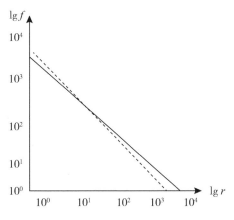

图 4-7 坐标轴为对数尺的齐夫分布曲线

入一般参数对齐夫定律进行修正。

在齐夫定律发表后不久，美国学者朱斯就指出，在算式 6 中，不仅 c 应当是参数，而且 b 并不总是等于 1（即齐夫最初画出的直线的倾角不总是 45°），也是一个参数，齐夫定律可更为一般地表示为：

$$f(r) = cr^{-b} \qquad\qquad（算式 7）$$

式中，$b>0$，$c>0$，对于 $r=1$，2，…，n，有

$$\sum_{r=1}^{n} f(r) = 1$$

算式 7 就是朱斯的双参数等级分布定律。$f(r)$ 表示 r 位词出现的频率（或概率）。

数学家曼德尔布罗运用信息论原理和概率论方法来研究词频分布，用三参数修正了齐夫定律①，使齐夫定律更具有一般性和普遍意义。

曼德尔布罗将词（包括字母间的空格）看做有一定顺序的字母序列，并将语言和利用模拟或数学公式表达形式的编码加以比较；又把句子看成用词表示的编了码的序列；把文章看成由句子的增减过程而形成的句子系列。为了使语言的表达最佳化，根据信息论原理，要求语言中字母的最小可能的平均数或对于给定的字母平均值，具有最大的信息量。

设 r 为词的顺序，$f(r)$ 为第 r 个词的频率，$m(r)$ 为第 r 个词的词长。这时平均词长为：

$$L = \sum_{r=1}^{N} f(r) m(r)$$

当给定的熵值 H 最小或当 L 最小时，应有：

$$H = -\sum_{r=1}^{N} f(r) \lg f(r) = 常数，以及 \sum_{r=1}^{N} f(r) = 1。$$

根据这些条件，曼德尔布罗从理论上提出了三参数分布公式：

$$f(r) = c(r+a)^{-b} \qquad\qquad （算式8）$$

式中，$0 \le a < 1$，$b > 0$，$c > 0$。

a，b，c 为参数，具有如下意义：

第一，参数 c 与出现概率最高的词的概率大小相关或者说与 $f(1)$ 有关。当 $a=0$，$b=1$ 时，$c = f(1)$。

第二，参数 b 与高频词数量的多少有关，对于 $r < 50$ 的高频词，b 是 r 的非减函数，随着 r 的增大，参数 b 并不减少。

第三，参数 a 与词的数量 n 有关，由于 a 的选择自由较大，此公式更为灵活，更能够在各种条件下与测定的统计数据拟合。

齐夫定律和朱斯的修正式都可看做曼德尔布罗的特例。

齐夫定律是对自然语言词汇统计所得到的规律。研究表明，人工语言及人工语言语词构成的集合同样满足齐夫定律。

齐夫定律是通过研究英语语言词汇得出的结论，最适用于拉丁语系，它是否也适合于其他语言，尤其是像汉语语言这样的表意文字呢？自 20 世纪 80 年代中期以来，我国学者进行了卓有成效的研究，发现齐夫定律完全符合汉语语言词汇的分布。

齐夫定律具有广泛的应用，在信息系统建设、词表管理和控制、自动标引、信息存贮与检索方面都取得了许多应用成果。通过词频分布来揭示信息的分布规律则是齐夫定律在理论上的重要开拓。

总之，信息资源的空间分布规律给出如下启示：

A. 可以发现科学技术及学科专业间的相互关系（学科技术之间的远近亲疏、交叉渗透）。

B. 可以帮助人们更好地解决空间范围内的信息资源选择问题，更有针对性地获取利用文献信息资源。

C. 可以使得科研部门或个人能够确定最佳的文献信息收集范围。

2. 信息时间分布规律

信息资源伴随着人类社会文明的不断进步以及科学技术的不断发展而呈现出飞速增长的趋势。众所周知，科学技术是不断前进，不停地更新换代，因此，具有记录人类物质文明和精神文明为特征的信息资源的使用价值不可能一成不变，而是以一种紧跟科学技术发展的脚步呈现出价值的"增减"。在文献计量学中，人们把文献信息的数量和价值随着时间推移而"增减"的规律称为"文献信息资源的时间分布规律"。信息资源的时间分布规律包括"信息资源增长规律"和"信息资源老化规律"。这种规律是一种必然现象。

（1）信息资源增长及其数学描述

随着社会经济和科学技术的高度发展，信息的爆炸式增长不断影响着人们对信息的利用和吸收、描述信息的增长规律成为学术界和实际工作者关注的重要课题。在所有关于信息增长的研究中，令人瞩目的成果是以文献为计量单位得到的指数增长律。

①普赖斯曲线

早在 1944 年，F. 赖德就对美国大学图书馆藏书作了调查统计，他以丰富的数据证明，全美主要大学图书馆的藏书平均每 16 年递增 1 倍。例如，耶鲁大学图书馆在 18 世纪初的藏书虽为 1000 册，如果每 16 年递增 1 倍，到 1938 年其藏书量应该增加到 2600 册，经调查，这一理论估值与实际藏书量十分接近。

继赖德之后，普赖斯对信息的爆炸式增长进行了深入研究。在《巴比伦以来的科学》一书中，他统计了期刊增长的情况：1665 年在法国创办了第一本期刊，随后，1750 年增加至 10 种，1800 年增至 100 种，1850 年为 1000 种，1900 年为 10000 种，目前已近 10 万种，几乎是每 50 年增加 10 倍。其次，根据《化学文摘》《生物学文摘》《科学文摘》近几十年的数据，也可发现同样的增长趋势。如果我们以文献量为纵轴，以历史年代为横轴，把各不同年代的文献量在坐标图上逐点描绘出来，然后以一光滑曲线连接各点，则可十分近似地表征文献随时间增长的规律。这就是著名的普赖斯曲线。如图 4-8 所示。

通过对曲线分析，普赖斯最先注意到文献增长与时间成指数函数关系。如果用 $F(t)$ 表示时刻 t 的文献量，则指数定律可表为下式：

$$F(t) = ae^{bt} \quad （a>0，b>0） \tag{算式 9}$$

式中：a 是统计的初始时刻（$t=0$）的文献量；

$e = 2.718$

b 表示持续增长率。

人们还常常用文献量翻一倍的时间来衡量文献的增长速度，即

$$t' = \ln 2/b \tag{算式 10}$$

式中：t' 为文献量翻倍时间，b 为持续增长率。

例如，在某一初始时刻文献量 $a = 10000$ 件，增长率为 10%，那么 10 年后

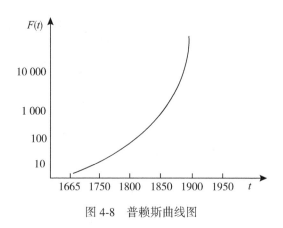

图 4-8 普赖斯曲线图

文献量将是：

$$F(10) = 10000e^{0.1(10)} = 27183(件)$$

100 年以后的文献量将是：

$$F(100) = 10000e^{0.1(100)} = 220264660(件)$$

文献量翻一倍的时间是

$$t' = \ln2/0.1 = 0.693/0.1 = 6.93(年)$$

从统计实例来看，文献信息的指数增长规律在一定程度上正确反映了文献的实际增长情况。例如，对 1952—1982 年间世界图书增长情况的统计分析表明，图书种数大约每 20 年翻一倍，指数增长模型与实际情况符合得较好。对 1907—1977 年世界化学论文数量进行统计，由指数模型计算的值与实际情况大体一致，说明这一时期的化学论文数量也是按指数增长的，大约每 10 年翻一倍。因此，文献的指数增长定律具有一定程度的正确性和普遍性，并获得了学术界承认。

文献信息（或者信息）指数增长的内在原因是由于社会信息流的传播和影响的结果。在一个健全的社会信息交流系统中，那些业已掌握新思想、新信息的成员，必然主动或被动地影响其他社会成员。人们接受新思想、新信息的概率会随着时间的位移而增大。因为这与掌握新思想的累积人数有关。这些掌握新思想和新信息的人数本身是按指数增加的，他们必然要从事知识信息的生产和传播，这就必然引致信息量指数增长。如果一个人接受新思想、新信息的概率随时间按固定比例增大，则有：

$$dN/dt = bN$$

解此方程得：

$$\int dN/dt = \int b\,dt$$

$$\ln N = bt + c$$

$$N = e^{c} \cdot e^{bt}$$

令 $e^{c} = a$，则 $N = ae^{bt}$，正好与算式 1 相同。

需要指出，文献信息的指数增长规律是对每一年的文献累积数而言的，并不是相对于每一年新发表的文献数量。每年文献信息的累积数，就是该年与该年之前各年(至少是统计的各年)文献数量之和，即该年可以利用的文献总量。如果不考虑累积量，结论可能完全不一样。如果按每年发表的文献来判断文献信息的增长规律，它可能连几何性都不是，而仅仅是算术性的。

文献信息的增长律仅仅是一个理想模式，它没有考虑到许多复杂因素对文献增长的限制。如果不考虑这些因素，简单搬用算式 9 来预测未来的文献量，可能会导致错误的结论。实际的统计发现，不同时期、不同级别、不同质量、不同学科领域的文献信息增长态势是不一样的。例如，勒希尔考察了不同质量级别的文献增长状况，发现它们的增长速度差别很大。勒希尔认为，文献的数量与其质量有关。他定义 $\lambda(0 \leqslant \lambda \leqslant 1)$ 为文献的质量级别，则不同级别上的文献量为 $[F(t)]^{\lambda}$，他给出的 λ 值具体如下：

$\lambda = 1$：至少是一般文献(实际代表所有文献)

$\lambda = 3/4$：至少是有意义的文献

$\lambda = 1/2$：至少是重要的文献

$\lambda = 1/4$：至少是非常重要的文献

$\lambda = 0$：第一流的文献

对于第一流的文献(即 $\lambda = 0$)，文献数量为 $\ln F(t)$。

如果文献总数为 100 万件，根据勒希尔定义的质量级别，则有：

1000000：至少是一般文献(即文献总数)

31623：　至少是有意义的文献

1000：　　至少是重要的文献

32：　　　至少是非常重要的文献

14：　　　第一流的文献

如果文献量翻倍时间为 t'，那么质量为 λ 级的文献数量翻倍时间将是 t'/λ。于是当人们力图提高文献质量时，指数增长减慢，对于第一流的文献($\lambda = 0$)，指数增长规律完全破坏，并且每一周期仅有一常数增量。在这种情况下，文献的增长函数是线性的，即：

$$F_0(t) = \ln ae^{bt} = \ln a + bt$$

在本节开始所举的例子中，$b = 0.1$，文献总量翻一倍的时间为 6.93 年，那么对各个质量级别的文献而言，文献量对应的翻倍时间是：

9.84 年——至少是有意义的文献（$\lambda = 3/4$）

13.86 年——至少是重要的文献（$\lambda = 1/2$）

27.72 年——至少是非常重要的文献（$\lambda = I/4$）

对于第一流的文献（$\lambda = 0$）：

$$F_o(t) = \ln 10000 + 0.1t$$

可见，每 10 年才增加 1 份第一流的文献。这样的增长速度显然非常缓慢。

②逻辑曲线规律

普赖斯指出，考虑物质的、经济的、智力的及时间的影响和限制，文献信息的增长更趋近于生物的生长曲线（Logistic Curve），即最初生长或繁殖很快，随着时间推移，其生长速度越来越慢，以致几乎不增加了。其方程为：

$$F(t) = \frac{k}{1 + ae^{-kbt}} \qquad （算式 11）$$

式中，$F(t)$ 代表时间 t 的文献量，k 为文献增长的最大值。

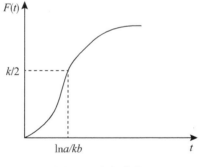

图 4-9　生长曲线

生长曲线表明，在文献增长的初始阶段，它是符合指数增长规律的，但它不能始终保持指数增长的势头，当文献增至最大值的一半时，增长率开始变小，最后缓慢增长，并以 k 为其极限。

生长曲线在描述科学文献增长规律时，取得了一定成功。如果单独就某一具体学科领域内文献的增长而言，生长曲线极好地描述了它们的增长规律。例如，弗雷蒙等人对 1965—1975 年间煤的气化法方面的文献增长进行了统计研究，表明能很好地符合生长曲线增长模型。有关肥大细胞研究方面的文献增长所出现的几个发展阶段更有力地证明了生长曲线增长规律的正确性。

在整个科学领域里，目前有 2000 多门学科，每门学科又分别处于诞生、发展、相对成熟的历史阶段。一般来说，在不同的阶段科学文献增长的态势是不同的。统计研究表明：学科处于诞生和发展阶段，文献量指数增长，文献的寿命较短。随着研究深入，学科进入相对成熟阶段，文献增长就不能总保持原有的指数速率，增长率变小，曲线变得平缓，文献寿命相对变长。但是，这里文献增长率变小，决不意味着科学发展停滞，而是这一知识领域的研究取得重大进展后进入相对成熟的阶段。同时，也可能意味着该知识领域正面临新的突破，特产生出更新的分支领域，而内容上更新的文献又将进入一个新的急剧增长时期(如指数增长)。然后又进入一个稳定时期。文献的增长往往会出现几个急剧增长时期和几个相对稳定时期，呈现出错综复杂的格局。

一般说来，对不同的领域，描述其文献增长的生长曲线中各个常数 a，b 和 k 是不相同的。如果能分别对各门具体学科文献增长状况作历史的、全面的统计分析，绘制出相应的生长曲线，则对于评价该门学科所处的阶段，预测其未来的发展，估计该学科不同时期的文献寿命，以指导信息搜集和提供，是很有意义的。

但生长曲线仍有其局限，由算式 1 可知，当 $t \rightarrow +\infty$ 时，$f(t) \rightarrow k$，这表明当科学发展到一定阶段时，文献的增长率为零，而文献总量达到了不可逾越的最大值。这意味着某个年代之后，再也没有新的文献产生，这显然是不符合实际的。

利用指数曲线和生长曲线来研究文献增长、预测未来文献总量必然会有局限。这是因为：一方面指数增长定律的产生，首先是普赖斯分析研究物理学文献数量的增长时提出的，然后把这一结果扩大到科学期刊和其他类型的出版物上，绘制了普赖斯曲线。把对文献某一方面、某一历史阶段的研究成果，推广到文献的全部领域，根据是不充分的。另一方面利用上述二曲线对文献增长所作的预测，依据的是预测学中的趋势外推法。文献作为传播信息这一复杂系统中的子系统，其增长规律受到许多因素的影响和制约，只有利用系统论的观点对其作系统分析，才能得到比较符合实际的结果。

③线性增长模型

在长期的统计观察和分析研究过程中，学者们发现文献信息资源的指数增长理论和逻辑增长规律并不可能始终持续，因为实际上各学科领域的文献在某些时域内既不遵循指数增长模式，也不遵循逻辑增长模式。苏联情报学家米哈伊洛夫曾指出，在东欧经互惠成员国范围内有关图书、期刊和专利说明书等的文献信息资源的数量均是呈现直线规律增长的。20 世纪 70 年代的一项统计也表明，1960—1972 年，全世界出版的图书和小册子的数量呈现直线规律增长。

其算式是：
$$F(t) = bt + a \qquad \text{（算式 12）}$$

式中，$F(t)$ 是 t 年的文献信息资源累计数量；b 是文献的年增长率；a 是当 $t=0$ 时的文献信息数量。

线性增长模型不仅适用于描述某些知识领域或某些类型的信息资源增长，而且信息资源未来的发展将更多地倾向于直线模型。正如有的学者所指出：我们将从文献指数增长的过去，迎向线性增长的未来。

上面介绍了几种描述信息资源增长规律的模式。可见信息资源的增长有的呈现指数规律，有的呈现逻辑曲线规律，有的呈现线性规律。这的确是一个复杂的过程。这些不同的模式都说明了一个共同点：信息资源随时间的增长而增长，不同的只是增长的过程和速度。

（2）信息资源老化及其数学描述

①信息资源老化原理

一切事物都是在不停地发展运动变化之中，因此随着时间的推移，信息资源的价值会逐渐衰减乃至老化。

信息资源老化的概念是在 1944 年由美国情报学家戈斯内尔提出的，本意是描述"文献资料逐渐变得不再有用或不再可靠的过程"。他在题为《大学图书馆藏书的老化率》的博士论文中指出，在知识的积累过程中，应当注意到问题的另一方面，即随着时间的推移，一切知识或其相应的载体逐渐失去原有的价值。一般来说信息资源老化是一个综合的动态过程，过程中同时包括文献信息资源老化和情报信息资源老化。这是两个不同意义的变化过程。文献信息资源老化了，情报信息资源不一定老化。情报信息资源老化是一个非常缓慢的过程，有些情报信息资源甚至在相当长的时期内也不会老化；而文献信息资源则会由于语言、印刷、装帧、图像色彩的影响而迅速老化。

因此，信息资源老化的概念比想象的要复杂得多，它是一种客观的社会现象，是受多种社会和人为因素而影响的动态过程。信息的老化一般指这样三种情形：文献中所含信息仍然有用，但现在已被包含在更新的其他论著中；文献中信息仍旧有用，但现在正处于一个人们对其兴趣下降的学科；文献中的信息仍旧有用，但为后来的著作所超越；信息不再有用。

为了衡量已经发表的文献的老化速度，我们可以沿用物理学"半衰期"这一概念。所谓文献的半衰期，是指某学科领域现时尚在利用的全部文献中的一半是在多长一段时间内发表的。例如，中文计算机科学的文献半衰期是 5.5 年，其意义是在统计研究的当年，尚在利用的全部中文计算机科学文献中的 50%是在最近 5.5 年内发表或出版的，同时也意味着经过 5.5 年，中文计算机科学文献集合中的一半文献的利用价值已在不断衰减；物理学文献的半衰期是 4.6 年，意思是说，现时仍在利用的物理学文献的 50%，其出版年龄不超过 4.6 年。"半衰期"大体上与某学科领域的文献中半数失效所经历的时间相同。换句话说，上述物理学文献一半失效的时间也是 4.6 年。需要指出的是，文献半衰期不是指个别文献，而是指某一专业或学科领域文献集合的总体而言的。

与半衰期有着密切联系的另一个衡量文献老化的指标是普赖斯指数，即某一学科领域内，对发表年限不超过 5 年的文献的引用次数与总的引用次数之比值。一般来说，普赖斯指数越大，半衰期就越小，文献老化的速度越快。

对文献年代被引证的次数进行分析，可以得到某一门类或某一学科领域的文献老化速度最可靠的指标。但是，必须利用大量的文献摘录、计算书目引证次数，以便最大限度地补偿各种著作随意引证他人文献的特点。应当指出，文献老化速度的指标仅仅是概略性的，而且不是指个别的文献或某一组文献，指的是某一门类或某一学科领域文献的总和。

如果用纵坐标表示现在正被利用(引证)的文献的被引量，横坐标表示时间，我们可以绘制出文献的老化曲线(图 4-10)。

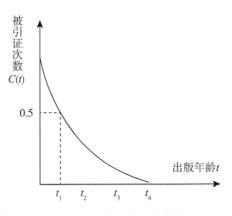

图 4-10　文献信息老化曲线

相应的方程式表示为　　　　　　　$C(t) = ke^{-at}$　　　　　　　　　（算式 13）

式中：$C(t)$ 表示发表了 t 年的文献的被引次数，k 是常数，随学科不同而异，a 为老化率。

已发表文献的老化速度，不仅取决于这些文献所属的学科领域，而且还取决于其他一些因素，特别是文献的种类和性质。显然，专著、教科书、期刊论文、专利说明书、科学技术总结或者某一学科领域的各种文献都有着不同的老化速度。已发表的文献的半衰期，还与信息需求的特点有关。如果不按文献的被引次数，而按其在图书馆或信息中心被借阅的次数来衡量，所得到的半衰期是不同的。

文献信息的老化是一个很复杂的问题，目前对它的研究还很不够，还没有一个较为理想的模式来描述这一过程。文献信息老化受许多因素的影响，归纳起来主要有如下几点：

a. 文献增长。文献的增长和老化是一个事物的两个方面，它们从不同的侧面来描述科学的发展，阐明科学知识的修正率。因此，文献的老化，首先是与文献的增长联系在一起的。文献大量增加，表明科学知识增长速率加快，新理论、新方法、新设计不断产生，不断完善，原来知识内容不全面、不完善的旧文献逐渐被人们遗忘，引用频率降低。如果引用半衰期的概念，我们就会发现，文献增长得越快，文献的半衰期就越短。如果每篇文献被引用的概率相同，由于文献增加的结果，会使得新文献被引的次数较多，而旧文献被引的机会减少，这样就加速了文献的老化。

b. 学科差异。世界上 93% 到 98% 的科学杂志引用寿命为 20 年左右，但并不是所有这些学科的文献老化速率都大体一致，相反，彼此之间差异甚大。有些学科，如电子、医学、化学化工等领域，由于研究工作活跃，不断需要新方法、新试验，投入的人力物力较多，知识更新快，文献的半衰期就短。而另一些学科，如动植物分类学、地理学等的发展主要是知识的积累而不是修正，所以相对来说稳定得多。例如，在动植物分类学中，当发现一个新品种时，必须首先与以前记录的知识一一对照，只有证实了该品种确系与以前品种不同之后，才能命名一个新的名称。普赖斯将文献分为两大类，一类是"档案性文献"，其半定期大于 5 年，如地质学、动植物分类学等；另一类则是"有现时作用的文献"，其半衰期小于 5 年，如生物医学、电子学、化工等。从档案性文献和有现时作用的文献的关系，可以说明各学科的特点。

c. 学科发展阶段的差异。即使是同一学科，不同的时期或阶段，文献的半衰期不尽完全相同。严格说来，描述文献老化的曲线并非仅仅是负指数曲线。如前所述，每门学科发展过程中，都要经历诞生、发展和相对成熟等不同的历史阶段。学科处于诞生和发展初期，文献量指数增长，文献的老化符合负指数函数，对应的曲线表现为负指数曲线。随着学科研究的深入，进入相对成熟时期后，科学文献增长不再继续保持原有的指数速率递增，文献增长速率变小，其相应的老化曲线也变得平缓，半衰期加长。半衰期长，客观上反映了学科已进入相对成熟阶段，文献的科学价值达到了一定的深度，从而使文献利用寿命加长。此时科学活动的结果主要在于知识的累积而不是修正。一旦知识累积的数量达到一定量时，就会出现由量变到质变的飞跃，而使学科进入新的高度或新的层次，也有可能同时派生出新学科，而使文献量指数增长，文献老化曲线恢复到负指数曲线。

d. 信息环境和需求。除以上三种原因外，还有一个不能忽略的因素——信息利用者的需求及所处的信息环境。不同信息用户对文献的需求是不同的，科研工作中的骨干要了解本学科领域的世界前沿，因而对新文献感兴趣，刚刚踏上工作岗位的人员则还需了解背景资料。此外，国家与国家，地区与地区之间对文献使用的年代也不完全相同。科学发达的国家对近期最新文献感兴趣，欠发达国家则需要借鉴别国已有的成果和经验。

逐渐过时律主要描述的是文献信息尤其是科学文献信息的老化模式，对于其他一些类型的信息则不一定符合。例如，许多经济信息、市场信息和金融信息的老化具有跳跃性，往往表现为突然失效，昨天一条信息可能价值连城，今天则分文不值，不像科学信息那样在利用中逐渐过时，具有较强的规律性。

②信息资源老化的数字描述

a. 布鲁克斯负指数模型

英国著名情报学家布鲁克斯(B. C. Brookes)曾对信息资源的老化问题进行过深入的研究。1970年，他提出文献信息资源的被引用数量随着时间推移的衰减过程能够通过简单的负指数模型表现出来，并利用微分方程推导出负指数模型的数学表达式。以后，许多科学家通过大量的统计数据证实这一规律确实存在。

为了推导该模型的数学表达式，布鲁克斯提出一种基本假设。

文献信息资源的使用价值在某一时间范围内均匀地减少，表现为相应文献被引用次数的均匀减少。在此假设之下，利用算数中求相对增长率或下降率的概念，可以建立文献老化过程的微分方程。

$$\frac{\mathrm{d}C}{\mathrm{d}t} \bigg/ C = -b \text{ 或} \frac{\mathrm{d}C}{\mathrm{d}t} = -b$$

式中，C 为引文的逐年分布量；b 为老化衰减常数($0<b<1$)；t 为被引文

147

献的出版年限。$\left(\dfrac{\mathrm{d}C}{\mathrm{d}t}\right)\Big/C$ 类似于算数中 $\dfrac{A_1 - A_2}{A_1}$ 的相对速率表达式，一般称为相对衰减率，在不太长的时间内可视为一个常数。求解以上微分方程式，可以得到：

$$\left(\frac{\mathrm{d}C}{\mathrm{d}t}\right)\Big/C = -b$$

$$\frac{\mathrm{d}C}{C} = -b\mathrm{d}t$$

$$\ln C = bt + C_1$$

于是　　　　　　　　$C(t) = \mathrm{e}^{-bt+C_1} = \mathrm{e}^{C_1}\mathrm{e}^{-bt} = C_0 \mathrm{e}^{-bt}$　　　　　（算式 14）

式中，当常数 C_0 为 $t = 0$ 时，信息资源的初始被引用量随学科不同而异；$-b$ 为文献老化率。算式 1 成为信息资源老化的负指数模型。通常，当信息资源达到被引峰值以后，便开始经历信息资源老化的衰减过程。

统计数据分析表明，文献老化的负指数模型对于处理峰值以后的引文数据比较准确。这是因为在文献出版后较短的时间内，e^{-b} 可视为一个常数，而随着时间的推移，e^{-b} 值将逐渐变大，即老化变慢，模型模拟的准确性也开始下降。设 $a = \mathrm{e}^{-b}$，$K = C_0$；Brooks（布鲁克斯）文献老化的负指数模型可以写成以下形式：

$$C(T) = Ka^T$$

b. 伯顿-开普勒公式

1960 年，美国某图书馆馆员伯顿（R. E. Burton）和物理学家开普勒（R. W. Kebler）合作，对科技文献的老化问题进行了一系列研究。为了计算科技文献的半衰期，他们选择了物理、化学、机械工程等 9 个学科领域的期刊文献进行引文数据的统计分析和计算。结果发现 9 种不同学科的引文数据曲线在形状上非常相似，通放射性物质的衰变曲线一样都是负指数曲线。于是，他们导出这类曲线的一个标准公式，称为伯顿-开普勒老化公式。

$$y = 1 - \left(\frac{a}{\mathrm{e}^x} + \frac{b}{\mathrm{e}^{2x}}\right)(a + b = 1)$$　　　　　（算式 15）

式中，y 为被引信息资源累积百分数；x 为被引信息资源出版年限（以 10 年为单位）；a、b 为因学科、专业等而异的常数。因为伯顿-开普勒老化公式包含了被引文信息资源峰值以前的引文信息资源数据，所以与布鲁克斯指数模型相比，该公式描述信息资源使用过程更加全面。

c. 莫德列夫修正式

尽管开普勒公式描述文献使用过程比较全面，但该公式的模拟效果并不理想，与实际统计数据的误差较大。苏联文献计量学家莫德列夫在仔细研究了伯顿-凯普勒老化方程式以后，于1982年提出了莫德列夫修正式：

$$y = 1 - \left(\frac{a}{e^{x-0.1}} + \frac{b}{e^{2x-0.2}} \right)(a + b = 1) \qquad (算式16)$$

式中，变量与参数的意义与开普勒公式相同。

利用莫德列夫修正式，取得了比开普勒更好的模拟结果，但由于受原公式的限制，对某些信息资源的老化过程的处理也不够准确。同时，由于修正式形式比较复杂，计算比较繁复。

中国学者丁学东曾提出了一个级数形式的老化公式，以修正和涵盖以前的其他公式。经过实际统计回归数据表明，级数形式的老化公式更接近实际统计结果，即具有更理想的模拟效果。对此有兴趣的读者，可参阅丁学东编著的《文献计量学基础》一书。

(3)信息资源的时间分布规律启示

①信息资源时间分布规律研究的意义

对信息资源时间分布规律的研究，无论是理论上还是实践上都具有重要的意义。一方面，有助于人们确定信息资源数量随时间变化的关系，可以大致地提示科学发展的某些特点和规律；根据有关信息资源数量的变化进行科学预测，同时，通过信息资源增长规律的研究，还可以预测信息资源增长的趋势，从而为科学情报工作未来的发展提供决策依据。另一方面，可以指导人们在科学活动中有效地分析、评价、利用信息资源，科学合理地收集和管理信息资源。

②信息资源时间分布规律的应用范围

信息资源时间分布规律的研究在科学史、科学学以及科技信息工作的理论和实践中都具有重要意义，其应用主要体现在以下几个方面。

a. 在科学学和科技史研究中的应用

通过文献信息资源数量增长与老化的变化规律来判断和预测科学知识的增长和老化状况，继而探索整个科学的发展规律，是科技史和科学研究中常用的方法。在科学和科技史的大量研究中，一般以信息资源时间分布规律来模拟科学的发展过程并探讨其规律。众所周知的普赖斯关于信息资源呈现指数规律增长和老化的结论，就是从解释信息资源时间分布规律的基础上得出的。因此，信息资源时间分布规律的研究在科技史和科学理论研究上的应用是一种有效的途径。

b. 在科技信息分析与预测中的应用

从科学情报学的角度出发，信息资源时间分布规律的研究是科技人员和科技信息工作人员开展情报分析研究，掌握科技发展动态，进行科技信息分析与预测的可靠手段。

某一科技领域的信息资源数量增长和老化规律，可以从一个侧面反映一个国家或地区某项技术发展的过程和所达到的水平。例如，在各类文献信息资源中，专利文献信息资源是显示科学技术发展的最敏感的指标，因此，人们常常利用专利文献信息资源数量的时间分布变化来进行情报分析研究。从技术引进需要来看，可为人们提供相关的决策依据。

因此，通过有关信息资源的数量的时间分布变化可以掌握某一分支学科或技术领域的产生，发展的全过程和未来的趋势，从而为选择科研课题、确定技术方案提供定量依据。

c. 在图书情报管理中的应用

实际上，信息资源时间分布规律的研究最早就是从研究图书馆的管理开始的。一个图书馆情报机构确定经费的合理分配、资料收集的原则、馆藏增加的策略、存储空间扩大的措施、情报加工处理和传递交流新技术的应用等，都要以信息资源数量的时间分布变化规律作为重要的决策依据。

总之，信息资源时间分布规律可以给我们以下启示：

第一，以信息资源数量的变化作为衡量知识增长和技术发展状况的指标，推断出科学知识及科技成果的普赖斯曲线增长、逻辑增长和线性增长规律。

第二，可以根据信息资源时间分布规律解决好时间序列上的信息选择问题，充分合理地利用信息资源，更有效地从事教学科研活动。

第三，根据信息资源时间分布规律确定合理的信息资源保存年限，无论对图书馆收藏文献管理，还是个人对藏书的取舍都是有益的。

4.2　信 息 组 织

由于现代信息技术的发展，特别是随着 Internet 的兴起和迅速发展，信息生产、传播空前便捷，导致信息数量急剧增长，信息质量参差不齐，信息污染日益严重，"信息爆炸"、"知识爆炸"成为现代社会的一大特征。这一现象给人类提出了两个问题：其一，知识和信息生成的无限性与人的精力构成、时间占有的有限性形成了尖锐的矛盾；其二，知识和信息的无序性和污染性与人类使用的选择性同样形成了尖锐的对立。"失去控制和无组织的信息不再是一种资源"，因此，信息需要有序化才能被有效地利用。本章主要介绍信息组织的过程、技术方法——分类法、主题法、元数据法，简单介绍网络信息组织工具。

4.2.1 信息组织概述

1. 信息组织的概念

信息组织，即信息序化或信息整序，也就是利用一定的科学规则和方法，通过对信息外在特征和内容特征的描述和序化，实现无序信息流向有序信息流的转换，从而保证用户对信息的有效获取和利用及信息的有效流通和组合。所谓信息的外在特征，就是指信息的物质载体所直接反映的特征，构成信息载体的外在的、形式的特征，如信息的物理形态、题名和责任者及信息的类型、信息生产和流通等方面的特征。所谓信息的内容特征，就是信息所包含和承载的具体内容，即通过信息载体所传递和交流的具体内容。可见，信息组织的基本对象和管理依据就是信息的外在特征和内容特征这两个方面。

2. 信息组织的目的

信息组织的目的是为了实现无序信息向有序信息的转换。具体地说应包括：

（1）减少社会信息流的混乱程度

信息组织活动的重要任务是：控制信息的流速和流向，以便使信息能够在适当的时机有针对性地传递给需要者；控制信息的数量和质量，以便使需要者能够获得不超过其吸收能力的高质量的信息。

（2）提高信息产品的质量和价值

信息组织过程就是信息产品的开发与加工过程。通过信息组织活动不仅可以加深信息提示的层次，开发出新的信息产品，而且应能使原有信息产品的质量进一步提高，从而使信息产品大大增值。从而，将一个相对粗放型的信息贫瘠的集合转化为一个集约型的信息富集的集合。

（3）建立信息产品与用户的联系

信息组织的最终目的就是使用户能方便检索各种信息资源。因此，我们说信息组织与信息检索两者是相互作用。信息组织是信息检索的基础和前提；反过来，信息检索是信息组织的出发点和归宿，是信息组织的真正原因。所以，信息组织是要按照信息使用者的要求进行的，它的工作必须根据用户的需要排除信息障碍，疏通信息渠道，在用户和信息产品之间铺路架桥，并最终形成面向用户问题的信息产品，提高信息资源开发利用的针对性。

（4）节省社会信息活动的总成本

通过建立专门的信息管理机构开展信息组织工作，实现信息产品开发的分工协作，节省广大信息用户查询、吸收与利用信息时的时间和精力耗费，从而提高整个社会的信息活动效果。

3. 信息组织的内容

信息组织是为了方便人们检索获取信息而将零散、无序的信息予以系统化和有序化的过程。从广义上来说，信息组织的内容包括信息搜集与选择信息分析与提示信息描述与加工、信息整理与存储。信息搜集与选择是整个信息组织过程的第一步，对信息的描述与提示以及序化是信息组织的中心内容，而对经过前面几个环节形成的有序信息集合的存储则代表整个过程的结束。

（1）描述与揭示

对信息的描述主要分为两种类型：一种是著录，主要描述文献信息的形式特征；另一种是标引，主要提示文献信息的内容特征。

著录：是指依据一定的规则，对文献外表形式、物质形态和内容特征进行分析、选择和记录的过程。它是客观描述信息和文献的过程，其结果称为款目。《文献著录总则》规定，著录款目共分九大项：题名与责任项、版本项、文献特殊细节项、出版发行项、载体形态描述项、丛编项、附属项、文献标准号与获得方式项、提要项。

标引：是对信息内容的揭示，标引工作是信息组织的基础，也是建立检索工具和检索系统的基础和前提，对信息的检索和利用具有重要意义。标引工作包括两大基本环节即主题分析和标识转换，是一种复杂的智力劳动。

标引工作一般分四个步骤：第一步，查重。第二步，主题分析，采用概念分析的方法对文献主题类型及其构成成分进行分析，对具有标引价值的主题概念进行概括、提炼和选择。第三步，转换标识，将主题分析所得的主题概念的自然语言表达转换为标引语言表述，它又可分为主题概念转换和确定标识两步。第四步，审核。对前述步骤，尤其是主题分析和转换标识步骤的各环节的考察和把关。

（2）序化

对原始信息的著录与标引形成了零散的且各不相关的款目（或记录）个体，要实现信息的有效利用还须对这些款目个体按一定的规则和方法加以组织，形成序化的信息集合。其表现形式有目录、数据库文档。

①字顺目录组织

这是指以作为款目的题名、责任者名称及主题的特定字顺，按一定的目录组织规则进行排列而组成的目录。

我国采用的排检法主要有笔画笔形法、四角号码法、汉语拼音音序法。所谓款目，是指依据一定的方法和规则，对文献外表形式、物质形态和内容特征所作出的客观描述。将款目按照一定的规则有序地排列起来形成了目录。款目是一种文献的缩影，而目录则是一批文献的缩影。

②分类目录组织

这是按照文献内容的学科体系根据图书情报机构所采用的图书分类法组织而成的目录。它从文献内容所属的知识门类揭示文献，并能反映出各学科间的内在联系。中文分类目录是根据分类款目的分类排架索取号的顺序排列的。其步骤为：首先各类款目按特定文献分类法的分类号码的顺序排列；其次，同类款目再按种次号或著者号、卷(册)次号及年代的顺序排列。

4.2.2 信息组织的类型

对于信息组织的划分有很多不同的标准。从宏观上看，按照信息组织的组织对象把信息组织分为信息资源组织和检索工具。也就是说，信息组织不仅要直接对组织信息资源本身，还要组织不同类型的检索工具。就信息资源的基本类型而言，它可以是图书、期刊、论文、标准、档案等各种类型；就存在的形式而言，它可以是各种传统的印刷型资源，也可以是缩微型、机读型资源以及网络信息资源，因此与之对应的信息组织的类型均可由以上信息资源的类型和形式等标准而划分。与对信息资源本身的组织不同，检索工具一般把文献记录作为文献的替代物，因此可以把这些文献替代物从多个角度、多种层次组织成不同类型的检索工具和系统。从信息组织这一专业学科范畴来讲，更重要的是应该更多地从检索工具类型这一角度来了解信息组织的分类。

具体来讲，对于检索工具的类型，可以有以下多种不同的区分方法。

1. 以检索工具的对象区分

按照检索工具的对象和特点，信息组织可以分为以下类型：

(1)文献目录

通常是以各种媒体的文献单元为对象，对其进行提示、报道的工具，包括文献收藏目录和书目。前者以一个或多个文献单位收藏的文献为对象加以提示；后者则以某一领域、地域或时限内出版的文献为对象进行组织，为用户提供较为全面的文献信息。

(2)索引

索引是以文献或文献集合中包括的信息内容为其提示对象的信息检索工

具，主要分为期刊论文索引、报纸索引、工具书索引、语词索引、书后索引等。它一般可以给用户提供某一内容、特征的查找线索，其揭示深入到文献所包含的信息单元，将其与目录结合，就构成了对不同层次文献信息的有效揭示体系。

（3）机读数据库

这是一种依托现代计算机技术、以机读形式建立的检索系统。数据库通常由某种同类记录按照一定的方式组织而成。按照数据的性质，可以分为文献数据库和非文献数据库两类。在文献数据库中，书目数据库通常收录

文献目录或索引数据，是手工文摘索引刊物和文献目录的机读形式；全文库则收录文献全文或部分原文数据，用户可以从多种形式入手查阅文献原文；非文献数据库，包括事实数据、数值数据、图像数据等多种类型。机读数据库数据完备，检索手段先进，一般同时提供多种查找方法，并可以通过联机方式查找使用，受到广泛的欢迎。目前许多传统的手工目录、索引正在逐步向机读形式转换，是发展十分迅速的检索工具。

（4）网络搜索引擎

这是一种以网络信息资源为对象的检索系统，实际上是数据库的一种特殊形式。与一般的数据库相比，网络搜索引擎涉及的资源类型种类更多，动态性更强，它可以连接包括聊天室、BBS、网上即时播报等新形式以及各种电子形式的数据库，通过超文本链接的方式，可访问各种形式的信息资源。

2. 以检索工具的检索途径区分

按照检索工具依据的标识特征和提供的检索途径来组织检索工具，信息组织可以分为以下两种类型：

（1）依据信息资源的外部特征

常见的这类特征包括：责任者名、题名、机构名、出版地、标准书号、专利号、档案号、文献登录号等。按这类特征标识进行组织一般可以通过已知的信息资源特征，得到明确的查找结果。

（2）依据信息资源的主题内容

主要有分类法和主题法两种。分类法以表达信息资源内容的标记符号为标识，按照依据主题之间关系进行系统组织。主题法直接以表达文献内容的语词为标识，依据主题字顺的方式提供检索途径。使用主题内容途径检索，不必预先了解信息资源的具体特征，可以直接从所需要的主题内容入手进行查找。例如，在主题检索系统中，可以直接使用"信息组织"一词在检索系统中进行查找，查出论述该主题内容的有关文献。同时还可以根据"信息组织"这一概念

与其他主题词的联系，进行相关内容文献的查找和使用。

3. 以检索工具组配的方式区分

按照信息检索工具提供的检索途径的标识记录方式，信息组织可以分为以下两种类型：

(1) 资源单元方式

资源单元方式是以信息资源为中心记录资源，组织检索工具。这类检索系统通常以资源的描述记录代表资源进行组织，作为排检依据的检索标识被记录在该资源的描述数据之中。这种方式的不足是，一个对象在检索系统中只能有一个检索的入口。在手工主题检索工具中，当一个主题涉及多种主题成分时，一般必须组配一个明确的次序。例如将"河流水污染对鱼类的影响"的标记确定为：河流水污染—影响—鱼类。这一标记在按字顺组织的检索工具中，只能从第一个词"河流水污染"出发才能查到，否则就无法找到。由于这类系统的检索标识，在进行检索以前就已经在检索系统中组配好了，因此，也称为先组式检索系统。

(2) 标识单元方式

标识单元方式，则是以标识为中心记录资源，一般将一资源的号码记录在相应标识下，所有的标识排列成为一个系统。检索时，先查出相应的标识，再根据标识下的号码查出对应资源，如果涉及复杂主题资源的查找，可以提供相应主题词的组配进行查找。这种方式形式简练，在通过标识的组配进行检索时，不存在检索入口的问题，便于进行多途径检索。不足之处是，这类系统一般不能进行浏览，比较抽象，在手工系统中，检出的结果只是文献号，还需要逐一查出对应的文献或资源。由于这类系统中检索标识的组配，是根据用户提出检索要求后再进行，因此，这类系统也称为后组式检索系统。

4. 以检索工具的其他特征区分

除以上 3 种区分信息组织的方式外，信息组织还可以按照检索工具的其他特征进行多种区分。例如，信息组织还可以按照检索工具采用的形式，分为卡片式、书本式、缩微式、电子方式等；按照检索工具之信息资源对象的类型，分为图书、期刊、报纸、专利、标准、档案、图像、会议文献等；按照检索系统的功能、分为提供文献线索，提供事实、数据，提供信息资源原文等多种形式等。

4.2.3 信息组织的基本方法

由于社会信息现象的复杂性和用户需要的多样性，信息组织的方式方法也是非常丰富和广泛的。从最一般的情况来看，信息组织活动包括优化选择、确定标识、组织排序、改编重组 4 个方面。

1. 优化选择

信息选择就是根据需要，从社会信息流中把符合既定标准的一部分挑选出来的活动。优化选择的过程中要符合相关性、可靠性、先进性、适用性的标准。

（1）优化选择的标准

相关性标准：指在社会信息流中挑选出与用户提问有关的信息，同时排除无关信息的过程。

可靠性标准：指信息的真实性，即信息内容能否正确地反映客观现实。

先进性标准：指信息内容的新颖性，即创造出新理论、新方法、新技术、新应用，更符合科学的一般规律，能够更深刻地解释自然或社会现象。

适用性标准：指信息适合用户当前需要、便于使用的程度，是信息使用者作出的价值判定。

（2）优化选择的方法

优化选择的方法有比较法、分析法、核查法、引用摘录法、专家评估法。

比较法：对照事物，以提示它们的共同点和差异点。通过比较，鉴别信息的优劣，这是择优的基本方法。

分析法：通过对信息内容的分析而判断其正确与否、质量高低、价值大小等，从而辨清优劣，达到选择的目的。

核查法：通过对有关信息所涉及的问题进行审核、查对来优化信息的质量。可以从核对有关原始材料或主要论据、核对信息所述的方法程序进行可重复性检验、对有关问题进行调查核实三个方面进行。

引用摘录法：信息的相互引用摘录表明了各信息单元之间的相互关系，一般来说，被引次数较多或被本学科专业权威出版物引用过的信息质量较高。

专家评估法：对于某些内容专深且又不易找到佐证材料的信息，可以请有关专家学者进行评价。

2. 确定标识

对经过优化选择的信息要进行加工整理，依据一定的科学规则和方法来描述信息资源的特征，使其成为该信息的标识。一件信息区别于其他信息的不同之处在于其外表特征和内容特征有所不同。信息的外在特征指名称、类型、表现形式、生产者、产地、日期、编号等，信息的内容特征是指信息所涉及的中心议题和学科属性等。因此，我们组织信息也要从这两个方面进行。

（1）对信息外表特征的加工方法

对于文献（狭义）型信息来说，在著录的基础上，若干著录项目按照一定的逻辑以一定的格式组成款目，众多款目再依一定规则排列即成为信息加工的最终产品——目录、题录、文摘索引或数据库等。

对于非文献（狭义）型信息，如口头信息和实物信息等，有两种加工方法。一种方法是将口头信息和实物信息转化为文献型信息，如录音带、光盘、幻灯片、调查报告、说明书等，然后依规定格式进行加工；另一种方法是直接描述事物的名称、外形、内容、性能、生产者及生产时间、地点等，按规定格式记录下来，形成数据库之类的信息产品。

（2）对信息内容特征的加工方法

信息内容特征的加工是指通过分析信息的主题概念、款目记录、内容性质等特征，为它们赋予能够提示有关特征的简明的代码或语词标识，从而为信息提示、组织和检索提供依据的信息加工方法。信息标引通常可分为以学科分类代码作为信息标识的分类法（分类标引）和以主题语词符号作为信息标识的主题法（主题标引）两大类。

分类法：是由按信息内容的学科属性来系统提示和组织信息的方法。通过分类标引，可以将具有共同学科属性的信息类聚在一起，并依据各类信息之间的学科关系把所有信息组织成一个有层次、有条理的整体。分类标引的工具是分类法（或分类表）。经过分类标引，原先杂乱无章的信息就可以按照分类法规定的序列组织排列成一定的学科体系，把同一学科领域的信息集中在一起，把不同的区分开来。

主题法：是按信息内容的主题名称来系统提示和组织信息的方法。所谓主题，是指某件信息所论及或涉及的事物。表达主题的语词称为主题标识（主题词）。通过主题标引，可以把有关同一主题的信息集中在一起，并将其按字顺排列起来。

3. 组织排序

对每条信息的各种内外特征进行描述并确定其标识之后，必须按一定规则和方法把所有信息记录组织排列成一个有序的整体，才能为人们获取所需信息提供方便。根据用户的信息需要和信息查询习惯，常用的信息组织与排序方法主要有分类组织法、主题组织法、字顺组织法、号码组织法、时序组织法、超文本组织法六种。

（1）分类组织法

这是依照类别特征组织排列信息概念、信息记录和信息实体的方法。对信息实施分类组织，需要对每个组织排列对象的类别特征进行分析，为它们赋予分类代码或其他形式的类别标识，然后再按照类别的不同或分类代码的次序排列起来。

（2）主题组织法

这是按照信息概念、信息记录和信息实体的主题特征来组织排列信息的方法。该法给人们提供了一种直接面向具体对象、事实或概念的信息查寻途径。主题组织法主要用于各种信息检索工具或检索系统记录单元的组织、主题目录、主题文档、书后主题索引等。

（3）字顺组织法

这是按照提示信息概念、信息记录和信息实体有关特征所使用的词符号的音序或形序来组织排列信息的方法。各种字典、词典、名录、题名目录等大多采用字顺组织法。

（4）号码组织法

这是按照每件信息被赋予的号码次序或大小顺序排列的方法。如科技报告、标准文献、专利说明书等。按号码对信息进行组织排列十分简便易行，尤其适用于计算机信息处理、存储与检索。

（5）时序组织法

这是按照信息概念、信息记录和信息实体产生、存在的时间、空间特征或其内容所涉及的时间、空间特征来组织排列信息的方法。如年鉴、大事记、地方志等。

（6）超文本组织法

超文本（hypertext）是一种非线性的信息组织方法，利用计算机信息处理技术，把文本信息中若干可产生联想的内容（通常称为知识单元或结点）以显而易见线性的方式组合在一起，即通过建立各结点间的超文本链接（hypertextlink），构成相关信息的语义网络，就可以实现超文本的信息组织方式。超文本的信息组织方法也将逐步走向超媒体 hypermedia）的信息组织方法。

4. 改编重组

根据用户需要将分散的信息汇集起来进行深层次加工处理，提取有关信息并适当改编和重新组合，形成各种集约化的优质信息产品。这就是信息改编与重组工作。按加工深度不同，信息改编与重组的方法主要有汇编法、摘录法和综述法 3 种。

（1）汇编法

这是选取原始信息中的篇章、事实或数据等进行有机排列而形成的，如剪报资料、文献选编、年鉴名录、数据手册、音像剪辑等。运用汇编法，基本上不需要对信息内容进行复杂的分析和浓缩，只要抽取有关的信息片断按一定方法编排加工，就可以方便及时地汇集某一专题或专业的资料。由于加工方便，制作简易，汇编法在信息组织工作中得到了广泛的运用。

（2）摘要法

摘要是对原始信息内容进行浓缩加工，即摘取其中的主要事实和数据而形成的二次信息产品。因其所摘内容大多来自用文字记录下来的信息，故又称文摘。摘要法是在信息加工过程中对原始信息的主要内容进行简明扼要的摘录，以便更全面、深入地提示原始信息的方法。

（3）综述法

综述是对某一课题某一时期内的大量有关资料进行分析、归纳、综合而成的具有高度浓缩性、简明性和研究性的信息产品。因此，综述往往要引用大量的参考文献，这些参考文献既是综述的标志，同时对于用户来说又是重要的信息源指南。

5. 网络信息资源的组织方法

（1）网络信息的类别

根据互联网上信息资源的特征与构成，可分为一次网上信息、二次网上信息和三次网上信息资源。

一次网上信息是指经加工、组织入网的网外电子化信息资源。

二次网上信息是指运用查询器、指示库和菜单方式对一次网上信息进行加工后的信息，是一种在逻辑上序化和优化了的网络信息资源。这种加工的实质是抽取一次信息的地址、信息描述和标识，构成二次信息的内容，其实质是文献链中的"替代"方法。替代就是根据一定的规则描述网上一次信息的特征，对其内容进行各种不同程度的压缩，并通过二次信息组织方式使描述结果有序化。

三次网上信息是对网上二次文献进行二次替代形成的网上信息。

从网上一次信息到网上二次信息资源，再到网上三次信息资源，进入网络的信息资源的可控性、有序性、易用性一步步增强，人们对网上信息资源的技术管理能力也一步步提高。

（2）网上一次信息的主要组织方法

①自由文本方式

这是用自然语言深入揭示文献中的知识单元，按文献全文的自然状况直接设置检索点，是对非结构化的文本信息进行组织和处理的一种方式。主要用于全文数据库建造。

②超文本方式

这是将网络上相关文本的信息有机地编织在一起，以节点为基本单位，节点间以链路相连，将文本信息组织为某种网状结构的方式。用户可以从任何一节点开始，根据网络中信息间的联系，从不同角度浏览和查询信息。目前互联网上绝大部分一次信息采用这种组织方式。

(3)网上的主要组织方法

①查询器形式

这是一种报导、存储网上信息的检索工具。当用户输入自己的检索式，查询器自动将存储类网上的一次信息特征进行比较匹配，将符合用户要求的网上一次信息的描述记录以超文本方式显示出来。

②指示数据库

指示数据库是存储有关网上一次信息的地址及相关的关于信息的描述信息，如 http：//www. Intel. iom；http：//www. Harvard. edu 之类。其数据库结构与普通的存储结构化数据的书目数据相似，除存储网上一次信息的地址和描述信息外，还要依据一定的索引语言抽取或赋予关于该一次信息的标识作为检索点。用户输入检索式，计算机自动进行扫描匹配，将符合用户要求的记录检索出来供用户选择。

③菜单方式

此方式主要用来组织浏览的网上二次信息。以菜单方式组织的网上二次信息本来是一个超文本，一般是围绕某个专题，采用分类法、主题法等方式，将与该专题有关的网上一次信息的线索(一般是其地址)和有关描述信息依次罗列，供用户浏览。

(4)网络信息组织工具

网络信息组织除需用组织技术以外，还需借用一定的工具方可进行。这些工具主要有两大类，即创作工具和语言工具。

①网络信息组织创作工具

创作工具是指网页制作软件，利用它，创作者无须懂得编程即可将信息组织成具有一定水平的网页。常用的创作工具有 Front-pagege、Pagemaker、Navigator、Communicator 的 Composer 等。另外还有 Authorware 等依靠 Shockwave 技术可将制作好的多媒体系统快速发布到网络上的多媒体制作工具。缺点是不能任随主观意愿创作出高水平的或特殊需要的网页。

②网络信息组织语言工具

网络信息组织语言工具正好弥补了创作工具的不足，创作者可以运用各种编程技巧以制作出高水平的精美网页，甚至能完成发布网上数据库等一些创作工具所不能完成的网上信息组织工作。常用的语言工具有 HTML、XML、JAVASCRIPT、VBSCRIPT、JAVA 等。

HTML 是用于创建 Web 页和 Web 信息发布的第一个通用语言，它提供跨平台的文档共享。HTML 所提供的功能能够满足许多 Web 信息发布的需要，如发布在线文档，文档中包含图像、列表、选择框等内容，通过 URL 实现远程 Web 节点在线链接，提供交互查询提问单，甚至还嵌入电子表格、视频、音频以及各种应用程序等内容。HTML 作为 Web 中共同的信息描述方式，可以实现不同平台的文档共享。HTML 的标签集合可以根据新需求而不断修正或加入有限的新标签符，为实现有限的新功能的扩展提供保障。HTML 文档是纯文本文件，它可以由 UNIX 的 vi、Dos 的 edit、WPS、Word 以及专门的 HTML 编辑器等各种各样的编辑工具进行创建，并在 Web 浏览器上都可以运行。XML 是 Web 中的新一代标记语言。XML 是 SGML 的一个简化但严格的子集，它与 SGML 同属于无标记语言。同 HTML 相比，XML 不是拥有太多固定的标记，而是采用样式表描述规则的方式，允许用户根据需要自我创建自定义标记，创建的标记只需要在样式表中利用规则说明其执行动作就可以了，因此，这样做将能够更大范围地满足 Web 上的日益增长的对多元化信息描述的需求。

JavaScript 和 Vbscript 都是一种描述性的脚本语言，它们的功能比 HTML 强，可与 HTML 语言混合编程，只是它们的开发商不一样。

Java 语言是一种简单、面向对象、独立于平台、多线程、动态的和通用的网络语言，所以它特别适合于网络信息组织，它不仅可单独执行，还可以 JavaApplet 方式嵌入网页运行，它与 JavaScript 及 HTML 语言一起极大地丰富了网页的动态交互及媒体呈现能力。运用 Java 语言工具可使网络信息组织有卓越不凡的表现。

4.2.4 信息组织的发展方向——知识组织

在"信息爆炸""信息贫瘠"的时候，那是由于我们掌握的或者找到的知识太少。信息易找而知识难寻的现象几乎是每一个信息用户都会碰到的。信息是知识的原料或半成品，知识是经过整序和提炼的信息，是系统化的信息。在知识经济时代，我们对知识的需求越来越强烈，对信息组织的要求也越来越高，知识组织的自动化、集成化和智能化越发显示出它的优越性和时代性。知识组织是信息组织的高级形式，是信息组织的发展方向。

1. 知识组织的含义及特征

早在 1929 年英国著名的分类法专家 H. E. 布利斯就曾使用过"知识组织"这个概念。近 10 年来，知识组织的研究和活动有了进一步发展。1989 年，在德国法兰克福成立了国际性学术机构"国际知识组织学会"（ISKO）；1996 年，ISKO 华盛顿年会决定将 ISKO 秘书处移至哥本哈根皇家图书馆学院。此外，自 1993 年 1 月 1 日起，历史悠久、影响广泛的国际性学术刊物《国际分类法》（IC）更名为《知识组织》（KO），由 ISKO 主办。自 20 世纪 80 年代以来，我国图书情报学界对知识组织的研究从未间断过，1985 年，刘迅首次将"知识的组织"作为图书馆学情报学研究的一个内容提出。

关于知识组织的定义，还未形成统一认识。王知津等认为有广义和狭义之分。狭义的知识组织是指文献的分类、标引、编目、文摘、索引等一系列整序。广义的知识组织是针对知识的两要素进行的，是知识因子（结点）的有序化和知识关联（结点间的联系）的网络化。蒋水福认为，"知识组织是指为促进或实现主观知识客观化和客观知识主观化而对知识客体所进行的诸如整理、加工、引导、揭示、控制等一系列组织化过程及其方法。"

布鲁克斯把分析和组织知识视为情报学的逻辑起点。他认为，利用现在的各种分类法和索引法对文献的处理不是知识组织而是文献组织。布鲁克斯所指的知识组织，是对文献中所含内容进行分析，找到人们创造与思考的相互影响及联系的结点，像地图一样把它们标记出来（即"知识地图"），以展示知识的有机结构，为人们直接提供创造时所需要的知识。S. 塞恩则建议按所谓"思想基因进化图谱"进行知识组织，结果是构造知识基本单元联系及影响的图。这与布鲁克斯的"知识地图"本质上保持一致。即"找出知识生产和创造过程的关键数据（知识单元），然后用图来标示其联系与结构，实现知识的有序化"。

总之，知识组织是揭示知识单元（包括显性知识因子和隐形知识因子），挖掘知识关联的过程或行为，最为快捷地为用户提供有效的知识或信息。其特征在于：

（1）自动化。在现代技术日益先进、信息与日俱增的时代，手工批处理海量信息的方式已被逐渐淘汰，采用自动化的方法组织信息、知识已成为事实。

（2）集成化。在知识组织中一个很重要的工具——数据仓库发挥了很大的作用。数据仓库是将整个机构内的数据以统一形式集成存储在一起，便于针对一定主题的、集成的、时变的、非破坏性的数据进行集中分析。

（3）智能化。联机分析处理（On Line Analytical Processing，简称 OLAP）是一种友好而灵活的工具，它允许用户以交互方式浏览数据仓库，对其中的数据进行多维分析，及时地从变化和不太完整的数据中提出与企业经营活动有关的信息。数据仓库及网络界面上的数据来源于多种信息源，其中埋藏着丰富的不为用户所知的有用信息和知识，而企业要能及时、迅速、准确地作出经营活动的决策，以适应变化迅速的市场环境，就需要有一种基于计算机与信息技术的智能化自动工具，来挖掘埋藏在数据中的各类知识。多年来，数理统计技术以及人工智能和知识工程等领域的研究成果，诸如推理、归纳学习、机器学习、知识获取 t 模糊理论、神经元网络、进化算法、模式识别、粗糙集理论等分文知识给开发上述工具提供了坚实而丰富的理论和技术基础，为从数据到知识的飞跃提供了条件。

2. 知识表示

知识组织的目标不仅在于对知识存储进行整序和提供知识，而且在于融合分析、归纳、推理等方法来实现知识挖掘的知识表示过程。所谓知识表示，是指把知识客体中的知识因子和知识关联表示出来，以便人们识别和理解知识。知识表示是知识组织的基础与前提，任何知识组织方法都要建立在知识表示的基础上。知识表示有主观知识的表示和客观知识的表示两种。

（1）主观知识的表示

主观知识存储于人脑中，对它的表示表现为复杂的人脑神经生理与心理过程。目前的科学发展尚未完全探明人脑主观知识表示的内在机制。但是，在人工智能的专家系统研究领域，对人脑的知识表示机制进行模拟研究，取得了可喜成果。专家系统的核心是知识库系统，知识库中的知识存储方式及其推理输出规则，即为专家系统的知识表示方法。专家系统对专家知识的表示主要采取以下五种方式：

①逻辑（Logic）表示法

这种方法运用命题演算、谓词演算等逻辑手段来描述一些事实的性质、状况、关系等知识。它利用命题逻辑中的联结词符号建立演绎逻辑系统，可进行事实推理、定理证明等运算。

②产生式规则（Production Rules）表示法

这是一种前因后果式的知识表示模型，它由两部分构成：前一部分称为条件，用来表示状况、前提、原因等：后——部分称为结果，用来表示结论、后果等。其规则是："IF（条件）THEN（结果）"，其意义是：如果 IF（条件）满足，则 THEN（结果）系统执行动作（或得出结论）。在一个专家系统中，专家知识、用户知识和背景知识，一般用产生式规则表示。如在文献检索专家系统中，用"IF... THEN..."规则能很方便地表达诸如标引规则、聚类规则、检索反馈策略等专家经验和思想。

③语义网络(Semantic Network)表示法

知识的语义网络表现为某一领域知识概念之间关系的网式图。它由节点和弧构成：节点表示知识的基本概念(知识因子)，弧表示节点间的联系(知识关联)。语义网络表示法能够把知识因子和知识关联同时生成和表示，并以图的形式直观地显示出来。这种表示方法符合人类联想记忆的思维模式，因此在专家系统建设中得到广泛应用。在文献标引实践中，用语义网络来表示词表知识是一件比较容易的事情。

④框架(Frame)表示法

它的基本思想是根据人们以往的经验和背景知识，来推理当前事物的相关知识。一个框架由多个槽(Slot)组成，每个槽又由一个或多个侧面(Facet)描述，若干个槽共同描述框架所代表的事物的属性及其各方面的表现。框架表示法能够深入全面地揭示事物的内部属性，适用于知识的深层表达。

⑤面向对象的知识表示

面向对象的知识库管理系统通过类、对象、方法和属性等面向对象的概念来描述各种复杂对象及其行为知识，解决传统的知识库管理系统无法解决的问题，从而很好地表示了各种复杂的具有动态和静态知识的对象。它不仅能把各种不同类型的知识用统一的对象形式加以表示，并且利用对象的数据封装机制、继承机制等特性，较好地实现知识的独立性、隐藏性以及重用性。

(2)客观知识的表示

客观知识存在于各种类型的文献之中，具有确定的知识因子和知识关联结构。客观知识表示的任务就是把文献中的知识因子和知识关联用一定方式表示出来即可。对文献知识的表示，目前普遍采用分类标引法和主题标引法。这两种方法不属于揭示文献主题内容的方法，两者的基本原理相同：先编制标引用词典(或称标引语言)，然后把文献知识特征(形式特征与内容特征)与词典中的标引词汇进行相符性比较，最后把相符的词汇用其代号(分类号或主题词)表示出来。这个代号称为文献标识符。但两者的知识组织体例不同。分类标引法是语法组织和语义组织的综合，基本上属于族性组织体例。主题标引法是以语法组织为主、语义组织为辅的综合组织，基本上属于特性组织体例，其中词族索引和范畴索引由于展现了主题词之间的等级关系和学科关系，因而基本属于语义组织体例，而附表和语种对照索引则属于语法组织体例。

3. 知识组织技术与方法

由于知识组织包容于信息组织，所以信息组织的技术与方法在知识组织中同样适用，但是由于知识组织有其自身的特点，所以在组织知识的过程中有一些独特的技术和方法。

（1）分类法和主题法是客观知识组织的基本工具

一方面分类法和主题法是信息组织的基本方法，另一方面，由上述对客观知识表示的分析可知，分类法和主题法自然而然地成为了客观知识组织的基本工具。我们利用逆推法进行分析也可得出同样的结论：知识组织的目的是提供有序化的知识，实现知识的有序化利用；知识的利用最终表现为个体的知识接受状态，知识接受的过程实质上是个体的知识记忆过程，所以知识组织的方式方法必须满足个体的知识记忆要求，即必须走"模拟个体知识记忆结构"的道路；但是，由于到目前为止人们还不能完全探明人脑知识记忆的机理，所以直接模拟个体的知识记忆结构是一件非常困难的事情；为了克服或避免这种困难，人们采取了先模拟公共知识结构并使其近似于个体知识记忆结构的方法，因为公共知识结构作为全体社会成员知识记忆状态的公共化，其结构必然近似于个体的知识记忆结构。分类法和主题法在结构和功能上就模拟了公共知识结构，但角度不同，前者以公共知识的层次聚类为基础，后者以公共知识的概念网络为基础。

前面已对这两种方法进行了较为详细的介绍，在此略过。由于《杜威十进分类法》特别是网络版 DDC 在信息组织和知识组织中的研究取得了很大进展，故在此作一简要介绍。

DDC 是由美国人 Melvil Dewey 在 1876 年制定的，是世界上第一部用数字来表示类目的分类法，DDC 的制定，标志着现代分类史的开始。从 1876 年开始，DDC 不断地进行修订、目前所使用的版本是第 21 版，现在由美国国会图书馆负责 DDC 的管理与修订，并由 OCLC（Online Computer Library Center）下属的森林出版社（Forest Press）负责出版。DDC 是世界上使用最为广泛、影响最大的体系分类法，它被翻译成 35 种文字，并在 135 个国家与地区使用。在体系结构上，DDC 根据培根的哲学分类思想，把人类学科分为十大类，每一大类下又分为十小类，层层划分，形成一个等级严密、层次分明的类目体系表，其大类按照哲学、文艺、历史的顺序排列，计算机、互联网、总论的类目为000（一级类目），图书馆与信息科学的类目为020（二级类目）。

DDC 网站开通于 1997 年，是全面介绍、了解及跟踪 DDC 动态与发展趋势的专业性网站，按内容，它分为六个部分，即 DCC 简介（About DDC）、DDC 新闻（News）、DDC 产品（Products）、DDC 更新（Updates）、世界 DDC（Worldwide）、DDC 研究（Research），其网址 http：//www. oclc. org/oclc/fp/

index. htm。

DDC 为适应网络信息的组织而进行的研究有：①建立用户浏览型 DDC；②增强 DDC 与其他主题词表的联系；③增强 DDC 各种语言版本的联系；④用终端用户语言来表述类目；⑤分解类号，用组配类号来提高检索途径。如今，DDC 已在①、②、④方面取得了显著进展。

此外，蝎子计划(Scorpion Project)也是 OCLC 研究的一个重要成果。它是旨在自动赋予电子信息主题词的一个研究项目，并以 DDC 为转换工具，通过一定的算法，从电子文献中抽取关键词，以这些关键词作为检索式，在蝎子数据库中同 DDC 相匹配，得出电子文献的主题词。不过，这种方法还不能完全取代人工分配主题词。

(2)数据仓库和知识挖掘是主观知识组织的基本工具

W. H. Inmom 是业界公认的数据仓库概念的创始人。20 世纪 90 年代初，他对数据仓库的定义是"面向主题的、集成的、稳定的、不同时间的数据集合，用以支持经营管理中的决策制定过程"。也就是说数据仓库是一个作为决策支持系统和联机分析应用数据源的结构化数据环境。数据仓库研究和解决从数据库中获取信息的问题。数据仓库的特征在于面向主题、集成性、稳定性和时变性。

数据仓库的组织过程是：数据的抽取——数据的存储和管理——数据表现。数据的抽取是数据进入仓库的入口。其未来的技术发展将集中在系统集成化方面。数据的存储和管理方式是数据仓库有别于传统数据库的特性，也是知识组织的关键。并行处理技术是数据仓库组织管理的重要方面。未来的发展将使数据库厂商明确提出数据仓库引擎，作为服务器产品，与数据服务器并驾齐驱。数据表现是数据仓库的门面。主要集中在多维分析、数理统计和数据挖掘三个方面。数理统计的算法和功能将普遍集成到联机分析产品中，同时与 Internet/Web 技术紧密结合，推出适用于 InMmd 终端免维护的数据仓库访问前端。

知识挖掘技术主要包括联机分析处理(OLAP)、知识发现(KDD)和数据挖掘(DM)。

OLAF 概念最早由关系数据库之父 E. F. Codd 于 1993 年提出。当时，OLAP 是共享多维信息的快速分析。其特征在于快速性、可分析性、多维性和信息性。OLAP 数据的处理方式包括关系数据库、多维服务引擎和 Web 应用服务器。但大多数情况下，OLAP 工具用 SQL 作计算，然后将计算结果作为多维引擎输入，在多维服务引擎上完成计算，或者将 OLAP 产品输入 WEB 应用服务器进行计算。

KDD 的研究内容是能自动地处理数据库中大量的原始数据,从中挖掘、搜索出具有必然性的、富有意义的模式(pattern)。KDD 中要分析的数据范围是非常广泛的,主要对象是关系数据库。KDD 可发现的知识有法则(rules)、规则(regularity)、科学定律、方程或概念网等。其发现过程是:用户定义要发现的问题——系统根据问题进行数据搜索、模式抽取——评价所发现知识的质量好坏。搜索及模式抽取方法是 KDD 的核心技术,它是基于不同的知识组织方法而采取的方法。比较典型的模式抽取方法有:依赖关系分析、分类、概念描述和偏差检测。KDD 的研究方向有利用粗糙集(rough set)作为 KDD 的工具、面向多数据库的 KDD、文本数据库中的 KDD、贝叶斯网络模型的使用、面向多策略和合作的发现系统、面向对象的 KDD、结合多媒体技术的应用等。

DM 技术是人们长期对数据库技术进行研究和开发的结果,是从海量数据库中挖掘信息的技术。数据挖掘工具能够对将来的趋势和行为进行预测,从而很好地支持人们的决策。支持 DM 的三种基础技术是海量数据收集、强大的多处理器计算机和数据挖掘算法。DM 的核心模块技术包括数理统计、人工智能和机器学习。这些成熟的技术,加上高性能的关系数据库引擎以及广泛的数据集成,使得 DM 技术在数据仓库环境中进入了实用阶段。DM 的功用表现在自动趋势预测、自动探测以前未发现的模式、拓展数据库的广度和深度。

4.3 信息检索

我们知道,信息组织是指按照一定的规则来描述信息资源或信息对象,以便于能被需要它们的人高效地利用。信息组织使信息有序化和系统化,把有价值的信息按照一定的编排方式进行存储。而信息检索则是指为了个人或他人的需要,去发现适当的信息资源或信息对象。可以说,信息组织和信息检索是一对互逆过程。由于信息组织和信息检索往往是密不可分的,有时我们又将信息检索理解为包括信息存储和信息查找两个过程,一般情况下,我们还是将信息检索理解为信息查找的过程。

4.3.1 信息检索的沿革与发展

1. 信息检索的概念

1950 年,穆尔斯(Calvin N. Mooers)首次提出了信息检索(Information

Retrieval)概念。他认为可以把信息检索看做"一种时间性的通信形式",即通过信息检索得到了一些文献资料,从而使得著者与读者(信息检索的用户)之间建立起了一种通讯。后来,苏联的切尔内(HepHzlu)、英国的维克利(Vickery)、美国的兰卡斯特(Lancaster)也分别给信息检索下了定义。他们是从信息查找的角度来定义的,都认为信息检索是从信息集合中查找出含有用户所需信息的过程。

到目前为止,信息检索还没有一个统一的定义。信息检索一般是指查找满足特定需要的过程,这种查找行为早期萌芽于图书馆的参考工作中。随着信息环境的变化、用户需求的发展、信息技术的进步,信息检索概念的内涵也几经发展变化,目前为公众普遍接受的信息检索概念,可从广义和狭义两个方面来看。广义信息检索是指将信息按一定的方式组织和存储起来,再根据信息用户的需要找出有关信息的过程。它包括信息的存储和检索两个过程。信息存储是对信息进行收集、分析标引及著录,并加以有序化编排,编制信息检索工具的过程;信息检索是从大量的信息中查找出用户所需的特定信息的过程。广义的信息检索主要是面向信息工作者而言的。

狭义信息检索仅指信息的检索过程,即信息用户根据自己的需要,利用信息检索工具,在信息集合中查找出所需要的信息的过程。也就是我们平常所说的信息检索。本书所介绍的信息检索就是狭义的信息检索。

传统的信息检索是通过手工方式对书本式的检索工具进行检索,这种检索过程是采用手工操作配合人脑的判断进行的,因此,这种检索所进行的匹配与选择主要是靠人脑来进行思考、比较和选择的。现代科学技术的发展使得以缩微品、声像制品、磁盘、光盘等载体形式记录的非纸信息量急速上升。面对信息爆炸,仅靠纸质载体的信息已不能满足人们对信息的完整性、及时性的需求,而且传统的手工检索靠"手翻、眼看、大脑判断"的检索方式已难以全面适应当今信息时代的发展,随着计算机在信息检索领域的应用而出现了计算机信息检索。

计算机信息检索是指人们在计算机或计算机检索网络的终端机上,使用特定的检索指令、检索提问和检索策略,从计算机检索系统的数据库中检索出需要的信息,继而再由终端设备显示或打印的过程。计算机信息检索克服了手工检索的弊端,使信息检索不仅能跨越时空,在短时间内查阅大型数据库,还能快速地对几十年前的文献资料进行回溯检索,而且大多数联机检索或网络检索系统的数据库更新速度非常快,用户通过计算机信息检索可以得到更新的信息。

与手工检索相比，计算机信息检索是针对数据库进行的检索过程，是在人和机器的协同作用下完成的，匹配由机器执行，而人则是整个检索方案的设计者和操纵者。这极大地减轻了信息用户的负担，并且在一系列系统的检索技术、检索策略的保证下能达到较为理想的查全率和查准率，计算机信息检索系统提供的数据库资源丰富更新速度快，经过严格的加工、整理，质量较高。

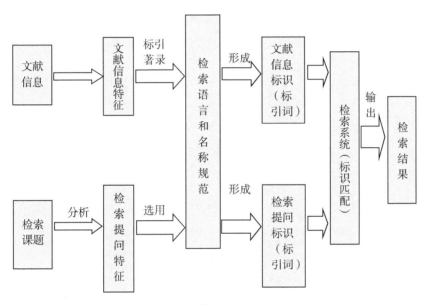

图 4-11

2. 信息检索的类型与特性

用户的信息需求多种多样，信息检索技术也在不断发展变化，信息检索的类型可从不同的角度划分。

（1）按存储和检索的内容划分

①文献检索。通常存储的是二次文献，故检索输出的也是文献的线索，再根据线索查找原文。

②数据检索。检索系统中存储的是数值型数据，如科学技术常数、各种统计数据、人口数据、气象数据、市场行情数据、企业财政数据等。检索系统通过一定的运算推导能力反馈给用户经过核实、整理或加工过的数值信息。

③事实检索。检索系统中存储的是从原始文献中抽取的关于某一事物（事件、事实）发生的时间、地点和过程（情况）等方面的信息。它是数值信息和系

统数据信息的混合。一般需从系统中检索出所需信息后，再加以逻辑推理给出结论。

（2）按检索系统中信息的组织方式划分

①全文检索。对检索系统中存储的整篇文章乃至整本书按照自己的需要获取有关的章、段、句、节等信息，还可以进行各种频率统计和内容分析。

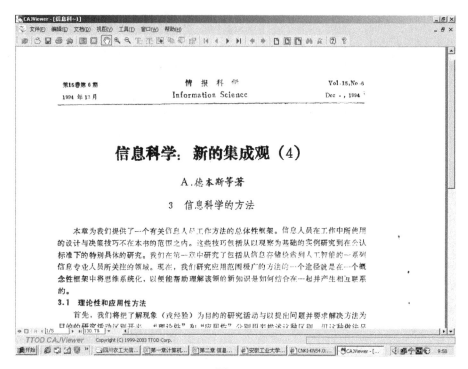

图 4-12

②多媒体检索。查找含有特定信息的多媒体文献的检索，其结果是以多媒体形式反映特定信息的文献或片断，如图形、图像、声音、动画、影片等。

③超媒体检索。包括对超文本和多媒体进行的检索。系统中存储的对象不仅有文本，还有图形、图像、声音、视频等多媒体信息。这些信息在组织结构上以超级链接的方式存在，因而检索的结果是逻辑连接链（links）。这种链一般是多维的。

此外，还可以按照检索要求区分为强相关检索和弱相关检索。前者强调的是查准率，后者强调的是查全率。查全率与查准率往往是成反比的。按照检索性质可分为定题检索和回溯检索。前者是查找有关特定主题最新信息的检索，又称为 SDI 检索，后者是查找一段时期内有关特定主题信息的检索，也称为追溯检索。按照检索方式可分为手工信息检索、机械信息检索和计算机信息检索。

无论是哪一种检索类型，信息检索都满足如下特性：

a. 信息检索的相关性

苏联情报学家切尔内认为：所谓相关性，是指信息检索时规定的一篇正文与表示信息提问的另一篇正文的符合程度。福斯克特把相关性定义为：属于不拘于提问词的论文方面/主题领域的并由该领域的人们一致确认的文献。国内信息界认为：相关性表明用户是否认为一文献与一提问吻合。在信息检索中广泛地存在着相关性的问题。

b. 信息检索的不确定性

信息检索系统并没有直接处理原始信息和原始用户需求，它提供的只是信息表示和查询表示之间的关系，这就涉及标引和检索词选用的准确度问题。而实际上，在标引和检索词选用中都存在不确定性。标引的不确定性是指不同标引员在给同一信息对象进行标引时会选用不同的标引词，即标引词选用的不一致性。检索词选用的不确定性是指候选检索词集不止一个，而是多个，检索过程具有试探性：系统依次选用词集进行检索，直到检出或在失败中放弃查找。上述二种不确定性作用于检索系统，使得信息检索具有不确定性。

c. 信息检索的逻辑性

信息检索作为信息管理的核心，具有非常强的逻辑性。在检索语言方面，检索词表作为检索语言的典据性文本，其自身编排具有很强的逻辑性。在检索策略的研究方面逻辑性表现得更为明显。所谓检索策略是指处理信息检索提问的逻辑与查找步骤的科学安排。正确的检索策略优化了检索过程，有助于取得最佳的检索效果，获得具有高相关度的文献。但是如前文分析的，检索过程具有不确定性，这一点决定了检索不是一个一蹴而就的过程。在检索过程中能否根据实际情况进行动态的反馈和调节以尽量减少检索失误，直接影响到检索的成败。其中系统与用户之间交互的接口功能与检索策略的逻辑性更是关键。

3. 信息检索的发展历程

信息检索的发展历程大致可以分为以下三个阶段。

(1)手工信息检索阶段

信息检索起源于参考咨询工作。在参考咨询工作产生之前，"书目"作为最重要的检索工具已有悠久的历史，"索引"虽已存在，最初只与目录相近，后来演变为"书后索引"。但是读者被要求独立使用图书馆提供的书目和索引工具，查询所需的文献和信息，这时"信息检索"作为一种行为已经出现，只是具有分散性和非专业性，而且缺乏必要的重视和研究，未能形成专业化的信息检索系统。正规的参考咨询工作是由美国的公共图书馆和大专院校图书馆于19世纪下半叶首先发展起来的。"参考咨询工作"产生的标志是1876年召开的美国图书馆协会第一届大会。1883年，波士顿公共图书馆首次设置了专职参考馆员和参考阅览室。

20世纪初，多数图书馆成立了参考咨询部门，主要利用图书馆的书目工具来帮助读者查找图书、期刊或现成答案。随着文献的激增和读者需求的增长，逐渐发展到从多种文献源中查找、分析、评价和重新组织信息；"索引"突破了以前的狭隘范畴，成为独立的检索工具；到40年代又进一步包括回答事实性咨询，编制书目、文摘，进行专题文献检索，提供文献代译等。"信息检索"从此成为一项独立的用户服务工作，并逐渐从单纯的经验工作向专业化方向发展。

(2)机械信息检索阶段

机械信息检索系统是20世纪50年代开始的用各种机械装置进行信息检索的机械系统，是手工检索向现代信息检索的过渡阶段。机械信息检索主要包括两种基本类型：

①机电信息检索系统。用诸如打孔机、验孔机、分类机等机电设备记录二次文献，用电刷作为检索元件的信息检索系统。

②光电信息检索系统。用缩微照相记录二次文献，以胶卷或胶片边缘部分若干黑白小方块的不同组合做检索标志，利用光电检索元件查找文献的系统。

机械信息检索系统利用当时先进的机械装置改进了信息的存储和检索方式，通过控制机械动作，借助机械信息处理机的数据识别功能代替部分人脑，促进了信息检索的自动化。但它并没有发展信息检索语言，只是采用单一的方法对固定的存储形式进行检索，而且过分依赖于设备，检索复杂，成本较高，检索效率和质量都不理想。机械信息检索系统很快被迅速发展的计算机信息检索系统取代。

(3)计算机信息检索阶段

计算机信息检索系统的发展过程可以划分为以下三个阶段。

①1971年以前建立的信息检索系统，是传统的批处理检索方法，这一阶段的数据存取与数据通信能力都比较差。

②1971年以后，产生并发展的联机信息检索系统，如OCLC、Dialog在线数据库联机检索系统。这一阶段的特点是联机数据库集中管理，具有完备的数

据库联机检索功能，但其数据通信能力较差。

③20 世纪 90 年代以来，产生并发展的网络信息检索阶段。以互联网的出现为标志，系统大多采用分布式的网络化管理，其信息资源的主要特点是以数字形式表达，以多媒体和多载体的形式出现。内容覆盖全社会领域，且分布无序、难以规范化和结构化、用户界面要求高等。这些特点导致了信息处理从传统模式向新型模式的转变，如体系结构从终端主机方式发展到客户/服务器结构方式。网络环境从局域网发展到互联网，应用接口从封闭界面发展到 WWW 等，信息结构从结构化发展到非结构化，系统功能从单纯信息检索发展到综合信息管理和服务等。其中较著名的系统有 Alta Vista、Yahoo、WebCraw 等。这些变化必将促使信息检索技术的不断发展，以满足人们对提高信息利用能力的需要。

目前，信息检索技术正向两个方面发展：一是传统信息检索向全文文本、多媒体、多载体、多原理等新型信息检索的发展，在深度上提高管理和组织信息的能力，如探索自动抽词、自动索引、自动检索、自动文摘、自动分类、自动翻译、人工智能、数据挖掘等；二是信息资源的网络化和分布化，面向互联网中海量的信息资源，在广度上提高管理和组织的能力。

4. 信息检索表达式

信息集、用户提问集、信息集与用户提问集的相似性匹配是信息检索表达式的三要素。对于除文本以外的其他多媒体信息，如图形、图像、声音、视频等，信息集的组成方法、相似性匹配、用户提问法与文本信息检索迥异，而且受模式识别等技术的影响，这些信息的检索理论与方法还无较为成熟的看法。即使目前较为流行的基于内容的检索也在不同媒体中有着不同的内容。况且目前的信息检索系统还很少是真正基于内容检索的多媒体信息检索系统。因而本章信息检索的表达式是基于文本信息检索表达式的探讨，包括布尔逻辑检索表达式、概率检索表达式、向量空间检索表达式与模糊检索表达式四种。

(1) 布尔逻辑检索表达式(Boolean Retrieval Model，简称 BRM)

这是一种比较成熟、较为流行的检索技术，现代信息检索系统多采用这种技术。逻辑检索的基础是逻辑运算，逻辑运算中最常用的是布尔逻辑运算符 (boolean logic operator)，主要的运算符有逻辑"与"、逻辑"或"、逻辑"非"，分别用 AND(或 *)、OR(或+)、NOT(或-)表示。检索词 A、B 若用逻辑"与"相连，即 A AND B(A*B)，表示同时含有这两个检索词才能被命中；若用逻辑"或"相连，即 A OR B(A+B)，表示只要含有其中一个检索词或同时含有这两个检索词的文献都将被命中；若用逻辑"非"相连，即 A NOT B(A-B)，表示被检索文献含有检索词 A 而不含有检索词 B 时才能被命中。大多数网络搜索引擎都支持布尔逻辑运算。

(2)概率检索表达式(Probability Retrieval Model,简称 PRM)

它建立在相关性理论基础上,当文件按相关概率递减原则排列时可以获得最大的检索性能。基于对相关性的不同理解可建立不同的模型,由此可导出不同的排序输出原则。可以说,相关性原理及排序原理是概率检索模型的理论核心,而有关概率的计算及其数据来源是 PRM 的技术难点。

(3)向量空间检索表达式(Vector Retrieval Model,简称 VRM)

它的基本前提是将文献和查询用向量来表示,这样就将文献与查询的匹配问题转化为一个关于向量空间的计算问题,计算的结果是相似系数,然后将相似系数超过某一特定值的文献作为检索结果输出,或者,把所有文献按相似系数的大小排序后,再将前 n 篇文献作为检索结果输出。其中 n 为用户所希望检出的文献篇数。

(4)模糊检索表达式(Fuzzy Retrieval Model,简称 FRM)

它是建立在模糊集合论、模糊逻辑及可能性理论基础上来处理各种不确定性的一类模型。将文献论述标引词所达到的程度用 0 和 1 之间的数值 t 来表示,0 表示不相关,1 表示完全相关,t 越大,相关性越高,被检索出的可能性也就越大。

目前,人们对信息检索的过程也进行了研究,从而得到了信息检索主体在检索过程中的认知模型。据此,人们可根据自己的认知思维所得到的检索结论,改造自己的检索观念模型来适应不同检索系统,进而可根据自己的检索结论来评价和改造检索理论,创造出新的信息检索理论以及信息检索系统。对信息检索的认知模型的研究有助于提高检索主体在检索过程中的自觉性和创造性,使检索思维和行动更加明确有效,同时也是对检索理论的进一步完善。

4.3.2　信息检索的职能与程序

1. 信息检索语言的职能

信息检索语言是根据信息检索需要创制的一种人工语言,又称检索语言、信息存储与检索语言、文献工作语言、索引语言、标引语言、信息检索标识、标识系统等。信息检索语言由词汇和语法组成。词汇是指登录在分类表、词表中的全部标识,一个标识(分类号、检索词、代码)就是它的一个语词,而分类表、词表则是它的词典;语法是指如何创造和运用那些标识(单个标识或几个标识的组合)来正确表达文献内容和情报需要,以有效地实现情报检索的一整套规则。

如果从反映信息特征的角度来看，那些代表了信息外表特征的著者姓名、题名、报告号、标准号、专利号等信息检索标识和代表了信息内容特征的类号、叙词、标题词和关键词都是信息检索语言。但从信息检索标识规范化的角度来看，信息检索语言可分为自然语言检索标识和规范语言检索标识。前者包括著者姓名、题名、会议名称、机构号、标牌号、专利号和关键词，后者则指分类号、类名、标题词和叙词。规范化检索语言是存取信息的依据。在编制检索工具时，标引人员要对各种信息进行内容分析，把它们所包含的内容要点都分析出来，使之形成若干能代表信息内容的概念，并用规范化的语言如叙词、标题词或分类号把这些概念标示出来，纳入检索系统中。检索时，检索人员也要对提问进行主题分析，使之形成能代表信息需求的概念，并把这些概念转换成系统能接受的语言，然后才能从系统中得到用这些规范化语言所标引的信息。因此，将信息需求者的自然语言转化成系统规范化的信息检索语言，对信息检索的成功至关重要，检索语言的质量高低及其使用正确与否，对信息检索效率有很大影响。

信息检索语言的职能主要包括以下三个方面：

(1)信息检索语言可以表示文献内容、数据或其他信息形式。为了满足不同信息用户的需要，信息检索语言能够根据不同的信息需求，表达不同的类型。

(2)有专用概念表示用户的信息提问。信息检索不单纯是字面上的组合，而是一种概念上的匹配。

(3)能够指示计算机执行查询与检索。检索者用语言项概念表达了信息提问后，要根据检索系统的功能编写成检索策略，使检索系统能顺利、快速地查到信息提问所需要的信息。

2. 信息检索策略及步骤

(1)信息检索的策略

信息检索策略是针对检索提问、运用检索方法和技术而设计的信息检索方案，其目的是要达到一定的检准率和检全率。常用信息检索策略包括：分块概念组配检索策略、逐步组配检索策略、对偶组配检索策略、增长组配检索策略等。

检索策略与检索效果两者的关系密切而又微妙，只有正确把握两者的特性才能给予有效控制与调节，目前已在以下三方面取得进展：①以检全为目标的检索策略的调节与控制；②以检准为目标的检索策略的调节与控制；③以最小投入为目标的检索策略的调节与控制。随着检索策略研究的逐步深入，对特定系统、特定数据以及某一类型课题的检索策略的研究已开展起来，具体表现在以下两方面：一是某一系统、某一数据库检索策略；二是某一类型课题检索策略。

信息检索策略的研究重点是：①检索策略失误分析；②降低检索费用的研究；③用户检索行为及用户培训；④现代信息技术在检索策略制定中的应用。目前，我国的智能信息检索系统的研究已发展到了对检索策略的自动修改。在检索表达式重构专家系统中，把知识库分为领域知识库和规则库。领域知识库是重新设计和构造的专业词表，是一种语义网络。策略规则库包含检索专家知识，使用产生式规则表示，其控制策略使用正向演绎推理。随着智能信息检索系统研究的不断深入，将来的检索策略将由智能信息检索系统承担。

（2）信息检索的步骤

①分析研究信息检索课题

分析研究信息检索课题是确定信息检索策略的根本出发点，也是信息检索效率高低和成败的关键。信息检索者首先要对信息检索课题作综合分析，通过分析明确要求，制定相应的检索策略，其主要内容包括：

a. 明确信息检索课题所涉及的领域和范围；

b. 明确所需信息的内容及其内容特征；

c. 明确所需信息的类型，包括文献媒体、出版类型、所需文献量、年代范围、涉及的语种、有关著者及机构等；

d. 明确信息检索课题对查新、查准和查全的指标要求。

②选择信息检索工具

信息检索工具是人们为了充分、准确、有效地利用已有的信息资源而加工编制的用来报道、揭示、存储和查找信息资源的卡片、表册、计算机信息系统和特定出版物。信息检索工具种类繁多、各式各样，我们既没有可能也无必要去利用所有的信息检索工具，只需要选择那些与主题相关的、符合时间要求的、质量高的信息检索工具。一般说来，可以先利用本单位已有的信息检索工具，再选择单位以外的信息检索工具，在与信息检索主题内容对口的信息检索工具中选择高质量的信息检索工具。具体信息检索工具的类型，可按用途分为两大类：a. 指示线索型信息检索工具(二次文献)，包括书目、馆藏目录、索引、文摘、工具书指南、词典。b. 提供具体信息的工具书(三次文献)，包括百科全书、传记资料、手册、机构名录、地理资料、统计资料、年鉴、政府文献。目前，检索工具大部分存在于计算机信息系统中或分布于网络上。

③确定信息检索方法

完成任何一种特定任务的方法都是十分重要的，信息检索也不例外。方法正确，会收到事半功倍的效果；方法不对或不够科学，不仅延误检索时间，而且会造成人力、财力、物力的浪费。常用的信息检索方法有顺查法、倒查法、抽查法、追溯法、循环法等。每一种信息检索方法都有自己的特点，在实践中可以根据信息检索要求选择使用或配合使用，以快速、准确地完成信息检索任务，实现预期的目标。

④掌握获取原始信息的线索

在分析研究信息检索提问、确定检索范围、选定信息检索工具和方法以后，就可以实施信息检索。在获取信息线索时要仔细阅读，判断所检出的信息是否符合检索的要求，不仅看篇名，还要阅读整个著录格式，进行综合分析。如检出的信息符合要求，则需要记录信息材料的有关特征，如篇名、作者及工作单位、信息出处等，以便查找原始信息。

⑤获取原始信息

获取原始信息是信息检索的最后一步，对信息检索最终目标的完成非常重要，其主要工作包括：①判断文献的出版类型。根据文献出处中已有的信息，判断其出版类型。②整理文献出处。将文献出处中有缩写语、有音译刊名的还原成全称或原刊名。③根据出版类型在图书馆或信息机构查找馆藏目录或联合目录确定馆藏，原则上说应该按"由近及远"的顺序逐步扩大查找馆藏的范围。如本单位、本市、本地区、全国、国外这样的先后次序。④尽可能多渠道、多方式地获取原始信息，如利用与国外图书馆的馆际交换，大型国际联机信息检索系统的联机订购，互联网上的电子邮件和下载服务，或者与出版商直接联系等。

3. 信息检索效率的评价

信息检索系统从理论上讲，应检索出与需要查找的内容有关的所有信息，同时过滤掉所有的非相关信息。这种状态称为"理想检索"。但事实上，理想检索是难以实现的。所以，有必要对检索效率进行评价。判断一个检索系统的优劣，主要从质量、费用和时间三个方面来衡量。因此，对信息检索的效果评价，也应该从这三个方面进行。检索效率是指全、准、快、便、省（检全率、检准率、检索速度、检索方便性、检索成本与效益），最主要的是全和准。所以，在评价信息检索效率过程中，主要通过检全率、检准率、漏检率和误检率四个评价指标进行评价，其中重点是检全率和检准率，而后者相对来说次要些。

（1）检全率

检全率主要是用来衡量切题信息搜集的完整程度，是系统在进行某一检索时，检出的相关信息量与信息系统（信息库）中相关信息总量的比率，它反映该信息系统（信息库）中实有的相关信息量在多大程度上被检索出来。

检全率＝［检出相关信息资源量/信息库内相关信息总量］×100%

例如，要利用某个检索系统查课题。假设在该系统文献库中共有 200 篇相关文献信息资源，而只检索出 50 篇相关信息资源，那么检全率等于 25%。

查全率取决于对本系统现有切题信息发展的预测数据、用户信息需求结构、相关信息源的分布和信息流的特征。系统的经济实力、物质条件、信息管理水平都是限制性条件。

在信息中心和信息系统评价一次和二次文档时，以及在编制索引、目录和咨询数据库时，都应事先确定一个查全率。在这一过程中，应当尽量吸收有代表性的用户参加或征询他们的意见，因为这直接影响到信息服务的质量。

这一指标可从搜集过程与社会信息流通的外部渠道相关的角度，也可用信息离散分布规律来评价搜集过程的功能和作用。

（2）检准率

检准率是用来衡量信息检索的针对性，指某一信息系统（信息库）在进行检索时，检出的相关信息量与检出信息总量的比率，它反映每次从该信息系统（信息库）中实际检出的全部信息中有多少是相关的。

检准率＝［检出相关信息量/检出信息总量］×100%

例如，检出的信息总篇数为 200 篇，经查阅确定其中与所检索主题相关的只有 80 篇，另外的 120 篇与该课题无关，那么这次检索的检准率就等于 40%。

检准率取决于用户的信息能力和知识水平、信息搜集工作者的业务水平，以及系统所采集到的信息源的质量等等。

这一指标能够鉴定信息搜集过程的内部状况，即这一过程在何种程度上能够满足各种信息需求，而不依赖提问所花费的检索时间的多少。

（3）及时率

及时率用来衡量信息搜集的速度，即在最短的时间内完成信息搜集过程的能力。它由搜集过程的每一环节（从信息的产生到其被输入到信息库）所花费的总时间来计算，表示为：

$$T = \sum_{i=1}^{n} t$$

式中，$i = 1, 2, \cdots, n$，表示搜集过程的环节数。为了提高该过程的及时率，人们不仅设法缩短二次信息的加工时间，而且设法缩短一次信息的时滞。在实践中常常将一次信息的手稿、预印本、工作报告等输入信息系统。

(4)费用率

费用率用来衡量信息搜集的资金效率，指用于信息库中单位信息费用的最低能力。它取决于搜集过程的组织、各环节的技术装备及其他因素。这里的困难在于单位信息很难确定，不同单位的信息不能任意分解，而且其价格不一样，如二次信息和一次信息的价格就有较大差别。我们可以用信息的件数来大致表示信息的单位。

单位信息的费用率=[年度搜索信息的总花费/年搜索到信息总量]×100%

(5)劳动耗费率

信息搜集的劳动耗费率指信息系统搜集到的单位信息所耗费的最低劳动量，可用搜集过程所有环节的劳动消耗总数来计算。如果 L 表示搜集信息的工作量，$l_i(i=1, 2, \cdots, n)$ 表示单位(件)信息在每一环节中的劳动耗费(可用人、时等单位表示)，劳动耗费率可表示为：

$$L = \sum_{i=1}^{n} l_i$$

该指标取决于信息搜集过程的难度、条件、效率等方面的因素。在实践中，一般依照搜集过程每道工序的劳动耗费定额来确定劳动耗费率和工作量。

在信息搜集的上述效率指标中，检全率与检准率是反变关系，即在及时率、费用率和劳动耗费率既定的情况下，采全率越高，采准率越低；反之，检准率越高，检全率就会越低。

英国学者克列维尔顿(C. W. C1everdon)自 1959 年以来一直从事信息检索效率的理论研究，经过大量试验，发现信息检索系统中检全率与检准率相互之间呈现如图 4-13 所示的曲线关系。该曲线被称为检全率与检准率的互逆相关曲线。

由图 a 可知，若欲提高检全率，则检准率会降低；而欲提高检准率，则检全率会降低。信息检索人员的任务在于努力提高信息检索效率，使曲线尽可能往右上方移动，也就是说在客观允许达到的范围内尽量实现最佳的结果。

在实践中，检全率通常不会达到最大可能值，而总是处于某一较低点，即位于实际值水平上(图 4-14)。对任何信息系统而言，当按每一种需求明确显示出信息适用性时，就有可能达到最高的检全率，而检准率在此时接近于零。反之，当适用信息显示突出，即从信息库中获得的每一信息都能准确地符合提问或用户的需求时，检全率接近于零。

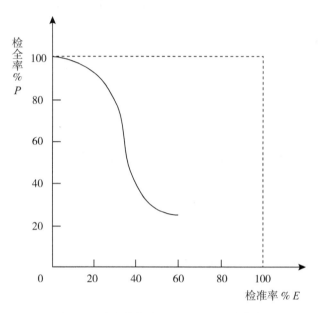

图 4-13　检全率与检准率的互逆相关曲线

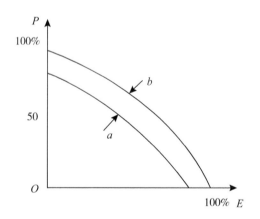

E：检准率　P：检全率　a：实际值　b：最大可能大值

图 4-14　检全率和检准率的关系

　　检全率和检准率是随着信息搜集的及时率、费用率和劳动耗费率增长到一定的程度而增长的，随后，其增长速度减慢。因此，及时率、费用率和劳动耗费率的进一步提高对检全率的影响是不大的（图 4-15）。

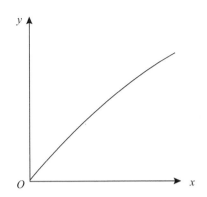

x：及时率、费用率、劳动耗费率　　y：检全(准)率

图 4-15　检全(准)率与及时率、费用率和劳动耗费率的关系

（6）漏检率

漏检率为未检出的相关信息量与检索系统中全部相关信息量之比。

（7）误检率

误检率为检出的无关信息量与检出的全部信息量之比。

4.3.3　信息检索的技术与方法

从检索手段看，信息检索可分为手工信息检索、机械信息检索和计算机信息检索。近年来，随着信息技术的发展，计算机信息检索特别是网络信息检索得到了广泛的应用，然而在目前和今后相当长一段时间内，手检还不能完全被机检所取代。为了验证手检和机检的检全率和检准率的高低，国外有人于 20 世纪 80 年代做了对比试验，结果是：手检的检全率为 75.2%，检准率为 75.2%；机检的检全率为 61.2%，检准率为 61.2%。机检检全率和检准率均低于手检的主要原因在于：索引、标题和文献有误差，对于同一类出版物索引，不同的数据库的编制方法有所不同，不同数据库所容纳的特定主题的信息资源相差悬殊，以及关键词不可能完全覆盖某一课题所设计的全部内容等。因此，手工检索尽管费时费力，由于较高的质量和一次文献获得率，仍是今后信息检索的重要方式之一。

1. 手工信息检索的技术与方法

（1）手工信息检索工具

在手工信息检索过程中，目前主要使用的检索工具包括：

①目录

目录是图书或其他单独出版物规律化、系统化的记载，主要用于检索出版单位和藏书单位是否拥有信息检索者所需要的书刊。目录只涉及这些出版物的外部特征，如书名、卷数、作者、出版年月、版本号、出版社名称、页数等，但有的附有十分简单明了的内容摘要。目录是历史上最早出现的信息检索工具，种类繁多，其中较为重要的有国家书目、出版社目录、书店目录、馆藏目录、联合目录、专题目录等。

②索引

索引是把一种或多种书刊里的具体内容按一定的方式分别摘录，并注明出处，以便检索的一种工具。索引的种类也很多。按寻找文献内容特征的编制方法来分，有分类索引与主题索引；按取材来源，又分为图书索引、期刊索引、报纸索引及其他文献索引；按著录对象，可分为篇目索引、主题索引、条目索引、词语索引及辅助索引等。

③文摘

文摘是把文献资料的主要内容，如主要论点、论据、原理、重要数据、结论、适用范围等，由有一定水平和经验的编者将其全面、简要地摘录出来，并注明出处后，经分类排序而编制成的检索工具。文摘的主要作用是便于快速而准确地阅读和检索，但对检全率和检准率要求比较高。因此，文摘的编纂远较目录、索引艰巨、复杂，编制难度较大，但所含的信息量远高于目录和索引。文摘主要类型包括：指示性文摘、报道性文摘、统计性文摘等。

④年鉴

年鉴是以描述和统计的方式逐年提供某年度某一领域信息的工具书。年鉴包含的内容很丰富，从一部商贸年鉴中可以得到专家对某一行业或市场的综述、分析、回顾和展望，了解新出台的政策法规、最新的统计数据和企业介绍、调研报告、经济团体和研究机构的名录、经贸知识、理论研究、重要或最新产品、大事记、经济形势分析和预测等，因而最适合于各类现行资料的查询。作为一种午度出版物，年鉴还能连续地反映事物的发展、停滞甚至倒退的趋势。年鉴种类很多，如：中国经济年鉴、中国商业年鉴、中国广告年鉴、中国金融年鉴、中国物价年鉴、中国证券业年鉴等。

⑤手册

手册是汇集某一学科领域或业务部门专门知识的工具书，多是针对当前实践中的需要，以简明扼要的方式提供具体、实用的资料，供随时翻检查阅，故又称便览，也常冠以"概鉴""大全""要览""指南""必备"等名称。英文用

Handbool 和 Manual 表示，前者侧重反映"何物"（what）一类的信息，如数据、事实等，后者偏重"如何做"（how-to）之类的问题。手册种类也相当繁多，如市场预测实务全书、公司开办与经营手册等。

⑥百科全书

百科全书是荟萃一切门类或某一门类知识、以概要方式介绍为主的多功能工具书。如果说词典的功能仅仅说明某一概念，则百科全书是"接着定义往下说"的工具书，它可以回答诸如"何时""何地""如何""为何"等背景性知识，内容详尽完备，查阅、检索功能都很突出，条目多由标题、释文、图表和参考文献组成，有的内容专深，卷帙浩繁，是补充知识的常用工具。如《中国大百科全书》《大不列颠百科全书》等都是非常实用的检索工具。

（2）手工信息检索工具的排检技术

①字顺排检技术。它是指将检索工具的内容按字、词的一定顺序或规律，有系统地组织排列起来的技术。

②分类排检技术。它是指将信息素材按学科或事物性质系统地加以排列。该技术有按一种方式单独编排的，也有与按时间、地区排列技术相互配合使用的。

③主题排检技术。它是指以规范化的自然语言为标识符号来标引信息内容的排检技术。主题排检技术的一般形式是以主题词来揭示信息素材记述的中心内容或对象，主题词本身按读音或笔画或字母顺序加以排序。这种排检技术把属于不同学科、不同知识体系中论述同一问题的信息素材集中标引出来，揭示信息素材内容比较深入、广泛。

④时序排检技术。它是指按时间的顺序组合信息素材的技术，多用于编制年表、年谱等检索工具。

⑤地序排检技术。它是指按一定时期的行政区域来排列传息素材的技术。这种技术可以把同一地区的有关信息素材集中在一起，全面地反映某一地区、某一国家的历史和现状。

（3）手工信息检索方法

①顺查法。它是一种以信息检索课题起始年代为起点，按时间顺序由远而近地查找信息的方法。查找前需摸清课题提出的背景及其简略的历史情况，了解和熟悉问题概况，然后选用适宜的检索工具，从课题发生的年代开始查起，直到信息够用为止。此法的优点是检全率高，缺点是费时费力。

②倒查法。它是一种逆时间顺序由近而远地查找信息的方法。这种方法多用于查找新课题或有新内容的老课题，需要的是最近发表的文献，因此一旦掌

据了所需的文献信息即可终止检索。此法优点是节约时间，缺点是漏检率较高。

③抽查法。这是一种针对研究课题发展的特点，抓住学科发展迅速、发表文献较多的年代进行查找的方法。由于学科发展兴旺时期，不但其文献数量远远高于其他时期，而且新的观点、新的理论也会在这个时期产生，因此抽查法能以较少的检索时间获取较多的文献。使用此法必须以熟悉学科发展特点为前提，否则难以取得预期的效果。

④追溯法。又叫回溯法，是以某一篇文献末尾所附的参考文献为依据，由近及远进行逐一追踪的查找方法。此法直观、方便地不断追溯，可查到某一专题的大量参考文献，在不具备检索工具的情况下，是一种扩大信息源的好办法。缺点是检索效率低，检全率低，漏检率高。（姜效先等. 信息检索教程. 北京：中国物资出版社，1999）

⑤循环法。它是先利用检索工具查出一批有用文献，然后再利用这些文献末尾所附参考文献的线索进行追溯查找。此法的优点在于检索工具缺年缺卷时，也能连续获得所需年限内的文献资料。

以上各种方法各有优缺点，在实际信息检索工作中究竟采用哪种检索方法，应根据检索要求、检索工具情况、学科特点等具体条件来确定。

2. 机械信息检索的技术与方法

（1）机电信息检索系统

机械信息检索最初是从简单的穿孔卡片逐步发展起来的。继手检穿孔卡片之后，出现了机检穿孔卡片和选卡机。这就形成了机电信息检索系统。在检索时，先把检索机调定在要找的几个触头上，输进一叠卡片，机器里边有检视元件，它或者是一排探针，或者是一排电刷。卡片经过检视元件时，探针下压，遇到孔位相符的卡片，可穿过卡片上的孔眼，作用于传动机构，自动地把这张卡片分选出来，放到相应的受卡盒中。若以电刷为检视元件时，电刷可以穿过孔眼与接触轮接触，接通相应电路，打开受卡盒门，使卡片进入受卡盒中。这就是机检穿孔卡片的简单原理。Ball 系统即属于这种机电信息检索系统。

（2）光电信息检索系统

光电信息检索系统主要是以缩微胶卷（片）检索方式出现的。缩微胶卷（片）的检索方式大致可以分为两种类型：

①寻址检索方式。缩微品按文献号码排列，当要求某一特定号码的文献时，系统就找出与该号码相对应的画面，并将其投影放大，显示在阅读者屏幕上，或者将其放大复印出来。这种检索较为简单，因而可以叫做文献提供

系统。

②编码检索方式。在缩微品上，各画面本身加以编码，以代表该文献所包含的主题内容。这些编码，可以用某些装置(例如光电装置等)进行扫描，以便检索到与代表主题要求的某个检索策略相匹配的文献。这种系统是既具有检索功能，又具备文献提供能力的系统。

光电信息检索系统的特点是：胶卷、胶片比穿孔卡片坚固耐磨；缩微存储，面积体积均小，1 立方米体积可存 Filmorex 胶片近 100 万张；所有制造、操作、摄影等，均可简单地、自动地进行，需要人工参与的工序少，产生错误的可能性也小，价格也较低，胶卷上还可存储很久。可以认为，此种光电信息检索系统综合地解决了信息的缩微存储、快速检索及快速复制问题。

3. 计算机信息检索的技术与方法

信息检索经过手工信息检索、机械信息检索等方式发展到今天，已经形成了联机信息检索、光盘信息检索与网络信息检索并存的局面。

(1)联机信息检索

联机信息检索一般是指信息用户利用终端设备，通过通讯网络与世界各地的信息检索系统联机，进行人机对话，从检索系统的数据库中查找出用户所需信息的全过程。

联机检索起源于 20 世纪 60 年代的美国。目前，联机检索业已形成了覆盖全球的信息检索系统(如 DIALOG，OCLC 等)。我国从 20 世纪 80 年代开始从事国际联机检索，经过 30 余年的发展也已建立起了自己的联机信息检索系统(如 ISTIC，MEIRS 等)。

联机信息检索系统的优点是：①检索速度快；②检索范围广而全面；③检索途径多、质量高；④检索内容新、实时性强；⑤检索辅助功能完善、使用方便，检索结果输出方式灵活、实用。正因为如此，联机信息检索目前仍是计算机信息检索的重要方式之一。但是，联机信息检索也存在着自身的缺陷：①主机负担重，一旦出现故障，则整个网络都将瘫痪；②信息组织方式以线性为主，不够灵活；③联机检索不像 Internet 是面向最终用户的，操作也没有后者方便。因此，在 Internet 网络信息检索的冲击下，传统联机信息检索业纷纷采取改进措施，将自己的系统安装在 Internet 服务器上，成为 Internet 的一个有机部分。如 DIALOG、American Online 等世界著名联机系统都建立了自己的 www 服务器，使用超文本技术，增加服务项目，改善用户界面。

①联机信息检索系统的结构

联机信息检索系统由检索服务机构、国际通信网络及终端三部分构成。

第一部分是检索服务机构。它由中央主机、数据库及其他外部设备组成。中央主机是检索系统的主体部分。它的主要功能是进行信息的存储、处理、检索以及整个系统的运行和管理。一般联机系统拥有多台中央主机，可以随时切换，以保证检索的正常进行。数据库是存储在磁带或磁盘上的文献或数据记录的集合，是联机检索的对象，它相当于手工检索的检索工具书，其实有些数据库就是手工检索工具的机读版。因此，掌握各种数据库的性能是联机检索的前提。其他外部设备，主要有主机操作台、高速打印机等设备。用以解答用户在检索过程中提出的各种问题，处理用户脱机打印要求。

第二部分是国际通讯网络。它由通讯线路、调制解调器、自动呼叫应答器、多路复用器、通讯控制器组成。

第三部分是终端。采用各厂商生产的 PC 机作为终端，利用键盘输入检索指令，也可预先存入计算机，待接入联机系统后由计算机直接发送，系统对检索指令的响应显示到显示器上。

②联机信息检索的技术原理

联机信息检索系统是一个典型的计算机信息系统，能完成数据收集、分析、加工处理、存储、传递通信和检索信息的全过程。在信息存储的过程中，由系统按一定的规律对信息进行加工处理，并赋予特征标识。在信息检索的过程中，由用户通过系统提供的检索指令，向系统提交含有需求特征的检索表达式。计算机信息检索系统接收到正确的指令后，自动地将相关信息集合的特征标识与用户提交的检索特征进行"匹配"。这种"匹配"完全是一种字符串的类比运算。匹配结束，系统自动给出存储信息的特征与检索提问的特征相符的记录篇数，即命中数量。用户通过显示命中记录的内容，判断检索是否成功，这就是联机信息检索技术的基本原理。

③联机信息检索的服务方式

联机信息检索的服务方式主要有以下几种：

a. 定题信息提供

定题信息提供简称 SDI(Selective Dissemination of Information)。这种服务是由检索系统工作人员将用户信息需求转换成一定的检索提问式，并将此式存入计算机中，信息检索系统定期从新的文献信息中为用户检索，并按用户指定的格式为用户加以编排和打印。利用 SDI 服务，用户可定期获得所需要的最新信息，及时掌握同类专题的动态和进展。

b. 专题回溯检索

专题回溯检索简称 RS(Rerospective Search)。这是用户对检索系统中积累多年文献资料的数据库进行检索，查找一定时间范围以内或特定时间以前的文献，通常采用联机检索方式进行。RS 服务的结果一般要求切题，但又无大的遗漏，尽量做到省机时、省费用。通过 RS 进行专题查询或信息调研时，可全面系统地了解有关文献的线索。

c. 联机订购原文

联机检索的结果通常是一些文摘或题录形式的二次文献形式。用户通过问读这些二次文献了解大致的内容，然后根据这些文献线索查找全文。

d. 电子邮件

电子邮件简称 E-mail(Electronic Mail)。联机系统开展此项业务，以满足用户与系统之间、用户与各机构之间、用户与用户之间发送、接收、存储各种信息的需要。每个系统用户都拥有一个 E-mail 号码，联网系统有参加电子邮政用户的名单。输入接受者的 E-mail 号码和通信内容，接受者过去需要耗时几天才能接收到的信件现在只用数秒钟就可完成。

(2)光盘信息检索

光盘是继纸张、缩微胶片、磁存储器之后的一种用激光束记录和再现信息的存储载体。用于检索和阅读的光盘通常为只读光盘(Compadct Disc—Read Only Memory，CD—ROM)。它是一种信息载体，而要对其中的信息进行检索和利用则需要计算机的配合。光盘产品自 20 世纪 70 年代出现以来，最初只用于娱乐，直到 1985 年人们才研制出第一种专用于信息服务的光盘。此后，以光盘为载体的数据库产品层出不穷，为信息产业的发展注入了新的生命力，特别是光盘与计算机的结合，使得信息检索模式发生了革命性的变化。

①光盘信息检索特点

a. 使用光盘检索系统，可免除联机检索系统所必须使用的电讯设备，节省了电讯费和联机系统使用费，还可免除由通信线路传输过程中所造成的失误；

b. 光盘系统向用户随盘提供相当于联机信息检索系统功能的软件，并提供菜单驱动与命令驱动两种方式；

c. 光盘存储容量大、耐用、复制费用低；

d. 可以把文本、图形、图像、声音及动态形象结合在一起；

e. 如果光盘数据库量不够多，则信息资源就显得有限，购买大量光盘数据库，又要受到经费限制；

f. 在信息需求的适时性上，光盘检索不如联机检索系统，因为光盘只能定期提供；

g. 数据库费用大。（郑燕华．实用光盘检索技术．上海：上海科学技术出版社，1997）

②光盘信息检索技术

光盘信息检索系统由计算机、驱动器及连接设备、CD—ROM 数据库（光盘）及其检索软件构成。

使用 CD—ROM 光盘需要在计算机上装配 CD—ROM 驱动器，驱动器可安装在绝大多数计算机上。驱动器是读取光盘数据的专用设备，在计算机扩展槽上插入 CD—ROM 驱动器的接口卡就可将计算机与驱动器连成一体。CD—BOM 驱动器有内置式和外置式两种，前者装在计算机机箱内，可节省台面空间，价格较便宜；后者可很方便地移动到不同的计算机上。选择驱动器时主要考虑以下性能：a. 速度，一般在 185～500ms 之间；b. 查找速度，一般在 250～400ms 之间；c. 数据缓冲区越大，可直接从存储器存取的数据就越多，节省查询时间；d. 数据传送速度，有单速、双速乃至 50 倍速以上的驱动器。

③光盘信息检索方法

光盘检索系统的功能和指令与联机检索没有很大区别，但更方便。各个系统一般都有如下功能键：Help（帮助）、Index（索引）、History（查阅历史）、Display（显示）、Print（打印）、Select Database（选择数据库）、Format Window（格式窗）、Quit（退出）等。当然，系统一般不显示当前没有使用的功能键，只列出正在使用的功能键，全部功能键及用法可以在附录中查找。

检索信息时可用单元词、多元词（短语）、数字及布尔运算符和位置运算符把几个检索术语组配成一个提问逻辑式。在编制提问式时，可以用有关功能键弹出索引菜单，通过浏览各种索引获取数据库记录中的关键词、词组和系统提供的主题词表，以便选择拼法、可能的截断术语和查找范围。当系统的记录用标题形式显示出来时，用户可以用方向键在屏幕上移动至所需题名，然后以全记录形式显示或打印它。

系统保持着用户的一切提问和每一结果，因此用户可以在任何时刻回顾其查找的历史，重新使用或修改以前的任何提问，也可以在另一数据库中选择回顾历史并执行同样的检索策略，而不必重复键入或重新处理检索术语。

屏幕帮助是光盘数据库最常用也是重要的功能之一，对计算机检索不熟悉的用户在几乎每一个重要步骤都可以得到指导。帮助的菜单内容一般是针对正在检索中的某一个步骤。其内容有了解系统功能、提问句法、检索策略、记录字段的描述、限制符、停用词和标点、索引的使用、主题查找、从记录中抽词、截断和排列、如何显示记录、改变显示格式、打印记录、保留记录、结束查找、获得文献以及各种功能键的使用法。

(3)网络信息检索

自 20 世纪 90 年代以来，互联网已成为世界上最大的信息资源宝库，网络信息的查找和检索，已远远超出了信息检索领域，基于互联网的信息检索系统成为网络信息检索阶段的代表。网络信息检索的特点是：信息量更大，需要处理各种不同的语言(大多是自然语言)，信息检索的范围更宽(多学科、多领域)，信息查询的时效性要求更高，检索结果是检全率较高，而检准率较低。

①网络信息检索模式

网络信息检索模式有两层含义。广义理解为如何对网络上的海量多态信息进行组织，如何对这些信息建立索引，如何能动态地维护索引，即对索引及时更新；如何设计检索算法以使检索提问在检全、检准、响应时间、检索结果控制与显示方面表现良好；如何为用户设计一个简单易用的友好界面等方面。狭义的网络信息检索模式则只是以网络(如互联网)为媒介，利用网上已提供的一些信息检索工具，探索如何使用这些工具及如何综合各工具，使它们扬长避短，最后能实现对信息提问的检索查询的一种方法与技术。

广义的网络信息检索模式是从根本上解决有效利用网络信息资源问题的关键。没有结构合理的索引与高效的检索算法，就无法实现完美的信息查询；没有对索引的动态维护与及时的信息更新，就有可能检到信息垃圾，误导信息用户；没有友好的用户界面，用户就在选择与利用信息检索工具时，错过对该工具的选择，即使选择了它，也可能因易用性差而得不到良好的查询结果。对于面向最终用户的信息检索工具而言，友好的用户界面有着更为重要的意义。

狭义的信息检索模式是在现实世界中有效利用网络资源的核心。互联网上目前就已有大量的信息查询工具为用户服务。它们不但是利用网上信息资源的重要工具，而且本身也是网络信息资源的一个重要组成部分，对这些工具的开发利用，也是开发利用网络信息资源的重要内容之一。更为重要的是在对这些工具的多次利用、比较、分析、研究的过程中，就可以得出网络信息检索模式的广义内涵，可以为开发新型的网络信息检索工具提供重要的参考依据。

②网络信息检索工具

在互联网的信息检索发展过程中，先后产生了如 Archie、Gopher、WAIS 检索工具和基于 WWW 方式的查询服务。

a. Archie(文档查询服务)

是互联网上应用最早的基于文件名查找的信息检索工具，主要用来查找分布在世界各地的 FTP 服务器中的特定文件，支持远程登录(TELNET)、电子邮件(E-mail)、Archie 专用客户软件两种方式的检索。

b. Gopher(菜单式检索服务)

这是由美国明尼苏达大学为发展校园信息系统研制并最先使用,尤其受图书馆员喜爱的一种信息检索工具。Gopher 是菜单驱动的。当用户建立了一个与 Gopher 的链接后,它可以显示一个供用户选择的"菜单",其中的选项通常由一些简洁的、自解释的英语短语所构成。Gopher 菜单中的每个菜单项都表明了一个信息文件或一个针对别的菜单的参照。用户扫描这些菜单项并挑选其中之一,若选定的菜单项对应一个信息文件,则 Gopher 软件将检索该文件并显示其内容,反之,如果选定的菜单项对应的是另一个菜单,那么 Gopher 系统将检索这个新菜单,从而使用户能够从新菜单中挑选一个条目。

c. WAIS(广域信息服务)

这是多个公司努力的结晶。目前由一个独立的公司(即 WAIS 公司)来开发和经营。WAIS 的特色在于检索的是文档的内容。在用户选定文档集合和输入主题后,WAIS 将在选定的文档集合(Source)中检索所有含该主题内容的文档并显示之。当用户选择其中一个样例文档后,WAIS 还可按样例文档自动检索出同类文档,这一步可反复进行,直到用户得到满意的检索结果。

d. WWW(万维网交互式信息查询服务)

Archie、Gopher、WAIS 等网络信息检索工具的出现使得 Internet 用户使用界面的友好性和易用性有了很大改进,检索网络信息比以前相对容易了,但它们仍属于基于文本信息的检索系统,提供信息资源的范围有限。

在这种情况下,WWW(World Wide Web)诞生了。它使我们获得信息的手段有了本质上的改善。通过将互联网上位于全世界不同地点的相关信息资源有机地编织在一起,WWW 以超级文本(Hypertext)方式提供世界范围的多媒体信息服务,用户只需要在浏览器(最常用的是 Internet Explorer)的地址栏(Universal Resource Locator,简称 URL)中输入待查网页或网站地址(可以是域名地址或 IP 地址),被查页面就会自动地出现在当前窗口。如果不知道该网页或网站的具体地址或名称,但明白要查找的关键内容,目前有两种方法可解决:一是利用强大的搜索引擎工具;二是利用网络实名搜索。

③搜索引擎(Search Engine)

现代意义上最早的搜索引擎出现于 1994 年。当时,Michael Mauldin 将 John Leavitt 的蜘蛛程序接入其索引程序中,创建了 Lycos。同年 4 月,斯坦福大学的两名博士生,即美籍华人杨致远(Jerry Yang)和 David Filo 共同创办了超级目录索引 Yahoo!,并成功地使搜索引擎的概念深入人心。搜索引擎是提供给用户进行关键词、词组或自然语言检索的工具，简言之，搜索引擎就是一种在互联网上查找信息的工具。搜索引擎是建立在信息采集、信息组织的基础之上的，其工作的基本原理是：用户提出检索要求，搜索引擎代替用户在数据库中进行检索，并将检索结果反馈给用户。检索的结果有 WWW 上的主页、新闻组中的文章、软件的存放地址及其作者、企业网站、个人主页等。WWW 上功能强大的搜索引擎有很多，至今已有 1000 多个，且处于不断的发展中。1998年 2 月，搜狐(www.sohu.com)推出了第一个大型中文分类搜索引擎，这是一个土生土长的完全"中国化"的搜索引擎，它的诞生对中文网络搜索有着非凡的意义。搜狐推出分类搜索引擎，使中国网民拥有了查找中文网络资源的工具。在 2000 年 6 月由百度正式推出中文搜索引擎、2000 年 9 月由 Google 提供中文搜索以前，搜狐是唯一能够与 Yahoo! 抗衡的中文分类搜索引擎，占据着中文搜索的半壁江山。由于搜狐的本土优势，它的分类体系、立类原则和类目设置更符合中国网民的检索习惯，也为国内分类搜索网站树立了典范。搜狐在提高中文网络资源的社会利用水平、中文分类搜索网站的兴起与发展等方面功不可没。继搜狐之后，国内分类搜索网站厚积薄发。较为知名的有新浪、网易、中国雅虎等。随着分类体系的逐步完善，搜索流量巨幅增长，搜索引擎光靠自己单打独斗已无法适应目前的市场运营。因此，现在的搜索引擎之间已经开始出现了分工协作，并有了专业的搜索引擎技术和搜索数据库服务提供商。

从不同的角度，搜索引擎可分为不同的类型。按专业范畴，可分为综合性搜索引擎和专业性搜索引擎；按信息内容的组织方式，可分为目录式搜索引擎、全文搜索引擎和元搜索引擎。

a. 全文搜索引擎(Full Text Search Engine)

全文搜索引擎是名副其实的搜索引擎，国外具有代表性的有 Google(http://www.google.com)、Alta Vista(http://www.altavista.com)、Inktomi、Teoma、Wise Nut 等，国内著名的有百度。它们都是在通过互联网提取各个网站的信息(以网页文字为主)而建立的数据库中，检索与用户查询条件匹配的相关记录，然后按一定的排列顺序将结果返回给用户，因此它们是真正的搜索引擎。从搜索结果来源的角度，全文搜索引擎可细分为两种：一种是拥有自己的检索程序(Indexer)，俗称"蜘蛛(Spider)"程序或"机器人(Robert)"程序，并自建网页数据库，检索结果直接从自身的数据库中调用，如上面提到的 6 家引擎；另一种则是租用其他引擎的数据库，并按自定的格式排列搜索结果，如Lycos 引擎(http://www.lycos.com)。

全文搜索引擎的优点是信息大、更新及时、不需要人工干预；缺点是返回信息量过多，存在大量冗余信息，用户必须从结果中进行筛选。

b. 目录式搜索引擎(Search Index/Directory)

目录式搜索引擎是以人工方式或半自动方式收集信息，人工形成信息摘要，并将信息存储在事先确定好的分类框架中。目录式搜索引擎提供目录浏览服务和直接检索服务，用户完全可以不用进行关键词查询，仅靠分类目录也可找到需要的信息。目录索引虽然有索引搜索功能，但从严格意义上讲并不是真正的搜索引擎，仅仅是按目录分类的网站链接列表。

目录式搜索引擎因为有人的参与，所以查询信息准确率高；但是缺点也很明显，需要人工方式搜索信息，信息维护量很大，搜索到的信息量少，信息更新不及时。目录式搜索引擎中最具有代表性的是 Yahoo!。国外的 Open Directory Project(DMOZ)、LookSmart，国内的搜狐、新浪、网易等都属于目录式搜索引擎。

c. 元搜索引擎(Meta Search Engine)

元搜索引擎在接受用户查询请求时，同时在其他多个引擎上进行搜索，并将结果发回给用户。著名的元搜索引擎有 Infoseek(http://www.infoseek.com)、Dogpile、Vivisimo(元搜索引擎列表)等。中文元搜索引擎中最具有代表性的有搜星搜索引擎。在搜索结果排列方面，有的直接按来源引擎排列搜索结果，如 Dogpile；有的则按自定的规则将结果重新排列组合，如 Vivisimo。

其实，搜索引擎并不是真正地搜索互联网，它搜索的实际上是预先整理好的网页索引数据库。搜索引擎也不能真正理解网页上的内容，它只能机械地匹配网页上的文字。真正意义上的搜索引擎，通常指的是搜集了互联网上几千万到几十亿个网页并对网页中的每一个文字(关键词)进行索引、建立索引数据库的全文搜索引擎。当用户查找某个关键词时，所有在页面内容中包含了该关键词的网页都将作为搜索结果被搜出来。在经过复杂的算法进行排序后，这些结果将按照与搜索关键词的相关度高低，依次排列。

就搜索引擎的基本原理而言，表现为信息集合和需求集合的匹配。搜索引擎定期自动搜寻某些 Web 站点，采集关于这些站点上的各类信息，自动对这些资源进行标引、编制目录文摘，自动将这些数据整合到数据库，并能提供以 Web 技术为基础的包括布尔逻辑检索、短语或词组检索和各种限制检索在内的自然语言检索，并按相关度输出检索结果。

因此，搜索引擎的原理可以看成三步：从互联网上抓取网页然后建立索引数据库最后在索引数据库中搜索排序。

4.4　大学生信息素养道德内容

信息素养道德是指整个信息活动中的道德规范，它是调节信息创造者、信息服务者、信息使用者之间相互关系的行为规范的总和。它的目的是促使社会个体成员遵循一定的信息伦理与道德准则来规范自身的信息活动行为。信息道德包括：信息创造者的信息道德、信息服务者的信息道德和信息使用者的信息道德。本篇主要介绍了信息伦理学、网上民事权益保护、著作权保护、信息犯罪的种类与特征、个人信息的法律保护、企业秘密信息的保护与合法获得等内容。通过对信息主体的道德教育，帮助他们在信息活动过程中自觉遵循的法律法规，尊重他人的学术成果，尊重知识产权、合理使用文献信息，自觉抵制违法信息及信息行为。

4.4.1　信息伦理概述

信息伦理教育是信息素养教育的重要组成部分，本章通过对信息伦理基本理论的介绍，指出了信息选择的伦理原则，确立了信息自由的伦理限度。目的是引导信息主体建立正确的信息伦理观，保证其信息安全，从而获取真正有价值的信息。

1. 信息伦理的产生

信息技术发展到今天，已使人类开始进入所谓数字化时代。无孔不入的数字化信息，渗透到社会的方方面面。信息技术在给人类带来巨大福祉的同时亦造成了一些可能具有灾难性的后果。日新月异的信息技术，不仅空前改变了人们的生活方式甚至生存方式，而且为社会生产拓展了新的领域，刺激了社会生产力的高速发展。但人们也注意到，现代社会中的许多高智能犯罪行为，也往往借助于信息技术手段，特别是在方兴未艾的所谓"信息高速公路"即互联网中，更是充斥着各种各样的丑恶现象，如诽谤、诈骗、色情等。面对日益信息化社会的如此状况，有些人一味盲目赞美信息技术，把信息技术吹得完美无缺，其善无比；有些人则走向另一极端，对信息技术持完全否定的态度，把所有的恶都归罪于信息技术本身。其实，这两种极端态度都是错误的。以电子计算机为基础的信息技术系统本身并没有价值优劣的鉴别功能，信息技术的善恶价值，是由操作、使用电子计算机的人们赋予的；你向信息技术系统输入何种性质的价值信息，它所输出的价值信息就具有何种性质。信息技术如同科学技术的其他类型一样，本身只是一柄双刃剑。它既可能催开善之花，又可能酿成恶之果。任何科学技术，其自身并不必然包含善或恶的价值属性。科学技术的善、恶价值，是在运用科学技术的人们的行为及其结果中产生的。在《信息崇拜——计算机神话与真正的思维艺术》一书中，美国学者西奥多·罗斯扎克写道："信息技术的发展已有时日，有眼力的用户已经认识到吉戈原则（GIGO）的重要性，这条原则的意思是输入的是垃圾，输出的也是垃圾。"尽管对于吉戈原则，不同的人们可能会有不同的理解，或者说，从不同的角度，人们可以由之受到不同的启发，但如果我们将吉戈原则与信息技术的价值分析联系起来，则至少可以得出这样的结论：输入端的垃圾，绝不会幻化成输出端的黄金；噬血成性的刽子手，也不可能在数字通道中变性为慈悲为怀的佛。

既然信息技术、信息系统本身并不具有善恶的价值属性，善恶问题是人在操作信息系统、使用信息技术的过程中产生的，即善恶取决于人的行为而不是电子计算机的结构，那么，为了在创造善的价值的同时尽力避免恶的后果，使信息技术的发展与运用保持正确的方向，纳入健康的轨道，就极有必要对人在信息领域中的行为进行合理的规范。而信息伦理，就是规范人的信息行为的重要手段之一。

2. 信息伦理的概念与内涵

所谓信息伦理，是指涉及信息开发、信息传播、信息的管理和利用等方面的伦理要求、伦理准则、伦理规约，以及在此基础上形成的新型的伦理关系。信息伦理是信息技术的价值制导，它为信息技术的运用设定善的价值坐标。信息技术本身是价值中性的而人的行为则具有明确的价值倾向性。在信息伦理的指导下，通过人们运用信息技术的行为，价值中性的信息技术，就可以导致善的价值的生成。

就信息开发而言，它不仅是一个技术问题，同时也是一个伦理问题。人们不仅要掌握信息开发的专门技术，而且要设定信息开发的道德尺度。在现代社会，信息作为一种重要资源的地位已经得到人们的广泛认同，但在对这种资源的开发是否需要进行道德选择的问题上，不少人至今仍认识模糊。我们认为，信息开发的道德尺度是不可或缺的，因为并非所有的信息都会产生善的价值。例如，有些人所热衷于开发的黄色信息，就只能对社会生活产生腐蚀、毒化的作用。因此，对信息开发作出必要的道德尺度。以正确的道德尺度选择进行那些有益于人类的信息开发，是信息资源的开发者必须恪守的伦理准则。

借助于公共信息通道，使被开发的信息在社会上扩散开来，就形成了信息传播。虽然我们强调在信息开发时就要进行必要的道德选择，但总会有那么一些缺乏道德自觉性的个体，可能将不健康的信息输入公共信息通道。因此，在公共信息通道的入口处，设立信息过滤的道德关口，就成为必不可少的补救措施。在此意义上，信息伦理是信息系统中的特殊的过滤器，任何垃圾信息或道德上有害的信息，都在这一过滤器中被清洗，信息伦理不允许这样的信息进入信息系统。

3. 信息伦理的作用

在信息管理中，存在着管理者与被管理者之间的关系问题。信息伦理的建立，可以为处理、协调二者之间的关系提供正确的道德规范。这不仅有助于提高信息管理的效率，而且会推动信息业的健康发展。信息系统的管理者，在道义上负有监控信息存取的责任。他们有义务拒绝那些未经授权的人访问信息系统。拒绝他们的访问，就堵死了非法滥用的一条可能途径。此外，信息管理还涉及信息安全问题。之所以会发生信息安全问题，除技术性原因之外，从信息管理的角度来看，主要是由于管理人员缺乏足够的责任心所导致的。因此，在信息伦理建设的过程中，努力增强信息管理人员的道德责任感，建立起稳固的道德防线，才可能切实保障信息安全。

在信息利用方面，往往会发生与特定权利相联系的问题。信息作为一种资源，一旦开发出来，其开发者就对其拥有相应的权利。任何人如果未经信息开发者的授权，擅自使用他人开发的信息，就构成了信息侵权行为。这不仅是一个法律问题，同时也是一个道德问题，因为信息侵权往往造成信息权利主体的利益损失，而损人利己无疑是极不道德的行为。信息伦理与其他行为领域的伦理要求一样，都坚决反对极端的个人主义或利己主义。此外，即使不存在侵权问题，出于邪恶目的利用有关信息在道德上也是不允许的。信息的正当利用或信息技术的正当使用，在信息伦理中只能被限定于善的目的。

信息伦理是一种崭新的伦理，它显然不能与传统伦理同日而语。传统伦理以人与人之间的直接关系为基础，呈现出由近及远、由亲至疏的特点。而信息社会中人与人之间的关系越来越需要广泛地借助于数字化手段，越来越明显地依赖于信息这一中介，这使得新型的信息伦理从一开始就必须超越远近亲疏的区别，在道德上同等地对待直接和间接的人际关系。特别是在互联网中，由于不少网络行为主体的匿名性、面具化，你甚至难以分清你的交往对象是男还是女，是远在天边还是近在咫尺，因此，与之相应的信息伦理更是凸显出不同于传统伦理的特殊性。

4. 信息伦理与其他伦理的关系

虽然信息伦理不同于传统伦理，但这并不意味着二者是尖锐对立、水火不容的。一份互联网上发表的《赛博空间独立宣言》在强调赛博空间（即网络空间）与现实社会的差异的同时，也突出了网络空间中的信息伦理与传统伦理的对立："赛博空间不在你们的疆域之中……你们不了解我们的文化、伦理或未成文的规范，而它们已经提供给我们社会的秩序，比你们用任何强制手段所获得的秩序还要更多。"对于这样的观点，我们不能随便认同。信息伦理虽然是一种新型的伦理，但它并非一定与传统伦理格格不入。在伦理思想的发展史上、伦理关系的演变史上，新伦理与旧伦理之间的批判继承关系是显而易见的。如果信息伦理要违背道德发展的一般规律，完全否定传统伦理，它就会失去自身发展的一个重要资源。事实上，信息伦理尽管是一种新伦理，但它的出现却并不意味着传统伦理的断裂，而是传统伦理在以信息技术为基础的现代社会中的发展。甚至信息伦理的一些内容，就是传统伦理在新的社会条件下的推广和运用。认识和把握信息伦理与传统伦理之间的这种内在联系，有助于人们顺利完成由传统伦理向信息伦理的道德"迁移"。

当然，在信息领域，仅仅依靠信息伦理并不能完全解决问题。伦理、道德毕竟是一种软性的社会控制手段，它还需要硬性的法律手段的支撑。特别是对于那些缺乏起码的道德责任感或良心已经泯灭的人来说，信息伦理可能不足以阻止他们在信息领域的损人利己行为。因此，以国家强制力为后盾的信息法就显得十分重要。通过有关的信息立法，依靠国家强制力的威慑，不仅可以有效地打击那些在信息领域造成严重恶果的行为者，而且为信息伦理的实施创设了一个较好的外部环境。但由于立法程序的滞后性以及法律打击仅限于那些造成严重恶果的行为，故信息领域的法律手段也需要信息伦理的补充。只有信息法与信息伦理形成联动，将信息法的强制性与信息伦理的自律性结合起来，从外在与内在两个维度产生一种规范性合力，才可以最有效地维护信息领域的正常秩序，并促进信息社会沿着善的方向发展。

4.4.2　信息开发道德原则的确立

信息开发领域的行为具有多样性，形形色色，不一而足，而且新的具体行为更是层出不穷。因此，人们不可能一下子就提出一个无所不包的道德规范体系，用以指引信息开发领域的各种具体行为。对应于各种具体的信息开发行为的具体道德规范，只能在信息开发的实践中一项一项地拟订，并逐步加以完善。有具体的、明晰的道德规范的指引，当然就使得具体的信息开发行为具有了道德上的确定性。但是，在还没有拟订具体的道德规范之前，信息开发人员是否就完全不能确定信息开发行为的道德方向呢？或者说，如果暂时还没有具体的道德规范的指引，信息开发人员如何把握某种信息开发行为的道德性质呢？这里，一条可行的途径，就是依据信息开发的基本道德原则，诉诸信息开发人员自己的道德推理能力，来自主地推断、确定某种具体的信息开发行为的道德性质，来自觉地选择道德上正当的信息开发行为。

道德原则与道德规范是一般与个别的关系，道德原则的根本要求必须贯穿于各种具体的道德规范之中，各种具体的道德规范必须与道德原则保持根本上的一致。在信息开发活动中，如果信息开发人员把握了基本的道德原则，就等于把握了各种具体的道德规范的灵魂。相反，如果信息开发人员对基本的道德原则缺乏认识，他就最多只能机械地搬用具体的道德规范，而当某种信息开发行为尚无具体的道德规范指引时，他就会显得无所适从。此外，就具体的道德规范的制定而言，也必须以基本的道德原则作为统一的基础。如果缺乏这一基础，那么，各个具体的道德规范就没有内在的一致性，甚至还可能彼此冲突，产生难以协调的矛盾。

就信息开发活动而言，人们应当掌握的基本的道德原则主要有以下这些：

第一，维护公共利益原则。这一原则要求信息开发促进公共利益的发展，至少不能造成对公共利益的危害。对公共利益有所促进的信息开发行为是善的，是正当的行为，而对公共利益造成损害的信息开发行为则只能在道德上判定为恶的，是不正当的行为。

有些信息开发人员为了谋取个人利益，竟然想方设法刺探国家机密，即发掘那些不应为其所知的信息；有的信息开发人员所研制的新的信息产品，是用来侵入国家安全系统或国家金融系统的软件，这样的信息产品只能满足非法需要；还有人热衷于开发有百害而无一益的病毒软件，以使大批计算机受到病毒感染为能事。诸如此类的信息开发，都可能对公共利益造成威胁，至少在道德上应当予以禁止。

公共利益实际上是每一个体的共同利益之所在，对公共利益的损害，也就是损害了个体的正当利益的基础。如果信息开发人员试图通过损害公共利益的途径来满足自己的个人利益，那么，他的这种个人利益的满足就在根本上具有了不道德性，是应当受到道德谴责的。维护公共利益，是每一个公民的义不容辞的道德责任，任何信息开发人员也不能例外。如果信息开发人员漠视这种道德责任，他就没有资格成为社会的成员、国家的公民。因此，任何一个社会、任何一个国家都不会允许有人损害公共利益，任何一个信息开发人员也没有损害公共利益的自由。

第二，尊重个人权利原则。这一原则要求信息开发人员在行使自己权利的同时也对别人的权利给予足够的尊重，至少不应侵犯别人的正当权利。有的信息开发人员或出于险恶用心，或出于幼稚的技术炫耀，专门开发一些破译别人密码的信息产品。在这一类信息产品的设计动机中，就已经隐含着对他人权利的粗暴践踏，因为如果不是无视他人的隐私权、合法财产权等的存在，是不会去研制这一类足以对他人的这些权利构成实际威胁的信息产品的。

在现实生活中，这些以践踏他人权利为基本用途的信息产品所造成的危害有时是十分惊人的。例如，1996 年 11 月，中国台湾的林翰斌等利用体积只有月饼盒大小的高科技侦码器，对正在运用模拟移动电话网某基站某信道通话的移动电话信号实施拦截，并读出该手机占用信道的识别码和电子串号，在显示器和打印机上显示和打印，从而盗取移动电话用户手机资料。至侦破时，他们共窃得涉及全国 27 个省、142 个城市的 1.05 万部移动电话的代码。这个所谓的高科技侦码器，主要用于满足某些人盗用他人移动电话号码的需要，它的道德价值的负面性质是十分明显的。这样的信息产品，不只是不应当使用，而是根本上就不应当研制，不应当让其"问世"。

还有的信息开发人员，将人的信息产品做一点改头换面的变动，然后冒充为一种新的信息产品推向市场。这样的行为，名为"开发"，实为剽窃，也严重侵害了他人的权利。这样的信息"开发"行为，无论其实际效果如何，在道德上都应当加以坚决的否定。

第三，纯洁、健康、向上的原则。这一原则要求信息开发人员应当有良好的道德素养，其所研制的信息产品应当有助于社会道德水平的提高，而不是对社会道德状况造成腐蚀和毒化。

纯洁的反面是肮脏，健康的反面是病态，而向上的反面则是堕落。如果信息开发人员没有良好的道德素养，他们就会与纯洁、健康、向上的原则背道而驰，他们所研制的信息产品就可能是用于肮脏目的、造成社会病态、促使人们堕落的信息产品。

在信息产品的开发中，电脑黄色软件(包括软盘和光盘)一直是屡禁不止的。这些黄色软件主要有三大类：一是单纯的色情画面，其内容无非是一些美女、明星的裸体照片，或其他不堪入目的春宫照片；二是色情游戏，即将淫秽内容掺杂于游戏之中，随着游戏的难度增加，色情内容也越来越露骨，越来越有刺激性；三是色情光碟，利用电脑上的光盘驱动器，光碟上的黄色内容就在电脑屏幕上赤裸裸地展现出来，就像小型的"色情电影"。电脑黄色软件之所以能够泛滥，是因为它迎合了一部分人的低级趣味和阴暗心理。而黄色软件的研制者的目的，也就在于利用人们的低级趣味和阴暗心理大发其财。可想而知，如果让这样的信息产品源源不断地开发出来，到处泛滥，那么，纯洁、健康、向上的社会风气迟早会被肮脏、病态、堕落的社会悲剧所取代。

以上所论之信息开发的基本原则，只是信息开发活动所应遵循的最基本的道德要求。针对每一具体的信息开发行为，还可以制定相应的具体道德规范。但任何具体的道德规范都应与这些基本原则保持一致，这样才能将基本的道德要求在信息开发领域贯彻到底。明确了信息开发的基本的道德原则，并在此基础上逐步拟定出信息开发的道德规范系列，"道德不新""道德不清"的问题就可以逐渐得到解决。而在暂未制定出具体的道德规范之前，信息开发人员则应凭借自己的道德理性能力，以上述道德原则为基础，推断出某种具体的信息开发行为的应当与不应当。这就是说，信息开发的基本道德原则与信息开发人员的道德推理能力相结合，亦能有效地解决"道德不新""道德不清"的问题。当然，在条件成熟时，还是应当适时地制定出诸种信息开发行为的具体道德规范，因为这样可以使信息开发人员更方便、更容易地作出道德选择，特别是对那些道德推理能力不强的信息开发人员来说，更是如此。

4.4.3　信息自由伦理限度

利用互联网或所谓"第四媒体"进行的信息传播，尽管使得传播者获得了空前的自由，像过去那样严格的管制在互联网时代已经变得难以实施，但这并不意味着信息传播自由不需要任何限制，并不意味着这种自由达到了绝对的水平。为了正确理解和认识信息传播自由，有必要从总体上把握自由与限制的一般关系。

尽管自由表现为对于限制的否定，但这种否定并非是任性的、随意的。人只能合乎规律地否定限制，只能否定那些已经丧失规律依据的限制。自由在其表象中展开的对于限制的否定性，即其形式上的非限制性，其实是有着深刻的内在依据的。这种深刻的内在依据，就是自由对于限制之否定的合理性或合规律性。只有合乎规律地否定某些限制，才是自由的真谛之所在。而如果只是片面地从形式上去把握自由，就会因为自由的非限制性的表层，把自由理解为单纯的任性或为所欲。黑格尔曾经批评那种认为"自由就是指可以为所欲为"的看法，指责这样的看法"完全缺乏思想教养"。在《哲学史讲演录》中，黑格尔指出："自由也可以是没有必然性的抽象自由。这种假自由就是任性，因而它就是真自由的反面，是不自觉地被束缚的、主观空想的自由——仅仅是形式的自由。"尽管任性也具有自由的形式特征——非限制性，但由于任性纯属主观空想，往往悖逆于必然性、规律性，因此，任性只是一种虚假的形式的自由。

塞缪尔·P. 亨廷顿说:"人当然可以有秩序而无自由,但可能有自由而无秩序。"在封建专制社会中,虽然可能存在着与封建等级相适应的一般的社会秩序,但这样的社会秩序是以广大人民的自由权利被剥夺为代价而建立起来的。随着社会的进步,人民的自由权利的伸张,牺牲自由的秩序已经失去了存在的基础。但即使在现代社会中,也不能无限制地夸大自由,使自由蜕变为秩序的对立面。这样的"自由",其实就是任性妄为。而任性妄为的"自由",由于其对社会秩序的严重破坏性,就只能对社会的存在和发展造成危害。

博登海默曾经指出:"如果我们从正义的角度出发,决定承认对自由权利的要求乃是植根于人的自然倾向之中的,那么即使如此,我们也不能把这种权利看作一种绝对的和无限制的权利。任何自由都容易为肆无忌惮的个人和群众滥用,因此为了社会福利,自由就必须受到某种限制,而这就是自由社会的经验。如果对自由不加限制,那么任何人都会成为滥用自由的潜在受害者。"在这段话中,博登海默虽然肯定自由植根于人的自然倾向,但同时又提出必须对自由加以一定的限制,因为没有任何限制的自由容易为人所滥用,就可能造成对社会福利的危害。在自由稀缺、束缚重重的年代里,人们向往无拘无束的自由,努力争取打破对于自由的一切禁锢。而在自由已经成为一种现实的权利的社会中,如果不对自由权利的行使予以一定的限制,自由就可能演变成任性妄为,就会泛滥成灾。自由过于泛滥之害,也许在程度上不亚于没有自由之弊。

真正的自由不是任性妄为,而是对于不合理的限制、约束的合乎规律的否定。在一个现实存在的社会中,要实现对于不合理的限制、约束的正确的否定,就必须对这一否定本身加以合理的限制,即对自由加以合理的限制。没有合理的限制,自由就会沦为任性妄为。因此,现实的自由,只能是对于限制的有限制的否定,只能在合理的限制中否定不合理的限制。

对于互联网时代的信息传播来说,依凭迅速发展的信息技术,人们已经在信息传播中享有高度的自由。自由固然已经不成问题了,但却出现了要不要有一定的限制以及实施什么样的限制等新的问题。有人把互联网看做绝对的自由空间,反对任何形式、任何程度的限制,甚至近似于主张一种网络无政府主义。然而,这样的绝对自由实际上是一种新形式的任性妄为,是对于真正的自由的曲解。网上也许可以没有政府,但却绝对不能没有秩序。如果缺乏基本的秩序,互联网就会乱成一团,人们就无法进行正常的沟通、正常的信息交流。网上行为并不是孤立的个人行为,即使行为总是由个人作出的,但个人作出的行为却会对他人造成这样那样的影响。如果你可以任性妄为,那么,你就没有理由禁止别人也任性妄为。如果人人都可以任性妄为,那么,每个人的任性妄为势必会造成相互间行为的矛盾与冲突，最后导致相互否定，从普遍的任性妄为走向普遍的难以作为。因此，允许在网上任性妄为，就会逐渐消解网上的基本秩序，最终会导致真正的自由在网上无法找到立足之地。而要维护网上的基本秩序从而保证人们自由权利的实现，就必须对网上自由给予一定的限制，把自由限制在合理的范围之内，以防止其演变为肆无忌惮的任性妄为。

对信息传播予以一定的合理的限制，不但无损于自由的信息传播，反而能够有助于这种自由的信息传播持久地、正常地进行下去。信息传播自由是对于信息传播限制的一种否定，但它只能是对于那些不合理的信息传播限制的否定。如果信息传播自由不分青红皂白，企图否定任何限制，连那些合理的限制也被列为否定的对象，那么，信息传播自由最后也会失去自身存在的保障。试问在这种情况下，还能去实现真正的信息传播自由吗？

对于信息传播自由，可以从法律和道德两个方面进行限制。而且，这两个方面各有其特点和功能。

法律是以国家强制力为后盾的规范体系。与其他规范体系相比较，法律依凭国家强制力，能够对个体的行为实施更有效、更有力度的规范作用。针对信息领域中出现的种种滥用信息传播自由的现象，不少国家已经或正在制定相关的法律，以维护基本的信息传播秩序。在信息传播活动中，有法可依是形成基本秩序的前提。通过制定和实施相关的法律，界定信息传播自由的范围，把行使信息传播自由的权利与承担行为后果的责任结合起来。打击那些任性妄为的信息传播行为，就可以极大地减少滥用信息传播自由的现象。另外，还必须从道德角度为信息传播自由的运用作出一定的限制。尽管道德作为一种软性的规范体系，缺乏法律那样的强制力，但道德通过运用良心、社会舆论等特有的机制，却可以起到法律所难以起到的作用，可以在某种程度上规范法律尚未予以规范的信息传播行为，从而在更大范围内、更深层次上保障信息传播自由的正确行使，进一步减少或避免滥用信息传播自由的现象。

对信息传播自由进行道德限制，必须掌握一定的度，即必须适度地进行道德限制，既不能不为，又不能过度。如果道德限制不足，则信息传播自由仍然有泛滥的可能，信息传播的秩序仍然有濒于崩溃的危险。虽然不足的道德限制总比没有道德限制要好一些，但因其不足，还是不能从根本上解决问题。而如果道德限制过度，则又可能以某种程度的信息传播自由的牺牲为代价。过度的道德限制，由于或多或少会在某种程度上造成对信息传播自由的损害，从而影响信息业的发展和信息传播的通畅，故显然是不可取的。事实上，在某些国家，由于固守传统的而又与信息活动的客观规律不相适应的道德规范，对于信息传播采取了过于严格的道德管制措施，从而在一定程度上阻滞了信息传播，延缓了信息业的发展速度。由此可见，要实现对于信息传播自由的适度的道德限制，必须建立新的道德视角，而不能以旧有的道德偏见来看待信息传播这样的新事物。如果对信息传播的客观规律毫无所知，只是一如既往地套用旧的道德尺度来裁量新的信息传播，就有可能在某种程度上扼杀信息传播自由。确定道德限制的度，必须弄清楚度的上限与下限。正确地行使道德传播自由的下限，就是不因自己的信息传播自由的行使而对他人造成损害，也不能只顾及自己行使信息传播自由的权利而否定他人行使这种自由的权利。如果信息传播主体在行使信息传播的自由时，对他人造成了名誉或利益的损失，那他就违背了最低限度的道德要求，他的信息传播自由就突破了应有的道德限制。信息传播自由不是少数人的权利，而是每一个进入信息通道进行信息传播的人都具有的权利。如果只肯定自己有信息传播的自由，同时又企图剥夺他人的这种自由，就会造成道德上的不平等。正确行使道德传播自由的上限，可以根据各国具体的国情、特殊的文化背景来确定。从各国具体的国情、特殊的文化背景出发，可以为信息传播自由的行使规定一些高于下限的道德要求，但这些较高的道德要求不能对信息传播自由进行扼杀，不能以牺牲正常的信息传播为代价。如果造成了对于信息传播自由的不应有的伤害，就是过度的道德限制。

既重视信息传播自由的道德限制，又为道德限制确立了合理的上限和下限，就形成了信息传播自由的合理的伦理限度。信息传播自由的权利，只能在这一伦理限度内行使。而且，由于法律总是以一定的伦理、道德为基础的，因此，在确立信息传播自由的法律限制时，也必须参照信息传播自由的伦理限度。

4.4.4　教育的信息化及其道德引导

1. 信息化教育的道德问题

不可否认，以计算机网络为平台的信息化教育，在教育领域中造成了一些积极的道德效应。这些积极的道德效应可以概括为以下几个方面：

其一，实现了教育权利的真正平等。传统教育虽然也讲平等，例如，两千多年前的孔子就已说过"有教无类"，但由于客观条件的限制，实际上并非所有社会成员都能享受到平等的教育权利。而信息化教育则能打破传统教育的条件限制，为一切愿意学习的人们提供现实的学习机会，从而使得教育权利的平等不再是可望而不可即的事情。

其二，扩展了学习主体的自由度。在传统教育模式中，学生对于学什么、怎样学等，往往缺乏足够的选择空间，学生的学习也伴随着教育体制的各种监督和约束。而信息化教育则从根本上改变了这一状况，极大地扩展了学生学习的自由度。在远程教育中，"学生脱离了教师目光的严格的'实时控制'；学生脱离了学校严厉约束的全班同步学习形态；学生脱离了学制规定上的同一进度驱使和紧逼。这三个脱离，实际上是学生获得的三个自由"。而在传统教育模式中，学生的这三个自由都是不可想象的。逐渐养成好逸恶劳的不良习惯。而且弄虚作假不仅仅关乎学习质量，它还会影响到学生以后的工作和为人。如果信息化教育助长这种弄虚作假的学习风气，那么，它的优势之处就会被抵消，它的培养人、教育人的目标就无法实现。

其三，网络既可以是优秀的教育资源的传播通道，又可能是各种精神毒品的载体，而这后一种用途将对人们的道德品质产生毒化作用。

整个互联网形成一个开放的虚拟社会，形形色色的人都可以自由地进入。而且，由于网络行为可以匿名进行，匿名的恶劣行为者似乎感觉不到要为自己的行为承担社会责任的压力，因此，网络上最有可能充斥各种伤风败俗、反动腐化的恶劣现象。德国学者恩格尔指出："人们在因特网上可以为所欲为。使用者能在网上找到人所能做的全部坏事。"美国人提出的一份研究报告，确认因特网所提供的色情内容多达917410种，其中有许多是暴力色情和儿童色情之类极其令人发指的下流行为。旅居加拿大的德侨村德尔，在因特网上大搞新纳粹主义宣传。人们还能网上查到制造炸弹的方法，得到世界毒品市场上的价格一览表。

网络上的各种恶劣信息，极有可能以各种形式渗入信息化教育的过程，因为通过互联网获取信息简直是太方便了。信息化教育过程中的受教育者一方面可以接受正规的教育，另一方面又随时可能受到恶劣信息的污染。而且，在学习过程中或学习之余，只要他们愿意，也可以轻松地用鼠标点击进入散布恶劣信息的网站，现代教育的新型手段立刻就转化为接受卑劣信息的工具。有人不无忧虑地指出，电脑黄毒对未成年学生的影响，"是阿尔·戈尔提出建立'把美国每一所图书馆和学校都连接起来'的信息高速公路时所始料不及的。当孩子们连上了线，他们将会看到人性中最复杂的一面吗？他们会成为出没于电子闲聊室中的儿童性骚扰罪犯的猎物吗？"

其四，远程教育借助于信息技术可以不必"面对面"地进行，虽然在其教育过程中可以使用各种"交互式"手段来克服空间障碍，但由于教与学双方不是"面对面"的，故难以像传统教育那样形成密切的情感联系。

情感联系的衰减，对于道德教育尤为不利，因为道德教育的成功在很大程度上要取决于道德情感的培养，没有密切的情感联系，道德教育就难以深入人心。此外，如果仅限于从网上吸取教育信息，学生在教育过程中始终只是与个人终端打交道，使得具有亲和感的人际交往机会相对减少，就可能导致学生难以适应现实的人际关系，学生自己也容易发生紧张、孤僻、冷漠等问题。这些问题，既可能是属于心理方面的，也可能是具有道德性质的。

在信息化教育中，专注于电脑操作的学生，除了情感难以获得良好的发展条件之外，其思维、人格的某些方面的发展亦可能受到限制。美国教育心理学家希莉认为，使用电子科技手段学习，会使学生变成只懂操纵键盘、控制机器的"冷血人"，而缺少用头脑去思考以及组织思维的能力。电脑更会阻碍学生的身心及社会发展。虽然希莉的言辞有过激之嫌，但却提出了一个不容回避的问题。

上述这些道德问题，是伴随着信息化教育而产生的。我们当然不能因为信息化教育会有这样的副产品而从总体上否定教育的信息化趋势，然而，如果对这些道德问题视而不见，掉以轻心，那么，这些道德问题就可能变得越来越严重，就可能对信息化教育的存在和发展造成重大危害。因此，我们只能这样选择，在致力于发展信息化教育的同时，设法消解教育信息化过程中产生的诸种道德问题。

2. 教育过程信息化的道德引导

为了消解信息化教育过程中可能产生的道德问题，使教育信息化始终沿着健康的轨道发展，就必须对整个教育信息化过程给以明确的道德引导。这里所谓的道德引导，主要是通过弘扬、光大进步的、向上的道德价值观念，设定合理的道德要求，来抑制、清除各种不道德因素，使得信息化教育始终保持正确的道德性质，并增强其正面的道德效应。

对于信息化教育的道德引导，既要解决信息技术的应用过程中出现的一般的道德问题，又要考虑信息化教育过程中的特殊的道德问题。信息领域中的一般的道德问题，如版权、隐私权等的道德问题，同样存在于信息化教育的过程中。信息化教育过程的道德引导当然不能忽视这样的问题，但由于这样的问题并非只存在于信息化教育过程中，而解决这样的问题的道德对策也并非只为信息化教育过程所专有，因此，在这里，我们侧重于针对信息化教育过程中的特殊的道德问题，来提出一些具有具体的指导意义的道德要求。就我国目前教育信息化过程的实际情况而言，至少需要设定三个方面的道德要求，即对教育者、受教育者和网络管理者的行为作出相应的道德规定。

（1）对教育者的道德要求

对教育者的道德要求，在整个信息化教育过程中起主导的作用。教育者为人师表,其道德状况如何,不仅关乎本人的道德形象,而且会对受教育者产生直接的道德影响。作为信息化教育过程中的教育者,除了遵守一般的师德要求之外,还应特别考虑以下道德要求:

①公平地对待每一个学生

由于远程教育的辐射面极广,因此学生可能来自不同的国家、不同的民族甚至不同的种族。在这种情况下,教师尤其要防止对其他国家、民族、种族的学生的歧视。不同国家、民族、种族的学生,可能经济状况不一,肤色、信仰不同,但一旦进入信息化教育的过程,他们就都有接受教育的平等权利。如果教育者以个人好恶为转移,对不同国家、民族、种族的学生采取不同的教学态度,厚此薄彼,不能公平对待,那么,这不仅有违创立远程教育的宗旨,而且在道德上也是不正当的。

②尊重学生的个性化学习要求

信息化教育使终生教育、继续教育不再是可望而不可即的事情,因此,进入信息化教育过程的学生,彼此在知识基础以及年龄上都会有较大的差异。在这种情况下,学生可能运用交互式学习软件,向教师提出较之传统教育更多的个性化学习要求。而作为信息化教育过程中的教育者,应当比传统教育中的教师更具有"诲人不倦"的精神。教师应当根据计算机提供的反馈信息,对教学内容及其难度、进度等进行修改和调整,以满足不同知识基础、不同年龄的学生的学习要求。

③及时更新网络教学内容

信息化教育能够充分利用网络上的资源的丰富性和信息传输的快速性,使学生得以迅速掌握最新的知识。而要做到这一点,教师应当随时注意信息资源的变化,把新的信息及时补充到教学内容中去。如果教师只图简便、省力,当然就不愿意更新教学内容,但这样的教学态度,是与教师的道德责任不相称的。一个不能及时更新教学内容的教师,不但未能充分发挥网络教学的优越性,而且没有承担其对受教育者应尽的责任,这在道德上是应当受到谴责的。

(2)对受教育者的道德要求

对于受教育者的道德要求,不仅关系到其学业的成败,还会对其为人处世形成长远的影响。针对信息化教育中容易出现的道德问题,对于受教育者,应着重强调以下道德要求:

①自觉学习,勤于钻研

由于在信息化教育过程中,教学监督较之传统教育要弱很多,故更需要受教育者发挥自己的学习自觉性。在教学监督比较弱甚至没有教学监督的情况下，只要受教育者有足够的学习自觉性，仍然可以利用丰富的网上教育资源，学好有关的专业知识。而如果受教育者缺乏学习的自觉性，那么，信息化教育就可能有其名而无其实，就不能真正收到教育的效果。

勤于钻研与受教育者的学习自觉性有关。如果没有学习的自觉性，那么，受教育者就不可能勤于钻研，而只会偷工减料，好逸恶劳。以学习自觉性为基础，受教育者勤于钻研，多思好问，就能够克服各种学习上的困难，取得良好的学习成绩。

②诚实不欺，拒绝虚假

如前所述，某些网站为受教育者弄虚作假提供了极大方便。虽然有此种方便，但只要受教育者本人能够遵循诚实不欺的道德要求，他就不会去寻求这样的方便。学习上的弄虚作假，虽然可能使受教育者一时蒙混过关，但由于并没有真正学到知识，没有掌握真正的本领，因此，最后还是会在社会工作的真实考验中碰得头破血流，最终吃亏的还是弄虚作假者自己。弄虚作假，既是欺人，又是自欺；既糟蹋了宝贵的学习机会，又败坏了学习风气。而在学习中做到诚实不欺，则既有利于社会，又有利于受教育者自己。

③是非分明，择善弃恶

由于信息化教育是利用网络进行的，而各种不同性质的信息都有可能进入网络，其中，既有和教育有关的、能够提高受教育者的知识水平和能力的信息，也有一些垃圾信息、有害信息，因此，受教育者要有明确的是非观念，只选择那些有利于自己的身心健康的信息，正当地使用信息化教育过程中的信息技术手段，而对于那些不道德的信息，即使能够很方便地利用，也要自觉地进行抵制。在信息化教育过程中，能不能既有效地发挥信息技术在教育中的良好作用，又避免网络可能带来的负面影响，在很大程度上取决于受教育者的是非观念以及择善弃恶的自觉性。因为在很多情况下，教育者和网络管理者对于受教育者使用网络的行为是很难进行完全的控制的。

(3)对网络管理者的道德要求

对于网络管理者的道德要求，关系到信息化教育环境的道德质量以及教育资源的道德运用。这里的网络管理者，主要是指网络教育资源的管理者。对于网络管理者来说，至少应使自己的行为符合以下道德要求：

①不让商业信息干扰受教育者的学习

用于远程授课的教育信息通道，由于是连接在互联网上的，而且登录人数也可能相当多，因此，它也可能被商家选作发布商业广告的场所。但如果在远程教育的过程中不时出现商业信息，就会分散受教育者的注意力，使他们的学习受到干扰。因此，网络管理人员不能为了自己的利益，而允许商家在教育信息通道上大做广告。

②不让恶劣信息进入信息化教育过程

网络上的恶劣信息，如黄色、暴力、反动的信息等，可谓无时不有，无孔不入。如果让这样的信息进入信息化教育过程，就会毒害受教育者。当然，一般而言，网络管理者是不会有意让这样的恶劣信息进入的。但是，如果不采取必要的技术措施，这样的恶劣信息还是可能随时进入信息化教育过程中。因此，作为一种道德责任，网络管理者有义务设置专门的过滤软件，从技术上阻断恶劣信息的进入。

③不断提高信息化教育载体的质量

信息技术的发展日新月异，信息化教育的载体也应随之而更新。只有不断提高信息化载体的质量，才能使受教育者获得更好的学习手段，其学习才会更有效率。如果网络管理者不愿投资更新信息化教育载体，那就是为了保全自己的利益而不顾受教育者的利益，这在道德上是一种不高尚的行为。

如果以上三个方面的道德要求能够真正为进入信息化教育过程的各相关行为主体所认同，并内在化为他们行为的自律尺度，那么，前述信息化教育过程中可能产生的问题之一和问题之二就可以在很大程度上得到解决。当然，道德要求的内在化不是短期内就可以完成的，而是需要长期的、细致的工作，并且还需要与之相应的制度提供一定的外部强制力，才能为这些道德要求的内在化创造良好的环境。道德要求的设定，虽然仅仅是对于信息化教育过程的道德引导的开端，但没有这个开端，其他一切都无从说起。至于问题之三，由于与信息化教育的先天局限有关，故不能简单地企求在信息化教育过程中得到解决。然而，信息化教育的这一局限使我们认识到，教育的信息化尽管极为重要、极有必要，但它不能排斥其他的教育模式。有学者预言："随着远程教育的发达，社区教育必然兴旺，21世纪很可能就是这二者教育形态的组合。"可以"面对面"进行的社区教育，正好弥补了以远程教育为标志的信息化教育在这方面的不足，因此，信息化教育难以形成的密切的情感关系，就可以通过让社区教育来发展，信息化教育所可能产生的道德问题之三，也随之而得到妥善的解决。

4.5 大学生信息能力的内容

信息能力是整个信息素养的核心内容，是信息素养培养的关键部分。信能力包括信息获取能力、信息加工处理能力和信息技术的利用能力等。

信息能力教育主要包括三个方面的具体内容：第一，掌握信息科学技术的基本原理，如计算机原理、网络原理、操作系统原理、多媒体技术原理、信息传递及接收与控制的原理；第二，熟悉信息科学技术的发展史，了解信息技术发展的趋势；第三，掌握现代信息技术基本操作技能：能够熟练使用各种信息技术硬件，掌握现代信息技术常用软件的使用方法，掌握网上学习资源的搜集方法。熟悉计算机和网络以外的其他信息技术的知识素养。

4.5.1　计算机系统的组成

计算机系统由硬件系统和软件系统组成。

1. 计算机硬件系统

(1)计算机硬件系统的组成

计算机硬件系统是指构成计算机的所有实体部件的集合，通常这些部件由电路(电子元件)、机械等物理部件组成。它们都是能看得见摸得着的，因此通称为"硬件"，是进行一切工作的基础。计算机的硬件系统由运算器、控制器、存储器、输入设备和输出设备五部分组成。

①运算器

运算器是计算机的运算部件，进行算术运算和逻辑运算并暂存中间结果。常把运算器称为算术与逻辑运算部件，即 ALU。运算器是计算机的核心部件，它的技术性能的高低直接影响着计算机的运算速度和性能。

②控制器

控制器是计算机的控制中心，按照人们事先给定的指令步骤统一指挥各部件有条不紊地协调运作。控制器的主要功能是从内存中取出一条条指令，并指出当前所取指令的下一条指令在内存中的地址，对所取指令进行译码和分析，并产生相应的电子控制信号，启动相应的部件执行当前指令规定的操作，周而复始地使计算机实现程序的自动执行。控制器的功能决定了计算机的自动化程度。

随着大规模集成电路技术的发展，运算器和控制器通常做在一块半导体芯片上，称为中央处理器或微处理器，简称 CPU。CPU 是计算机核心和关键，计算机的性能主要取决于 CPU。

③存储器

存储器是具有记忆功能的部件。计算机在运行过程中所需要的大量数据和计算程序，都以二进制编码形式存于存储器中。存储器分为许多小的单元，称为存储单元。每个存储单元有一个编号，称为地址。存储器中的数据被读出以后，原存储器中的数据仍能保留，只有重新写入，才能改变存储器存储单元的存储状态。

计算机的存储器分为内存储器和外存储器。

内存储器简称内存，又称主存，是 CPU 能根据地址线直接寻址的存储空间，由半导体器件制成。其特点是存取速度快，基本上能与 CPU 速度相匹配。计算机工作时将用户需要的程序与数据装入内存。内存按其功能和存储信息的原理又可分成两大类，即随机存储器和只读存储器。

随机存储器简称 RAM（Radom Only Memory）。RAM 在计算机工作时既可随时从中读出信息，也可随时写入信息，所以 RAM 是在计算机正常工作时可读/写的存储器。当机器掉电时 RAM 的信息会丢失。因此用户在操作电脑过程中应养成随时存盘的习惯，以防断电丢失数据。

只读存储器简称 Rom（Read Only Memory）。计算机工作时只能从 Rom 中读出信息而不能向 Rom 写信息，当机器掉电时 Rom 的信息不会丢失。利用这一特点常将操作系统基本输入输出程序固化其中，机器加电后立刻执行其中的程序。ROM BOS 就是指含有这种基本输入输出程序的 ROM 芯片。

外存储器简称外存，它作为一种辅助存储设备主要用来存放一些暂时不用而又需长期保存的程序或数据。当需要执行外存中的程序或处理外存中的数据时，必须通过 CPU 输入输出指令将其调入 BAM 中才能被 CPU 执行处理，所以外存实际上属于输入/输出设备。

内存是程序存储的基本要素，存取速度快，但价格较贵，容量不可能配置得非常大；而外存响应速度相对较慢，但容量可以做得很大（如一张 3.5 英寸软盘片容量 1.44MB，一张光盘片容量 640MB，硬盘容量可达几十 GB）。外存价格比较便宜，并且可以长期保存大量程序或数据，是计算机中必不可少的重要设备。

外存储器用来放置需要长期保存的数据，它解决了内存不能保存数据的缺点。微型计算机中的外存储器有软磁盘驱动器、硬磁盘驱动器、光盘驱动器。

把计算机的运算器、控制器和存储器合在一起称为计算机的主机。

④输入设备

计算机在与人进行会话、接受人的命令或是接收数据时需要的设备叫做输入设备。常用的输入设备有键盘、鼠标、扫描仪、游戏杆等。

⑤输出设备

输出设备是将计算机处理的结果以人们能够认识的方式输出的设备。常用的输出设备有显示器、音箱、打印机、绘图仪等。

（2）计算机的工作原理

美籍匈牙利数学家冯·诺依曼在 1946 年提出了关于计算机组成和工作方式的基本设想。到现在为止尽管计算机制造技术已经发生了极大的变化，但是就其体系结构而言仍然是根据他的设计思想制造的，这样的计算机称为冯·诺依曼结构计算机。

冯·诺依曼设计思想可以简要地概括为以下三点：

①计算机应包括运算器、存储器、控制器、输入和输出设备五大基本部件。

②计算机内部应采用二进制来表示指令和数据。每条指令一般具有一个操作码和一个地址码。其中操作码表示运算性质，地址码指操作数在存储器中的地址。

③将程序送入内存储器中，然后启动计算机工作，计算机无需操作人员干预能自动逐条取出指令和执行指令。

计算机的工作过程就是执行程序的过程。程序是若干指令的序列，执行程序的过程是：

①取出指令：从存储器某个地址中取出要执行的指令，送到 CPU 内部的指令寄存器暂存；

②分析指令：把保存在指令寄存器中的指令送到指令寄存器，译出该指令对应的微操作；

③执行指令：根据指令译码器向各个部件发出相应控制信号，完成指令规定的操作；

④为执行下一条指令做好准备，即形成下一条指令地址。

2. 计算机软件系统

只有硬件系统而没有软件系统的计算机称为裸机，它是无法工作的。要想让计算机完成某项工作，必须配备相应的软件系统。

计算机的软件系统分为系统软件和应用软件。

（1）系统软件

系统软件是管理、监控和维护计算机资源的软件，是计算机必备的软件。它负责管理和控制计算机的资源，提供用户使用计算机的界面。包括操作系统、各种程序设计语言（如 C 语言、BASIC 语言）的编译与解释程序、监控和诊断程序等。最重要的系统软件是操作系统。

（2）应用软件

应用软件是为了解决各种实际问题而设计的程序。包括各种管理软件、办公自动化软件、工业控制软件、计算机辅助设计软件包、数字信号处理及科学计算程序包等。

3. 计算机语言

一般的计算机目前还不能在人类的自然语言上直接操作，用计算机解决实际问题必须对所要解决的问题周密考虑一个明确的处理方法(算法)，再使用计算机能理解的计算机语言编制成程序，然后通过输入设备才能告诉计算机该怎么去做。计算机语言通常分为三个层次：机器语言、汇编语言和高级语言。

(1)机器语言

机器语言是用二进制代码表示的计算机能直接识别和执行的一种机器指令的集合。它是计算机的设计者通过计算机的硬件结构赋予计算机的操作功能。机器语言具有灵活、直接执行和速度快等特点。不同型号的计算机其机器语言是不相通的，按照一种计算机的机器指令编制的程序，不能在另一种计算机上执行。

用机器语言编写程序，编程人员要首先熟记所用计算机的全部指令代码和代码的涵义。手编程序时，程序员得自己处理每条指令和每一数据的存储分配和输入输出，还得记住编程过程中所使用的工作单元处在何种状态。这是一件十分繁琐的工作，编写程序花费的时间往往是实际运行时间的几十倍或几百倍。而且，编出的程序全是些 0 和 l 的指令代码直观性差还容易出错。现在除了计算机生产厂家的专业人员外，绝大多数程序员已经不再去学习机器语言了。

(2)汇编语言

为了克服机器语言难读、难写、难记和易出错的缺点，人们就用与代码指令实际含义相近的英文缩写词、字母和数字等符号来取代指令代码(如用 ADD 表示运算符号"＋"的机器代码)，于是就产生了汇编语言。所以说，汇编语言是一种用助记符表示的仍然面向机器的计算机语言。汇编语言亦称符号语言。

汇编语言由于是采用了助记符号来编写程序，比用机器语言的二进制代码编程要方便些，在一定程度上简化了编程过程。汇编语言的特点是用符号代替了机器指令代码，而且助记符与指令代码一一对应，基本保留了机器语言的灵活性。使用汇编语言能面向机器并较好地发挥机器的特性，得到质量较高的程序。

汇编语言是面向具体机型的，仍离不开具体计算机的指令系统，因此，对于不同型号的计算机，有着不同的结构的汇编语言。而且，对于同一问题所编制的汇编语言程序在不同种类的计算机间是互不相通的。

汇编语言中由于使用了助记符号,用汇编语言编制的程序送入计算机,计算机不能像用机器语言编写的程序一样直接识别和执行,必须通过预先放入计算机的"汇编程序"的加工和翻译,才能变成能够被计算机识别和处理的二进制代码程序。用汇编语言等非机器语言书写好的符号程序称源程序,运行时汇编程序要将源程序翻译成目标程序。目标程序是机器语言程序,它一经被安置在内存的预定位置上,就能被计算机的 CPU 处理和执行。

汇编语言像机器指令一样,是硬件操作的控制信息,因而仍然是面向机器的语言,使用起来还是比较繁琐费时,通用性也差。汇编语言是低级语言。但是,汇编语言用来编制系统软件和过程控制软件,其目标程序占用内存空间少,运行速度快,有着高级语言不可替代的用途。

(3)高级语言

不论是机器语言还是汇编语言都是面向硬件的具体操作的,语言对机器的过分依赖,要求使用者必须对硬件结构及其工作原理都十分熟悉,这对非计算机专业人员是难以做到的,对于计算机的推广应用是不利的。计算机事业的发展,促使人们去寻求一些与人类自然语言相接近且能为计算机所接受的语意确定、规则明确、自然直观和通用易学的计算机语言。这种与自然语言相近并为计算机所接受和执行的计算机语言称高级语言。高级语言是面向用户的语言。无论何种机型的计算机,只要配备上相应的高级语言的编译或解释程序,则用该高级语言编写的程序就可以通用。目前被广泛使用的高级语言有 BASIC、PASCAL、C、COBOL、LISP 和 PROLOG 等。

计算机并不能直接地接受和执行用高级语言编写的源程序,源程序在输入计算机时,通过"翻译程序"翻译成机器语言形式的目标程序,计算机才能识别和执行。这种"翻译"通常有两种方式,即编译方式和解释方式。编译方式是:事先编好一个称为编译程序的机器语言程序,作为系统软件存放在计算机内,当用户由高级语言编写的源程序输入计算机后,编译程序便把源程序整个地翻译成用机器语言表示的与之等价的目标程序,然后计算机再执行该目标程序,以完成源程序要处理的运算并取得结果。解释方式是:源程序进入计算机时,解释程序边扫描边解释作逐句输入逐句翻译,计算机逐句执行,并不产生目标程序。PASCAL、FOR—TRAN、COBOL 等高级语言执行编译方式,BASIC语言则以执行解释方式为主,而 PASCAL、C 语言是能书写编译程序的高级程序设计语言。每一种高级(程序设计)语言,都有自己人为规定的专用符号、英文单词、语法规则和语句结构(书写格式)。高级语言与自然语言(英语)更接近，而与硬件功能相分离（彻底脱离了具体的指令系统），便于广大用户掌握和使用。高级语言的通用性强，兼容性好，便于移植。

4.5.2　计算机安全

1. 产生错误的原因

计算机系统产生错误的原因是因为其本身存在着一些脆弱性常被非授权用户不断利用。他们对计算机系统进行非法访问，这些非法访问使系统中存储的信息完整性受到威胁，信息被修改或破坏而不能继续使用，更为严重的是系统中有价值的信息被非法篡改、伪造、窃取或删除而不留任何痕迹。另外计算机还易受各种自然灾害和各种误操作的破坏。认识计算机系统的这种脆弱性可以采取有效的措施保证计算机系统的安全性。

（1）计算机不安全因素的复杂性

计算机系统是一个复杂的系统其各个环节都可能存在不安全因素。例如：

①数据输入部分：数据通过输入设备进入系统输入数据容易被篡改或输入假数据。

②数据处理部分：数据处理部分的硬件容易被破坏或盗窃，并且容易受电磁干扰或因电磁辐射而造成信息泄露。

③通信线路：通信线路上的信息容易被截获，线路容易被破坏或盗窃。

④软件：操作系统、数据库系统和程序容易被修改或破坏。

⑤数据输出部分：输出信息的设备容易造成信息泄露或被窃取。

⑥存取控制部分：系统的安全存取控制功能还比较薄弱。

（2）计算机错误的分类

影响计算机系统安全、使得计算机系统产生错误的因素可以分成两大类：一类是自然因素；另一类是人为因素。

①自然因素

自然因素是指因为自然力造成的地震、水灾、火灾、风暴、雷击等，它可以破坏计算机系统的实体也可以破坏信息。自然因素可以分为自然灾害、自然损坏、环境干扰等因素。

a. 自然灾害

b. 自然损坏：自然损坏是指因系统本身的脆弱性而造成的威胁。例如元器件失效、设备（包括计算机、外围设备、通信及网络、供电设备、空调设备等）故障、软件故障（含系统软件和应用软件）、设计不合理、保护功能差和整个系统不协调等。

c. 环境干扰：环境干扰如高低温冲击、电压过低、过压或过载、振动冲击、电磁波干扰等因素。

②人为因素

人为因素分为无意损坏和有意破坏两种。

a. 无意损坏：无意损坏是过失性的是因人的疏忽大意造成的。例如操作失误、错误理解、无意造成的信息泄露或破坏。

b. 有意破坏

有意破坏是指直接破坏建筑设施或设备、盗窃资料及信息、非法使用资源、施放病毒或使系统功能改变等，这是应该引起特别注意的。据计算机故障诊断及维修统计电源波动、相电压不平衡、地线不良造成的故障占 11%，机房洁净度差、灰尘大占 15%，温度过高、腐蚀、磁盘变形、电路绝缘下降 11.2%，机房温度过高、机器温度升高、雷击占 8.8%，突然掉电导致软硬件损坏占 9.1%，电源无稳压或过压、过流保护占 11.9%，其他原因如人为故障或质量控制不严造成的故障占 33%。

这些不安全因素使得计算机系统表现出种种脆弱性，计算机系统的这些脆弱性对系统安全性构成了潜在的危险，如果这些脆弱性被利用，系统资源就会产生种种错误，受到很大的损失。

2. 计算机病毒

(1)计算机病毒的定义

计算机病毒类似于生物病毒，它能把自身依附着在文件上或寄生在存储媒体里，能对计算机系统进行各种破坏，同时有独特的复制能力能够自我复制；具有传染性，可以很快地传播蔓延，当文件被复制或在网络中从一个用户传送到另一个用户时，它们就随同文件一起蔓延开来但又常常难以根除。与生物病毒不同的是几乎所有的计算机病毒都是人为地制造出来的，是一段可执行代码一个程序。

计算机病毒(Computer Virus)在《中华人民共和国计算机信息系统安全保护条例》中被明确定义为："指编制或者在计算机程序中插入的破坏计算机功能或者破坏数据影响计算机使用并且能够自我复制的一组计算机指令或者程序代码。"

(2)计算机病毒的起源和危害

计算机病毒赖以生存的基础是现代计算机均采用了冯·诺伊曼的"存储程序"工作原理和操作系统的公开性和脆弱性以及网络中的漏洞。程序和数据都存在计算机中程序和数据都可以被读、写、修改或复制即程序可以在内存中繁殖。特别是在微机系统中 DOS 的控制功能对用户都是透明的，可以调用或修改 DOS 的终端功能取得对系统的控制权，从而对系统程序和其他程序进行任意处理，因此危机更容易受到病毒的入侵。正是在这个基础上一些计算机专业人员出于开玩笑、惩罚非法拷贝者或恶作剧等原因研制了一些病毒程序从而使病毒程序不断蔓延开来，所造成的后果连设计者本人事先都没有估计到。

从早期出现的 Cookie Mouster 到今天采用反跟踪等各种高新技术的各式各样的新病毒；从危机病毒到能在计算机网络上"爬来爬去，的 WORM（蠕虫）；从小到几个字节的病毒到类似一个操作系统的病毒，计算机病毒在种类和技术手段上不断发展，花样不断增加和翻新，已成为威胁计算机系统网络和信息系统安全的一个重要工具，成为新世纪国际恐怖活动的主要手段之一。

事实上计算机病毒的相关技术是由计算机技术人员在研究、开发、完善计算机系统过程中尤其是在软件开发和维护过程中发现的，是由于技术泄露而被恶作剧者后来又被别有用心者所利用而形成的。它是随着计算机技术的发展而产生的畸形怪胎。从技术上讲计算机病毒起源于计算机本身和 DOS 系统的公开性及脆弱性，从人的因素上讲计算机病毒起源于人的愚昧和别有用心。计算机病毒的产生、发展和蔓延正是计算机技术高度发展以及计算机文化与文明迟迟得不到完善的必然结果。因此可以说计算机病毒是随着技术发展的历史进程而演化的结果。

很多计算机病毒危害不大仅是恶作剧而已。而有的病毒则是一件损失巨大、影响深远的计算机病毒事件，如 1988 年美国康奈尔大学的一年级研究生莫里斯写的蠕虫程序（Tap WOITII）在 12 小时内已使美国的 htemet 上连接的 6000 多台多种型号的工作站受到感染，使许多联网的计算机被迫停机。据报道这次事件的直接经济损失在 6000 万美元以上，引起了美国社会和计算机界的震惊。也引起了各国政府的注意。专家们在法律、道德、反病毒技术等方面做了大量的工作以防治计算机病毒的危害。

计算机病毒的危害可分为对计算机的危害和对计算机网络的危害两个方面。

①对计算机的危害

a. 破坏磁盘文件分配表使用户在磁盘上的信息丢失；

b. 将非法数据写入操作系统的内存数据区引起系统崩溃；

c. 删除硬盘或软盘上特定的可执行文件或数据文件；

d. 修改或破坏文件的数据；

e. 影响内存常驻程序的正常执行；

f. 在磁盘上产生虚假坏簇从而破坏有关的程序或数据；

g. 更改或重写入磁盘的卷标号；

h. 不断反复传染、拷贝造成存储空间减少并影响系统的运行效率；

i. 对整个磁盘或磁盘上的特定磁道进行格式化；

j. 可以造成显示屏幕或键盘的封锁状态。

②对网络的危害

a. 病毒通过"自我复制"传染正在运行的其他程序与正常运行的程序争夺计算机资源；

b. 病毒程序可以冲毁存储器中的大量数据，致使其他用户的数据蒙受损失；

c. 病毒不仅侵害用户使用的计算机系统，而且侵害与该网络连接的其他计算机系统。

d. 病毒程序可导致计算机控制的交通指挥系统失灵、银行金融系统瘫痪从而引发一系列社会问题。

（3）计算机病毒的特性

①感染性

计算机病毒具有再生机制，它能够自动地将自身的复制品或其变种感染到其他程序体上。这是计算机最根本的属性是判断、检测病毒的重要依据。

②潜伏性

入侵系统的计算机病毒一般不会马上发作，可以在几周或者几个月内甚至几年内隐藏在合法文件中对其他系统进行传染而不被人发现。不满足触发条件时计算机病毒除了传染外不做什么破坏；触发条件一旦得到满足有的在屏幕上显示信息、图形或特殊标识有的则执行破坏系统的操作，如格式化磁盘、删除磁盘文件、对数据文件做加密、封锁键盘以及使系统死锁等。潜伏性愈好其在系统中的存在时间就会愈长，病毒的传染范围就会愈大。

③可触发性

病毒因某个事件或数值的出现诱使病毒实施感染或进行攻击的特性称为可触发性。病毒的触发机制就是用来控制感染和破坏动作的频率的。预定的触发条件可能是时间、日期、文件类型或某些特定数据等。

④破坏性

病毒降低计算机系统的工作效率，占用系统资源，可以毁掉系统的部分数据也可以破坏全部数据，并使之无法恢复会导致系统崩溃等重大恶果。病毒的破坏性主要取决于计算机病毒设计者的目的。

⑤针对性

病毒是针对特定的计算机和特定的操作系统的。例如有针对 IBM PC 机及其兼容机的，有针对 Apple 公司的 Macintosh 的，还有针对 UNIX 操作系统的。例如小球病毒是针对阳 MPC 机及其兼容机上的 DOS 操作系统的。

⑥隐蔽性

病毒一般是具有很高编程技巧短小精悍的程序。隐蔽性表现在两个方面：一是传染的隐蔽性。大多数病毒在进行传染时速度是极快的，一般不具有外部表现，不易被人发现；二是病毒程序存在的隐蔽性。一般的病毒程序都夹在正常程序之中很难被发现，而一旦病毒发作出来往往已经给计算机系统造成了不同程度的破坏。

⑦欺骗性

病毒程序往往采用几种欺骗技术如脱皮技术、改头换面、自杀技术和密码技术来逃脱检测，使其有更长的隐藏时间去实现传染和破坏的目的。

⑧计算机病毒的持久性

即使在病毒程序被发现以后数据和程序以至操作系统的恢复都非常困难。特别是在网络操作情况下由于病毒程序由一个受感染的拷贝通过网络系统反复传播使得病毒程序的清除非常复杂。

(4)计算机病毒的分类

计算机病毒的分类方法有多种，按其表现性可分为良性病毒和恶性病毒。良性病毒是指其不包含有立即对计算机系统产生直接破坏作用的代码。这类病毒为了表现其存在只是不停地进行扩散从一台计算机传染到另一台，并不破坏计算机内的数据，但因病毒的其他特性而影响系统的正常运作；恶性病毒是指在其代码中包含有损伤和破坏计算机系统的操作的，因此这类恶性病毒是很危险的应当注意防范。

按工作机理可以把计算机病毒分为引导型病毒、入侵型病毒、操作系统病毒、文件型病毒和外壳型病毒。

引导型病毒也叫初始化病毒。它把自己附属在磁盘的引导部分，当计算机系统被引导时病毒获得控制权驻留内存，在所有时间内对系统尽心控制。它通过截获所有的系统中断监视系统的活动隐藏在系统中伺机传染、发作。引导型病毒按其寄生对象的不同又可分为两类：即 MBR（主引导区）病毒 BR（引导区）病毒。MBR 病毒也称为分区病毒，特病毒寄生在硬盘分区主引导程序所占据的硬盘 0 头 0 柱面第 1 个扇区中。典型的病毒有大麻（Stoned）、2708 等。BR 病毒是将病毒寄生在硬盘逻辑 0 扇区或软盘逻辑 0 扇区（即 0 面 0 道第 1 个扇区）。典型的病毒有 Brain、小球病毒等。

入侵型病毒将自身或其变种粘到现有的宿主程序体的中间而不是宿主程序的头部或尾部并对宿主程序进行修改。它能在没有干预的情况下在宿主程序中找到恰当的位置将自己插入。这种病毒检测和消除都比较困难。

操作系统病毒就是利用操作系统中所提供的一些程序及程序模块寄生并传染的。通常这类病毒作为操作系统的一部分，只要计算机开始工作病毒就处在随时校触发的状态。而操作系统的开放性和不绝对完善性给这类病毒出现的可能性与传染性提供了方便。操作系统病毒目前已广泛存在"黑色星期五"即为此类病毒。

文件型病毒是计算机系统中最常见的病毒形式。它可以感染任何可执行程序。它的安装必须借助于病毒的载体程序，即要运行病毒的载体程序方能把文件型病毒引入内存。当程序被感染后病毒将获得控制权，并将控制返回到应用程序以前对系统进行扫描。大多数的文件型病毒都会把它们自己的程序码复制到其宿主的开头或结尾处，也有部分病毒是直接改写"受害文件"的程序码，更有高明一点的病毒会在每次进行感染的时候针对其新宿主的状况而编写新的病毒码，然后才进行感染，因此这种病毒没有固定的病毒码。

外壳型病毒将其自身的复制品或其变种包围在宿主程序的头部或尾部，对原来的程序不做任何修改。这种病毒最为常见，易于编写也易于发现，一般测试文件的大小即可知。

(5)计算机病毒的防治

病毒的防治技术总是在与病毒的较量中得到发展的。总的来讲计算机病毒的防治技术分成四个方面即检测、清除、免疫和防御。除了免疫技术因目前找不到通用的免疫方法而进展不大之外，其他三项技术都有相当的进展。

①病毒预防技术

计算机病毒的预防技术是指通过一定的技术手段防止计算机病毒对系统进行传染和破坏，实际上它是一种特征判定技术，也可能是一种行为规则的判定技术。也就是说计算机病毒的预防是根据病毒程序的特征对病毒进行分类处理而后在程序运行中凡有类似的特征点出现则认定是计算机病毒。具体来说计算机病毒的预防是通过阻止计算机病毒进入系统内存或阻止计算机病毒对磁盘的操作尤其是写操作以达到保护系统的目的。计算机病毒的预防技术主要包括磁盘引导区保护、加密可执行程序、读写控制技术和系统监控技术等。

计算机病毒的预防应该包括两个部分：对已知病毒的预防和对未知病毒的预防。目前对已知病毒的预防可以来用特征判定技术或静态判定技术对未知病毒的预防则是一种行为规则的判定技术即动态判定技术。

②病毒检测技术

计算机病毒的检测技术是指通过一定的技术手段判定出计算机病毒的一种技术。病毒检测技术主要有两种：一种是根据计算机病毒程序中的关键字、特征程序段内容、病毒特征及传染方式、文件长度的变化在特征分类的基础上建立的病毒检测技术；另一种是不针对具体病毒程序的自身检验技术，即对某个文件或数据段进行检验和计算并保存其结果以后定期或不定期地根据保存的结果对该文件或数据段进行检验，若出现差异即表示该文件或数据段的完整性已遭到破坏，从而检测到病毒的存在。

计算机病毒的检测技术已从早期的人工观察发展到自动检测，从对某一类病毒的检测今天又发展到 8B 自动对多个驱动器、上千种病毒自动扫描检测。目前有些病毒检测软件还具有在不扩展由压缩软件生成的压缩文件内进行病毒检测的能力。现在大多数商品化的病毒检测软件不仅能检查隐藏在磁盘文件和引导扇区内的病毒，还能检测内存中驻留的计算机病毒。而对于能自我变化的被称做 Polymopics 多形性病毒的检测还需要进一步研究。

③病毒消除技术

计算机病毒的消除技术是计算机病毒检测技术发展的必然结果，是病毒传染程序的一种逆过程。从原理上讲只要病毒不进行破坏性的覆盖式写盘操作，病毒就可以被清除出计算机系统。安全、稳定的计算机病毒清除工作完全基于准确、可靠的病毒检测工作。

计算机病毒的消除，严格地讲是计算机病毒检测的延伸，病毒消除是在检测发现特定的计算机病毒基础上，根据具体病毒的消除方法从传染的程序中除去计算机病毒代码并恢复文件的原有结构信息。

④病毒免疫技术

计算机病毒的免疫技术目前没有很大发展。针对某一种病毒的免疫方法已没有人再用了，而目前尚没有出现通用的能对各种病毒都有免疫作用的技术，也许根本就不存在这样一种技术。现在某些反病毒程序使用给可执行程序增加保护性外壳的方法能在一定程度上起保护作用。若在增加保护性外壳前该文件已经被某种尚无法由检测程序识别的病毒感染，则此时作为免疫措施为该程序增加的保护性外壳就会将程序连同病毒一起保护在里面。等检测程序更新了版本能够识别该病毒时又因为保护程序外壳的"护驾"而不能检查出该病毒。另外某些如 DIR 2 类的病毒仍能突破这种保护性外壳的免疫作用。

3. 数据安全和管理

数据安全主要是指为保证计算机系统中数据库(或数据文件)免遭破坏、修改、显露和窃取等威胁和攻击而采用的技术方法,包括各种用户识别与验证技术、访问控制技术和数据加密技术以及建立备份、异地存放、妥善保管等技术和方法。

(1)用户识别与验证技术

用户识别和验证是一种基本的安全技术。其核心是识别访问者是否属于系统的合法用户目的是防止非法用户进入系统。一般可以分为两种:

①消息认证:用于保证信息的完整性和抗否认性;在很多情况下用户要确认网上信息是不是假的信息,是否被第三方修改或伪造这就需要消息认证。消息认证的有关内容参见加密解密部分数字签名部分。

②身份认证:用于鉴别用户身份。包括识别和验证。识别是指明确并区分访问者的身份;验证是指对访问者声称的身份进行确认。

身份认证的基本方法:

a. 基于秘密信息的身份认证方法:其中包括口令核对、单向认证、双向认证和身份的零知识证明。

口令核对:是指每一个合法用户都有系统给的一个用户名/口令,对用户进入时系统要求输入用户名、口令,如果正确则该用户的身份得到了验证。这种认证方法的优点是方法简单,缺点是用户的密码一般较短且容易猜测,容易受到口令猜测攻击,使得攻击者可以通过窃听通信信道等手段获得用户口令;加密口令还存在加密密钥的交换问题。

单向认证:是指通信的双方只要一方被另一方鉴别解决方案:

一是采用对称密钥加密体制。通过一个可信任的第三方——通常称为KDC(密钥分发中心),由这个第三方来实现通信双方的身份认证和密钥分发;二是采用非对称的密钥加密体制无需第三方的参与。口令核对其实也是一种单向认证只是这种认证方法还没有与密钥分发相结合。

双向认证:是指在认证过程中通信双方需要互相鉴别各自的身份,然后交换会话密钥。

身份的零知识证明:是指不需要传输口令或身份信息也能得到认证。即被认证方 A 掌握某些秘密信息,A 想方设法让认证方 B 相信他确实掌握那些信息但又不想让认证方 B 知道那些信息。

b. 基于物理安全的身份认证方法:是指依赖于用户特有的某些生物学信息或用户持有的硬件。基于生物学的方案包括基于指纹识别的身份认证、基于声音识别的身份认证以及基于虹膜识别的身份认证等技术。基于智能卡的身份认证机制在认证时需要一个硬件——智能卡(智能卡中存有秘密信息通常是一个随机数)只有持卡人才能被认证。这样可以有效地防止口令猜测,有卡有密码的用户会被得到认证。

(2)访问控制技术

访问控制决定了谁能够访问系统,能访问系统的何种资源以及如何使用这些资源。适当的访问控制能够阻止未经允许的用户有意或无意地获取数据。访问控制的手段包括用户识别代码、口令、登录控制、资源授权(例如用户配置文件、资源配置文件和控制列表)、授权核查、日志和审计。

安全控制包括六种类型的控制手段如防御型、探测型和矫正型以及管理型、技术型和操作型控制。

防御型控制用于阻止不良事件的发生。

探测型控制用于探测已经发生的不良事件。

矫正型控制用于矫正已经发生的不良事件。

管理型控制用于管理系统的开发、维护和使用包括针对系统的策略、规程、行为规范、个人的角色和义务、个人职能和人事安全决策。

技术型控制是用于为信息技术系统和应用提供自动保护的硬件和软件控制手段。技术型控制应用于技术系统和应用中。

操作型控制是用于保护操作系统和应用的日常规程和机制。它们主要涉及在人们(相对于系统)使用和操作中使用的安全方法。操作型控制影响到系统和应用的环境。

以下分类列出部分访问控制手段:

物理类防御型手段包括文书备份、围墙和栅栏、保安、证件识别系统、加锁的门、双供电系统、生物识别型门禁系统、工作场所的选择、灭火系统等;物理类探测型手段包括移动监测探头、烟感和温感探头、闭路监控、传感和报警系统等。

管理类防御型手段包括安全知识培训、职务分离、职员雇用手续、职员离职手续、监督管理、灾难恢复和应急计划、计算机使用的登记等;管理类探测型手段包括安全评估和审计、性能评估、强制假期、背景调查、职务轮换等。

技术类防御型手段包括访问控制软件、防病毒软件、库代码控制系统、口令、智能卡、加密、拨号访问控制和回叫系统等;技术类探测型手段包括日志审计、入侵探测系统。

(3)数据加密技术

　　数据加密是所有数据安全技术的核心，在计算机网络环境下很难做到对敏感性数据的隔离，较现实的方法是设法做到即使攻击者获得了数据但仍无法理解其包含的意义，以便达到了保密的目的。在发送端将数据变换成某种难以理解的形式并在接收端进行反变换以恢复数据的原样。变换前的原始信息成为明文变换后的信息成为密文变换的过程称为加密。加密要在加密密钥的控制下进行。用于对数字加密的一级数字变换成为加密算法。发信者将明文加密成密文然后将密文信息存储成文件或将其送入计算机网络。授权的接收者收到密文信息后施加与加密相似的变换去掉密文的伪装恢复明文的过程称为解密。解密是在解密密钥的控制下进行的。用于解密的一组数字变换成为解密算法。加密和解密过程组成加密系统。明文和密文统称为报文。

　　加密技术是网络信息安全主动的、开放型的防范手段。对于敏感数据应采用加密处理并且在数据传输时采用加密传输，目前加密和技术主要有两大类：一类是基于对称密钥加密的算法也称私钥算法；另一类是基于非对称密钥的加密法也称钥算法。加密手段一般分软件加密和硬件加密两种。软件加密成本低而且实用灵活，更换也方便，硬件加密效率高，本身安全性高。密钥管理包括密钥产生、分发、更换等是数据保密的重要一环。

　　在网络应用中一般采取两种加密形式：对称密钥和公开密钥采用何种加密算法则要结合具体应用环境和系统，而不能简单地根据其加密强度来作出判断。因为除了加密算法本身之外，密钥合理分配、加密效率与现有系统的结合性以及投入产出分析都应在实际环境中具体考虑。

　　对于对称密钥加密。其常见加密标准为 DES 等，当使用 DES 时用户和接受方采用 64 位密钥对报文加密和解密，当对安全性有特殊要求时则要采取 IDEA 和三重 DES 等。作为传统企业网络广泛应用的加密技术，秘密密钥效率高，它采用 KDC 来集中管理和分发密钥，并以此为基础验证身份，但是并不适合 Internet 环境。

　　在 Internet 中使用更多的是公钥系统。即公开密钥加密它的加密密钥和解密密钥是不同的。一般对于每个用户生成一对密钥后，将其中一个作为公钥，公开另外一个则作为私钥由雇主保存。常用的公钥加密算法是 RsA 算法，加密强度很高。具体做法是数字签名和数据加密结合起来。发送方在发送数据时必须加上数据签名，做法是用自己的私钥加密一段与发送数据相关的数据作为数字签名，然后与发送数据一起用接收方密钥加密。当这些密文被接收方收到后，接收方用自己的私钥将密文解密，得到发送的数据和发送方的数字签名，然后用发布方公布的公钥对数字签名进行解密，如果成功则确定是由发送方发出的。数字签名每次还与被传送的数据和时间等因素有关。由于加密强度高而且并不要求通信双方事先要建立某种信任关系或共享某种秘密，因此十分适合Internet 网上使用。

下面介绍几种最常见的加密体制的技术实现：

①常规密钥密码体制

所谓常规密钥密码体制即加密密钥与解密密钥是相同的。

在早期的常规密钥密码体制中典型的有代替密码，其原理可以用一个例子来说明：

将字母 abcd…wxyz 的自然顺序保持不变但使之与 DEFG…ZABC 分别对应（即相差 3 个字符）。若明文为 sbdent 则对应的密文为 VWXGHQW（此时密钥为3）。

由于英文字母中各字母出现的频度早已有人进行过统计所以根据字母频度表可以很容易对这种代替密码进行破译。

②数据加密标准 DES

DES 算法原是 IBM 公司为保护产品的机密于 1971 年至 1972 年研制成功的，后被美国国家标准局和国家安全局选为数据加密标准，并于 1977 年颁布使用。ISO 也已将 DES 作为数据加密标准。

DES 对 64 位二进制数据加密产生 64 位密文数据。使用的密钥为 64 位实际密钥长度为 56 位(有 8 位用于奇偶校检)。解密时的过程和加密时相似但密钥的顺序正好相反。

DES 的保密性仅取决于对密钥的保密而算法是公开的。DES 内部的复杂结构是至今没有找到捷径破译方法的根本原因。现在 DES 可由软件和硬件实现。美国 AT&T 首先用 LSI 芯片实现了 DES 的全部工作模式，该产品称为数据加密处理机 DEP。

③公开密钥密码体制

公开密钥(Public Key)密码体制出现于 1976 年。它最主要的特点就是加密和解密使用不同的密钥，每个用户保存着一对密钥，公开密钥 PK 和秘密密钥SK，因此这种体制又称为双钥或非对称密钥密码体制。

在这种体制中 PK 是公开信息用作加密密钥，而 SK 需要由用户自己保密用作解密密钥。加密算法 E 和解密算法 D 也都是公开的。虽然 SK 与 PK 是成对出现但却不能根据 PK 计算出 SK。

公开密钥算法的特点如下：

a. 用加密密钥 PK 对明文 X 加密后再用解密密钥 SK 解密即可恢复出明文

或写为：$DSK[EPK(x)] = X$

  b. 加密密钥不能用来解密即 $DPK[EPK(X)] \neq X$

  c. 在计算机上可以容易地产生成对的 PK 和 SK。

  d. 从已知的 PK 实际上不可能推导出 SK。

  e. 加密和解密的运算 n—I 以对调即：$EPK[DsK(X)] = X$

  在公开密钥密码体制中最有名的一种是 RSA 体制。它已被 ISO/TC97 的数据加密技术分委员会 SC20 推荐为公开密钥数据加密标准。

  数字签名技术是实现交易安全的核心技术之一，它的实现基础就是加密技术。在这里我们简要介绍数字签名的基本原理。

  以往的书信或文件是根据亲笔签名或印章来证明其真实性的。但在计算机网络中传送的报文又如何盖章呢？这就是数字签名所要解决的问题。数字签名必须保证以下几点：接收者能够核实发送者对报文的签名；发送者事后不能抵赖对报文的签名；接收者不能伪造对报文的签名。

  现在已有多种实现各种数字签名的方法，但采用公开密钥算法比常规算法更容易实现。下面就来介绍这种数字签名。发送者 A 用其秘密解密密钥 SKA 对报文 X 进行运算，将结果 DSKA(x) 传送给接收者 B。B 用已知的人的公开加密密钥得出 $EPKA(DSKA(X)) = x$。因为除 A 外没有别人能具有 A 的解密密钥 SKA。所以除 A 外没有别人能产生密文 DSKA(X)。这样报文 X 就被签名了。

  假若 A 要抵赖曾发送报文给 B。B 可将 X 及 DSKA(X) 出不给第三者。第三者很容易用 PKA 去证实 A 确实发送消息 X 给 B。反之如果是 B 将 X 伪造成 x 则 B 不能在第三者面前出示 DSKA(X')。这样就证明 B 伪造了报文。可以看出实现数字签名也同时实现了对报文来源的鉴别。

  但是上述过程只是对报文进行了签名。对传送的报文 x 本身却未保密。因为截到密文 DSKA(x) 并知道发送者身份的任何人通过查问手册即可获得发送者的公开密钥 PKA 因而能够理解报文内容。则可同时实现秘密通信和数字签名。SM 和 SKB 分别为 A 和 B 的秘密密钥而 PKA 和 PKB 分别为 A 和 B 的公开密钥。

第5章　教师信息素养培训模式及评价体系

在前面我们谈到了信息技能是教师信息素养的核心，因此对教师信息技能进行培训是提高教师信息素养的重要方式。在教师信息技能培训的同时，我们还可以对教师的信息意识、信息知识、信息伦理道德进行教育，从而提高教师的信息素养水平。我国政府已经将教师信息技术培训作为提高教师信息素养的一项重要措施，2000 年国家教育部印发了《中小学教师信息技术培训指导意见》，确定了中小学教师信息技术培训的指导思想、目标、具体内容和要求。2005 年 4 月教育部启动了实施全国中小学教师教育技术能力建设计划。计划中明确了要以《中小学教师教育技术能力标准（试行）》为依据，以全面提高教师教育技术应用能力，促进信息技术在教学中的有效运用为目的，建立教师教育技术培训和考试认证体系，组织开展以信息技术与学科教学有效整合为主要内容的教育技术培训。而在教师信息技术培训中，培训模式的选择是影响培训质量的重要因素之一，因此，我们这一章重点研究教师信息技术培训的模式。

5.1　国外的教师信息技术培训模式

美国有关专家在 1999 年对信息技术应用状况进行分析时指出，尽管各地的中小学教师往往都接受过一定的技术培训，但这种培训准备确实是很不充分的。从培训内容看，教师培训经过了一个模式演进过程，最初的教师培训更多地采用分离模式（或称技术中心模式），这种培训往往是着眼于计算机技术本身，一位教师一旦掌握了技术就自然而然地具有了将计算机应用于教学的能力，但实际上这种隐含的假设是不成立的，这种培训模式在效果上也越来越受到人们的质疑。当前，研究者更多地强调"整合模式"，强调培训的重点是技术的教育应用，是技术在课程和教学中的整合而不是技术本身。教师培训一般是开设专门的教育技术培训课程，传授有关的知识技能。除此之外，还需要把信息技术融合到培训活动中，使教师在培训中亲身经历和体验信息化的学习环境，在此过程中，使他们了解信息技术，熟悉这种环境中的学习和教学。从整合培训模式的角度来看，为了将信息技术有效地整合应用到教学中，把信息技术融合到培训过程之中是教师培训的重要方法和途径。

在大量的文献资料和研究论文中，大多是介绍国外信息化进程、教师信息技术教育现状，更多的是从宏观上规范、指导和评估教师的信息技术教育，很少具体介绍他们是通过何种方式和方定(微观模式)进行培训的。而美国的两家商业公司开展的关于教师信息技术教育的两个项目给我们提供了可以借鉴的理念和方法。

5.1.1　以技术整合的方法学习技术整合

这是英特尔未来教育项目所采用的模式。该项目的目标是让教师学会如何在课堂教学中运用信息技术。它的设计和实施很好地体现了技术整合助教学思想，正所谓"在游泳中学习游泳"。

1. 英特尔未来教育的想念和特点

英特尔未来教育(Intel Teach to the Future)是一项以培养计算机操作为主体，以现代信息技术、现代信息网络为背景的．以提高各学科教师教学能力为宗旨的师资培训项目。它的培训对象是一线的学科教师。它在培训中强调以学为主、以用为主、以互动的方式使教师在课堂上能够有效应用所学的技术相知识，把信息技术作为教与学的工具有机地整合到课程中去。

英特尔未来教育是一种基于网络教育资源和信息技术的现代教育，英特尔未来教育与素质教育是统一的，代表了教育改革的方向，是"以信息化带动教育现代化，带动教育跨越式发展"的一种教育理念，为教育现代化指出了一条快捷的道路。英特尔未来教育通过受训者学习方式的转变，带动了教学各个环节的转变：教师从知识的传授者转变为学生学习的指导者和促进者；学生从被动获得知识转变为主动学习、主动掌握学习方法和提高学习能力；教学目的从单纯地让学生掌握知识转变为培养学生的创新精神和实践能力。在大力推行素质教育的今天，实现英特尔未来教育具有积极的现实意义。

英特尔未来教育项目特点：

(1)信息技术的学科整合。课程自始至终贯彻了学科整合的思想，让信息技术渗透到各学科教学中去。

(2)案例教学。通过配套光盘和专用网站提供了大胆的单元设计和电子作品范例，用案例来引导教师设计技术进行合作。

(3)合作型学习。参加学习的教师在学习过程中参加许多合作性的活动，而且教师设计的教案也鼓励受训者进行合作。

(4)资源学习。信息资源的利用是技术整合教学的重要组成部分,要求参加学习的教师能快速地获取信息并有效地利用电子信息资源进行教学设计。

(5)面向作品的评价。在技术整合的教学中,教师需要学会如何评估学生解决问题的综合性能力。在项目学习的过程中,教师不但要学会设计量规评估自己的教案,还要学会设计量规来评估学生的电子作品。

(6)教师是受训者的促进者。在英特尔未来教育培训中,受训者是积极主动的学生,并不意味着忽视教师的作用。相反,教师能否运用促进受训者学习的教学技能,对于培训的效果来说具有决定性意义。教师的促进作用主要表现在为受训者提供使用计算机和网络的技术支持;组织研讨、交流并在讨论中协调、整合;鼓励受训者对学习过程进行控制调节;建立良好的小组成员关系;鼓励受训者相互评论。在培训活动的开始,教师发挥的作用多一些,随着活动的进行,慢慢地让位于受训者的独立探索。

2. 英特尔未来教育的产生背景

20世纪90年代,英特尔公司在美国部分州的中小学实施了一项名为"ACE"(Application Computer in Education)的教师信息技术培训项目,受到中小学教师的广泛欢迎。2000年,英特尔公司决定将这个项目在世界其他国家进行推广试验,正式命名该项目为"英特尔未来教育"(Intel Teach to the Future),并邀请该公司著名的教育专家 Wendy Hawkins 博士出任公司的全球教育事务总监,着手组织"英特尔未来教育"项目在世界各国的实施。

1999年,上海市教委基于对该项目实际价值的理智判断,开始了对该项目的引进、翻译、本土化工作,并在上海市各区县进行了试验实施。同时,在教育部的指导下,上海和北京成为该项目在中国的首先试行地区。2001年后,在教育部和有关省市教育厅指导下,"英特尔未来教育"在北京、上海、天津、内蒙古、山西、河北、甘肃、海南、江苏、浙江、重庆、长春、新疆和山东淄博开展。部分省市把英特尔未来教育与教师继续教育培训项目相结合,大规模地培训骨干教师,取得了明显的效果。到2006年上半年,英特尔未来教育项目在我国培训了近100万名教师.为提高我国教师信息技术能力作出了贡献。

3. 英特尔未来教育培训模式的要素结构

模式就是指根据观察所得加以概括的框架和结构,是围绕某一主题涉及的各种因素和相互关系所提供的一种完整结构。也就是说模式的灵魂是其内在构成要素所组成的结构。

(1)培训主体

英特尔未来教育的培训一般由教育培训机构(如师资培训中心、电教馆等)与英特尔公司联合主办,主讲教师要经过英特尔公司专家培训,取得资格后才能对教师进行培训。

(2)培训目的

通过培训使各学科教师学习和掌握全新的教育理念和教学方法,要求每一位参加培训的学科教师都要学会运用信息技术和信息资源进行教与学,通过 6 天的集中培训,或分散的 48 学时培训,使教师初步掌握教育信息化时代的新型教学方法,充分利用好计算机和网络等信息资源,培养受训者的创新思维、团队合作精神、问题解决和研究能力。

(3)培训对象

英特尔未来教育培训对象首先主要是骨干教师,以后会逐渐扩大到主讲教师,最后扩展到学科教师。

(4)培训目标

使接受培训的教师,充分领会英特尔未来教育的教育理念、掌握英特尔未来教育的教学模式,并将它们应用到各自学科的教学实践中去。最终达到提高教学质量;提高教师的信息素养;革新的教学观念和信息化教学设计的实践能力。

(5)培训内容

英特尔未来教育培训共计 48 小时,由 10 个模块组成,贯穿 4 条活动主线。

①信息技术在教学中应用观念的新体验。要求参加培训的教师初步掌握了计算机应用软件 Word、PowerPoint、FrontPage、上网浏览等办公软件的使用技术,该项目的培训重点不是计算机技术的操作,而是让教师体验和参与以学生为中心的互动式教学和探究式学习。整个培训基于微软公司的 Office 软件套件,主要有 Wrod、IE、PowerPoint 和 FrontPage,此外还配有《中国大百科全书》等资料光盘。受训者在 48 小时的培训期间主要利用上述软件和光盘完成各项学习任务。

②科学规范的信息化教学设计训练。每个受训者要按照教材的要求完成一个信息化教学设计的包件(核心问题和单元问题设计、单元教学计划教案设计、学生作品范例设计、评价量规设计、教学辅助材料设计等,构成一个教学设计产品包),其中引导学生进行高智慧学习的问题设计是单元教学计划设计的核心。信息化教学设计训练是"英特尔未来教育"培训的精髓,从中可以使参加培训的教师获得研究性学习教学改革的若干启迪。

③以受训教师为中心的互动教学法。注重交流、合作与资源共享是"英特尔未来教育"的一个重要特征，在每一模块的学习中，都安排有结对共享，主讲教师可以通过电脑派对、抽签提问、自由组合等方式，使受训者随机或按一定的规则和要求两两组合，小组和全班就学习方法、内容、资源、技术、教案、作品设计等进行交流、切磋和帮助。教法研讨则是让受训者讨论作为教师在实际的教学实践中将要或可能遇到的问题、困难等。每个受训者都按要求在计算机中建立规范的作品文件夹，且设置为共享，每个受训者都可以根据需要参考其他受训者的学习成果，使用其他受训者的支持材料以及他们搜集到的资源，实现真正意义上的资源共享和互帮互助。培训采用案例教学法，教材配套的教学用光盘和以前受训者作业光盘为受训者完成任务提供了案例。教材还安排了形式多样的回家作业，对信息化教学环境下的教学活动进一步充实。

④重视结构化的评价。每项任务都制订了相应的评价标准实例（评价量规），评价量规格评价指标细化，分成一级、二级指标。每项指标不用分数评价，而是采用定性评价。要求受训者学会编制评价量规，并根据量规评价自己的作品或受训者之间相互评价，让受训者在自己设计评价量规和运用评价量规的活动中体验评价的导向作用。在培训中，评价和反思始终贯穿子培训的全过程。

（6）培训的形式

英特尔"未来教育"采用的是层层培训的形式进行的（专家—骨干教师—主讲教师—学科教师），该项目首先对一定数量的骨干教师进行培训，再由每一位骨干教师每年培训一定数量的主讲教师，再由主讲教师培训或影响一线学科教师。培训采用面对面的形式，进行结对交流、动手操作、教学实践的讨论。培训的结果是层层增值。这是因为每一级的教师都根据自己的教学实际有所创新，使培训的效果非常令人满意。

4. 英特尔未来教育培训模式的操作程序

（1）组成研究小组

协作既是学习的手段，也是学习的目的，通过协作学习和研究，受训者可以取长补短，取得高质量的成果，与此同时，在共同参与的过程中，受训者还了解不同入的个性，学会相互交流、协作。英特尔未来教育项目十分注重团队合作，在研究过程中要求发扬团结协作之精神。根据受训者自愿组合原则，对受训者进行分组，一般以4人为宜，由1人负责。然后做一个演示文稿，对本研究小组相关信息（如兴趣、专长、希望等）做简单介绍，这有利于形成小组团结互助的精神。

（2）提出不同的研究课题

提出问题是实施英特尔未来教育，培养创新能力的根本前提。要培养创新能力，在教学中树立强烈的"问题"意识是很重要的，只有认真地学习和思考，才会提出深刻的具有研究价值的问题来，这样的问题才称得上是课题，具有研究价值。正所谓"不愤不启，不悱不发"，爱因斯坦曾说过，"提出一个问题比解决一个问题更重要"。在组内进行反复地讨论，提出课题，教师与受训者进行了多次的交流，不断斟酌修改，指导受训者科学选题以及确定该课题要研究的大致内容。最后经教师指导，确定了课题。

（3）制定单元计划

根据各个课题，指导受训者认真填写单元计划。单元计划将指导受训者的研究活动，所有的单元计划在以后的实践过程中还要不断地修改和完善。

（4）收集资料

组内分工协作，根据本课题的要求，进行寻找资源等各项工作。

①向受训者提供相应的学科网址和搜索引擎

在浩如烟海的网上信息资源中寻找自己需要的资源是一件不易而非要做的事情。教师可以向受训者提供一些搜索工具让其自己上网搜索。目前，较好的中文搜索引擎有、谷歌、百度等。受训者可以选择以上工具，为自己的课题寻找网上资源，只要键入关键词，就可以找到相关的内容，十分便捷。

②根据内容建立相应的文件夹，对搜寻材料分类管理

建立诸如图片、文字等文件夹，把网上所搜索到的材料进行整理、取舍、分类别随时保存在相应的文件夹中，以备下一步制作课件之用。建立文件夹时，可建立像"文字"、"声音"、"图片"等文件夹，也允许受训者并鼓励受训者根据备课题的具体要求灵活机动地建立不同的文件夹。

这是比较耗时的工作，要求受训者在空余的时间里积极主动地进行，但也给了受训者一定的时间限制，根据其课题的难度确定不同的时间。在整个过程中，若发现受训者不注意文件夹的建设，材料放置有些杂乱无章，应及时地加以敦促改进和鼓励，促使他们不断完善。

（5）制作课件和评价（网页或演示文稿）

英特尔未来教育模式的学习成果具体体现在电子化产品的制作——课件的制作。受训者所提的问题是否得到解决或解决地如何就看他们制作的课件质量如何（因为受训者计算机水平有差异，所以主要看内容），而不是要求写论文，这是有别于其他类型的课题研究。要求受训者制作多媒体演示文稿或网页（主要是网页），来总结他们的研究成果，把他们努力研究的所有成果都有机地整

合在课件中，做到直观形象、一目了然。

所以，在找到一定数量的资料后，要求受训者着手制作网页（软件平台 FrontPage）和演示文稿（PowerPiont），并给各小组约定了完成初稿和终稿的时间。英特尔未来教育主张用最简单的技术制作出最好的课件，这种技术应该是便于学习、应用和推广的。通常，我们应用 PowerPiont 制作演示文稿，ProntPage 制作网页，受训者在制作过程中由不知到知之，由强入深，在完成研究课题的同时，也掌握和提高了一门计算机应用新技能，这也是英特尔未来教育的预期目标之一。

（6）向学友们介绍自己的作品，并且交流自己的研究心得

最后要求受训者将所有实践以来的研究成果，包括网上材料、自我介绍、网页作品、单元计划等在文件夹中进行整理，并且写出研究心得体会（在研究过程中要随时记录，如同每天写日记），保存在电脑中，最后以电子产品的形式结题。

5. 英特尔未来教育培训模式的优缺点分析

任何一种模式的产生和存在都有其特殊的背景和原因，因而，每种模式都有着其特定的优点，同样，也存在着不可回避的缺点。英特尔未来教育培训模式也不例外。

（1）英特尔未来教育培训模式的优点

①"融技术于课程"的培训比"基本技术技巧"培训更重要

我们以往的教师培训也常常开设现代教育技术方面的课程，但往往仅停留在技术层面，即如何操作和使用计算机和网络，而不大顾及如何利用计算机和网络来开展学习、教学和研究，更未告诉教师如何在课堂教学中恰当地运用技术，如何把技术与课程融合为一体。而英特尔未来教育培训则非常注重课程与技术的整合。最好的整合训练不仅仅是给教师显示在课程中哪些地方可以挤进一些技术，而是帮助他们学会如何根据其学生的需要和学习风格选择数字化内容，并将其渗入课程，而不是以其本身为终结。"融技术于课程"的培训要比"基本技术技巧"培训对教师更有帮助。

②改变传统的教师在职培训模式

传统的教师信息技术培训将知识传授放在中心地位，以为教师一旦接受了关于信息技术的新知识，就可以运用到教学活动中。这种空洞理论的单向灌输难免乏味，以至招来"所谓的教师在职培训就是用枯燥无味的讲课来告诉教师如何在课堂上避免枯燥无味的讲课"的尖刻嘲讽。同时在结果上也收效甚微，实际上教师对某种教学理论的了解，并不能自动地对教学活动产生影响，"所

倡导的理论"并不能自动地转化为"所采用的理论"。英特尔未来教育培训通过"结对交流"、"教法研讨"、"动手操作"、"作品评估"、"单元计划修改"、"回家作业"等活动，通过融技术于课程，有望改变传统的教师信息技术培训模式，避免枯燥，收取实效。

③大大丰富了现代教育技术的内涵

英特尔未来教育培训拓展了现代教育技术原有的内涵。就拿网络学习来说，我们一般想到的是如何进行上网浏览、查找资料、收发电子邮件等。而培训后，我们至少可以从四个方面来理解"网络学习"：网络作为学习的工具，即通过网络进行学习；网络作为学习的对象，即学习网络本身；网络作为学习资源，即开发和利用网络知识和信息资源；网络作为学习的环境，即视网络为一个超越时空界限的"大教室"。随着网络技术和人们学习观念的发展，网络学习的内涵也必定继续发展。现代教育技术的内涵亦同此理。从而使得教师真正地、完整地了解信息技术、掌握信息技术，最终提高教师的信息素养。

④重视合作与交流，使协作学习贯穿培训的始终

在教材的第一模块中就安排了"结识伙伴，自我介绍"的活动，其后，在每个模块中都有协作化的学习形式——结对共享、相互讨论，教师们或互相交流看法，或交换资料，使协作与会话真正贯穿学习的始终，成为一个不可缺少的环节，从而培养了教师的协同能力。

⑤经常的角色互换，促进教师对学习活动的反思

在整个培训过程中，教师的角色并非一成不变的，他们需要经常在"教师—学生"之间换位。如单元计划的制订，是从教师角度考虑的；而多媒体演示文稿和网站的设计、制作，则是按学生身份完成的。这有利于教师对学习活动不断地进行反思与完善。从而使得教师从多方面提高自己的信息技术和学科整合水平。

⑥丰富的评价量规，使教师对评价环节有了深刻认识

在培训过程中，每一项任务都制定了相应的评价标准实例（教材中称为评价量规）。评价量规将评价指标细化，分成一级指标、二级指标，每项指标都有得分，教师们可以及时按照对应的量规为自己的作品打分，有利于教师了解自己的学习进度，从而提高教师学习的积极性。在日常教学环节中最薄弱的评价在这里受到了高度重视。

（2）英特尔未来教育培训的缺点

①培训与研修时间短（只有 6 天时间），但教学的内容比较多，就单元教学计划包的内容主要有：

＊依据国家课程标准和教育技术标准制定的结合具体教学目标的单元教学计划；

＊学生多媒体作品演示范例；

＊用于评估学生学习效果的多媒体评测工具；

＊学生出版物范例(简讯或手册)；

＊用于评估学生学习效果的出版物评测工具；

＊学生网站范例；

＊用于评估学生学习效果的网站评测工具；

＊用于支持单元教学的教师演示、简讯、手册或网站；

＊用于支持单元教学的教师材料、模板或调试；

＊单元实施计划等。

因此培训的信息量、任务量大，容易让受训者产生消极思想。

②培训的时间安排与教学时间有冲突。

③主讲教师水平参差不齐。

④培训内容主要是信息技术能力方面，而对信息意识和信息伦理道德规范方面的培训不够。

6. 提高英特尔未来教育培训质量的思考

英特尔未来教育培训具有理念新、方法实、受训者收获大的特点。在培训的过程中，要求受训的教师必须从系统的意识、学生的角度来进行单元问题的设计，以学生的理解来展示所设计的演示文稿、学生网站等。它要求教师的教学是为学而教，这非常符合新课程强调的为了学生发展的要求。同时在整个培训中，以受训者的实际操作为主，受训者在操作中体会、掌握如何将信息技术应用到学科教学中。此培训关注的是计算机的应用是否增强了学习效果，而不是单纯进行计算机技术的操作训练。

这几年，株洲市广泛开展了英特尔未来教育培训，每年参加培训的人数都远远超过湖南省的其他地区，到目前为止，全市有近6000名教师参加了这一培训。然而，培训的质量还有待进一步提高。从这几年株洲市的培训来看，还存在着一些问题。下面笔者就存在的问题来谈谈对如何进一步提高英特尔未来教育培训质量的思考。

(1)提高主讲教师的水平

英特尔未来教育项目培训成败的关键在于主讲教师。主讲教师教学水平的高低直接影响到受训者学习的效果。目前主讲教师水平不高的表现如：有的主讲教师没有透彻理解项目培训的思想；有的只注重技术的难度。

　　造成主讲教师水平不高的原因有很多，主要有以下两个方面：一方面，培训教材的变化。随着培训工作的开展，英特尔未来教育课程已经陆续推出了中文 3.0 版、4.0 版、5.0 版、5.2 版、6.0 版，其中 6.0 版改动较大，它紧密结合国家新课程标准的实施，加强课程问题的设计，丰富了教学资源，更加强调互动学习、充分利用网络资源，更加注意将培养教师信息化教学设计的教案设计引向培训后的课堂教学活动实践，关注教师的进步和成长带给学生的进步和学业成绩的提高。如果主讲教师不去精心研读改版后的教材，就会不适应甚至很难把握好。另一方面，主讲教师消极的工作态度。有的主讲教师工作态度不认真，只求过得去，不求过得硬。如：对框架问题提出时，主讲教师自己也搞不清楚为什么提问题，搞不清基本问题、单元问题、内容问题之间的关系。

　　基于上述情况，要提高主讲教师的水平，可先对他们就新版教材进行培训，再让他们去搞培训。株洲市目前有 100 多名主讲教师，这些主讲教师在前几年已接受过专门培训。我们可以从中选出一部分认真负责、技术过硬、积极上进的主讲教师再一次进行培训，帮助他们进一步理解和把握新版教材、把握培训过程中需要注意的问题。为了使主讲教师日后能更好地进行培训，我们可以把他们组成一个"英特尔未来教育"培训的研讨组。每年开展一两次培训研讨会，研讨培训时的方法、策略，对一些难点，如框架问题的设计方法、如何提高作品质量、如何把项目培训的思想应用到教学上等问题进行探讨。每年各县举行培训时，一定要由电教馆(师资培训中心)所指定主讲教师，以提高普通班级的培训质量。

　　另外，要求主讲教师在每次培训前准备好详细、实用、可行的教案，培训结束后，要及时上报本期的教案、培训日志(包括每天培训的成功、失败之处以及自己的反思)和受训者的作业；也可以在各地区教育信息网上开辟英特尔未来教育专题网页、将受训者的作品上传，并进行评选。好的作品不仅对受训者本人是一种激励．对辅导教师也是一种肯定。每年本着公开、公正的原则评选出本年度最佳主讲教师，也可以激励主讲教师争先的积极性。

　　(2)调整培训时间

　　英特尔未来教育培训整个过程一般在一段连续的时间内进行，而教师除了在暑假、寒假有较长的连续时间可利用外，其他时间都有教学任务。若在其他时间进行，每次培训由于时间紧迫，教学的信息量与任务量大，受训者们往往在短时间内难以达到培训的效果。因此，我认为有必要对培训时间进行适当的调整：培训总时间不变(6 天)，将培训分成三个阶段。第一阶段(2 天)：解决技术上的难题。先把受训者集中起来，让他们学会使用培训中要用到的软件和设备，如：Word、Excel、PowerPoint、IE 的使用，网页的制作，光盘、扫描仪、打印机、投影仪的使用等。第二阶段(1 天)：受训者认识并开始设计自己的教学单元，包括框架问题的设计、学生演示文稿、学生网站、评价量规、学生支持材料等。第三阶段(3 天)：受训者利用所学的技术去解决自己设计的教学问题。这三个阶段之间有一定的时间间隔。第一阶段和第二阶段之间的间隔，便于受训者熟悉培训中用到的软件及设备。那些软件使用基础较差的受训者，可以在这段时间里熟悉一下软件；第二阶段和第三阶段之间的间隔，受训者要为设计教学单元找一些资料，为第三阶段的培训做好准备。分阶段进行培训，受训者们有了充足的时间思考和设计问题，这样会学得更扎实、认识更到位。

(3)严格按照《"英特尔未来教育"项目管理手册》进行有效管理

我们平时的教师信息技术培训，在培训形式上虽然也在不断创新和发展，却总是难以取得很好的实效，关键一点是我们的培训管理有问题。英特尔未来教育培训也存在着这样的问题，培训过程中没有严格按照英特尔未来教育"项目管理手册》进行有效管理。此管理手册对各级管理、执行机构有明确的责任目标，对骨干教师、主讲教师提出了要求及职责，对参加培训的学科教师的选拔也有要求。培训中，只有严格按照此手册进行有效管理，严把质量关，才能取得好的培训效果。凡缺勤一天以上或不能完成作品者一律不予合格；对受训者的作业要严格进行评改，对没有完成培训作业或抄袭他人作业的受训者，要取消学分和结业证书。同时要鼓励先进、激励全体，在培训结束时做好"优秀受训者"和"优秀作品"双优的评选工作。好的作品可以刊登在"英特尔未来教育"网页上。这样，培训才不会成为教师为拿学分的摆设，才能使教师把新课改的理念转化为一种技术性的操作，从而彻底改变教师教的方式和学生学的方式，进而适应教师专业化发展的要求，走上反思和研究的教学道路。

5.1.2 教师做研究

苹果明日课堂(The Apple Classroom of Tomorrow)的教师专业发展项目体现了另一个特点，那就是教师做研究。

1. 苹果明日课堂项目的概述与原则

苹果明日课堂(The Apple Classroom of Tomorrow))的教师专业发展项目是教师在开展项目研究的过程中，学习和尝试利用各种技术设计和开发学生学习单元，并且这些单元会在他们的课堂教学中真正实施。在这个过程中教师全身心地投入进行研究和对话，对自己的教学实践进行反思，思考如何利用技术来改变和提高自己的教学实践。

苹果明日课堂的研究者还进一步指出了教师发展项目的六个关键原则：

（1）教师的发展活动处于实践的情境当中，这样参与者能够在真实的教学环境中看到教学策略，获得可参考的模板。

（2）参与者参加小组的活动，小组成员最好是来自同一教学区域的。

（3）采用建构主义的方法，形成有意义的技术整合模式，发展技术整合教学的能力。

（4）培训者引导教师参与持续的对话，对他们的实践进行持续的对话和反思，包括对他们的学生，对他们的教学理解、评估、技术应用，对如何改变课堂教学进行对话、进行反思。

（5）参与的教师要开发一个整合技术的课程单元，或一堂课或其他的学习任务，回到自己的课堂时要真正把设计的东西实施起来。

（6）教师发展项目中要有专门的人员进行回访，到教师的教学场所，一方面提供后续的支持；另一方面能够进行持续的对话和反思，给教师在课程实施过程中出现的问题提供帮助，包括技术的问题和实施整合的问题。

2. 苹果明日课堂产生的背景

苹果明日课堂是 1985 年 9 月苹果电脑公司和一些学校开展的一项旨在利用信息技术提高教学效果的工程。

20 世纪 80 年代计算机辅助教学刚刚兴起，一些有实验室的学校让学生每周都有几分钟的时间上机练习，但大多数学校不能为学生提供充足的上机练习机会。在这种情况下，苹果电脑公司为一些学校提供了大量的计算机，给教师和学生每人配备两台电脑，一台放在教室，一台放在家里。这大大改善了学校教学条件，使师生能充分地接触计算机，为教和学都提供方便。苹果明日课堂对教学进程不进行任何人为的干涉，让教师和学生在真实的情景中进行教学。

苹果明日课堂主要研究当信息技术进入课堂及课外教学时，怎样提高教师的教学效果和学生学习效率，进而研究了一系列相关的现代教育的问题。"当计算机成为课堂上的有效资源时将会发生什么？现代信息技术是怎样影响教师的教学方法和学习者的学习方法的？"回答这些问题就是苹果明日课堂项目的原始动机。苹果明日课堂研究项目在 1998 年结束。在这十多年里，各领域的研究人员、教师以及苹果公司的技术开发人员一起辛勤地工作，取得了许多成绩。这些研究使教育专家及苹果公司加强了对"当强大的技术和有效的教学方法进入课堂时将会产生什么影响"这一问题的理解。这些教学的研究成果为信息技术与学科教育相整合提供了丰富的经验。因为有了苹果明日课堂和新技术，教师们保持了作为一个教师的热情。同时，传统的教学模式发生了翻天覆地的变化，现在教师在课堂上不仅讲述传统的知识，而且还指导学生自己主动的学习。学生们自己把握自己教育的未来，创造他们自己的知识，用他们自己的创造力去研究并向他人表达信息。教师们同时看到的是：丰富的多媒体和多层次的信息帮助了学生更主动、更彻底、更努力地参与整个学习过程当中。

3. 苹果明日课堂项目的主要内容

在十多年的探索中，苹果明日课堂项目研究了学习、评估、教学、教师发展、授课设计、教育的社会因素以及全国范围内超过 100 所中小学课堂中对科技手段的应用程度。同时苹果明日课堂项目与全球的一些学校合作，探索通过技术手段实现的更具建设性的教学方案，尤其重视由互联网进行的合作。经过十多年的研究，苹果明日课堂项目项目已成为历时最长的教育性研究项目。

在苹果明日课堂项目中，学生和老师能够直接接触到广泛的科技手段，包括电脑、影碟播放机、摄像机、扫描仪、CD 光驱、调制解调器以及在线通信服务。此外，学生可以利用许多分类软件和工具，包括文字处理器、数据库、电子表格以及图像包等。在苹果明日课堂项目中，科技被当做学习的工具，同时也是思考、合作与交流的媒体。

苹果明日课堂项目的研究表明．向课堂引入科技，尤其是用以支持合作、获取信息和表达、展现学生思想与观点时，能够极大地促进学习潜能。

然而，要让人们意识到每个学生都有这种机会，需要一个全面成熟的教育变革方案，该方案能够将新的教与学的观念、可信的评估与新的科技、课程相结合。

苹果明日课堂项目的任务是促进全球互连的教育、学习者团体对教育与学习的理解。这包括研究直接接触科技时，教与学将会发生怎样的变化，同时有助于人们更好的理解科技是如何来充当有效的学习工具并扮演变革催化剂这一角色的。

4. 苹果明日课堂的操作程序

（1）阶段。教师活动举例。

（2）尝试。学习使用技术的基本技巧。

（3）采纳。使用新技术去支持传统教学。

（4）适应。把新技术结合到传统的课堂中。这个阶段，他们经常强调学生通过使用字处理器、电子表格和图形工具提高学生的注意力。

（5）灵活运用。强调合作、面向项目和交互约束（interdisiciplinary）的工作——特技术作为必需的工具之一。

(6)创造性运用。发现技术工具新的应用。例如用电子表格的宏语言来教代数或设计包含多种技术的项目。

5.苹果明日课堂培训的优缺点

(1)优点：在苹果明日教室中，教师和学生可随时使用大量的技术，包括计算机、录像机、摄像机、扫描仪、CD—ROM 驱动器、调制解调器和在线通信服务等，而这些技术被视为学习的工具和思考、协作和通信的媒介。另外，学生还可以使用各种各样的软件和工具，包括字处理器、数据库、电子表格和图形库。

(2)缺点：所需投资比较大，因此，应用面不会大。

6.苹果明日课堂项目培训的启示

(1)不同的人对待信息技术的态度不同，因此在设计、使用和评价信息技术时每个人都有不同的观点。面对这种情况，我们应当克服个人偏见，集众人之长，发挥集体优势，促进信息技术的发展。

(2)从学生的实际情况出发，对信息技术进行评价和设计，让学生参与评价。

(3)随着教学的发展，要不断关注教学过程中信息技术对学生和教学的影响，制定新的适合现状的应用策略和评价标准。

(4)要对教师进行信息技术培训，使他们能够正确控制教学过程。

(5)信息技术的使用应以教学内容、教学目标、教学对象为依据。

(6)对于教学效果最重要的一条评价标准是学习者所获得的最终知识和能力。

以上两种培训模式有各自的特点和优势，由于各种原因并没有在全国大范围内推广和应用，特别苹果明日课堂项目。但却为我们提供了可以借鉴的新理念和思路，结合国外的培训模式，探索适合我国国情的教师信息技术培训模式。

5.1.3 国内的相关研究与实施

随着我国信息化进程的推进和教师信息技术培训在全国范围内全面展开，大家关注的焦点从"为什么做"跨越到"怎么做"。最近一个时期以来，教师培训引起了国内许多学者的反思，他们对国内目前正在采用的信息技术培训模式进行分析，提出了许多建设性的建议和方法以及实现的途径，并为教师信息技术培训提出了评价的绩效标准。目前国内研究者主要提出以下几种培训模式。

1. 院校培训模式

（1）院校培训模式的概念

院校培训模式是指由师范院校、教育学院（师资培训中心）为主，综合性高等学校、非师范性高等学校参加的对教师实施培训的一种模式。现在许多师范院校每年都承担了教师信息技术培训的任务（有的师范院校每年承担了中小学教师继续教育培训任务，在教师继续教育培训课程中，信息技术培训是一个重点）。现在院校培训模式是目前我国教师信息技术培训的一种重要模式。如，南阳师院是南阳市唯一的师范类高校每年承担了南阳市中小学教师继续教育再培训的任务。河南省承担高校教师信息技术培训的高校有郑州大学、河南大学等等，这些高校举办高校教师信息技术培训班，旨在提高高校教师的信息技能。

（2）院校培训模式产生的背景

在中华人民共和国教育史上，师范院校始终都是中小学教师培养的摇篮，而且，师范院校有着丰富的教师资源，教学设施等软硬件较齐全，还有着丰厚的学历教育、知识传授的经验积淀，非常适合中小学教师培训的要求，由师范院校进行中小学教师培训可谓驾轻就熟。所以说，院校培训模式既是社会、时代和教育发展的产物，也是教师信息技术培训的重要方式。这一模式不仅在过去的中小学教师培训中发挥了巨大的作用，而且仍将在今后很长一段时间内以其特有的优势，服务于中小学教师培训，尤其是它不可替代的针对性和实用性，在未来的教师培训工作中和其他培训模式一起，以多结合的形式促进教师信息素养教育工程目标的实现。

（3）院校培训模式的要素结构及其变式

①院校培训模式的要素结构

模式就是指根据观察所得加以概括的框架和结构，是围绕某一主题涉及的各种因素和相互关系所提供的一种完整结构。也就是说模式的灵魂是其内在构成要素所组成的结构。在教师信息技术培训过程中，构成院校培训模式这一结构最基本的构成要素包括培训主体、培训对象、培训内容、培训目标、培训途径、培训管理等。

a. 培训主体

院校培训机构是指各参与培训的高等师范院校和各级教育学院（各级师资培训中心）。培训者是指参与信息技术培训的教学、管理的教师和管理人员。培训者是培训工作的执行主体，也是培训效果的重要保障因素之一。目前，培训者队伍已由原来的以专职高等师范院校专任教师和管理者为主发展为以培训院校专职教师、管理者和有关专家与一线优秀教师相结合的专兼职培训者队伍，以南阳市为例，南阳市教育局师资培训中心就建立了信息技术培训师资库，在师资库中有院校专职教师、中学信息技术骨干教师、信息技术专家、教育管理专家等。

b. 培训理念

经过长期探索，培训院校对教师的信息技术培训的性质、对象、过程、规律等形成了概括性认识以及在此基础上形成了一系列的培训观念、目标、形式和方法，看重系统的基础知识对教师发展的作用。培训者是培训工作开展和实施的核心。

c. 培训对象

院校培训在满足培训对象系统知识需求等方面具有独特的优势。因容量有限，主要是骨干教师，如郑州大学、河南大学每年举办的高校教师信息技术培训的对象主要是每个高校选派的学科骨干和省青年骨干教师培养对象。

d. 培训目标

培训目标既是培训工作的出发点，也是培训工作的归宿。校培训目标着力体现在于提高教师的信息技术能力。

e. 培训内容

培训内容是培训目标的具体体现。不同的时期，不同的培训对象，不同的保障条件下，需要有不同的培训内容作为载体。笔者认为院校培训的内容可以参考国家教师教育技术标准或国家基础教育课程改革项目"信息技术在教学中的应用"课题中提出的中小学教师教育信息技术绩效标准，从五个方面来制定教师的信息技术培训内容：

a. 一般信息技术素养：正确理解有关信息技术的基本概念；形成基本的信息技术操作技能；对信息技术形成积极的态度；形成关于信息技术的自学能力，能持续更新自己的知识技能。

b. 信息技术用于教学：明确信息技术在教学中的优势和局限；能有效地设计教学活动，以便发挥技术的优势；能实施教学设计方案，将信息技术整合应用在教学活动中，营造新型的学习环境；能将信息技术有效地用在不同教学环节中，用在不同教学模式中。

c. 信息技术与教学评价：能对信息技术环境中学生的学习活动进行有效、合理的评价；能利用计算机作为辅助工具完成测验活动；能够对自己利用信息技术所进行的教学活动进行评价反思。

d. 职业发展与终身学习：能够借助技术手段与同事、学生家长和更广范围内的社区进行交流、合作；能利用技术资源来促进自己的职业发展和终身学习。

e. 有关的人文、道德和法律问题：了解与信息技术应用相关的法律、伦理和社会问题；能示范、传授与技术使用有关的法律和道德习惯；能引导学生健康、安全地使用技术资源；能利用技术资源使全体学生都能公平受益。

f. 培训的形式与途径

培训的形式与途径即培训过程中所使用的方式方法。院校培训模式的主要方式方法有"专家讲座"、"理论研讨"、"培训教学设计"、"技术操作"等。合理地选择科学、正确的培训形式及途径是院校培训成功的关键之一。

g. 培训管理

培训管理即对培训工作的规范、监督与总结评估。培训管理直接影响培训的设计和实施。院校培训管理的重点在于培训周期内培训效果考核评估方法等具体措施的研究和制定上。

院校培训模式诸要素之间紧密联系，相互作用，构成了院校培训模式的主体架构。首先培训主体应确立科学的培训理念，根据培训层次和培训对象，确定合理的培训目标。其次，培训主体应根据培训目标，制定相应的培训计划，选择科学的培训内容，并通过不同的培训方式和途径来实施培训计划，贯彻培训内容，实现培训目标。最后，培训主体运用系列的培训管理、监督手段和程序，对培训工作实施全程的动态管理，以保障培训工作顺利进行，实现预期目标．并对评估结果进行及时总结和反馈，为下一轮的培训工作提供论断性的信息。

②培训模式的变式

如前所述，由于培训模式中诸要素在不同的培训条件下，活跃程度和发挥的作用并不完全相同，所以尽管是同一种模式，当培训对象和培训内容等要素发生变化时模式的表现就会发生一定的变化，形成该模式的变式，那么院校培训模式有哪些变式呢？

a. 课程学习与教研活动相结合的模式

"培训内容"这一模式要素的特点发挥鲜明的结果。所谓课程学习和教研活动相结合的培训模式，就是以某一项课程(如教学设计)的学习及其教育教学研究作为培训的中心内容，以对受训教师的教育思想、观念和知识结构进行比较集中的调整、更新与补偿为目标，并围绕这一课程和目标，选择培训对象，再根据培训主题的性质与培训对象的特点，采用适合成人教育的培训形式与方法所进行的培训。

其特点是：学术性强，信息量大，具有一定的研究性、前瞻性，能使受训者在课程学习的基础上，比较系统地学习国内外先进的信息技术教育改革和发展的新观点、新理念、新成果、新经验，了解我国信息技术教育发展的现状及趋势，提高他们分析问题、解决问题及总结探索教改经验或规律的能力。这一模式可以针对不同层次的教师，采用不同类型的教育课程进行培训（这里指的是教育学、心理学、教学设计、学习理论、教育传播理论等理论课程）。

b. 课题中心模式

这也是培训内容这一模式构成要素的作用充分发挥的结果。课题中心模式也可称为主题核心式或案例分析式。这是一种以某个或某几个为教师关心的主题作为培训中心内容的培训方式，围绕这一主题确定培训目标，选择培训内容，没定培训对象，并根据培训主题的性质与培训对象的特点，采用适合成人教育的培训形式与方法进行的培训。如某门课程的网络课件的设计与制作。

其特点是：以教师教学实践今的具体问题和典型案例为研究对象，以分析解决具体问题，总结探索其经验或规律，训练实际操作能力为目标。

c. 短期专题模式

这一模式也称为研究指导或研修班模式。它是培训内容和培训对象这两个要素共同作用的变式。是按培训对象的要求，以"研究"与"指导"为主要形式，科学地设计培训课程，有效地组织培训实施的一种系统培训方式，是一种"提高型"培训。以包含了新的教育理论和急需解决的教育教学实际问题作为研究的对象展开研讨，发挥受训者的主体参与性，再带着问题回到教学一线，去考察、实践，通过指导教师的辅导，解决实际问题，提高解决问题的能力，并在指导其他教师开展教育教学工作中巩固和加强。

其特点是：以提高为主，兼顾教师的个性发展。这种培训注重理论对实践的反思和指导作用，并将"实践的反思与指导建立在对理论与实践结合的研究上"。以问题研究为主线，以帮助受训教师朝着专家型、创新型教师的方向发展为目标。

d. 远程开放培训模式

远程开放培训模式是培训方式、培训内容、培训对象和培训理念综合作用的结果。这一模式是指以现代网络信息技术为依托，发掘和整合社会各方面的教育资源，构成全方位的教师信息技术培训体系，为教师提供更为方便、更具有自我选择性的信息技术培训机会。特别是现在网络技术的飞速发展，远程教育实践的成熟，为我们实现教师信息技术远程开放培训奠定了基础。

其特点是：学习的方便性，时间的灵活性，选择的自由性和信息量大等优点。

（4）院校培训模式的操作程序

院校培训模式的操作程序：

①确定培训目标和对象

根据教师信息技术能力现状和进修需要，区分培训层次，明确培训目标，确定培训对象。如教师信息技术初级班，教师信息技术提高班，教师信息技术骨干班等。

②制订培训计划

根据培训层次、目标，制定出科学、合理的培训计划。

③选择培训内容

根据培训的目标和对象，选择适用性强的培训内容，并制定出科学合理的教学计划。

④确定培训方法、途径、手段

依据培训内容，选择培训方法、途径、手段，充分利用院校培训模式的优势对培训对象进行培训。

⑤总结、评估培训结果

建立科学合理的考核办法和评估、奖励机制，对培训效果进行正确的考核评估，抓好典型，总结、推广经验。

⑥成果形成及认定

通过培训，形成论文、课件、设计方案等培训成果。并根据考核、评估结果，对培训结果进行认定，颁发相应证书。同时，依据评价反馈信息. 调整方案，进入下一阶段培训。

概括而言就是：首先由培训主体对信息技术培训的性质、对象、过程、规模进行概括性的认识，在此基础上形成培训理念，树立正确的培训指导思想。在培训指导思想的指导下区分培训层次确定培训目标，制订培训计划，选择相应的培训内容。然后，培训主体通过一定的培训方式和途径来实施培训计划，贯彻培训内容实现培训目标。培训目标是指某一阶段培训工作所要达到的最高标准。它既是培训工作的出发点，也是培训工作的归宿。培训层次、目标决定着培训内容、方法、途径、手段，培训层次、目标不同，培训方式、途径、手段也不同。最后，培训主体通过一定的培训管理，实现培训目标的动态过程。

（5）院校培训模式的优缺点分析

任何一种模式的产生和存在都有其特殊的背景和原因，因而，每种模式都有着其特定的优点，同样，也存在着不可回避的缺点。院校培训模式也不例外。

①院校培训模式的优点

a. 担任教师信息技术培训教学的高等师范院校、教育学院(师资培训中心)及综合性大学等,一般都有着较为雄厚的教师资源,教学设施设备齐全、先进,培训教学经验丰富,学科前沿性知识信息占有率高,教育科研实力强,校园文化底蕴丰实深厚等。这些优势对于教师更新教育观念,接受系统的课程学习,更新知识,技能训练和文化熏陶等,效果都较为明显,对全面提高教师信息素养具有持续作用,为今后按照教师成长规律进行分阶段、持续的培训提高奠定了坚实的基础。同时为形成一支稳定的专兼职结合的培训教师队伍和建立开放的教师信息技术培训体系也有深厚的基础。

b. 通过院校培训,在师德水平提高、教育观念更新、知识更新的基础上,教师的教学设计能力与实际操作能力得到飞跃性的提高,对教师信息素养的提高有着很大的促进作用。

c. 院校培训的培训内容密切联系知识更新、学科研究发展的教学实际,可以有针对性地解决教师在工作中遇到的理论和实际问题,院校培训可激发受训教师的参与热情,有利于提高受训教师的信息技术能力,培训易收到立竿见影的效果,具有很高的实用性。

②院校培训的缺点

a. 受参加培训的教师教育思想与信息技术水平影响较大。在培训教师没有把握信息技术特点的情况下容易重复学历教育的习惯,容易导致培训质量下降。

b. 理想化的设计与教师实际情况存在矛盾。

c. 短期的专题培训有时会出现"头病医头,脚痛医脚"的短期行为。

d. 集中培训较多,容易造成工学矛盾。

e. 由于我国经济发展的不平衡,经费投入不足或不及时,有时会出现虎头蛇尾的培训现象,造成效育资源和设施等人力和物力的浪费。

(6)应用院校培训模式应注意的问题

教师信息技术培训既不是学历培训,也不是单纯的提高教学技能的培训,而是为理论和实践两个方面提高教师实施信息素养培育而进行的多层次、高规格培训。院校培训模式作为教师信息技术培训的重要模式,在实际应用中要注意以下几个方面的问题:

①转变观念,树立正确的培训理念

转变以继承为中心的教育思想,树立培养创新精神的教育观念;转变以学科为中心的教育思想。树立整体化知识教育观念；转变以知识为中心的教育思想，树立以人为本，多方面协调发展的教育理念。

②区分高层次学习与基础性学习的界限

既要区分高层次学习与基础性学习的界限，又要避免出现"头痛医头，脚痛医脚"的短期行为。要使各层次培训科学、合理、长期系统的相结合，才能促进教师的成长。

③突出人本化的培训目标

教师信息技术培训是职后培训，培训对象的水平参差不齐。如何针对每个受训者不同的基础、背景、潜力，与受训教师协商，制定每个受训者不同程度提高的有针对性的培训方案，真正使每个受训者都有所收获，使教师信息技术培训既有统一要求，又体现个性化，实现人本化的目标。

④强化科学指导，提供后续支持

对集中培训后的受训教师进行长期的跟踪指导，通过网上交流、电话、信函等多种方式与受训者保持长期联系，加强与受训者的沟通与交流，提供后续支持，是培训者应承担的一项长期任务。

2. 校本培训模式

(1)校本培训模式的概念及特点

①校本培训模式的概念

在教师信息技术培训教学活动中，各地区各学校创造开发或借鉴、利用了各种各样的培训模式。校本培训模式就是这其中非常重要的一种培训模式。

北京师范大学肖川教授在《"以校为本"的教师培训》一文中这样界定"以校为本"教师培训的：指多个教育专家组成的"教学诊断、评价与教师培训"小组深入到基层学校，针对该校的实际情况，在对教师的教学进行诊断评价的基础上实施的培训。

作者认为校本培训定义为：校本培训是指以学校自身的教育教学实践为基地，以本校教师为对象的一种师训模式。其性质是从解决实际问题为指向的在职再培训。目的是促进教师形成自我在岗学习提高的内在需要(认为学习动机和习惯比学习的内容更重要)，鼓励教师从事教育教学研究，充分利用教师的现有经验，改进教师的教学行为(因此特别强调围绕教师的行为及变化而动态性地展开培训)。校本培训旧传统培训的区别在于强调自我学习，自我发展，变被动学习为主动学习。校本培训的基本观点是：教师专业化发展必须依托校本培训；学校应该是教师专业化发展的最佳场所；实施教师校本培训，促进教师专业化发展是学校管理者的职责；校本培训无论是方案设计，还是组织实施，个性应该强于共性等。校本培训的基本理念是：培训规格上追求"教师即研究者"；培训方式走"校本专业发展"之路；培训策略上引导行动——反思研究；培训内容上偏重于现代课程理论和实践性知识。实现校本培训，必须在管理上形成构造"学习化校园"或"学习化学校"的组织发展观念，这是"学习化社会"观念的具体化。如南阳理工学院每年都会在本校选取一些有资质的老师，组成一个团队，对本校的老师进行继续再教育。

②校本培训模式的特点

校本培训贴近学校实际，理论与实践紧密结合，针对性强，有利于解决教师信息技术应用中的实际问题，覆盖面广，便于实施全员培训，有利于满足不同层次教师学习需求，缓解工学矛盾，形成教师信息技术培训的内在动力，提高教师参与信息技术培训的积极性．有利于加强教师间的协作和交流，增进团结与友谊，形成良好的校内人文环境；校本培训还可以充分利用学校人、财、物、信息等有限资源．充分发挥学校在教师信息技术培训中的导向、管理、监控、评估、激励等功能：

a. 时效性强

由于培训在教师任职学校，教师能够及时地将培训所获应用于教学实践：校长等学校领导干部及考评小组成员也能及时地对教师进行检查、考核、评估，将考评意见及时通知教师；教师也可以及时了解自己的学习馆况和任教效果，便于对自己的教学加以改进。

b. 针对性强

专门的教师培训院校对教师进行培训时，把教师当成了学生，从基本的教育理论、教学设计到技能操作等进行系统的培训，也就是全面的培训，这样的培训有它的优点，但针对性不够，因为每一位教师都有他的优点、长处，也有自己的短处，而校本培训可以扬长避短，很好地解决这类问题。教师长期在这个学校任教，教师之间、校长与普通教师之间，每人的长处、短处彼此都十分了解。比如，年轻教师信息技术意识、信息技术能力较强，但课堂经验不足，不能很好地将信息技术与课程整合，从而学生学习积极性不能很好地调动等，而课堂教学经验丰富的中老年教师的信息技术能力相对来说差一些，这就需要教师的相互指导和促进，这些指导可以在课堂中、也可以在课堂外、办公室里。所以，这样的培训模式针对性强，在某些方面可以起到立竿见影的效果。尤其是在培训的内容上，可以视学校教师的信息技术能力现状而灵活应变。此外，培训实施也可以做到灵活机动，既可针对教师个体培训，也可面向全体教师施培。

c. 可操作性强

由于培训在本学校进行，校长以及开展校本培训的教师可结合本校的教师实际情况、本校的教学计划等开展培训，无论是从培训计划的制定，还是培训结果的考核、教师综合素质评定等，可以较容易地进行，其结果更真实可靠，减少了脱离本人、本校实际情况而产生的不确定性。

d. 实效性好

由于校本培训是针对本校教师的实际信息素养情况进行的，因此，培训效果会好。

e. 个性化强

由于校本培训的对象范围比较小，教师可以根据受训者的个人情况确定培训目标、要求、内容，因此，校本培训的个性化强。

f. 校长为培训的第一责任人

校长是学校的法人代表，负有帮助、指导教师，对其进行培训，促其成长的义务和责任。因此，应将"校本培训"纳入对校长的目标管理中，实行目标责任制。"校本培训"中校长是第一责任人，充分发挥校长在校本培训中的作用，有计划、有步骤地组织教师参加各种形式的校内信息技术培训活动，督促教师不断提高信息素养，是校长工作和责任的重要内容之一。

（2）校本培训模式产生的背景

①校本培训模式的理论依据

a. "学校文化"理论

教育社会学对作为一种"制度"、一种"社会组织"的学校的"组织文化"，已经积累了相当多的理论资料。基于一个学校的传统、风格、社会生态环境、社会期望以及校长的教育哲学、教师群体亚文化、学生亚文化等而形成的"学校文化"，具有自己的独特性、传承性和排他性。任何一所学校都是具体的、独特的、不可替代的实体，它所具有的复杂性是其他学校的历史经验、现时体验和对未来的发展所不能完全说明的，也是理论上不能充分加以证明和谈释的。学校的一切创新与创造活动，都是与学校本身文化的独特性、个别化和多样性分不开的。

b. 建构主义学习理论

建构主义的基本精神是强调学习发生在解决问题为目的的"真实情境"中，强调学习者凭自己的"经验"进行"意义建构"，强调社会性相互作用的"经验"进行"意义建构"，强调社会性相互作用的"对话"、"合作"、"人际互动"等。教师无疑只有在学校工作实践这样的"真实性学习"中方能获得更快的成长。

c. 教师专业发展理论

新近兴起的"教师专业化"运动,对教师的专业精神、专业态度、专业知识和能力等关系列教师专业发展的方方面面给予了全方位关注。如教师的敬业精神、负责任的态度以及信念结构,离开了学校的具体任务和实践中的具体体验,它的"生成"就像纸上谈兵;教师新手与专家的比较表明,教师的知识不仅有量与质的问题,而更重要的是结构问题——教师所需要的本体性知识、条件性知识、经验性知识和背景性知识,只有在具体的学校教育实践中才能真正整合;教师的能力形成和动态发展高度依赖于教学活动中的经验"类化";教师解决问题的"模型激活",是情境、问题和使用方法之间关系的整体,而目前提出的促进教师专业发展策略,如实践反思、行动研究等,都只能在学校层面上展开。

d. 教师教育理论

当今的"教师教育"正发生深刻的变革,有人提出要将"教师个人模式"转换为"学校教育改善模式",从而引发了一系列新概念。教师的"培训模式"正在受到挑战,"开放模式"应运而生。强调教师主体性、个性化、深层开发,发展教师创造力和"拓展能力"的研究成果不断出现。它们都无一不突出学校以及学校教育实践在教师发展中的巨大作用。

e. 学校建设与管理的理论

办"特色学校"的理论与实践有了进一步的发展,学校的"正确定位"和"发展战略"愈益受到重视。"建设高质量的教师队伍是学校建设的根本"的"人本"原理,更加注重发挥教师的主体作用和潜能开发、强化他们的进取行为、引导他们"自我实现"。如何使学校成为"学习型组织",教师信息技术培训的目标管理、动机激发、分类指导、工学矛盾、质量与效率、效果评估等问题,实际上只能倚重于"校本"才能解决。

②校本培训模式形成的历史

从校本培训模式形成的历史和未来发展轨迹看校本培训最初是西方发达国家针对培训院校一统天下的弊端提出来的新概念。20 世纪 70 年代以来,西欧国家通过院校开展培训,对教师基本素质的提高有一定的作用,但也存在着许多不足,如工学矛盾比较突出,理论脱离实际,培训经费开支过大等。为此,西欧国家提出"学校本位"新理念,即将教师培训从以培训院校为主转移到以任职学校为主,同时也将一部分培训经费直接划拨到任职学校,美国在 1989 年发表的《着眼于未来的师资教育》的报告中对此有精辟的论述:教师培训要从根本上满足教师的不同需要。如果把师资培训的形式和内容仅仅局限在地方教育机构中，就会出现一种令人欣喜的假象。因此，在未来师资培训探索中，应当淡化培训院校的培训，要把培训送上门去，把培训随时渗透到教师真实的教学情境和过程中。这样，才能使教师培训基层化、全程化和全员化，提高培训的实际效果。由此可见"学校本位"培训(校本培训)模式是有别于院校集中培训的一种新型的培训模式，它由任职学校自主确定培训目标、自主设计培训内容、自主组织培训活动，其基本精神是立足于本职、本岗、本校，以学校最基本的教育教学实践领域为阵地，将教师置于终身教育的环境中，促进综合素质的全面提高。

③校本培训模式的未来发展

从我国教师信息技术培训的实践过程看，有相当部分的学校在以往多年的教师信息技术培训中，主要的是重视教师显性技能训练，即基本功训练。基本功虽然是教师必须具备的"外功"，但仅仅停留在这个层面上却是远远不够的。我国幅员辽阔，学校数量多，分布广，教师数量之多，地区与地区之间，学校与学校之间，教师个体与个体之间，都存在着相当的差异，尤其是农村中小学，由于地域分散，教师编制紧，工作量大，信息技术培训任务重，工学矛盾突出，加之经费短缺，信息技术培训工作推进缓慢，不能适应时代发展的需要。因此，要想实现我国教师的全员信息技术培训目标，使所有学校的教师信息技术得以延伸与拓展，就必须学习借鉴别人的先进经验和成功做法，寻求一种既符合我国大多数学校实际并能够有效克服当前学校面临的诸多困难，又能保证培训质量的培训形式。而校本培训模式正是适应了这样的背景而被移植、逐步发展形成的一种全新意义的教师信息技术培训模式。

(3)校本培训模式的结构要素分析

校本培训以教师任职学校为主体地，强调以教师所在学校的发展作为培训的价值取向。校本培训已基本形成了一整套运行机制，如培训主体、培训理念、培训对象、培训目标、培训内容、培训手段与途径、培训管理等要素的确定和运作都有了相当的规范基础。在运用校本培训模式进行教师信息技术培训的实践中，各种构成要素却不同程度地发挥着应有的作用，其中培训的主体、培训目标、培训手段、培训管理等要素的作用较为突出。

①培训主体

培训主体包括实施校本培训的组织和个人，即教师任职学相及相关的培训组织，如培训部(培训办公室)、教务处等。有时候，受训教师完全处于自培自练的角度，这时他们也同时由受训者变成了作为培训主体的培训者了。

②培训理念

校本培训的基本理念是：培训规格上追求"教师即研究者"。

③培训目标

培训目标包括培训的教学目标和受训教师的学习目标。也就是指国家在不同时期对教师信息技术培训的要求和教师自身发展的阶段性目标。教学是教师最本职的工作，校本培训的根本着力点就是要提高受训教师的信息素养和信息化教学业务能力，为提高学校教育工作质量奠定基础。学习是教师的终身必修课，"问渠哪得清如许，为有源头活水来"。在信息化时代，只有坚持不断地学习，才能适应时代发展的需要而不至于落伍，教师尤其应该如此。因此，校本培训的一个重要目标就是要指导教师学会学习，提高教师的信息技术实际操作能力和信息技术在教学中的应用能力。

④培训内容

a. 基于信息技术的现代教育思想、观念以及教与学理论的培训

现代教育思想和学习理论是信息技术与学科整合的理论基石，为了进行有效的整合实践，教师首先必须刷新头脑中的学生观、学习观以及教学观，需要把学生作为主体，把学习看做学生积极主动建构的过程，把教学看做促进学生思维发展的过程。从而提高自己的信息意识。

b. 信息技术与课程整合的有关知识

目前，大部分教师已经掌握了信息技术的基本操作，但是教师不知道信息技术如何与学科整合。因此，在教师的培训中，重点是对教师就"信息技术与课程整合的模式、信息技术与课程整合的方法、信息技术与课程整合的案例"进行培训，以便教师能根据自己所任教的学科，进行模仿，开展整合。

⑤培训手段和途径

校本培训主要采取多元培训的办法，注重立足校本资源开发利用的同时注意吸纳校外资源并加以研究利用，如根据培训需求，将综合性大学、师范院校、专门培训机构、社区教育组织甚至个别专家的培训和校内组织的培训，包括校内教师群体和个体的自培等整合起来，发挥培训的综合效益。在多元化的校本培训模式中，"校本"培训处于核心地位，是起主导作用的，而其他形式的培训是处于次要地位的。其他形式的培训要以学校和教师的需求为主旨，且须由学校来统筹衔接与协调。

其中，校本培训十分注意培训教学的研究性。教师作为一门专门的职业，教学研究的能力是必不可少的。教育教学工作只有不断地研究才能保持其旺盛的活力。因此，校本培训教学需要面对不同的培训对象去研究采取恰当的培训方法，针对不同的培训问题而采取恰当的应对措施，教会受训教师学会教育科

研，坚持向教育科研要教学质量，通过教育科研促进受训教师的学习的水平。

⑥培训管理

开展校本培训离不开领导和管理。在具体操作策略上，以"任务"主题定内容，以互帮互学求效益。在制度上，可以划定了参加培训者的年龄段，规定了限时完成测试作业的要求，还要把信息技术培训成绩列入教师月工作考核、学年度工作考核的内容。对成绩优良的教师给予一定的精神、物质奖励等。更重要的要是引导教师认识到学习信息技术的必要性，调动他们学习信息技术的积极性，并在学习过程中帮助他们消除畏难情绪，树立自信心。为实现上述目标，要十分注重组织教师学习有关教育改革与发展的文章，可以请有关专家来校作专题讲座，组织教师到有关学校考察。从而使教师真正地认识到，不懂信息技术操作的教师将是不称职的教师。在这种氛围下，教师会积极踊跃地参加信息技术培训。

(4)校本培训模式的操作程序及其变式

①校本培训模式的操作程序

校本培训模式的操作主要体现在"教、学、研、管"上。

a. 确定一个中心。即确立培训目标(目的)中心，提高全体教师的信息素养水平和实际信息技术操作能力。

b. 制定两项措施，即制定培训学习、研究的具体内容和措施办法。

c. 建立一个保障体系，即建立学校信息技术培训科学的管理保障体系。

d. 实施培训行为实践，即激发培训者、受训者参与信息技术培训工作的动机，使其积极投身于各项培训实践活动。

校本培训模式的操作程序紧紧围绕"教、学、研、管"四者之间的内在关系来设计。

第一步：以教学实践能力提高为突破口，找准教学实践中的薄弱环节和发展需求进行培训规划。

第二步：针对存在的突出问题及发展需求，提出培训学习的内容和研究内容，明确培训的目标任务。

第三步：为实现提出的培训目标，建立培训管理保障体系及其相关机制，包括：目标导向机制、激励强化机制、工作整合机制、反馈调控机制、资源(硬件资源、软件资源；物化资源、人本资源；显性资源、隐性资源等)等保障机制。a. 管理机制：一是要明确校长的职责；二是要在学校内部建立"校本培训"的管理专门机构，加强对校本培训的组织、协调和领导，保证校本培训时间、场地、人员及培训内容的落实，使信息技术培训工作走上规范化制度化的轨道；三是要规范校本培训学时、学分考核，加强校本培训档案资料管理建设，强化动态管理，校本培训综合档案内容包括文件、制度、计划、总结、音像、图片、大型教学教研活动记载(含教师参加校本培训的考勤登记)、教研课题目录、骨干教师分层培训名单等。教师个人参训档案内容包括根据学校培训计划拟定的个人学期培训计划、总结、参加学校集中组织的自培活动情况记录、自学笔记、听课笔记、上公开课的教案、个人课题研究情况，自制教具及教学软件、发表的论文等。这些档案资料将作为教师学时、学分考核登记的依据，进而成为教师获取信息技术培训结业证书的依据。

b. 经费保障：教育行政部门要对信息技术培训工作成效突出的学校给予奖励，同时学校也要多渠道筹措教师信息技术培训经费，在设备设施、图书资料建设，尤其是现代远程教育网络建设上加大投入，为校本培训创造良好的物质条件。

c. 师资保障和教材保障：学校要大胆起用那些经验丰富、理论水平较高的教师作为校本培训的基本师资力量，同时也可聘请校外教育技术专家担任培训教师。学校尤其要重视选送骨干教师外出学习、考察，为他们拓展视野，更新知识、观念，提高水平创造必要的条件，从而为校本培训奠定雄厚的师资基础。

此外，学校还要根据培训内容有针对性地及时筛选或自编培训教材、讲义(包括文本的、音像磁盘等)以供培训需要。

第四步：组织全体教师积极参与校本培训的实践，在培训过程中不断反思，修正目标，增添措施，健全制度，完善管理，达成培训教师，提高教师信息素养，提高教育质量的目标。

②校本培训模式的变式

随着校本培训模式内部结构中某个或某些重要功能的迁移、放大等变化，模式就产生了新的变化。

a. 专家讲座式

采用专家讲座、报告等方式，系统地介绍有关基本概念。结合案例分析，介绍信息技术与学科教学整合的有关理论研究、应用模式、实施中应遵循的原则和应注意避免的主要问题。然后组织专家与本校教师研讨。通过专家与教师之间、教师与教师之间的研讨和观念碰撞，理解整合的有关模式，引导并帮助教师从教师的视角、全面地思考和建构信息技术与学科教学整合的理论。

b. 案例教学法

在培训过程中，我们注重向受训教师展示运用信息技术与课程整合的优秀案例，并引导他们对这些案例进行分析，分析其整合的方法、整合的思路，反思这种整合给教师教学及学生学习带来的变化，找出其可借鉴之处、可改进之处，同时要鼓励受训教师运用已掌握的信息技术，结合最具有整合意义的教学内容，设计出自己的整合案例，并引导受训教师进行相互评价，讨论之后再做改进，使他们自己的整合案例日趋完善。

c. 网络自主——协作式学习受训者必须学会利用网络来开展学习，必须掌握相关的技术和获得相关的体验，因此鼓励受训教师进行网络自主——协作学习。创建专用的培训网站，为受训教师提供丰富的学习资源和良好的沟通平台，如：在网上创设"受训者论坛"、"受训者 QQ 群"等以便于培训者自主——协作学习。

d. 课题研究培训

积极引导教师投身于课题研究，提高教师运用信息技术的水平。在培训主体上抓好三个层次。一是抓课题负责人等管理人员的培训。采取了集中培训、外出考察学习等方式，使他们首先成为课题研究的先锋队，充分发挥其示范辐射作用。二是抓好骨干教师素质的提高，支持他们参加各级培训、考察，促进骨干教师在课题研究中学会研究，提高研究指导水平。三是加强教师队伍的整体建设。采取了骨干教师与一般教师一帮一制度，层层落实责任，在教学中研究，在研究中教学，把所学知识有效地用于教学实践。

(5)校本培训模式的优点和缺点分析

①校本培训模式的优点

a. 校本培训是更为有效的培训方式

校本培训关注学校的实际需要，以任职教师所在的学校为培训基地，使教师所学到的教学技能理论迅速地与教学实践相结合，避免了理论与实践脱节，针对性和实效性强，培训的成果可迅速转化为"教育生产力"，直接提高教师的教育教学能力，有助于学与用相结合。

b. 校本培训是虽为经常的培训方式

校本培训把培训工作贯穿于教师的教育教学工作中，与教育教学相伴进行，实现了培训的经常化与长期化，可以真正落实全员可持续性培训任务，是实施教师信息技术培训工程的一种有效形式；同时，可以解决学校管理中的矛盾。

c. 校本培训是更为灵活的培训方式

每位教师都可以根据自己的实际情况，采取适当的方式，选取适合需要的内容，有的放矢，机动灵活地完成培训任务。

d. 校本培训是更为经济的培训方式

校本培训重新配置了教师在职培训系统中的各种资源，充分利用学校现有的教育资源，既节省了经费又有效地缓解了进修与工作之间的矛盾，解决了大面积培训带来的人力、财力、物力不足的问题。

②校本培训模式主要的不足

a. 校本培训的组织实施有一定的难度；培训指导单位的培训方案和计划以及课程设计必须受制于学校的条件限制；校本培训管理稍有不严不慎，就易流于形式，成为一盘散沙，达不到培训的目的要求。

b. 校本培训模式由于学校本身单一环境的局限、师资力量的局限、所了解内容的局限以及培训技术手段的局限和管理者自身能力的局限，很容易将校本培训简单化，如以会代训，以考察代训等，易导致对信息技术培训计划的实施不力，培训内容无章无序，培训考核考试把关不严，培训指导人员滥竽充数等不良倾向，影响信息技术培训质量。

c. 培训模式在注意培训针对性、实用性的同时，如果不采取措施加以预防，也易产生简单化和实用主义的危险，不利于科研型、创新型教师的成长培养。

(6) 使用校本培训楼式应注意的主要问题

①校本培训模式应该始终立足于构建和完善良好的教师信息技术培训校内环境，加强宣传引导，使学校成为一个"学习化组织"。

②要加强学校制度导向，制定一套较为完善的培训、检测、评估、激励制度，同时防止经验式的"大一统"、"一刀切"、"一哄而上"的倾向及"上头热，下面冷"的状况。

③要根据学校自身改革的发展需要，结合教师实际，做出中期、长期和近期师资建设规划，明确学校教师人才培养的主攻方向，制定切实可行的教师培训计划和内容。

④要加强学校行政、教务、科研、后勤等对教师信息技术培训工作的协调管理，使之制度化、规范化。

⑤要努力增加经费投入，加强培训学习的基础设施建设，为学校教师在职在岗培训的自学自练尽力提供良好的设施条件。

⑥要充分发挥学校教育教学工作实践在教师信息技术培训中的特殊作用，把学校教育教学工作各个领域都变成为教师信息技术培训结合、学以致用的学习训练场所。

⑦要本着能者为师的原则，组建以本校教师资源为主的教师信息技术培训

队伍；同时要注重加强校际间的交流与合作，特别是与普通高等院校、教科研机构的交流合作；要积极争取上级教育行政部门和师资业务部门在宏观调控、评估、监督等方面的特殊作用。

3. 案例培训模式

案例是指人们对实际情境的描述，在这个情境巾包含着一个或多个引人入胜的问题，同时也含有解决这些问题的方法。"教学案例描述的是教学实践活动，它以丰富的叙述形式，向人们展示了一些包含有教师和学生的典型行为、思想、感情在内的故事"（Richert，A. E）。

教师信息技术培训是一项理论性和实践性都极强的工作，受训者又都是具有一定实践经验的教师，加之教师的专业实践不可能是对确定的现成教育原理设计的机械应用，而是需要教师亲身经历的一个自觉的反思、感悟、内省、分析、评价、改进、提升的过程。因此，在教师信息技术培训中常常采用案例培训模式进行。

（1）案例培训模式的概念

所谓案例培训模式，即指有意识、有计划地为受训者创设出一个个真实的教学场景，展示出典型的导致教师学习思维或教学决策"两难"的某个或某些实际情境以及显现出教育教学工作复杂性的一个个生动、客观的事例，以帮助受训者揭示传统教学观与现代教学观的冲突，阐释一个个教育教学事例中显性的和隐性的基本原理，学习解决问题的技巧，体验教学中师生情感、动机和价值观的内心变化，从而进一步促进受训者深入学习探究教育理论，总结提炼实践经验，学会评价与反思，提高教育教学应变能力。

（2）案例培训模式产生的背景

教育教学培训工作成功与否，最重要的检测就是质量与效果的好坏。要想取得高质量好效果，就得讲求策略。就教师信息技术培训而言，应该讲究培训教学的策略。教学策略包括学习经验、各项教学活动以及与之相配套的教学管理机制。

教师信息技术培训在教学策略的选择上要充分体现教师信息技术培训理论与实践相结合、高层次培训等特点，要以受训教师的专业知识和技能发展及个人综合素质发展为本，选取适当的培训方式——师生互动与实践。在培训的各个环节上让受训教师和培训者共同思考某个或某些问题，并将所思考的问题在培训教学的互动与实践中加以验证。培训教学中的师生互动是提高受训者教育教学能力，把培训目标落到实处的必由之路，而在培训教学中如何实现教师与受训者的互动又往往是培训难以解决好的问题。

比如，一些培训单位的教学基本上还停留在教师讲，受训者听，教师板书，受训者笔记的传统教学模式的层面上。其弊端显而易见：老师讲的东西受训者往往是不太需要的或是不感兴趣的；培训者与受训者之间缺少交流，相互不清楚对方的需求和思考的问题。也正由于教学方式和手段落后，导致培训教学的信息量小，针时性不强，教学缺乏直观性和应用价值等。

而案例培训模式正是为克服传统培训模式带来的弊端，更新培训理念，变注重培训的系统性为注重培训的针对性和应用性，更多地以如何解决受训教师信息素质和信息技术能力提高以及培训所能真正解决的教育教学中可能遇到的各种实际信息技术问题为培训教学的切入点，千方百计让受训者主动参与到培训活动和问题解决的思考中来，从而有利于改变传统培训模式中仅以单一的教师讲授为主、教材为主、理论思辨为主的倾向，弥补其不足。

案例培训始创于美国哈佛商学院，1910 年，科普兰（Copeland，D）博士在哈佛工商学院最先使用讨论法进行工商管理教学。当时，许多工商管理行业的人员走进课堂，向学生展示自己管理中遇到的各种各样的问题，并写出了案例分析和解决问题的诸多方法。1921 年，科普兰在当时校长多汉姆（Donham.B）的建议与鼓励下，出版了一本案例集。多汉姆是一位律师，受到过正规的案例方法的训练，他注意到了案例教学在管理情境中加以运用的重要性和可能性。并且推动全校教师都使用案例进行教学。

案例培训注重教师与受训者之间的互动，并结合受训者的实际工作需要，提供现实生活中的事实案例，由受训者发挥自己的学识和经验通过讨论来解决案例中提出的问题，培养受训者的实际工作和解决问题的能力，更加符合人才培养的需要，因此，案例培训法传入我国后发展较快。许多企业通过案例培训来提高企业人才素质，如海尔等知名企业。

（3）案例培训模式的结构要素

教师培训模式作为一种以教师群体为对象的培训模式，一般认为必须具备的基本要素是理论基础、培训目标、操作程序、实现条件及范围（手段、方式、策略、环境等）、评价和师生角色，也即培训主体、培训理念、培训对象、培训目标、培训内容、培训手段与培训管理等。在案例培训模式中，起主导作用的要素是培训的手段、方式和培训的内容等，其余要素也不同程度地对案例培训，模式的形成发挥着各自的作用。

①培训主体

案例培训的主体并非教师而是受训者。教师只是导演，真正登台演出的是受训者。

②培训目标

案例培训模式以培训教学实践中的具体问题或典型事例为研究对象，以分析解决案例中反映出的问题，总结探索其经验或规律，训练信息技术实践操作能力和信息技术在教学中的应用为目标，通过培训使受训者能将获得的信息知识、技能技巧并应用于教学中，以达到解决矛盾、处理问题的目的。同时在实践中又能有效地不断训练和提高受训者认识问题、分析问题、解决问题的能力。

③培训理念

案例培训模式原本是一些企业在培训职工时所使用的培训模式。其先进的培训理念、培训取得的效果以及各种成功的培训事例，给了教师信息技术培训培训工作以深深的启发。教师信息技术培训借用这一培训理念，在近年的各种教师信息技术培训中得到广泛的实践应用。实践证明，无论是新教师的岗前培训，还是骨干教师培训或主讲教师、学科教师等的培训乃至各类教师的学历提高培训，案例培训模式都是非常适用的，运用得当，其优势特点会更为突出。

④培训内容

即指案例培训模式中的案例本身。用于案例培训模式教学的一个个鲜活的、实际的个案、典型事例都是该模式的培训内容。培训者通过案例引导受训者对其进行对比学习、研究，生发感悟、联想，积极借鉴参考，从而更新教育观念，改进教育教学方法、提高教师的信息技术操作能力和整合能力。

⑤培训手段、方式与策略

案例培训模式主要采取收集、选择真实的事例情景、直观现场、典型人物等做法，按照培训目标要求，剖析、挖掘其人其物其事的来龙去脉，弄清原委，以实现让受训者学会参考借鉴案例，分析处理问题，解决矛盾的知识和技能的目的。培训的方式有现场诊断、直接观摩、对比分析等。采取的策略主要有选取或创设出真实或类真实(仿真)的具体问题事例，这些问题事例往往认识和解决起来"左右为难"，这就使受训者在学习其思维和思考决策中不得不倍加努力，以提高分析诊断问题，解决处理问题的能力。

(4)案例培训模式的变式

一般而言，在任何一种培训模式中，其基本要素是不可或缺的。但在一定条件下，有的要素作用发挥的条件充分一些，气氛适应一些，因而显得特别活跃，作用的发挥是主导性甚至产生决定性作用，而其他要素的地位和作用相应地不是那么明显、重要，这就导致要素作用量和数的变化，由此会产生该模式的变式。以下模式都可看成案例培训模式的变式：

①现场诊断式

教学现场观察诊断源自皮亚杰的"临床法"和巴班斯基的"教育会诊"。在教师信息技术培训中，能提供一个实际的案例现场，让培训教师有目的地、有针对性地对培训案例现场的课堂教学进行严谨的、理性的观察、思考，与受训教师面对面地分析、讨论，诊断其问题和矛盾产生的原因，追寻其根源，设想或提出改进的策略，这样的培训教学模式，往往会收到事半功倍的效果。

a. 现场诊断培训模式的主要作用

＊从经验中学习，在反思中成长，形成经常反思和分析的习倍和能力，是教师专业发展的核心。

＊问题的发现和解绝不只是一项个体劳动的过程，需要培训者和受训者群体的共同作用，在培训者的引导下，通过他人客观观察提出的不同观点，有助于提高受训者对问题的发现、分析和解决等能力。

＊案例现场诊断不仅有助于帮助受训者提高教学水平，增强解决实际问题的能力，而且可以使培训者从案例现场的实例教学中受到新的启发，从而能主动反思教学，完善培训行为。

＊当培训者和受训者双方都发现并倾向新的培训策略，同时意识到会产生积极的结果和意义时，培训者的施培动机和受训者的参与积极性将被更充分地激励。

b. 现场诊断培训模式的构建及运行过程

＊培训前准备。包括了解培训对象、班级状况、培训材料背景、相关的"硬件"设施准备、现场诊断记载方式的确定等。

＊现场观察诊断：运用观察，诊断案例对象和实施教学培训的目的，选择恰当的操作技术和手段；对参与诊断者进行合理分工，明确各自任务。做好诊断记录，注意提取标本，包括文本的、音像的、实物的。

＊诊断小结：通过对实例对象的问卷、测试、描述、统计、分类、比较、概括、采访相关人员、进行资料分析、论证鉴别等各种方式，对与实例对象有关的各种事实材料进行筛选，作出小结。

＊形成报告：综合运用教育学、心理学、社会学、行为科学、个体差异理论、学科专业理论和统计测评等知识和经验对诊断记录的事实材料进行多角度、多层次、全方位的诠释、解读及整合利用、有针对性地指出问题的症结，提出改进、充实或完善的意见和建议，形成分析报告。

＊反思讨论：培训者结合分析报告，对自己的培训策略、教学行为进行反思，并注意复制分析报告和诊断记录，有条件的将其制成规范性文本资料和光

盘资料,以供研究使用或其他教师培训工作使用。

②情境体验式

现代心理学研究表明,人的认识活动是由有意识活动和无意识活动组成的,是认知活动与情感活动的统一。所谓情境体验式培训,即在培训教学中,有意识地创设一种情感和认知相互促进的馆境,最大限度地调动培训对象的无意识活动潜能,让他们在这样的仿真式(实例式)的活动过程中,去进行知识素养的提升和技能技巧的训练,从中获得真实的情境体验,实现培训效果的收获。其过程:

首先,培训者应当设计好问题情境,引导受训者在问题情境中探寻、研讨、发现,找到问题的原因、关键所在;其次,要让受训者在情境体验的基础上进行总结,认真地去体验、领悟情境所蕴涵的实质,并从理智上去重新认识情境中的问题,以期在情感和认识方面同时获益。

情境体验式的实施策略包括"情境创设策略"和"教学设计策略"。情境创设策略,即采取展现生活情境、演示实物、再现画面、音乐演奏、语言描述等手段,把受训者引进特设的问题情境,使其成为情境中的特定角色,去亲身体验情境反映的问题实质所在。这样的体验,能产生联想,达到举一反三地去品味、去思考真实生活、学习、工作中的场景及存在的问题,激发努力去寻求问题解决对策的积极性;教学设计策略,即培训者在教学设计中要力求使情境中的问题典型逼真,形象鲜明真切,感情耐人寻味,包含着丰富的培训教学理念,有实在的示范参照意义,能激发起受训者深切的情感体验,自觉地加深对学习内容的研究和理解。

(5)案例培训模式的操作程序

①准备阶段

a. 分析教学需求,确定教学目标

确定教学目标,即明确要教什么内容,是案例课程设计的第一步。目标确定后,才能将教学材料统一起来。

b. 选择案例

在教学目标定以后,我们就可以选择案例了。案例的来源有很多,对于第一种类型的案例教学来说,其他教师运用信息技术与课程整合的案例,或者自己叙述自己整合经历、活动等报告等都可以作为案例,可用录像、光盘等形式展示。对于第二种类型的案例教学来说,则是基于一定学科教学目标,培训者和受训者亲身参与的信息技术与课程整合案例。

c. 被培训者与受训者的课前准备

培训者准备与受训者准备同步进行。培训者要仔细阅读案例，确定好案例展示的方式和顺序，分析课堂讨论中可能出现的问题。为节省案例教学花费的时间，培训者要提前发放案例资料，收集足够的资源，供被培训者参考。在第二类的案例教学中，教师还要随时记录好课堂教师和学生参与的情况，以便此后案例讨论的展开。

②课堂实施阶段

a. 案例的引入

案例的引入关键在于巧。对于别人的案例，可以向受训者指出案例中必须注意的地方，讨论的难度、要达到的目标。而对于自己编写的案例，可以说说自己当时的感受以及趣闻。目的都是引起受训者的注意。

b. 案例的讨论

案例的问题可以由受训者提出，也可以由培训者提出。在教师信息技术培训中的案例讨论一般针对信息技术与课程整合的教学设计方面，以及信息化环境下开展教学活动，如自主学习，协作学习，研究性学习方面的问题。一般涉及的问题有：

＊信息技术是否适用于当前教学内容、学习者和教学目标的需要？

＊信息技术在实现当前教学目标方面是否具有不可替代的优势？如果有，它具体体现在哪些方面，应如何通过有效的教学策略使优势转为实效？

＊信息技术在目前整合教学中有哪些不足，应如何避免？

＊信息化环境下如何开展自主学习、协作学习或是研究性学习？

由于一个案例可能会引发一系列的问题，培训者可以把受训者分成4~5人的小组，按照教学的目的，引导被培训者讨论相关的问题。当受训者提出不同的整合方案时，培训者可引导被培训者对不同方案进行讨论，排除不合理的整合方案，确定最佳的整合方案，待小组讨论后，培训者可安排各个小组上台汇报，在全班范围内开展整合方案讨论，进行头脑风暴，实现思想共鸣。当然，当受训者提出的方案大致一样时，为了确保讨论的顺利进行，培训者必须给予及时的帮助，设法启示受训者提出另外一种方案，引发大家的探讨。

c. 总结评述

总结是案例教学中的重要环节。案例讨论完毕后，可以由培训者进行总结，也可以由受训者进行总结，培训者补充。总结面要广，不要单就某人的表现和存在的问题作出评价，而应当指出案例涉及的理论问题、关键问题、解决方案。以及讨论中的不足和长处，并进一步引导受训者对提出的问题进行思考，这是保证教学质量的关键。

③巩固练习阶段

国内外的实践告诉我们，教师培训如果单靠案例讨论的形式，其成效是远远比不上其他职业培训那么突出的。教师培训必须要在反复讨论中做自省和行为跟进才有成效。案例教学必须走：案例讨论—反思—亲身实践+同事互助辅导(peer coaching)的道路。

波斯纳指出：没有反思的经验是狭隘的经验，至多只能成为肤浅的知识。因此，课后，培训者要及时地向受训者布置反思的任务，让受训者对课堂讨论、案例内容或者是自身的教学进行自省。同时，培训者要给予必要的理论指导。在接受了讨论和自省后，受训者很自然地会产生在他们任教的科目中进行信息技术与课程整合的想法。针对这种心理，培训者应当布置信息技术和课程整合的教学任务，安排环境和理论技术支持，给予他们亲身实践的机会。实践的内容可参照英特尔未来教育的培训项目的内容，被培训者可在培训者与同伴的互助指导下进行整合课程的教学设计并开展实践。在此，同事的互助指导很重要。由于在案例的讨论中，受训者已经形成了可以讨论教学问题的共同语言，所以他们能够很容易地找到共同的关注点，进行有意义的交流。这样，一方面，通过整合课程教学设计的修订以及整合课程的实施，受训者逐步掌握了整合的理念、方法和运用；另一方面，受训者的整合实践又丰富了培训案例的资源，培训者可以针对典型的整合实践案例进行案例讨论，做到从实践中来，到实践中去。

④评价阶段

评价是案例教学的最后一个环节，其主要目的是培训者可以清楚地了解教学的效果。评价主要包括以下三大方面：

a. 受训者行为的评价

对受训者行为的评价，一方面可以从受训者的课堂参与考察，即是否积极参与讨论，作出对理解案例问题有帮助的分析，提出其他人没有提到的方案等；第二方面可以从受训者案例分析的能力进行评价，培训者可布置案例让受训者分析，设立一定的量规，评价案例分析的能力；第三方面可以从受训者的反思和整合教学实践中评价，培训者可参考有关整合背景下的教学设计的规范，英特尔未来教育的评价标准等。

b. 教学评价

教学评价包括案例质量评价、课堂讨论评价和培训者自我评价。课堂讨论评价是案例教学得以有效执行的前提条件，积极的讨论是必要条件，培训双方要认真评价案例的质量和课堂讨论情况，培训者要不断地反思，做出评价，促进培训质量的提高。

c. 培训课程的评价

培训课程的评价要求受训者和审查委员会的共同参与。受训者是培训课程的亲身体验者，他们的评价对培训课程有着重要的意义。提问是最好的反馈，培训者可以从平常的提问、交流以及调查问卷中把握受训者对培训课程的评价和期望。虽然培训队伍是强大的，但国家也要求建立特定的审查委员会，进行培训课程质量和效果的评价，在客观的评价和明确的方向的指引下，令教师信息技术培训更有前瞻性和针对性，促使培训课程顺利开展。

(6) 案例培训模式的作用

① 促进受训者内化知识，更好地掌握理论

不少人认为案例培训是特殊的典型，表现为某时某地的教学情景，不能传递理论知识。事实上，研究案例会促使受训者对理论运用的方式、原因等做深入的思考。一旦案例中隐含的理论问题或基本原理被揭示出来，就可以用来讨论新的案例。因此，经过一段时间的案例讨论后，受训者从案例教学中获取的理论知识，就会慢慢地与原有的知识融合，成为已有认知结构的一部分，从而更好地掌握理论。

② 大大缩短了理论与实践的差距，提高受训者解决实际问题的能力

接受过信息技术培训的受训者大多有这种感觉，就是他们学到很多关于信息技术与课程整合的理论和技术，但回到实践时却不知道如何使用，从何处入手。究其原因，就是培训没有接触到信息技术与课程整合的实际问题。离一线课堂操作的距离还很遥远。而运用案例进行教学，创设机会让受训者接触整合教学中的实际问题，能大大缩短理论与实践的差距，也有助于提高其表达能力与解决实际问题的能力。

③ 促进受训者对教学中问题的分析、反思、体验和感悟

通过讨论信息技术与课程整合案例中涉及的各种各样问题，受训者逐渐学会了如何去分析问题。同时，当受训者认出案例中所描述的"此时此地"事件并与之产生共鸣时，他们就会很自然地对自己以往的教学进行反思并举一反三。这样受训者就逐渐养成分析问题和反思的习惯，将理论转化为自己的感悟，成为自己的认识和素质。

④ 为受训者分享经验和交流提供有效的方式，促使工作创新

现实教学中，受训者的工作往往是独立完成的，很少有与同事一起交流、分享经验的机会。案例培训可以创设对实际教学问题讨论的氛围，通过案例的讨论和受训者对实际整合教学问题的讨论，受训者可以了解同事是如何面对整

合问题的，他们的对策是什么，从而反思自己的教学，通过小组讨论和交流，受训者渐渐融入讨论中，开始把自己只能意会不能言传的整合知识，经过讨论和评论性分析提升到理性认识的高度，受训者还可结合自己的工作进行创新。

（7）案例培训的优缺点

①案例培训的优点

a. 案例培训是教师信息技术培训中能突破教学难点的最有效的方法之一

它能使受训教师通过案例情境中问题的呈现、解剖、对比、分析及直接参与问题解决方案的制定等，获得亲身体验，达到对案例现象较为深透的认识和整体性感悟，真正理解问题的实质，掌握解决问题的策略和方法，运用相应的解决措施，而不是仅局限于对现象和问题面面具到的肤浅的一般性认识。

b. 案例培训模式能有效地提高培训者和受训双方的教育反思能力

在对案例的解读、分析过程中，施培和受训双方是互动的，既能在案例情境中学习和分享别人成功的经验，又能对照案例，学会解剖自己，反省自己的作为，发现自己的不足，不断积累自我反思的素材，促进自我信息素养的提升和教学行为的完善。

c. 案例培训模式有利用提高受训者的积极性，参与性强

案例培训模式可以变受训教师被动接受为主动参与，有利于激发受训者参与培训的积极性；能激发受训者思考，发挥受训者潜能，也能够交流受训者的学识和经验，有利于提高受训者解决问题的实际能力。

d. 案例培训模式的适用范围较为广泛

经过培训实践检验的教学案例更是产生新的教育理论的沃土，是沟通教师信息技术培训理论与教师培训实践相联系的桥梁，培训者和培训对象通过自身实践反思所设计而成的教学案例，是教育真理的蕴藏地。对这片土地的研究开垦，是很有可能揭示出更多的教育真理的，而大量的案例研究，则有助于理论假设的证明，避免教育科研单纯从理论到理论以至失去或减少应用价值。

②案例培训的缺点

a. 耗时多，要开发出理想的案例不容易，需要作者花费大量的时间和精力，而且常常通用性不强。

b. 理论与实践不易有效整合，往往是就案例谈案例，上升不到理论层次，或者只是成为理论的注释，仅仅起到活跃课堂气氛的效果。尤其是由于教学双方，还有受训者之间的身份、学历、专业和经历各不相同，围绕案例讨论，难以达成协调和沟通，往往容易钻牛角尖，拘泥于枝节问题进行无谓争论。

c. 案例的收集与编写困难，特别是素材丰富、可以举一反三、触类旁通

的有典型代表意义的本土案例编写更为困难。

(8)案例培训模式给我们的启示及应注意的问题

①选编适合培训需要的高质量案例

我国有句成语叫"巧妇难为无米之炊",如果没有丰富的切实有效的案例,案例培训只能是美好的愿望。在实际的案例培训中,我们应注意选择适合培训需要的案例。具体说来,要做到以下几点:

a. 案例来源要真实难确。案例培训首先要做到案例真实准确,不能随意将道听途说的事情当做案例,更不能任意杜撰。在讲述案例时,一定要说明案例的来源,以体现案例培训的科学性、严肃性、真实性和可信性。

b. 案例要典型生动。所选案例要与培训内容联系紧密,典型生动,有说服力和感染力,能激起受训教师强烈的共鸣,否则就达不到预期的效果

c. 要注重实效性。所选案例要能反映社会现实,充满时代气息,把握受训者所关注的焦点,这样才能引起受训者的兴趣,提高培训效果。

②案例分析要深入透彻

有的教师为了满足受训者的好奇心理,吸引受训者的注意力,在课堂上过多地讲述离奇古怪的案例。虽然受训者明得津津有味,但却没有多大积极意义,甚至会产生不良影响。其实案例培训不仅仅是列举案例,更重要的是通过对案例的分析. 来阐述某些基本观点和方法。所以在案例培训中,深入透彻的分析是至关重要的,只有通过对案例进行深入透彻的分析,才能使受训者更深刻地理解案例所反映的问题和所包含的方法,达到案例培训的真正目的。

4. 反思型培训模式

(1)"反思型"培训模式的概念及特点

①反思

早在 1933 年杜威就对反思进行了描述。他认为,反思是"一种根据支持的理由及其所导致的结果,对任何信念和实践进行积极的、持续的、周密的考虑行为"。它不是一种简单地包扎起来供教师运用的一套技术,而是面对问题和反映问题的一种主人翁方式。反思性行为是一种比逻辑的理性的问题解决更为复杂的过程。在杜威研究的基础理论上,Scholn 认为,教育教学反思是指教师在师生互动过程之中或者之后. 对其计划或行为重新进行评估的过程。所以一个反思型的教师会经常对自己的目标、行为和成就进行质疑,并就教学对学生产生的近期和远期影响进行思考。伯莱克(J. Berlank)认为:"反思是立足于自我之外的批判地考察自己的行动及情境的能力。使用这种能力的目的是为了促进努力思考以职业知识而不是以习惯、传统或冲动的简单作用为基础的令人信

服的行动。"教学中的反思依赖于理智的思考和批判的态度与方法，是教学主体自我解剖的过程。

由此可见，反思就是用批判和审视的眼光，多角度的观察、分析、反省自己的思想、观念和行为，并作出理性的判断和选择的过程。

②"反思型"培训模式

"反思型"培训模式是以培养教师的反思意识、促进教师反思能力的发展为核心，以合作与信任为前提，以基层学校为基地，以教育教学实践活动为基础，以反思为主要手段的培训模式。

a. 以培养教师的反思意识、促进教师反思能力的发展为核心。教师的自我反思意识是教师改变其教学行为的基础，通过实践性反思可以使其教学活动更理性、更自觉。因此，在教师信息技术培训中我们应注重培植教师的"反思"意识，养成良好的反思习惯，要求教师对自己的教学活动具有主动的"问题"意识，明确自己在个体专业发展中的主体地位，始终保持一种敬业、开放、发展的心态，不断反思自己的教育教学理念与行为，不断进行自我调整、自我建构。

b. 以合作与信任为前提。反思性活动不仅要求反思考有一个开放、负责和全心全意投入的心态，同时也要求有合作、协调、信任的环境."因为我们行为模式深层的本性，有时我们很难对自己的行为形成一种批判的眼光，也正是如此，发生在一个协调和合作的环境里的分析在很大程度上会导致更好(伟大)的学习"。所以，培训者要有一种开放的心态，多采用对话、讨论等开放性的培训方式，积极接纳不同的观点与行为，深刻反思各种教育教学行为背后隐藏的深层次的教育理念；学校管理者要有一种"以人为本"的管理理念，充分发挥教师的自主性，重视教师个体的发展和专业的发展；教师要有一种主体参与意识，积极投入培训，传递经验，坦陈问题，表露观点，分享资源。各方面共同营造一个和谐的、协作的、宽松的环境。隐藏在这种协调与合作环境背后的还有信任这一要素，信任是相互交流与对话的前提，只有信任才会公开质疑多年来坚持的信念，自愿检验我们行为的结果，没有信任，反思性活动就会受到严重的局限。

c. 以基层学校为基地，以教育教学实践活动为基础。美国学者林德曼认为，成人教育"不是从课程问题入手，而是从铸造成人生活的情境和经历入手"，它是"一种方法，借此可以把成人的经历和思想从传统束缚中解脱出来"。所以，教师培训必须牢牢地立足于基层学校，密切关注教师的教育教学实践活动，积极引导教师"在实践中反思"、"对实践进行反思"。一般来说，教师对于教育教学的认识是在教育教学实践活动中形成的。教育教学活动与学习是有机的统一体，教育教学的过程就是一个学习的过程，教师的学习应该以实践中的问题为出发点，学习的结果是为实践提供问题解决的方向。

d. 以反思为主要手段。麦考姆·诺莱斯认为："我们积累经历的过程中，就会形成思想习惯、偏见和预设，这些会导致我们的思想拒绝接受新的观点、新的感受和另类的思考方式。因此，成人教育者要试图发现一些方法以帮助他们来检查自己的习惯和偏见，打开他们的思想接受新的方法。"所以，在教师信息技术培训中，我们应当运用教学观摩、听课评课、集体研讨、案例分析、撰写教学日记等多种反思手段，逐步培养教师的反思意识，不断促进教师对自己教育活动的反思，及时发现自己的偏见和一些非理性的观念与行为，并及时加以调整，重构新的认知。

③"反思型培训"的特点：

a. 认可并将受训者原有的知识结构和经验作为培训的基础。

b. 反思型培训包含两个重要的方面：反思以及相互汲取学习经验。

(2)"反思型"培训的产生

关于教师的培训模式，英国教育家 Michael Wallace 早在 20 世纪 80 年代就提出了三种培训模式：手艺型、应用科学型和反思型。其中反思型培训模式，至今在欧洲尤其在英国的教师培训中得到广泛利用。

(3)"反思型"培训模式的建构基础

①成人学习理论成为"反思型"培训模式提供了理论基础

成人学习理论认为，成人生活中的推理、思考和判断与青少年、儿童相比具有质的差异。杰克·麦泽罗(Jack Mezirow)提出：成人学习非常显著的一个功能就是能对青少年、儿童时期未加批判地习得的假定和观点进行有意识的批判。另外，有人认为，成人期超越了皮亚杰认知发展理论中的形式运算的最后一个阶段。成人特定的认知形式有认识的认识、嵌入逻辑、辩证思考、实践智力、反思判断、建构认知、认识思想以及定位认知等。作为成人学习者的教师，往往合形成一种情境推理，并借此对自己的实践进行阐释，指导自己的实践。这些推理并不遵循正规逻辑的规则，相反，它关注情境并根据情境的细微差异来调整自己，具有个人独特性。因此，在教师信息技术培训中，我们应该把"他们看作人，不可以让他们屈尊俯就，不可以剥夺他们的权利和贬低他们。尤其是，必须认可和承认他们的经历所具有的价值"、"发现经历的意义，一种思想追求，为的是挖掘塑造他们行为的先入之见的根源"。

②反思性教学思想为"反思型"培训模式提供了思想基础著名教育家波斯

纳(Posner)指出：没有反思的经验是狭隘的经验，至多只能形成肤浅的知识。如果教师仅仅满足于获得经验而不对经验进行深入思考，那么，他的教学水平的发展将大受限制，甚至会有所滑坡。为此，他提出了一个教师成长的公式：经验+反思＝成长。我国著名心理学家林崇德也提出"优秀教师＝教学过程+反思"的成长公式。1995 年 Glen 等研究也认为，教师的反思可以提高他们的教学技能，促进其进行有效地教学。反思对教师学会如何教学和教师从教学中学会什么具有重要作用。反思是促使教师认清自己的行为和观念的核心因素。

1992 年英国两位教师教育者格里菲斯和唐(Morwena GrifithsSara Tann)提出了五种反思维度构架：第一维度快速反思、第二维度修正，第三维度回顾，第四维度研究，第五维度是理论的重构和重建。他们认为，教师是在不同的时间速度和知觉水平上进入行动、观察、分析和计划循环的。

反思性教学重视教师思考能力的培养，鼓励教师进行实践理论与研究之间的多重整合和转化，为我们构建"反思型"培训模式提供了思想基础。

③有关的教师研究为"反思型"培训模式提供了实践基础

有关调查显示，经验型教师与专家教师区别的重要标志之一，就是对自身教学经验的反思意识和反思能力。国内外有关教师教学行为的研究资料也认为：合理、灵活的教学行为决定于教师的"自我效能感"和"教学监控能力"。而教师对教学监控过程是从其对教学活动的反思开始的。反思对提高教师自身的专长具有重要意义。然而，过去大多数教师的互动决策研究表明：教师的决策是反应的而非反思的、直觉的而非理性的、例行的而非自觉的。"教师总是被看做是知识的消费者，而从未被认为具有创造或批判那种知识的技巧。"教师对自己教学实践的理解，很少被注意到。正如 Lytle Coehran Smith 所说："教师的声音、他们所提出的问题、他们用来解释和改进实践的理论框架、他们用来界定和理解其工作生活的方式等，在有关教学的研究文献上都鲜有记录。"这当然对我们构建"反思型"的培训模式增加了难度，但同时更具有挑战性、更具有研究价值。

(4)"反思型"培训的方式

教师参与培训的过程，就是教师进行学习的过程。依据学习方式的不同，学习可以分为接受学习和发现学习(探究学习)。因此，培训方式可以分为两种基本类型，即以接受为主的培训方式和以探究为主的培训方式。后者又可分为个体探究型和群体合作探究型。为此，我们将"反思型"培训方式大致分为三种类型：以接受为主的方式、以个体探究为主的方式和以群体合作探究为主的方式。

①以接受为主的方式

在反思型教师培训中，虽然总体上是以问题为中心的参与和探索性的学习，但仍然不排除有些培训是接受性的。接受学习仍然是教师学习的一种方式。不过这种以接受为主的方式应注意促进教师进行思考，把接受的信息与自己的教育实践紧密结合起来，避免停留在感知和记忆水平。

a. 专家讲座

讲座式的培训是教师信息技术培训中经常采用的方式，这种培训方式简便易行，信息量大，不受培训规模的限制。讲座培训适宜于传递性的信息知识、信息理论、教育观念等方面的培训。讲座方式的不足之处是往往难以调动教师学习的主动性，缺乏相互交流，使教师处于被动接受的境地。为了避免这些局限，可以在讲座之后为教师留下进行自我思考、反思与操作的要求，也可以将讲座与教师的教育实践反思结合起来。

b. 读书活动

读书活动对于丰富和更新教师的信息技术理论知识有重要作用。读书活动一般都是由学校或教研组组织，可以规定教师在一学期或一学年要读若干本书和若干篇文章；学校在一定时期举行读书报告会，交流读书心得。学校鼓励教师自学，要求教师将读书学习与教育实践的反思和行动联系起来。

c. 观摩教学

观摩教学可以分为观摩校内教师的教学与在学校组织下观摩校外教师的教学两类。观摩教学对于扩大教师的视野、学习他人的经验以及与他人相比较从而发现自我状态具有积极意义。为了使观摩教学富有成效，组织观摩教学时应做到：明确自己关注的问题，确立收集信息的方法；避免自己的成见对观摩的影响，尽量站在教学者的角度"移情"地看待思考的问题。进行观摩要把注意放在学生的反应上，尤其要注意教师与学生的互动，注意避免单纯地观察教师的行为；要注意与自己的教学情况相比较，注意了解教师的内在教育观和教育意图与思路。

d. 师带"徒"

师带"徒"对于丰富新教师的信息技术实践知识很有帮助。这种古老的培训方法在 20 世纪以建构主义的"认知学徒制"的新面貌再现了。认知学徒制所面对的是复杂环境中的学习与思考，强调不仅要在"做"中学习"怎么做"，更要注重向"师傅"学习思维与解决问题的方法。师带徒过程中常出现的问题是由于受自身教育经验的限制，"师傅"有时自觉不自觉地对于新教师创新而又不完善的做法不予支持与鼓励。为此，也需要注意对"师傅"进行教育观念的更新。

②以个体探究为主的方式

a. 教师职业生涯规划活动

教师职业生涯规划活动就是教师分析自己目前所处的阶段，明确自己的现状和未来发展要求，制定中长期发展规划和年度发展规划，并实施规划的培训活动。这种培训活动能使教师对自己的职业生涯发展清晰化。

b. 教师角色发展活动

教师所扮演的角色包括教学组织者、学习动机激发者、教学交流者、教学改革者、学生咨询者、班级管理者等多种。教师角色发展活动就是在明确这些角色要求的基础上，对照比较自己目前的现状，制定出改进教师角色的规划，然后按照规划去实施的培训活动。

c. 日常的教育行动研究

教师的日常工作中充满了需要探索的问题，解决这些问题带有行动研究的性质。教师日常的行动研究，通常以发现自己教育中的问题或学生中的问题为开端，进而分析问题产生的原因，选择或设计解决问题的策略，然后实施这种策略，在实施中反思策略得当与否，问题解决得是否完善，从而进一步修订和调整行动策略，如此循环，直至问题解决。

d. 教学日记

教学日记是记录信息技术实践和教师独特感受的工具。经常写教学日记，能保证教师的反思经常化，可以培养教师的自我意识、思维意识和专业发展意识。教学日记还可以起到相互交流教学经验的作用，教师可以借鉴他人教学日记来改进自己的教学实践。由于工作繁忙，可以不天天写教学日记而撰写教学周记。教师撰写教学日记或周记要抓住关键事件来叙写。

e. 课堂教学调查

课堂教学调查是从学生视角反思教师教学的一种方法。通过调查，了解学生怎样看待教师与教师的教学，并以此来调整和改进教师的教学。这一活动的关键在于要让学生把他们的真实想法表露出来。这种问卷调查方法适用于中高年级学生。有时也可以通过访谈向学生进行调查。

③以群体合作探究为主的方式

通过前述个体探究所获得的资料，如教学日记等，都可以进一步在小组内或全校范围内交流和讨论，成为相互分享、相互激发、相互协作的群体合作探究活动。此类群体合作探究活动在此不展开论述，这里我们仅讨论主要通过群体合作探究来进行培训的方式。

a. 信息技术案例研究

案例研究是运用书面的信息技术实例作为材料，教师群体一起来了解、分析、研究、评价信息技术实例的活动。案例学习尤其适合结构不良、普适的教育科学难以解决的问题。案例研究的一般程序为：引入案例——案例讨论——总结。案例讨论关注的问题有：

＊案例中的疑难问题是什么？

＊哪些危机至关重要？

＊解决问题的方法有哪些？

＊作出决定的标志有哪些？

＊什么样的决定是最适宜的？

＊应制定怎样的实施计划？

＊什么时候将计划付诸行动以及如何行动？

＊如何进行整体评价？

b. 反思型教研活动

教研活动是促进教师发展的重要途径。反思型教研活动是对传统教研活动的改造，其要领如下：

	活动前的反思	活动中的反思	活动后的反思
主要事件	确定研究的问题；对问题进行理论分析；设计解决方案；设计检测指标和方法	实施设计的方案并进行临时调整；教学观察；访谈学生	评价行动的结果；重新阐明问题
记录形式	反思型教案；课堂观察表；学生访谈提纲	课堂观察记录；学生访谈记录；音像	反思型教案；教学日记；活动案例

基本要素和特征可以概括为 28 个字：问题驱动，专业引领，课例载体，三段两层，循环上升，平等对话，多元视角。

(5)"反思型"培训模式的基本框架

"反思型"培训模式基本沿着"理论学习—信息技术实践与反思—集中反思与总结"三个阶段展开，这是一个螺旋式上升的过程。

①理论学习

理论学习以集中面授和交流研讨的形式较为理想，主要由教师培训所在院校承担。

a. 要加强教师信息知识、信息伦理道德、教学设计、课程整合等理论知识的学习。

b. 要通过专题讲座、先进事迹报告等形式使教师明白教学反思不仅有助于提高他们的信息技术教学技能，更能帮助他们不断地提高信息意识。逐步培养教师的信息技术教学反思意识，对自己的信息技术教学实践活动抱有一种"怀疑"精神，具有一种"问题"意识。

c. 要通过案例教学引导教师反思，使他们知道在信息技术教学过程中，既要反思自己的信息技术教学行为，更要反思自己的信息技术理念；既要反思自己的信息技术教学结果，更要反思自己的信息技术教学过程；既要反思教育内部的因素，更要反思教育外部的因素；既要提倡课后反思，更要提倡课中反思、课前反思。

d. 要教给教师反思的方法。一般说来，教师的反思方式主要有：写反思日记；参与研究；观摩与分析；建立个人文件夹等。

②信息技术实践与反思

理论学习之后，往往需要在实践中进一步深化，这样，既可以强化学习的效果，提升认知，加深理解，又能刺激新的观点。所以，这一阶段应以校本培训为主，通过师徒结对等形式，进行手把手的培训，切实帮助教师养成反思习惯，提高反思能力。

a. 发挥指导教师的传帮带作用。教师所在的基层学校要为新教师指定一名德高望重、业务精湛的指导教师，具体负责指导教师的信息技术教学、学习和思想，为教师树立一面参照的镜子。

b. 鼓励写信息技术教学日记。信息技术教学日记是一种对教师生活事件的记录，它有意识地生动地表达了教师自己的真实想法。它不是仅仅罗列生活事件的清单，而且还是通过聚焦这些事件，让教师更多地了解自己。

c. 加强对话与交流。通过与其他教师研讨交流来反思自己的信息技术教学行为，使自己清楚地意识到隐藏在信息技术教学行为背后的教育观念，提高教师的信息技术教学能力。

d. 观摩与分析。"他山之石，可以攻玉。"教师一要抓住教研活动的学习良机，或自己创造机会多观摩学习名师名家的课，分析他们的信息技术教学思想，弄清他们为什么要这样做；二是要提倡教师之间的相互观摩，评述观察到的信息技术教学实景，共同分析、讨论，提出改进措施。

e. 参与行动研究。教师要充分运用观察、谈话、实验、调查问卷、查找文献等多种方法，并通过课内和课外活动、作业批改、座谈会等多种渠道，对学生学习心理特点和认知方式等多方面进行了解和研究，逐步减少对信息技术与课程整合工作认知上的偏差，有效修正自己的教育教学活动。

当然，在这一阶段，教师培训院校也应派遣教师深入受训教师所在的基层学校，深入受训教师的课堂，了解受训教师的教育教学实际和思想状况，掌握第一手的资料。

③集中反思与总结

经过一段时间的实践与反思，教师会积累一些问题，会有一些迷惘和困惑，需要及时解决，所以，在这一阶段，主要选择一些在实践环节中表现突出的问题，以问题讨论和案例教学等方式，引导教师深刻反思自己的教育教学活动，并把实际的问题逐步提升到理论的层次，积极寻求理论与实践的结合点。

a. 专题教学。即以实践中普遍反映出来的某一问题的知识内容为中心课题，围绕它上下左右展开探讨，从而使教师对这一问题有比较全面、深入的了解，为他们今后的工作实践或深入研究提供帮助。

b. 问题讨论。主要由教师相互坦陈自己在信息技术教学实践中遇到的问题，教师归类后，选定几个具有代表意义的问题，由小组讨论、分析，提出解决问题的策略及依据。这种方式能使教师获得多方面的启迪。

c. 案例教学。即以具有感染力的真实事件或问题为基础，引导教师借助于情境中的各种学习资料去发现和解决信息技术教学中的问题，促使教师将理论转化为解决现实问题的能力，促进教师研究自己，分享别人的成长经验，积累反思的素材，在实践中自觉改进自己的内在决策，调整教与学的行为。

(6)"反思型"培训模式的操作要点

①要建立合作的培训网络。教师信息技术培训是教师培训中的一个子项目，它强调教师掌握信息知识和信息技能。作为培训院校必须走出纯理论的教学，加强与各学校之间的联系，才能帮助受训教师找到理论与实践的结合点，同时也有利于及时发现培训中所存在的问题；作为学校应发挥自身的主阵地作用，把教师信息技术培训列入议事日程，同时又要积极主动地配合培训院校的工作，加强合作，共同落实培训计划，完成培训考核。

②要建立有效的保障体系。"反思型"培训模式强调教师要自主的、自觉的、创造性的学习，重视主体性的培养和自我训练。但在反思观念还没有内化之前，仍需要制度的约束与规范。为此，必须进一步建立、完善教师信息技术培训的相关制度，明确培训院校与基层学校之间的分工，加强培训教师、指导教师的责任意识，规范教师的培训行为，做到有目标、有监督、有检查，否则将流于形式。

③要强调反省式的思维方式。不仅教师要时刻反思自己的教育教学实践活动，作为学校管理人员也要经常反思：教师的培养措施是否到位？指派的指导教师是否尽职尽责？若没有，为什么？根源在哪里？应切实采取措施给他们一个反思进取的空间。作为培训人员，更要不断反思教师的培训内容、培训方法、培训方式、培训策略是否符合受训教师的心理特点，是否能满足受训教师不断发展的需求。如不能的话，怎样调整，进行及时补救，等等。

5. 其他培训模式

（1）行动学习

行动学习实际上是对目前国际上的教师培训"反思模式"的一种深化和发展，行动学习法在"所倡导的理论"和"所采用的理论"之间架起一座桥梁。参加培训的教师通过反思发现教学中存在的问题，并带着问题参加学习。通过自主探索或他人协作来寻找解决问题的方案，可以有效地将理论与教育实践结合起来，并能够培养教师独立提出问题、解决问题的能力。

①行动学习法

行动学习法产生于欧洲，是一种通过小组成员的相互帮助，解决工作中存在的问题或完成某项任务的学习。行动学习小组相互间提供支持与鼓励以发现新的做事方法或新的思考事情的方法。它是一个社会化的过程：人们通过小组间的相互学习，最终形成了学习社区（Reg Ravens，1982）。

行动学习建立在反思与行动相互联系的基础上，是一个计划、实施、总结、反思进而制定下一步行动计划的循环学习过程。

作为一种理念和方法系统，行动学习法（Action-Learning）强调理论探索与解决实际问题的有机结合。行动学习法包含了一些崭新的学习理论；提出学会学习是个人发展中的最重要的因素；强调个体经验对学习的意义，不是简单地主张要在做（行动）中获得新知识和新能力，而是更关注对以往经验的总结和反思，强调在掌握技能知识的过程中不仅是能知道能行动，而且要求能从深刻的反思中获得经验的提升，是个人通过反思与体验过程获得成长性的发展。所以，可以把它看做"做中学习"与"思考中学习"的结合，而且这种结合是在小组的合作中实现的，小组内的情感互动推动和提升了个人反思体验的效果。因此，伊思·麦吉尔、利兹·贝蒂认为："从行动学习法中所导出的'行动'是个人和小组给予整个工作环境中其他人的礼物。"

行动学习法体现了成人教育的规律，认为参加培训的学习者自身的教学经验，是培训中的重要资源之一。行动学习小组的每个成员将一个重要问题带到小组，在其他组员的支持下解决这一问题。

正如行动学习的受训者，布莱顿大学商学院院长巴勒姆，在参加完培训后写道："关注于问题和相互支持，这两点对于个人学习的速度和深度的作用是不言而喻的，它所产生的'认知的飞跃'也是其他类型的学习过程所不能给予的。"

②行动学习法在教师信息技术培训中的基本特点

行动学习法应用于教师信息技术培训中的基本特点如下所述。

a. 尊重教师自身的教学经验。现代教师专业发展的研究表明，教师个人成长经验对于教师教与学的理论建构十分重要，强调教师自身是最好的专业成长资源。教师具有一定的教育教学实践经验、特定的思维方式与学习习惯，这些都将成为培训中的重要资源。

利用行动学习法对教师进行信息技术培训，必须充分重视教师自身的教学经验。从培训之初，就需要指导教师从自身的经验、专业出发，反思自己的教学行为，提出待解决的实际问题。而且在培训中，还需要重视培训者与教师之间的交流、启发、学习。培训者不再是单一的说教者，而是教师的指导者、启发者、帮助者。

b. 强调培训中教师的反思。现代教师专业发展研究认为，经验加反思是教师专业成长最有效的途径之一。在教师培训中，需要促进教师在已有经验基础上的主动建构。未经内化的理论很难转化为教师的实际教学能力。

行动学习法应用于培训中的基本思路是引导教师反思自己的教学活动经验，发现自己教学活动中存在的问题，并引导教师反思，积极参与到培训中来。在对教师进行基本理论、技能的培训的同时，还要引导教师进行教育科研，提高教师发现问题、解决问题的能力，最终提高教师的教学实践能力。利用行动学习法培训教师，对于培养教师的批判精神、养成经常反思的习惯与能力都是有很大帮助的。

c. 重在培养教师提出问题、解决问题的能力。行动学习法应用于培训，采取帮助教师发现、提出学校以及教师本身的问题，而非人为设计假想的任务、问题，因此具有很强的实际意义。同时培训过程中，知识的获取并不是主要的目的，知识、技能在教学中的应用才是培训的目的，教师的教育科研能力的培养与提高成为培训的核心。

d. 强调理论与实践相结合。行动学习法是一种理论与实践相结合的学习途径，可以很好地解决传统培训中理论与实践相脱节的弊端。培训中教师所学习的理论知识，是为了解决自身存在的教学问题。培训内容的设计是为提高教师教育科研能力以及信息化教育能力服务的。因此，真正做到了从教学实际出发，针对性强。

e. 强调学习小组成员之间的相互支持。行动学习小组会议是行动学习的组织形式。行动学习小组不同于普通的会议，所有组员都是会议的主角，大家有均等的时间提出自己的问题，以求获得大家的帮助。学习小组在经验共享的同时，更强调的是小组成员间的无私帮助的情谊，对于小组成员的能力的发展将起到很大的促进、帮助作用。可以说，行动学习中，最大的乐趣莫过于获得帮助以及给予他人帮助。因此，行动学习法对于缓解教师的压力、增强自信、提高自身的教育教学能力，将有很大的帮助。

除以上的特点外，行动学习在教师信息技术培训中，时间灵活，行动学习小组可以根据实际情况，灵活确定小组学习时间。

③行动学习法应用于教师信息技术培训的构想和设计

a. 培训流程构想

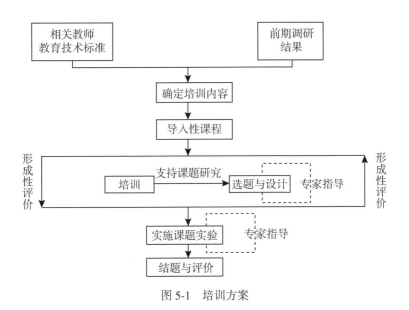

图 5-1 培训方案

如何利用行动学习法来开展教师信息技术的校本培训呢？下面是笔者的一些构想和设计。

校本培训源于教师个体成长和学校整体发展的需要，由专家指导、学校规划实施、教师主动参与的，以反思为中介把培训与教育教学实践和教师研究活动紧密结合起来，旨在促进教师专业自主发展和学校整体办学水平不断提升的校内培训活动。这一界定明确了校本培训的出发点——"教师个体成长和学校整体发展的需要"；校本培训的主体——"在专家协助、指导下，由学校规划实施、教师主动参与"；校本培训的方式——"以反思为中介把培训与教育教学实践、研究活动紧密结合起来"；校本培训的目标——"促进教师专业自主发展和学校整体办学水平不断提升"；校本培训的场所——"以学校为基地"。此培训方案(图 5-1)的制定是以校本培训为基础的。

首先，需要进行周密细致的调研工作，主要是分析学校的近期发展规划对教师信息技术知识和能力的要求、学校教师的教学科研工作中所存在的问题、教师的需求等。在这个基础上，可以结合相关的教师教育技术标准，制定出学校教师信息技术的培训内容。

其次，在培训之初，需要向教师介绍培训中所要用到的方法——行动学习法。可以设计专门的导入性课程来介绍，包括对整个培训方案的介绍，让老师了解什么是行动学习法，同时引导教师反思教学实践，提出研究课题。

再次，在导入性课程的基础上，教师带着研究课题进行有关学习。

在整个培训过程中，课程的学习为教师的教育科研服务。可以根据教师实践研究的进展，适当调整培训内容。同时，在实施培训的过程中，学校可以借助外部资源来为教师的成长提供支持，为教师的学习和实践提供及时的指导。

b. 培训课程设计

教师信息技术培训的最终目的，是希望信息技术能够给教师的教育教学工作带来改变，同时能够指导教师的教育科研工作。因而在课程的设计中主要贯穿两条主线：教学设计主线和教育科研主线。这也体现了培训课程为了提高教师信息技术应用能力与教育科研能力的目标是一致的。在培训方式上，将综合案例教学、参与—分享式、任务驱动、自主学习等方式。

a. 教学设计主线

教学设计是信息技术的核心课程，它来源于教学第一线，又对教学具有直接的指导作用，是教师教学活动的重要组成部分，新的观念和思想应用于教学，必须经由严密的教学设计过程。而教学设计方法的系统性、流程性，使得它很容易被教师接受。

教学设计以教学论、学习理论为主要理论基础，在具体操作过程中，会涉及信息技术、教育科研的一些内容。比如教师要运用信息技术手段来改进教学的时候，他需要掌握相关的信息技术技能、对教学进行设计、考虑实施条件和步骤以及如何评价效果等。

因此，我们确定了以教学设计为主线、贯穿信息技术、学习论、教学论、教学实验方法等的内容培训模块，并依此将培训课程定为四个专题(如图 5-2

所示)。

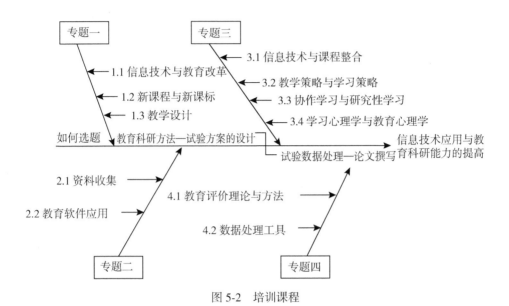

图 5-2　培训课程

专题一的目标是让教师了解信息技术的教育改革因素，了解教学设计的概念和基本活动，并能以当前教改的最新理念作为教学设计的指导思想。在专题一的学习过程中，教师能够结合自己的教学实践，总结和反思教学当中存在的问题，并选择有代表性的问题作为教学设计的主题，初步规划教学设计的活动。专题一的学习为后面的培训以及课题研究做准备。

专题二的目标是让教师掌握教学资源准备的一些基本技能以及教育软件应用方面的知识。在专题二的学习过程中，教师将结合专题一中的教学设计主题，具体着手资源设计方面的设计、搜集和整理工作。

专题三的目标是让教师了解与教学策略紧密相关的一些理论和方法，并能结合教学设计主题，分析学生的特点，选择有关教学策略。

专题四的目标是让教师了解教育评价的基本方法，尤其是当前的最新评价理论和方法。在专题四的学习过程中，教师将结合教学设计的主题，设计学生评价方案。最后，利用有关评价的方法对教学设计方案进行修改。

在这四个专题的实施过程中，教师最初了解了教学设计的框架，然后随着各个专题的推进，对教学设计框架内的基本活动进行更深入地了解和实践。整个培训过程紧紧围绕"提高教师信息技术应用能力以及教育科研能力"展开。

b. 教育科研主线

教学设计的主线同时也是为教师的教育科研服务的，教师的教育科研工作，从选题的需求分析(研究对象的分析、研究内容的分析等)，到研究方案的设计(资源的选择收集、策略的制定等)、方案的实施、评价(形成性评价与总结性评价等)同样离不开教学设计的支持。

教师教育科研，除了上面提到的教学设计主线外，还有其自身的特点。那就是要增加教育研究方法的内容。考虑到科研的阶段性以及行动学习法应用于培训中的特点，要求教师带着课题进行相关知识的学习，因而将研究方法的内容分别在不同阶段进行讲解，而不是作为一门课程放入某个专题中。

可以根据教育科研的实际过程，将教育研究方面的培训内容分为：如何选题—教育研究方法—实施方案设计—实验数据处理—论文撰写等模块，这些模块将分别嵌入到前面所提到的四个专题中介绍。其中选题放在导入性课程中讲授，帮助教师选题、定题；教育科研方法在第一个专题中讲解；实验方案的撰写在第三专题中讲解；实验数据处理以及论文撰写在第四专题中讲解。

c. 任务设计

任务设计的目的在于帮助教师巩固及应用所学知识。任务设计同样贯穿两条主线，教育科研与教学设计。教学设计任务在加深教师对每个阶段所学知识巩固的同时，对教师教育科研任务的完成也起到了促进作用。结合前面的课程设计以及教育科研的阶段性，可以把任务划分为 4 个阶段性任务(如图 5-3 所示)。

在阶段一(课程培训阶段)，完成课题的设计与案例的设计。第二阶段，完成模拟课题的实施以及案例的实施。第三阶段，完成模拟课题与案例的评价。第四阶段，完成模拟课题的结题与案例的分析、总结。最终提交任务。

任务的设计不能仅流于形式，为了确保教师对培训课程的巩固以及教育科研能力的提高，对培训中每个阶段教师要完成的任务都作了详细的评价标准。

教师培训的结果如何，在很大程度上取决于培训评价方案的制定与实施。除了对上述任务作了相应的评价标准外，还依据教师发展性评价理论，制定了教师档案袋评价方法、教师信息技术应用能力以及教育科研能力相配套的调查问卷，来确保培训的质量。

④影响培训效果的因素

a. 行动学习法介绍。在培训之初，一定要对教师进行行动学习法的培训。让教师了解行动学习法以及开展实施行动学习小组会议的技巧；了解并掌握行动学习日志的记录。如有条件的话，可以请行动学习专家对教师进行行动学习

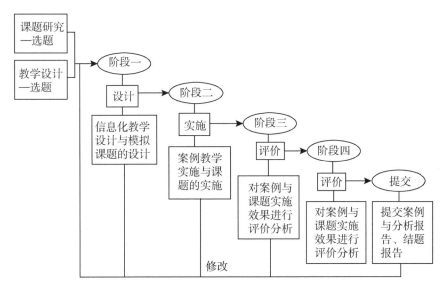

图 5-3 培训任务关系图

法的培训，并模拟行动学习过程。

b. 教师的主动参与。在培训的整个过程中，除了要确保教师在培训课程中的出勤率以及完成作业、任务外，还应对教师提出以下要求：定期开展行动学习小组会议，并记录会议过程；记录行动学习日志。在培训中强调教师对自己的教学实际不断地反思。而过程日志的记录，恰恰能够引导、督促教师对教学行为的反思。

c. 相应的管理与支持。有关教育管理部门或培训机构要建立一套切实可行的管理、激励制度，确保教师积极主动地参与到培训中。

d. 培训者的指导。行动学习法培训，对培训者提出了较高的要求。培训成功与否，在一定程度上取决于培训者高质量的指导。

e. 有效的全程评价。行动学习法培训更注重的是形成性评价。有效的全程评价，对于培训是否成功，将起着决定性的作用。

行动学习法应用于教师信息技术培训，还处于尝试阶段。行动学习法培训方式的成功与否取决于指导教师的质量、培训教师开展行动学习的技能、学校的管理等若干方面。并且对培训者也提出更高的要求，培训者不仅是专家，而且要有很好的人际沟通能力，才能适应整个培训过程，完成指导。

（2）互映射培训

根据不同的培训目标和培训内容应采取不同的培训方法，对于学科整合阶段可以采用创作与评价映射。首先以案例示范、案例分析和创作学科性教学软件为主；其次要对受训者的作品、案例进行分析，称之为"创作—评价映射"；进一步为达到教学改革和研究阶段，则采用"应用与研究映射"的方法，这就是互映射培训。

①互映射培训的结构要素

a. 互映射培训的目标和定位

教师信息技术能力培训的目标和定位，决定了培训工作整体质量的高低，所以我们要根据不同的对象，社会和教育的不同需要，确定不同的培训目标。总体来讲，教师的信息技术培训应以培养教师的信息能力、提高教师的信息素养为主要目的。教育信息技术培训应达到三个方面的具体目标：一是掌握信息技术的基本知识和基本技能；二是能够把信息技术与学科教学进行整合，即利用信息技术去优化学科教学，并能指导学生利用信息技术便利学习、改进学习；三是能够利用信息技术进行终身学习、自我提高，利用信息技术进行教学改革和教育科学研究。这三种培训目标，实际上就是三种不同层次的定位。培训目标与定位决定培训内容的选择，进而也决定了培训的阶段和方法。

当前，我国的教师信息技术培训往往偏重于信息技术基本技能的培养，因此，在教师中真正能将信息技术应用到学科教学中的人微乎其微，多数教师还停留在只能教会学生操作计算机的水平上。因此，要对培训目标进行准确定位。信息技术基本技能是基础，信息技术与学科的整合是核心，提高教师的信息素养，教师能够利用信息技术进行终身学习，进行教学改革和科学研究才是根本。教师信息技术能力的培养，不能只停留在第一层次，绝大部分教师的培训目标要达到第二层次，一些骨干教师应达到第三层次。这三种培养目标可以分阶段、逐步实现，并要不断进行"刷新"。

b. 培训内容的确定与选择

教师信息技术能力培训的目标分为三个层次，不同的培训目标通过学习相应的内容来实现。第一层次的基本内容包括计算机的基础知识、常见的应用软件和编辑软件(如办公软件、演示文稿、图形图像处理软件、Authorware、动画制作软件、网页制作软件等)、网络基础知识等三个方面，通过这一层次的学习，使教师具备较强的动手操作能力，为今后的教学应用打下技术基础。第二层次的基本内容，包括信息技术与学科教学整合的理论与实践，主要有信息技术应用的基本教学模式、教学过程设计的方法与策略、信息技术与学科教学、运用信息技术创作和评价学科教学软件、信息技术与学生的学习等。通过这一层次的学习，旨在提高教师教育理论修养，树立现代教育理念，掌握将信息技术应用于教学的方法，具备用信息技术创作学科教学软件的能力，有利用信息技术"备好一门课"、"上好一门课"的能力。第三层次的基本内容是第二层次内容的延伸，主要围绕教师如何利用信息手段在与学科整合的基础上进行教学改革和科学研究。学习的内容有学科教学与课程改革、新课程标改革研究、科学研究方法与信息技术、教学软件在教学过程中的应用等。

c. 培训机构与机制

教师的信息技术能力培训，是一项教师教育信息化工程，是教育实现现代化的基础和关键，应列入国家教育发展 10 年规划。建议在教育部下设一个教师教育信息化工程办公室，负责全国各层次教师教育信息化工作，相应地在省教育厅、市和县教育局也成立专门机构，专职负责教师信息技术能力培训工作。各地组织有关院校和专门培训机构具体负责培训工作。

教师信息技术能力，首先应培训那些具备较高信息技术水平且具有创新精神的骨干教师。这些人往往既有教学经验又有较强的教学设计能力，他们接受培训之后很快就能将信息技术运用到学科教学中去，在教学中起到示范作用。其次应对一般教师进行信息技术的普及性培训，使他们能够树立应用信息技术进行教学改革的观念。

教师的信息技术培训可通过多种途径进行，如集中脱产培训、利用寒暑假培训、举办短期讲座、邀请专家讲学、组织教师观摩教学示范课等，也可以通过现代远程教育网络进行在线培训，使教师不出校门就能接受优质培训。另外，开展与信息技术相关的课题研究也是加速提高教师信息技术能力的有效途径，把培训提高与教学改革研究结合起来进行，有条件的地方政府在年度教育规划课题中增列"教育信息技术与学科教学优化"项目，加大这方面的投入。培训工作实行认证培训制度，不同的培训级别，发放不同的认证证书，获得认证是从事教师职业的必备条件，并且要 5 年进行一次审核。"刷新"中小学教师信息技术的知识结构，以便断提高教师的信息化水平。

d. 培训效果的评价方法

培训效果的评价是整体培训工作的提高和指引，它对培训过程起着控制和指导的作用。笔者得出的结论是：在培训过程中，对受训者学习情况的评价用过程性评价方法，主要是获取反馈信息用以调控教学和培训过程；培训结束时，要对培训工作进行总结，让学生用自己的作品来进行总结，用绩效评价方法对其进行评价，并得出评价的结果，确定培训是否达到目标，是否发放认证。

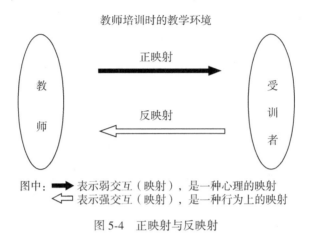

图 5-4　正映射与反映射

　　培训效果的评价主要依据受训者在培训期间创作的学科教学软件、教学案例，撰写的相关论文和研究报告，知识的掌握程度和技能的熟练程度等。

　　②互映射培训的操作

　　根据不同培训目标要求和培训内容的不同特点，我们要采用不同的培训方法，整体培训过程可以分为三个阶段：基础知识培训阶段，学科整合培训阶段，教学改革与研究阶段。用三种不同的培训方法来进行实践教学培训活动，这三种培训方法就是三种不同的映射：即正映射与反映射，创作与评价映射，应用与研究映射。

　　a. 基础知识培训阶段采用"正映射与反映射"方法

　　基础知识培训阶段的主要目标是让受训者学习信息技术的基本知识和操作技能，受训者需要记忆基本知识，需要通过实践操练来提高操作计算机的能力。所以，对于基础知识采用讲授法和操作练习法。但这种讲授法与传统的讲授法不同，它要完成两个主要任务，一是让受训者习得这些知识，二是要给受训者示范。如何利用信息技术进行学科教学，让受训者在学习信息技术基本知识的同时，也看到了利用信息技术进行教学的方法，把知识的学习和使用信息技术的方法结合起来，具体、形象而生动，能极大地激发受训者的兴趣，提高培训的效果。在培训中只有教师的示范是不够的，所以，学习一个小的阶段后，就应该让受训者根据学习的内容、结合自己的学科进行效仿操作练习，这是非常重要的，把学习的心理过程、动手操作和学科内容结合起来，使心理的认知通过动手操练而得到加强，学习的效果会倍增。通过讲授和示范使受训者产生一种正映射：受训者在学习知识的同时，再模仿教师进行操练，一方面可以加深对所学知识的理解和应用，另一方面受训者的操作练习正确与否，反馈给教师从而产生反映射，教师根据反映射来调控教学过程、教学内容和教学方法。这种正映射和反映射是一对互映射，是第一阶段主要的互映射培训方法。可以用图5-4加以描述。

b. 学科整合培训阶段采用"创作与评价映射"方法

这一阶段的主要目标是培养受训者利用信息技术与学科教学进行整合的能力，该阶段的教学(培训)方法首先是以讲授、案例示范、案例分析和创作学科性教学软件为主。在教师指导下，让受训者能够比较准确地把握和理解信息技术与学科教学的结合点，编制出实用的教学软件和教学案例，我们称这种教学方法为创作映射；其次，要对受训者的作品、案例进行讲评分析，先由受训者自己阐述创作目的、背景及在学科教学中的应用方法等，然后由同伴们进行研讨评价，最后，教师要给出具体、明确的评价意见和建议，这种培训方法称为评价映射。创作映射和评价映射也是一对互映射，是第二阶段主要的培训方法，培训过程可用图5-5表示。在学习信息技术与学科整合的过程中，教师还应结合教学实际与受训者进行"指导学生利用信息技术帮助学习的方法"研讨活动，使受训者掌握指导学生的一些基本方法和需要注意的问题。

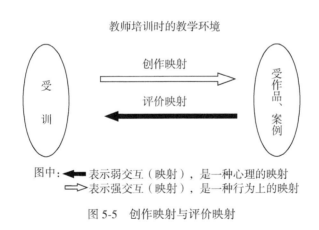

图 5-5　创作映射与评价映射

c. 教学改革和研究阶段采用"应用与研究映射"

该阶段的培训目标是培养受训者能够利用信息技术进行教学改革和教学研究的能力，从而实现终身学习，并得到自我提高。实际上这一阶段已经脱离具体的培训过程，属于职后提高范围。受训者把前面两个阶段所学的知识、技能具体应用于教学，特别是运用信息技术进行学科教学改革，使学科教学信息化，教学质量得到明显提高；同时，为了实现受训者的不断进步与提高，受训者要根据学科教学和教学改革中出现的新问题，利用信息技术手段研究它、解决它，使学科教学理论、方法得到完善，受训者成为学科型、专家型人才。应用映射与研究映射是一对互映射，可利用图 5-6 表示。

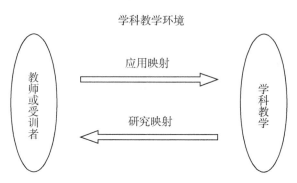

图中：➡️ 表示强交互(映射)，是一种行为上的映射

图 5-6　应用映射与研究映射

互映射培训，强调培训中的映射作用，即要把运用信息技术进行教学的方法示范给受训者，在受训者心里留下较强的示范映射效果，映射可以缩短迁移的过程，直接提高教学的效果；同时，它也强调双向互映射，这样才能提高培训的效果，强化学习行为。否则，就不能起到应有的作用。

(3) 现代远程教育培训模式

现代远程教育是利用现代网络手段和信息技术，以多媒体、交互式为特征，远距离、快速度、高质量传送教学声像、图文和数据，成为一种跨越时空的教育方式，为教师培训提供了一种新的有效方式。

①现代远程教育培训的发展历史

远程教育起源于英国的校外学位制，伦敦大学建立后，为适应现代工业化社会对知识的迫切需求，冲破宗教和传统教育的束缚，在世界上率先创办校外学位制，由于这种学位制主要采用函授手段，19 世纪 40 年代以后便出现了"函授教育"这个名称。而后，剑桥、牛津大学也开始进行此项工作，世界上不少国家也开始效仿，使函授教育迅速发展。1938 年在加拿大维克多组成的"国际函授教育理事会"标志着远程教育的初期阶段。

20 世纪 20 年代，随着无线电通讯事业的发展，许多国家采用广播电视手段播送教育节目，时至 20 世纪 60 年代，随着电视的普及进一步促进了广播、电视的发展。由于这种教育已不限于采用函授方式，而是采用广播电视、卫星通讯等新的手段，显然"函授教育"这个概念已不能完全反映现实情况了，于是"国际函授教育理事会"于 1982 年在加拿大温哥华召开的第 12 届会议上更名为"国际远距离教育理事会"，这是远程教育的新的发展时期。

进入 20 世纪 90 年代，随着网络技术、多媒体技术及现代通讯技术的发展完善，现代远程教育的媒体队伍又增加了新的内容，互联网的出现实现了资源共享，交互技术使实时传递成为现实，远程教育也发展到了现代阶段，可以称为现代远程教育。特别是近十多年，世界现代远程教育发展越来越成为国际教育界讨论的热点话题。

远程教育的出现是人类教育史上的重大创举和变革，它不只是教育手段、教学方式的变化，更是教育思想、教育观念的变革，是人类对教育作用和潜力的更深层的认识。

②现代远程教育培训的对象与内容

现代远程教育实行全方位开放，具体包括教育对象、教育资源、教育过程、教育管理的开放，它可以满足全体教师中不同年龄、不同层次、不同类别教师的需要。由于受训者的基础、层次水平和学习需求不同，确立整齐划一的教学目标是行不通的。现代远程教育可以针对不同层次的培训对象开展培训工作。

从现代远程教育师资培训的国际实践来看，有三种不同的师资培训对象：第一，通过现代远程教育对没有教学经验的教师进行培训。例如：坦桑尼亚曾对 4500 名小学毕业生通过现代远程教育形式进行突击培训，使他们能够从事教学工作。第二，利用现代远程教育对富有教学经验的教师进行在职培训。这种师资培训的方式已经越来越多，因为它可以克服教师在职培训中"工与学"的矛盾。第三，利用现代远程教育开展教师的学历培训。例如：澳大利亚大学运用现代远程教育方式实施教育学习方案，小学教师可以由此获得最高的学位；内罗毕大学也以现代远程教育的方式提供教育学士学位，为全肯尼亚中等教育教师的职业发展提供条件。如今我国部分高等院校也在着手进行这方面的尝试。自 1999 年以来，我国教育部批准 67 所普通高校和中央广播电视大学开展现代远程教育试点工作，允许上述 68 所试点高校在校内开展网络教学工作的基础上，通过现代通信网络，开展学历教育和非学历教育。这里我们指的是在职教师通过现代远程教育进行信息技术培训。

现代远程教育可以按培训对象、培训的课程内容，进行分层次、多元化培养。为受训教师设计与开发的网络课程资源，不仅要有足够的教学价值，更重要的是要符合培训目的和任务，能被受训教师消化和吸收。相应的课程教学设计主要围绕"教学内容"、"自主学习策略"和"学习环境"三个方面进行。

③现代远程教育培训的手段与方式

a. 建立网上培训机构：配合远距离培训，应建立专门的教师培训中心，其目的是通过网络对教师进行信息技术培训，该中心应聘请教育专家、知名学者和优秀教师讲课，让教师能听到、学到先进的教育教学思想、方法和技能。建立教师信息技术培训主页，使学习者能解决学习中的问题，解决平时在教学和科研中遇到的困惑，提高受培训教师的信息文化水平和信息技术能力。还可以将优秀的 CAI 课件放在网上，教师可以通过计算机网络很方便地找到自己在教学中所需要的知识。

b. 利用网络资源获取信息：现代远程教育重要的教学手段之一就是利用因特网实现网上的资源共享。网上有着极其丰富的信息资源，利用网络技术甚至可以实现全球教育资源的共享。网络共享教育资源的形式主要是精品课程网、网络学校和网上教育资源库等，学习者可以方便地查询所需的学习资料和参考资料，必要时还可以下载，能大大拓宽学习者获取知识的空间，扩展学习者的信息来源，同时又是信息技术的应用。株洲师专《现代教育技术》是湖南省精品课程，这门精品课程既可以对师范生进行现代教育技术素养教育，又可以作为在职教师信息技术培训的信息资源。

c. 采取交互式学习的方式：学习是交流与合作的过程，教育者和被教育者之间的互动是培训中不可缺少的环节，是教育的基本特征。远程教育中的交互是提高非面对面教师培训质量的关键。人—机—人的交互方式是指受训者和教师之间、受训者与受训者之间通过媒体的交互进行交流的方式，它可以让受训者和教师之间，受训者和受训者之间展开讨论，使受训者的学习信息迅速地反馈到教师，教师也可以及时地辅导，这不仅仅是知识的交流，同时也是师生间情感的交流。这种交流可通过教师的电子白板、BBS 系统等进行在线交流（短期、脱岗、集中培训宜采用此方法），也可以采用非实时的离线展开（通过主页留言、E-mail 等方式）。总之，互动产生了主动。

在基于网络的教师培训过程中，指导者肩负着教授者、辅导者、设计者、组织者和鼓励者五重职能。在网上指导学习的过程中，指导者必须自觉注意下列因素：创造一个有助于自学的环境；共同制订教学计划；分析受训者自学的种种需求；明确制定达到这些要求的目标和手段；设计自学的各种模式；使用适当技术、资料指导学习；评价学习效果，确定新的学习要求。因此指导者要有更全面的知识结构、更多样的教学活动能力，应充分鼓励受训者参与讨论，制订计划，自动检查教学过程中的各种问题，并积极发表意见。

④现代远程教育培训的优点

a. 双向互动

因特网中信息资源与用户、用户与用户之间可以进行全方位的，能动式的实时互动。网络的这一重要特征，使现代远程教育实现教师与学生、学生与学生之间的双向互动、实时全交互成为可能。

b. 基于多媒体的内容表现

计算机网络具有强大的多媒体传输与表现能力，将多媒体信息表现和处理技术运用于网络课程讲解和知识学习的各个环节，使现代远程教育具有信息容量大、资料更新快和多向演示、模拟生动的显著特点。

c. 个性化教学

现代远程教育网络为个性化教学提供了现实有效的实现途径和条件。利用计算机网络所特有的数据库管理技术和双向交互功能，可以实现对每个学生的学籍资料、学习过程等信息系统化的跟踪和记录。在此基础上，教学与学习支持系统就可以针对不同学生的具体情况进行个性化学习指导和应试辅导等。

⑤现代远程教育培训的主要问题

a. 认识不到位。我国目前尚没有一套比较完善的远程教育师资培训的发展规划，教师培训工作主要还是依托师范大学的师资培训中心、省级教育学院、师范专科学校、县教师进修学校等传统的教师培训教育网络进行。

b. 投入不足。虽然 CERNET 传播速率正大幅提高，每天上网的人数数以万计，信息资源也急速膨胀，但由于各地对教育的投入普遍不足，大多数只能依靠自己的力量建设各种传输平台。这对于远程教育要做到"畅通无阻"发挥规模效应，就显得力不从心。

c. 费用昂贵。按中美利用因特网比较来看，我国大陆终端用户的费率是美国的 4 至 8 倍，这对于清贫的教师来说，只能"望网兴叹"。

d. 交互技术有待进一步提高。虽然远程教育可采取多种形式的实时和非实时交互，但面对数以万计受训者的提问，还难以应付。

c. 缺乏精湛的电子课件。目前，既缺乏为广大教师提供简单易学，无需复杂编程的多媒体课件制作工具，也缺乏图文并茂、内容精湛的课件精品。现有的课件还停留在对文字教材的电子化上。

f. 缺乏管理经验。现代远程教育这种新型的教学模式运用到教师信息技术培训工作中来，在组织机构、运行机制和管理模式上必将带来重大变化。突

287

出地表现为：一是如何将分散在各地的教师、管理人员在时间和空间上进行有效的组织与协调；二是各个教学环节和各种媒体教材如何科学地安排和有效地组织。

⑥几点对策

a. 大力宣传，充分认识现代远程教育在将来教师信息技术培训中的重要作用。自1999年以来，教育部批准67所普通高校和中央广播电视大学开展现代远程教育试点工作，我们要充分利用这些学校的资源开展教师信息技术培训，制定一套比较完善的有利于现代远程教育开展的近远期发展规划和有关相应的法规性文件加以保障，促进全国有条件的师范院校积极地开展这项工作，使我国的师范教育和教师信息技术培训工作迈上一个新的台阶。

b. 加大投资力度。特别是要千方百计落实教育优先发展的战略，加大对CERNET的投入，彻底改变现有的传递速率过慢的局面，建好信息高速公路。建设网络时，在重视政府投入的同时，也要发挥社会闲散资金的作用，有条件的地方可以股份制的形式吸纳社会力量参与网络建设。

c. 降低收费标准。虽然国家对上网费用的标准进行了多次下调，但限于我国现有的国情，要和国际收费标准接轨还存在着实际的困难。尽管如此，但我们认为，对教育应实行优惠政策，使广大教师乐于参加网上学习，降低他们必要的经济负担。

d. 不断改善交互技术。交互作用的后进仍是困扰远程教育的"瓶颈"。为了更好地解决这个问题，一是要及时引进国际上先进的交互技术为我所用；二是优化组合现有国内的交互技术发挥更大的作用；三是技术部门和教育部门要加强协作攻关，力求有新的突破。

e. 开发和丰富电子课件。人们在讨论网络教育时，往往说"路上没有车"、"车上没有货"，这主要指缺少电子课件和高质量的电子课件。目前，各办学机构开发课件往往各自为政，在这种情况下，为了提高课件的质量和数量，减少重复投入和避免垄断，有关部门应积极引入竞争机制，通过招投标的形式，将课件制作推向市场，进行运作。

f. 加大精品课程建设力度。现在研究生教育、普通高校教育都在加强精品课程建设，做到优秀资源共享。我们在教师信息技术培训中也在加大精品课程建设，使得一些优秀的课程通过网络让每个教师得到共享。

g. 积累现代远程教育在培训工作中的管理经验，并加以推广。在借鉴各试点院校开展现代远程教育的基础上，积极探索教师信息技术培训管理经验，媒体的组合运用．教学环节的安排等为大面积利用现代教育技术开展教师信息技术培训工作创造必要的条件。

5.2 教师信息素养教育的外界因素

在前面几章，我们已经讨论了教师信息素养的培养目标、内容、途径及培训模式等问题，现在，越来越多的教育工作者认识到了信息素养的意义，也了解了信息素养的培育方法，并有志于从事信息素养的培育工作。而且，我们已经看到，信息素养是涉及人类基本素质的一个复杂概念，它的形成是通过职前培育、职后培育与社会家庭信息教育等途径，贯穿于职前与职后等多方面的活动中，它是一个相当复杂的系统工程。在我国，培育教师信息素养的主阵地是学校，因此，在学校进行教师信息素养培育的环境建设是一个十分重要的问题。

同时，教师信息素养的培育是为了让教师具有信息技术的应用意识，懂得信息技术的基本常识，并且具有一定的操作信息技术与应用信息技术和为自己服务的基本能力，所以，作为信息素养培育基地的学校，通常应该具有一定的实施条件。本章主要讨论为了提高学校工作的效益，如何结合学校各种教育教学工作来实施教师信息素养培育的环境建设。

5.2.1 学校的信息环境建设

虽然在早期信息素养培育中，人们并不太重视信息技术的应用，但是前面已经谈到，信息素养本身是一种操作性十分强的素养，无论是信息意识、信息伦理道德，还是信息知识，都离不开信息技术的具体应用，尤其是处于信息技术发展十分迅速的信息时代，新的应用方法与软件不断出现与推广，如果不是让教师经常接触与使用信息技术，那么他们应用信息技术的能力就可能很快地退化。因此，信息素养的培育离不开广泛而经常地使用信息技术，要使用信息技术，就必须有信息技术系统来支持，因此，信息技术系统的建设成为培育信息素养的必要条件。

1. 学校建设信息系统的必要性

在一个学校中建立能够让学生、教师、教学管理人员使用的信息系统，不仅是为了培育教师的信息素养，而且还可以培育学生的信息素养，使他们能够面对信息时代的严峻挑战，并且还是一个十分好的机遇，可以使学校工作特别是教学改革工作有一个新的突破口与出发点。概括地说，可以表现在如下一些方面。

（1）建设必要的信息系统是培育教师信息素养的基础条件

信息素养具有操作性，也就是说，信息素养的目标与内容十分强调学习者对信息技术与信息系统的掌握与使用，而且信息素养目标中所包含的信息意识、信息伦理道德、信息知识的实际水平，也需要通过信息系统的应用才能反映出来。同时，学科的教学需要教师掌握信息技术的技能，这些技能只有通过大量操作与使用才能熟练掌握，从而达到一定水平。因此，在信息素养的培育过程中，应该让教师有足够的机会去操作与使用信息系统。没有必要的信息系统，不能够提供教师进行操作，就不可能使教师的信息技术方面的技能达到一定的熟练程度。这是我们在教师中开展信息素养培育必须具有一定的信息系统硬件的理由。

（2）建设信息系统能够优化与改善学校的教育教学活动

信息技术教学应用与信息技术教育管理应用对于教育教学改革有着极其重要的作用。在学校中建设一个比较好的信息系统，不仅能够提高教师各个方面的信息素养，而且还可以提高学生各个方面的信息素养，同时可以促进学校中的各个方面广泛深入地应用信息技术。而这种广泛深入的应用有如下一些好处：一方面，信息技术本身可以促进教育教学思想、教育方法、教育手段的变革，促进教育过程的优化，从而提高教育教学的效益与效果；另一方面，学校拥有信息系统，有条件地利用信息系统来提高自己的教育教学水平。因为有了掌握信息技术的教育工作者队伍，是学校教育教学改革的核心力量，他们能够及时地为学校的教育教学改革提供教学研究最主要的条件——信息资源（包括各种教育教学改革的新动向、新的实验研究、新的教育技术产品等的信息资料），并且能够通过信息系统与国内外专家接触、联系，从教育学、心理学专家那里了解学生学习的理论与激励方法，从科学技术专家那里了解最新的科技发展趋势，从政策研究人员那里了解政策发展趋势，从经济预测人员那里了解经济发展动向，从各个学科教育专家那里了解学科教育的重点、难点以及解决办法的建议。他们可以不断得到新的知识与能力，成为专家型的教师，而不是一个教书匠。同时，这样一支队伍在各方专家的熏陶与帮助下，还可能成长为一支能够进行教育教学科学研究的队伍，他们是能够从各种信息资源中获取信息、分析处理信息的人，也不断地了解了专家们是如何工作与思考而有所发现的。因此，只要努力，他们会积极参加各种科学研究活动，而教学研究是学校教育教学改革的起点与基础。

（3）建立信息系统能够帮助树立学校的形象

信息系统的一个十分重要的作用是传播信息，包括传播本单位的各种信息。在信息时代，信息系统可能会发展为比目前的报纸、电台更为广泛的一种传播媒体。因此，一所学校要让其他人了解自己，利用信息系统无疑是一种快捷的方法，而结合学校信息系统的建立，可以要求信息系统有一部分功能宣传自己。现在绝大多数大学在建设自己的校园网时，都制作自己的主页，来宣传学校。任何人都可以通过因特网看到这所学校在什么地方，有哪些专业和哪些有名的教授，开设哪些课程，有些什么实验室和教学研究设施，可以提供学生哪些就学的条件，学校的图书馆、体育馆以及学生的课外生活情况等，也可以了解这个学校的特点与风格等情况。这样，学校通过信息系统的宣传与介绍，一方面树立学校自己的形象，另一方面也吸引优秀人才报名入学。在西方，生源本身就是学校地位的一个象征，即使在我国，有没有信息系统对于一所大学来说，也反映了其能够与国际联系的渠道的多寡，意味着学校的水平与现代化程度。因此，国内外也有一些中小学开始设置自己的主页来宣传自己。他们更加关注自己的社会效应，扩大自己的知名度。他们在信息系统中介绍的是自己学校的历史、有名的教师与毕业生、在教学研究方面的成果、学校特点与风格等，以体现自己现代化的水平。同时，信息系统提供了家长与社会人士关心学校、帮助学校、向学校咨询各种教育问题的一条通道，也有利于树立学校与家长、与社会紧密联系的良好形象。

2. 学校建设信息系统的基本思路

在一所学校，建设信息系统是一个人力、物力投入都比较大的重要项目。决策者作出建设信息系统的决定有他们的理由，一方面是期望它的建设能够对塑造教师、学生素质有比较好的影响，培养能够适应现代社会要求的人才；另一方面是希望它的建设与应用能够给学校的社会影响与经济效益带来有利的影响。而在经费、场所与人力条件都有限的中小学，要使这个决策更加合理与科学，达到以有限的投入获得比较好的效果与效益，是一个严肃的问题，决策者必须认真考虑。我们首先讨论信息系统硬件、软件与人这三个要素的关系，然后讨论建设信息系统的一些原则。

(1)学校信息系统三个要素的关系

要能够很好地实施信息素养的培养，学校必须形成一个开放的、有效的信息系统，而信息系统本身是一个包括硬件、软件和人三个部分的复杂系统。系统中，硬件是物质基础，软件是控制与内容，人是灵魂与核心。同样，在学校中实施信息素养培育的基础，是学校中拥有一定的信息系统，其中足够的信息技术条件是物质基础，软件是开展信息技术应用的关键，人是信息技术的使用程度与优劣的灵魂。

有人说，信息系统的硬件好比高速公路，没有公路是跑不快的；信息系统的软件与信息库好比汽车与货物集装箱，没有汽车或者汽车跑不快，没有适合人们需要的货物，光有公路是没有任何意义的；懂得信息技术的人就好比司机与汽车修理工，不懂信息技术的人就得不到有用的信息，或者用不好信息系统。这种说法形象地说明了信息系统的硬件、软件和人三者之间相互依存、不可偏废的关系。

因此，学校中建设与使用信息系统必须注意硬件、软件和人三者之间的协调发展，特别要注意人员培训先行和建立信息系统的软件环境的问题。当然，人员的培训，特别是全员培训，必须有一定的软硬件设施才能很好地完成。较好的做法是逐步扩大，逐步深化。

(2)学校建设信息系统的主要原则

在学校中建设信息系统是信息时代的必然，也是目前这个过渡阶段的发展趋势。对于我们这样一个发展中国家来说，在一个学校或地区建立信息系统设施时，应该注意以下一些原则。

①实用性原则

我们建设信息系统是为了发展教育事业。使学校赶上或者保持先进水平，因此，建设学校信息系统必须注意其先进性，不能刚建立就已经落后了。但是，信息系统的软硬件对于我们这样一个发展中国家来说是贵重的设备，因此，在筹划信息系统的建设时，也必须从实用性出发，必须考虑建立是为了使用，用得好就是效益。而在实用性与先进性这二者中，实用性优先是首要的原则。首先要从需要出发，根据信息素养的基本要求与教育教学改革的需要来计划信息系统的配置，不片面追求攀比，不提倡机器档次越高越好、机器越多越好，而是好用、够用就行。所谓好用，是指对于培养信息素养的各种信息能力来说，已经好用，对进行信息技术教学应用与信息技术教育管理应用的活动来说，已经好用；而所谓够用，是指教师与学生的使用频率比较合适。因此，好用、够用、用好是一条重要原则。

对于教师来说，需要一个教师专用机房来学习和实施信息技术。这样的机房可以根据学校教师的数量来确定计算机台数和其他信息设备，如扫描仪、数码相机、数字摄像机、数字录音机、信号(音像)采集卡等。当然，教师要提高信息素养，还必须在教学中才能体现，因此，学校同样还要加强多媒体教室和学生机房的建设。而建立信息系统时应该考虑的最重要的一点是如何用好它。因此，必须考虑人、软件、硬件的关系，还要认真考虑制定有效的规章制度，并且很好地执行它。

②总体规划与分步实施原则

学校的信息系统是为学校教育教学服务的重要设施，也是学校建设的一个重要部分，在建设时必须认真规划与论证，制定目标高、布局合理并且切实可行的方案。在制订方案时，必须考虑信息系统是软硬件与人三者一体的系统，需要注意避免只重硬件、轻视软件的弊病，更要重视人的要素。许多地方的经验证明，人员培训是管好、用好学校信息系统的保证。

此外，由于信息系统的软硬件的发展十分迅速，同样的软硬件设备，由于使用人数的增加，其价格自然下降得很快，因此，采取逐步推进的方针有如下一些好处：首先，根据需要逐次添置软硬件设备可以减少投入，并且使得学校信息系统能够经常保持领先水平；其次，可以使教师与教学管理人员熟悉信息系统，提高信息素养，从而协调了信息系统的均衡发展；在统一规划的指导下，宝贵的信息资源可以逐步建设起来。

③信息积累原则

对学校来说，信息系统不仅可以帮助学校不断获取各种信息资源，而且还有一个十分重要的作用就是保存与共享学校内部的信息资源，例如学校教学管理的各种文件与各种教学管理信息(学生的学习发展情况)、教师的教学资料(如学校中各个教师的典型教案等)等。这些信息资源不仅可以帮助学校教学管理科学化，而且也是教学研究与管理研究的重要资源。因此，在建立信息系统时，必须注意保护信息资源。特别要注意的是，由于学校信息系统的建立是一项比较长期的任务，而要把学校中各种有用的资料整理成信息资源需要一段时间，把它们输入信息设备也需要一段时间，因此，学校在开始考虑建立信息系统时，需要考虑信息资源的格式问题，要按一定的格式处理学校的许多工作、文件、资料，以便在信息系统开通以后就能够有相当数量的信息资源可以利用。

④建设规范化原则

要规范建设中的项目立项、制定建设方案、执行政府采购、项目实施、项目验收与反馈等工作程序，使之成为信息工程规划、设计、建设、监理、验收的依据。

⑤配置标准化原则

应遵守有关国际标准、国家标准、行业标准和有关规范，制订出相关的硬件标准配置方案，按照标准完成设计要求．为以后的应用维护打下基础。各学校应当根据不同的应用需求配置不同的计算机实验室，如多媒体/非多媒体计算机、配置物理光驱/虚拟光驱/光盘塔/无光驱的计算机、有盘/盘工作站、终端/非客户机等。鉴于网络软硬件成本不断降低、网络教育应用日益普遍，必须将全部计算机联网以实现资源共享、降低管理成本。

⑥采用通用和成熟技术原则

采用通用和成熟的技术可以降低建设成本、降低设计和施工的难度、缩短建设周期。不是很富裕的学校避免将有限的资金投入到前沿性的硬件项目建设开发上，同时，要从国内外现有成熟的产品和解决方案中选择适合自己需要的加以利用，避免做低层次的重复建设。

⑦系统稳定可靠性原则

购买的各类设备必须运行稳定，如服务器满足 7×24 小时不间断运行的要求。在网络的可靠性方面，特别是主干网必须为容错性设计，以保证整个网络系统安全可靠地连续运行，设计中要体现该技术因素。

⑧结构可扩展性原则

鉴于信息技术的迅猛发展，系统结构必须具有较好的灵活性，以保证将来的扩展和升级，适应各种不同业务的不断发展。如网络由共享向交换的过渡，网络带宽由 100Mb/s 向 1000Mb/s、10000Mb/s 的过渡和兼容。

⑨合理配置原则

合理配置硬件资源，注重设备的使用效益，加强硬件与教育的整合，提升信息化教育水平，每种硬件设备都要有明确的教育目的。

3. 信息系统的建设的几个阶段

信息系统的建设可以被视为一个系统工程。对于一般人工设计制造的系统来说，它的建设过程如图 5-7 所示，包括孕育、计划、设计、实现、应用维护等阶段，直至退役。为了改进与保证其工作，还有一个十分重要的环节——评价。

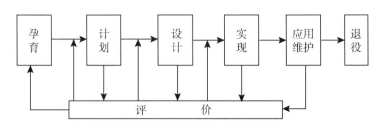

图 5-7　系统工程建设示意图

(1)孕育阶段

在这个阶段，系统的一些基本概念逐步形成与发展，如系统应该包括哪些部分，其工作原理怎样，针对这些问题的思路与方法逐渐形成。它们往往是一种新兴技术与一个新应用领域的结合。例如，作为一种新兴技术，信息技术能不能在学校得到应用？能够取得什么样的应用效果？应该怎样应用？具有哪些基本功能？系统有哪些基本部分？这些问题往往是一些先行者应当考虑并提出的，这样就开始了一项具有特色的系统的研究工作。当然、有些系统可能是利用别人已经取得的成果，例如，学校决策者听取或阅读了一些专家介绍的新思想、新观点，产生了要在自己学校建立一个信息系统的想法，那么这个孕育阶段的主要部分就隐含在这些专家的研究过程中。

(2)计划阶段

有了一种新概念并且准备在自己单位实施，或者准备制造一个新的系统以后，第一个阶段就是计划阶段。这个阶段的任务是调查研究，分析所要设计制造的系统的目标是什么，系统的构成怎样，资金投入怎样，人力投入如何，并且应该拟订一个设计开发的计划。这个计划首先包括设计开发的目标(如为什么要进行开发设计、其作用预计有哪些、有没有经济效益与社会效益、为哪些人提供服务、他们有哪些特点等)，然后把目标分解成一个个具体功能，并且提出它们所要求的环境条件(例如机器条件、人员能力水平、房间与其他设施的要求)、经费与人员投入的预算，还要估计所需要的各种支持，最后还要提出预计的工作进程安排与如何检查监督的措施。

(3)设计阶段

明确了目标、制定了计划以后，就要按照计划进行工作。一般来说，设计都要进行，也就是具体提出系统工程的设计，指出系统的结构、配置怎样，以及如何施工，一直到每个部分应该如何组成为止。总之，要求在设计阶段考虑得越清楚越好。对于信息系统来说，需要指出信息系统的功能需要由哪些子系统来操作，各个子系统之间的关系与联系怎样，各个子系统内部又由哪些较小一些的子系统组成，然后再仔细分解，直到一切关系都十分清楚，而且也了解硬件系统应该如何安装、如何施工，软件如何配置，人员需要怎样培训等。

(4)实现阶段

设计以后，就进入实现阶段。这一阶段的任务是具体建立和开发所设计的系统。具体包括：信息系统的实现，即硬件工程的购买与施工安装，软件的添置、安装；对于一些自己确定的特色软件，则要按照需要组织人力物力进行开发；各类人员的培训；整个系统的连接调试。同时还要组织各类人员进行试用，以检查是否达到预期目标。

(5)应用维护阶段

系统实现以后，就可以投入使用了，但是作为一个系统来说，实际上它仍然处于一个应用维护阶段。一方面，信息系统投入使用，发挥它的社会效益，取得经济效益；另一方面，系统又是处于一种维护、改进、完善的阶段，作为系统的开发者，还要投入一定的人力、物力，追踪研究系统应用中的各种问题，发现错误与缺陷，然后进行维护。对于影响系统工作的严重的错误，必须认真纠正；对于影响不大，且容易修改的缺点，进行适当修改完善；对于一些修改起来影响较大的问题与不足之处，记录下来并提出修改建议，在系统重新设计时作为重要的依据。学校信息系统也是这样，建立以后，就应该立即投入使用，发挥它的效益，同时还要注意软硬件系统的维护与人员的继续培训，不断发现其中的问题。但是必须区别对待问题与不足之处，特别是对于软件部分，不要一有问题就改，而要由专业人员分析轻重缓急，妥善解决。

(6)评价环节

在各个阶段的工作完成以后，为了保证下一阶段工作顺利进行，需要有一个评价环节，对各个阶段的工作成果进行客观的评价，看看该阶段的工作是否达到了预期目标。虽然这一阶段的名称可能不一，计划阶段以后的评价可能称计划审查，设计以后的评价可能称设计审核，实现以后的评价可能称工程验收，但它们的工作要求是一样的，即依据目标检查、判断阶段成果是否符合预期要求。

我们要每个阶段在上个阶段成果的基础上，由该阶段的专业人员进行这个阶段的工作，然后由专门的评价人员进行评价，这样能够提高工作效率，保证工作进度与质量。不仅影响广、投入大的项目应该遵循这个理论方法，即使是一般的工程项目，也应该注意到一切系统都不可避免地要经历计划—建立(包括设计与实现)—应用维护—退役这样一些阶段，对每个阶段的成果都要进行有效的评价审查，保证其达到预期目标，而每个阶段的成果又是下一个阶段工作的出发点。如果能够这样有计划、按步骤地进行工作，就能提高效益，保证质量。同时还要认识到，任何一个系统，它的应用与维护是相互依存的两个方面。也就是说，工程完成以后，一定要有一个维护阶段，必须要有继续投入的预计与可能。

4. 信息系统的建设过程

建立信息系统是一项十分复杂细致的工作，我们可以一个阶段一个阶段地完成，特别是对比较大型的信息系统，也应该这样做，以保证质量与效益。即使是小型信息系统，对学校来说，也是投资大、期望效益比较大的项目，需要认真规划与设计。在明确了建设信息系统的原则以后，具体的工作方法是多种多样的。下面介绍一种比较简单而合理的适合小型信息系统的工作方法(图5-8是建立一个常用的信息系统的工作流程图)。其中，最重要的几个环节的任务如下。

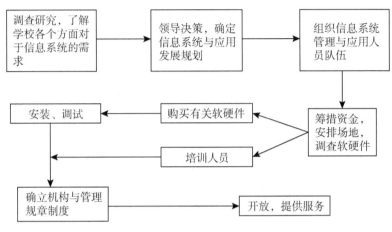

图 5-8 信息系统建立流程图

(1)调查研究

学校建立信息系统是有关学校今后如何迎接信息时代挑战与需要的问题，也是事关学校在一段时间内如何发展。同时，信息系统的投入比较大，而且还必须考虑以后一段时间内的持续投入，因此，决策者一定要在决策前了解各方面的信息。在策划信息系统的建立之前，一定要对校内外进行充分调查，了解学校领导、教师、学生家长以及各方面专家对建设信息系统的看法，以确定学校各个方面对信息系统的需求，同时还要了解学生家长等对学校建立信息系统的意见，包括希望开展和开设信息学科教学、选修课、课外活动、使用信息技术教学应用与管理教学各个方面的重点与迫切程度，社会对教师和学生应该具有的信息素养的期望，教学与教学管理中应用信息系统的需要与条件，教学管理人员与教师对信息系统的接受程度，可能投入的资金的数量与来源，等等。这些工作可以由学校决策者召开座谈会、进行问卷调查来征求意见与建议，并且可以走访一些已经建设信息系统的学校，了解投入与施工情况，了解实际使用情况以及他们对这些投入的必要性的看法等。

(2)决策与计划

在调查研究以后，根据需求与资金来源、学校资源等情况，决定学校建立信息系统的长远目标与发展计划。最好是以图表的形式列出各项要求的重要性、已经具备的实施条件、所需投入的估算、能够产生的预期效益，然后决策和讨论决定一个可行的而且效益比较好的方案。这个时候要注意逐步发展的方针，确定信息系统各个功能单位发展的先后，资金分批投入预算，在设计预算时，要估计到软件的长期支持与系统日常运作和维护的经常性预算情况，还要确定人员的分批培训计划。

(3)信息系统管理机构与规章制度的建立

在决策以后，就需要组织具体的信息系统的管理机构。其职能是执行领导决定的发展规划，实现所确定的信息系统功能，并且进行开放服务、提供应用信息、日常维护服务、介绍新的应用与培训等工作，为此，学校领导应该制定有关信息系统应用与管理的各种规章制度。

(4)选择与确定资源

即使是完成同样的功能，学校信息系统的构成方案也可能有许多种。因此，通常需要由领导与管理机构进行调查，了解各种方案的优劣；也可以采取投标方式，选择合理的信息系统结构、合用但价格合适的软硬件、针对性强的人员、良好的售后服务，这样可以保证信息系统的配置合理、投入经济、运作良好。应该指出的是，在选择资源时，必须考虑售后服务问题，包括安装调试服务、日常维护服务、信息提供服务以及软硬件更新换代时的优惠服务等。

(5)培训人员

信息系统的建立要求有相当多的人员能够使用与提供服务，这样才能使更多的人使用它。因此，人员培训十分重要。首先要制订培训计划，有计划、分层次地进行人员培训是保证信息系统发挥效益的重要前提，也是学校形成信息素养培育环境的重要方面。

5.2.2　硬件建设

信息系统的硬件部分是执行信息获取、信息存储、信息传播以及信息处理等各种功能的物理设施。在信息系统建设的投入方面，它是先期投入较多的一部分，同时，由于目前硬件价格的下降趋势最为明显，而硬件的速度、容量等的提高也最为突出，因此，在建设信息系统时，许多人十分重视硬件建设问题。笔者认为，应该注意硬件建设中的两个误区：一是片面追求高档次。我们追求的是达到目标，至于设备，只要够用与好用就可以了。同时还应该指出，由于计算机等信息技术的迅速发展，今天的高档次两三个月以后也许就不高了，所以，一般的学校是不可能永远保持在拥有高档次信息系统的水平上的。二是由于计算机等信息设备的价格下降十分快，于是就一直等待，犹豫不决。我们的目的是提高教师和学生的信息素养，因此，通过早日使用，我们可以培养教师与教学管理人员的信息素养，还可以积累十分重要的学校信息资源，这些对于更高档次信息系统的应用是十分有意义的。因此，我们在建设信息系统的硬件时要系统和科学的规划。

1. 典型的信息化硬件环境

根据用途的不同，学校中的信息化硬件环境可以分为单机信息系统、网络电子备课室、校园网、教育城域网、因特网、学习资源中心等几种。

(1)单机信息系统

早期的许多信息系统是单机信息系统，例如，单机学校财务系统、单机学籍管理系统、单机计算机辅助测验与阅卷系统、成绩分析报告系统、单机信息技术教学应用系统、单机办公室自动化系统等。这些系统为学校的教学管理、行政事务处理提供了现代化手段，提高了教学管理的效率。更重要的作用是，它们提高了学校中教师、教学管理人员的信息素养与使用信息系统的能力，开始形成了一种有利于培养教师和学生信息素养的信息文化氛围。同时，单机信息系统的广泛使用使学校积累了有关的信息资源。例如，学校中财务的电子数据库，学生、教师的资料信息库，各种教学资料的数据库等，它们已经成为电子化的记录，为今后网络化数据库的建设提供了有利条件。

尽管单机信息系统比较多地应用于学校的教学管理与办公室自动化，但是引起人们注意的一个重要方面是单机信息技术教学应用，包括单机多媒体计算机辅助教学及其他电子媒体辅助教学(录像教学、录音教学、语音实验室等)。其配置是在课堂的讲台上安置一台多媒体计算机，并连接到投影器(将计算机屏幕上的内容投影到讲台旁的屏幕上)或者是一些电视机上，使课堂上的所有学生都能够接收。我国有些地方提出了"三机一幕"进课堂，指的是电视机、录音机、录像机与一个屏幕，现在更进一步提出多媒体计算机进课堂。它们的特点是：教学活动的组织方式是全班教学，即教师面对一个班级的学生，使用这些媒体作为教学内容的存储与播放设备，它们可以传播声图文并茂的形象化信息，以提高学生的学习积极性，吸引学生的注意力，而且让学生能够观察到不易用文字和语言解释清楚、靠肉眼不易观察到的许多现象，从而发现客观事物的规律。这种硬件配置方法的效率比较高，一台机器可以进行一个班级的教学活动，但它难以周到地考虑所有学生的学习情况与需要，而是以照顾整个班级的情况为主。

单机也可以用于学生的个别化学习。20 世纪 70—80 年代，发达国家的一些中小学在图书馆中安置了一些计算机、电视、录像机，现在，有些学校图书馆设立了电子阅览室，可以让教师和学生利用信息设备阅读光盘读物，或者浏览校园网与因特网上的资料，提供教师课外收集有关信息，从而丰富教学，提高教学效率。同时还可提供学生课后复习与强化学习，弥补了课堂教学只能照顾整体而无法兼顾两头的不足。并且，现在许多学校建立了教师电子备课室，配备了计算机和相关设备，教师可以通过计算机来备课和制作多媒体课件。

（2）网络电子备课室

在单机机房的基础上，将机房内所有的机器连接成网络，就成为网络机房。由于这些机器是连成网络的，较之单机机房，它有一些好处。首先，由于所有信息设备全部连成网络，因此可以共享通常放在服务器上的信息资源，学校购买软件时可以节省一些支出；其次教师通过网络可以收集有关教育教学信息资源，来提高自己的教育教学水平和科研能力。

（3）校园网

校园网是指校园范围内的计算机网络系统的总称，它所覆盖的范围不但超过了一二幢大楼局部网络的范畴，而且涉及多幢楼内的计算机局域网互相连接的问题。校园网往往是由多个局域网组成，同时，它又与外部的计算机网络，如 Internet 相连。从设备上看，校园网几乎包含了目前学校所有的现代教育技术设备和设施，在学校信息化教育硬件环境建设中处于主要的地位。

由于校园面积较广，校园网往往要建立多个局域网，同时，考虑到网络扩展性，一般采用"主干加分支"的结构。在这种方式中，利用高速网络技术构筑整个校园的主干网，主干网核心由骨干交换机（称为第一级交换机，一般是百兆、千兆交换机，现在有的高校开始建设万兆交换机）来连接。主干网中包含一个或一个以上的出口，通过路由器设备连接到外部网络，学校里各个部门的局域网或其他计算机系统则作为校园网的分支通过交换设备（称为第二级交换机）或集中设备连接到校园网主干部分，进而形成一个统一的校园网。校园网物理网络的搭建主要包括结构化布线、网络连通（网络设备的选择）、服务器的选择、终端的选择。在校园网硬件基础之上才能开展各种基于 Internet（内联网）的网络教学活动。

例如，麻省理工学院原来各个部门已经有 30 个小网络，20 世纪 80 年代初实施"雅典娜计划"，建立校园网，而且添置了专门为信息技术教学应用使用的"雅典娜工作站"，成为具有 100 台服务器、300 名教职员工、450 个公共工作站的校园网，改善了学校的教学与师生进行科学研究的环境。我国自从

1987 年在清华大学建立第一个校园网以后，许多大学纷纷建立了自己的校园网，帮助师生进行科学研究与学术交流。中国科大校园网络于 1993 年开始规划，1994 年底初步建成并投入运行。初期建成了一个以 100M 的 FDDI 环网主干加 10M 共享以太网为二级子网的覆盖全校东、西区主要科研、教学和办公楼群的校区网络，是全国高校中最早建立的少数几个校园网络之一，并成为中国教育和科研网中的重要成员。1997 年，校园网络作为学校公共基础设施纳入了"211 工程"重点建设的项目。在这期间，继续扩大校园网络的建设规模，增加了大型网络服务器，大力开发网络应用，建立了全校范围的集中式电子邮件服务系统，为全校师生免费提供邮件服务。2000 年初，校园网络主干改造工程完成，原来的主干网顺利升级为千兆以太网主干，校内网络连接全面光缆化，实现千兆带宽到主要科研、教学、实验和办公楼群，百兆带宽到楼层、进桌面，在全校形成了一个大型的高速宽带校园网络，以全面的高速交换网络适应未来多种网络应用的需求。目前，该校已拥有上网计算机 9500 余台，用户 19500 余人。全校平均每天进出的电子邮件达 25000 余封，进出的日通信量在 12GB 左右。

随着中小学教育事业与信息技术应用的发展，有些中小学也建立了校园网，北京景山学校于 1995 年建立了校园网，并且可以与因特网相连接。1998 年以后，校园网的建设更成为我国中小学教育信息化的重点之一。

我国已经有一部分中小学建立了校园网，它们的功能通常比较强调学校的教育管理工作与教学资源共享，师生上课时可以从校园网上得到有关教学内容与有关媒体资料，也可以查找学校图书馆的馆藏图书资料信息，并且可以实现交互式学习。

校园网实际上是一个内部信息系统，一般可以结合学校校舍改造工程施工，在设计时考虑服务器机房与整个学校校园网布线的计划，使得今后计算机的接口方便；同时，由于校园网施工质量是一个比较大的问题，因此，可以采取像上海市静安区一些学校的做法，采取招标方式建立校园网，并且聘请专门的施工监理。

(4) 教育城域网

在建设校园网的热潮之后，人们发现单个校园网的应用还是有限的。从教学上看，网络除了能够共享一些课件方便教师调用之外很难再找到其他的应用模式；从资源上看，单个学校的资源总量是少的，而建设资源投入又很高；从交流上来看，学校要想直接高速连上互联网的费用很高，大多数学校无法承受。如果全国每个中小学校均建设校园网，势必存在着很大浪费，并且往往因为技术标准不一而形成一个个"信息孤岛"。目的，一个比较可行的办法是通过建设区域网或城域网将辖区内众多校园网连接起来，实现地区范围内的教育信息资源共享，还能为没有校园网的学校以及社区家庭提供多种服务。可以说，教育城域网已成为信息化教育发展的一个新趋势。

教育城域网是把同一地区或同一城市内所有学校、研究机构、本地的教育机构通过网络互联起来，使教育资源整合、开放、共享，形成整体信息化集成运用的密带网络。教育城域网的建立，将使各学校的信息网络不再孤立存在，而是完全融入到区域信息网络体系中，成为区域信息网络体系的重要组成部分。教育城域网建设一般包括三个层次，第一个层次是教育城域网网络中心的建设；第二个层次是宽带城城网络互联；第三层次是各级各类学校的校园网络建设。通过这三个层次的建设，可形成一个完整的教育城域信息网络。教育城域网首先要建立教育区域数据中心，一般设立在教育局信息中心内。在数据中心中放置一些高档计算机，由这些计算机承担应用服务器的作用，教育区域数据中心环境见图 5-9。教育城域网的骨干网络一般采用千兆以太技术，在各个二级接入点和中心之间建立高速的交换链路，二级节点的附近学校通过光纤线路提供 100M/1000M 的接入，实现用户最终的接入服务。

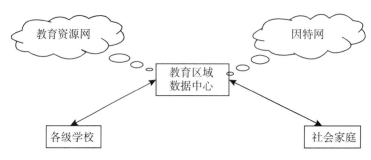

图 5-9　教育区域数据中心

截至 2002 年底的统计，全国已初步建成的中小学校国网有 26000 个，比 2001 年增长 143%。在许多经济较为发达的地区，特别是在东部沿海大城市，基础教育城域网建设初具规模。上海的教育城域网已经覆盖了 80% 以上的中小学；北京的教育城域网主干初步建成并正在向郊县延伸发展；广东、天津等省市和一些东部和中部的中等规模城市地区，利用社会电信网络资源，结合教育资源中心的建设，以光缆方式使多数中小学实现连接。

在瑞典，有些学校的校际网络还可以与当地政府网络相连接，作为政府网络的一部分，便于展现当地政府对教育工作的关注程度，又有利于政府利用网络为当地居民提供终身教育的服务。

(5)因特网

因特网是由分布在世界各地的大量计算机网络采用 TCP/IP 联结而成的，是网络之间的网络，因此，被称为"网之网"或国际互联网。因特网最早是由 20 世纪 60 年代末的美国国防部网络 ARPAnet 发展而来的。现在因特网已经成为一个全球性的网络，它遍及世界上 170 多个国家和地区。进入 20 世纪 90 年代，我国也开始投资发展国内的计算机网络连接。目前，中国公用计算机互联网(CHINAET)、中国科技网(CSTNET)、中国金桥信息网(CHINABN)、中国教育和科研计算网(CERNET)等，现在已经覆盖全国绝大多数地区。

20 世纪 80 年代以来，世界上几乎所有发达国家都已相继建成了国家级的教育和科研计算机网络，并互相连接成覆盖全球的国际性学术互联网络，中国政府也重点建设了中国教育和科研计算机网(CERNET)。

CERNET 分四级管理，分别是全国网络中心；地区网络中心和地区主结点；省教育科研网；校园网。CERNET 全国网络中心设在清华大学，负责全国主干网的运行管理。地区网络中心和地区主结点分别设在清华大学、北京大学、北京邮电大学、上海交通大学、西安交通大学、华中科技大学、华南理工大学、电子科技大学、东南大学、东北大学 10 所高校，负责地区网的运行管理和规划建设。

CERNET 省级结点设在 36 个城市的 38 所大学，分布于全国除台湾省外的所有省、市、自治区。

CERNET 已经有 28 条国际和地区性信道，与美国、加拿大、英国、德国、日本和中国香港特区联网，总带宽达到 250Mbps。与 CERNET 联网的大学、中小学等教育和科研单位达 1000 多家(其中高等学校 800 所以上)，联网主机 120 万台，个人用户达到 1000 多万人。

有的学校也可能采取学校内部连成校园网，而学校里的计算机通过它的服务器，以光纤电缆或者电话拨号上网方式与本地的一个网络相连，然后与因特网相连接。这样，学校中比较多的人就可以利用因特网进行工作与学习，只是费用比较高。

世界上各个国家与地区都把推进、普及学校与因特网相连接作为教育政策的重要部分。日本文部省早就提出："为满足教学需要，加快全国校园高速网光缆建设，在 2005 年建成 1.5M 以上的传输光缆，并且制定鼓励面向学校的低价收费政策和月包干使用政策，推动服务业开展面向学校的优惠服务。"这一规划已经实施。

（6）学习资源中心

过去，学校的教学媒体主要是图书和报刊，因此，学校的资源中心就是图书馆。现在随着多种教学媒体的发展与普通应用，学习资源已由单一的图书馆扩展到多种多样的媒体形式。存储有多种媒体的资源中心，通常称为学习资源中心。学习资源中心不是传统课堂教学的补充，而应是一种新的教学系统设计。在学习资源中心，学生可在教师的指导下独立地寻求知识，并要学会如何寻找。因此，学习资源中心应将可收集的各种媒体资料集中起来，给予合理的编目、索引；提供支持各种媒体的设备；还应具备供使用媒体个别学习或小组学习相应的用房和环境。学习资源中心通常由几大要素组成，如图 5-10 所示。

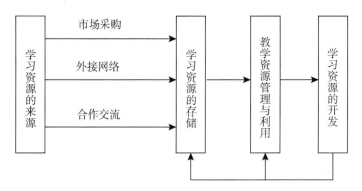

图 5-10　学习资源中心的组成

学习资源的来源包括：①从市场采购各种各样的媒体资源。现代教育媒体的发展异常迅速，要即时购进符合教学需要的媒体；②建立与校外网络相连接的校园网络系统，这是一个重要的教学信息来源；③有条件的学校组织师生自行开发教学媒体资源；④通过校际合作交流，扩大来源。

学习资源的存储是要建立图书及各种媒体资源的存储库，包括图书信息库和软件库。

学习资源的管理和利用既有矛盾又有密切联系，处理好两者的关系，以便同时达到两个有一定对立的目标。第一个目标：管理好各种媒体，不丢失，不损坏；第二个目标：方便师生充分利用，有较高的利用率和利用效果。因此，就出现了两种管理方法：一是集中管理，有利于达到第一个目标，却不利于第二个目标；二是开放式管理，不利于第一个目标，却大大有利于达到第二个目标。

集中管理方法，就是特大部分重要的图书资料、媒体、信息资源和软件资源集中于库房统一管理。学习者在使用时，需办理借阅手续，或由学习者检索所需的信息源，然后再由集中管理的媒体信号控制系统输出，这样学习者就可在相应区域的学习终端上进行学习。一般的学习资源集中管理可分为库存区、服务区、利用区、电子阅览室等多个功能区，如图 5-11 所示。

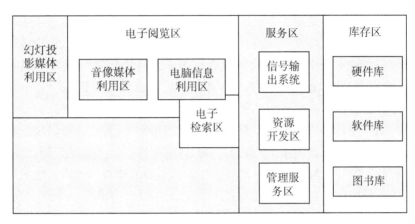

图 5-11　学习资源中心功能区分划分

2. 提高硬件的利用效益

信息系统的硬件投入仍然是目前学校信息系统建设中人力、物力投入比较大的一项大规模建设，因此，对其利用效益问题应该予以高度重视。这里介绍一些比较典型的做法。

（1）观念到位，认真规划，逐步推进

学校信息系统的硬件是信息系统的基础部分，它的建立是信息系统建设的主要工作之一。在进行硬件建设时，首先应该注意的是目标恰当，并且根据目标来确定如何配置信息设备。一方面，我们建立学校信息系统的目标应该具有时间性。信息技术的发展历史表明，信息设备的能力发展越来越强，同样功能的信息设备的价格下降的速度也越来越快。因此，信息设备的更新换代非常快，任何人都很难预测比较长的一段时期以后，信息系统的性能能够达到什么样的水平。因此，我们还是应当比较现实地考虑近期与中期的目标。另一方面，在考虑近期问题时，我们在建立信息系统时也要考虑施工要有一段时间，需要考虑这期间价格可能下降的因素。有的单位在建设学校信息系统时采取认真规划、逐步推进的方式，不搞超前式，而是采取计划到位、逐渐添置的方法，尽管学校里有不同档次的机器，但学校能够以比较小的投入取得比较先进的信息设备的支持。同时，由于目标切实，它的软件添置、人员培训的任务都十分明确，可以有计划、有保证地完成这些任务，使得信息系统可以得到均衡协调的发展，从而取得更大的效益。

(2)对于一些经济不甚发达的地区，可以借鉴安徽芜湖的建立中心，共事资源，逐步扩大的方法

芜湖市教育局在明确了本地区要以尽量少的投入积极开展信息技术教育的方针以后，决定首先成立芜湖市计算机教育中心，把有限的投入集中使用，配备硬件设备，要求该中心为周边学校提供服务，这样使得芜湖的一部分学校(不是一个学校)可以进行信息技术教育，然后，逐步推进到几个分中心；待这些分中心设备更新换代以后，再把原来的设备分别拨给一些还没有设备的学校。这样做，使计算机教育中心在教师队伍比较强的条件下，可以较好地探索如何发挥新的信息设备的潜力与功能，而且能够帮助各个学校培养合格的师资队伍，使他们能够比较快地具备培养学生信息素养的能力与素质，也使这些学校的有关人员能够了解如何建立与应用学校信息系统。同时，这种中心也成为集中各个学校人力探索信息系统软件应用方法，发现如何提高信息系统效益的试验点。

(3)注意硬件设备的合理配置，防止因配置不平衡而造成的浪费

信息系统的硬件本身就包含了输入设备、输出设备、存储设备与信息处理设备等许多部件，这些部件本身有许多功能、价格各异的不同型号、不同档次的产品，它们组成一个系统。而按照系统论的分析，系统的整体工作不是取决于某个部件的功能与效率，而是取决于整体效率，甚至可以说是系统各个部件中功能最差的部件的效率。所以，信息系统建设者应该追求整体功能与效率，应该使各个部件之间达到平衡，这样才能以比较少的投入达到预期的效果。

(4)完善硬件系统的维护机制

学校信息系统不仅内部设备众多，结构复杂，牵涉学校工作的面广，而且通过校际网络或者因特网与其他网络相连接，因此，发生故障是不可避免的。而一旦发生问题，就会直接影响学校各项工作与学生的学习，因此，必须注意其维护问题。一方面，要从信息素养培育上注意提高学校所有人员正确使用信息技术的伦理道德水平，要求防止计算机病毒等；另一方面，要配备一定的信息系统管理与维护人员。同时，在一个地区范围内，还要配备信息系统维护能力较高的专门人员。许多国家都十分重视这个问题，提出了各种解决方案。例如，日本政府在其 1999 年制定的《教育信息化实施计划》中，要求各地应该在

企业的协助下，通过签约方式，建立计算机与因特网的维护机制，做到计算机与因特网发生故障时能马上进行排除。并且规定，人口大于 10 万的城镇，可以配备数名维护人员，还将其他城镇划分为若干区域，各个区域可以配备一至数名维护人员，学校使用计算机与因特网时如果发生问题，就可以得到及时处理(类似于因特网 110)。加拿大 1993 年在工业部倡导下成立了加拿大计算机维修并向学校捐赠中心，目前，全国有 40 个这样的中心。他们组织实施"学校计算机中心"(Computer ForSchools，简称为 CFS)工程，即由公共部门、私有部门与志愿人士共同收集、维修计算机，并且免费分发给学校与图书馆。维修中心的人员主要是志愿人员，其中信息技术专业的学生占有相当比例，作为中高等教育实践活动的一部分，他们可以得到一定的学分，而且还能够接触各种计算机问题，得到技术人员的指导，获得一定的能力，也有利于将来寻找比较理想的工作。

5.2.3 软件建设

信息系统的软件是实施信息素养培育的环境的三个要素中最丰富多彩而不可缺少的一部分。过去，由于它不像硬件那样可以看得见、摸得着，易被人们所忽视。但它是高技术助产物，是信息科学技术的结晶，现在，越来越多的人认识到信息系统建设中软件配置与投入的重要性。

1. 软件建设的内容

尽管现在许多人已经认识到软件建设的重要性，许多地方的教育行政管理部门也在建设信息系统的硬件的同时，提出要重视信息资源与软件建设的要求，而且也愿意增加信息资源与软件的投入，但是，如何以合理的投入取得较好的效益，始终是学校决策人员与信息系统管理人员十分关心的一个问题。我们首先讨论一下学校究竟需要哪些信息资源与软件，然后再讨论信息资源与软件投入的一些问题。

(1)管理信息系统所涉及的软件

学校信息技术教育管理应用需要配置相应的学校管理信息系统所需要的软件。软件的配备可以根据学校管理信息系统的配备情况而有所不同。

①专用管理软件。学校各个行政管理部门都需要专门的用于处理自己日常事务的专用管理软件。例如，教师工作室需要配备记录与处理学生成绩的有关软件、班级学生数据库管理软件；财务室需要学校财务处理软件；教务处需要排课表软件、学籍管理软件；总务处需要学校物产管理信息系统；食堂需要学生用饭记账系统；医务室需要师生病历管理系统；图书馆需要配备图书借阅归

还管理软件与图书编目系统等。如果还没有建立校园网，可以分别设一个单机系统，但是在建设这些系统时，应该考虑统一的数据格式与使用界面，以积累宝贵的信息资源和培训使用者，为将来建设校园网后迅速提供可用的信息资源与使用人员创造条件。在校园网建立以后，各个部门的信息资源应该一方面注意信息安全，保证不受内外"黑客"的破坏与防盗，另一方面注意提供有权限的信息共享。例如教师可以了解班级学习历史、学生家庭通讯地址等；教务处可以了解学校资产资源，尽量发挥其作用，或者提出添置的需求；作为信息系统的重要服务对象之一，校长及其办公室的机器所需要的软件应该能够调取各个部门的重要信息。此外，各个部门需要配备基本统一的办公室自动化软件，如教育部现在推行的 OA 系统就是一套办公自动化软件以便连成网络以后传送文件。

②通用的办公室自动化软件。一般来说，它们包括文字处理软件工具（如 Word 与 WPS）、电子报表软件（如 Excel），还可以包括电子图片处理软件（Photoshop）、演示文稿（如 PowerPoint）。这些软件是人们使用比较多的软件工具，可以帮助学校中的大多数人处理许多个人工作。特别重要的是，这些通用软件还可以直接应用于课程与教学，是培育教师信息素养的十分重要的支持软件。

③通讯软件。主要指用于在各个计算机之间传送信息的软件工具，包括用于通过因特网、中国教育与科研计算机网、中国科技网等网络传送的远程通讯软件，以及校园网中用于通讯的软件。许多校园网信息系统所采用的通讯软件与远程通讯用的通讯软件一致。其功能一般包括电子邮件传送管理、公告板、远程信息查询与下载等，也包括网上评选投票、讨论等，还可以包括网上借阅图书这样的"硬电子商务"活动。这些软件的使用方式十分类似于人们直接使用因特网的操作方式，教师使用这些通讯软件的能力也是教师信息素养的一个重要部分。

④教学资源管理系统。包括教务管理系统、图书馆管理信息系统、电子资料阅览室管理信息系统，以及校园网教学资源管理系统。它们为学校师生提供各种教学资源的信息服务，包括查询、了解教学资源的情况，提供借阅服务和进行教学资源的利用情况统计分析，为学校在教学资源建设方面提供必要的决策咨询服务等。

（2）信息化教学应用所需要的信息资源与软件

为了在学校有效地开展信息化教学应用，必须有充分的教育软件。教育软件大致可以分为如下几类。

①工具软件

用于辅助教学的一部分软件是直接使用一些通用工具软件，例如，使用文字处理软件写报告和论文，从而学习中文、外文以及学习各种学科报告的撰写格式等；使用绘图工具软件绘制图形、填色、拼图等，从而学习美术；使用电子报表软件绘制统计图表等。这些工具软件与办公室自动化软件或人们在自己日常工作中经常使用的工具是相同的，也常常被用来进行辅助教学。通常，人们根据自己的需要选择相应版本的软件工具。

②教学材料信息资源库

这里要专门讨论教学准备工作的一种特殊的信息资源，即学科教学资料库。教师在准备教学活动时，通常要查找许多资料，并且在自己的授课计划中引用它们；此外，我们的许多学校在规范教学管理时，都把检查教师的备课材料是否完备与整洁作为十分重要的内容之一。信息系统可以帮助建立便于教师查询各个学科教学的资料库，而且教师引用材料时可以不再进行大量的烦琐的抄写，而是利用信息系统的信息编辑加工功能，又好又快地完成备课工作。教师在准备备课材料时，不仅准备了教学活动计划，还能够准备好教学活动的媒体材料。带一张盘片或移动硬盘，在课堂上就可以演示各种需要演示给学生看的内容，也可以把准备好的问题向学生提出来。在校园网管理下．教师可以在与校园网相连接的任何机器上(包括办公室的计算机、家里的计算机或者笔记本计算机)进行电子备课，然后上传到校园网上。上课时就可以下载到课堂上的多媒体计算机，开展预先设计好的教学活动。同时，校园网通过对教学材料的资源库的管理，还可以实现教学资源的共享与协作备课。例如，上海浦光中学的校园网把网上的教学材料信息资源划分为共享、公开、私有三类，教师可以根据自己的需要利用共享区的信息资源，也可以将自己的工作成品或半成品上传到共享区，供学校其他人利用。在与教育城域网或因特网相连接的条件下，还可以扩大信息资源的容量，但需要有相应的网上信息资源搜索机制，以提高查询材料的速度。

③教学活动所需要的素材信息资源

随着教师信息素养的提高，不少教师都积极投入参与信息资源的开发；同时，在教学活动中，特别是研究性教学活动中，要求学生运用多媒体方式报告自己的认识与思想。这些都要求学校信息系统提供必要的支持，特别是各种声音、图形图像、动画等素材信息资料的支持。这包括声音、图像图形、动画等各类及各种格式的数据文件的管理、查询、截取，也包括新的素材的加入与分类保存等。

④各个学科教学的电子教材

各门学科教学的教学软件（即电子教材）是信息化教学应用所需要的一种信息资源和一种教学材料，也是电子教材开发者所设计的教学活动过程的一些组合，可以供教师、学生在教学活动中利用。由于学校里的电子教材越积越多，而某一个电子教材对一批学生来说使用的次数不会太多，有的可能只有一次，因此，为了提高软件的使用效益，应该提倡充分共享。办法是在学校建立电子教材信息库，使每个教师了解有多少电子教材，它们的题目、学科、适用年级、主要特点，以及如何使用的建议等，并与各门学科教师的培训相结合，向各门学科的教师作介绍，鼓励他们积极应用。

⑤信息化教学应用软件开发工具

无论是市场购买的教育软件还是学校或地区组织开发的教育软件，都有一个个性与共性的问题。因为电子教材实际上是电子教材开发者对该教学内容如何教学的设计的体现，带有电子教材开发者个人的风格与特点，而其他人使用时必然有自己的看法，也许希望增加一些不同的事例来做进一步的说明，也许希望减少几个例子与说明。因此，理想的做法是在提供各种各样的学科教学的教育软件的同时，还会希望对它们进行改造与调整的一部分教师提供能够编辑加工一些素材，组成自己上课时使用的教育软件的工具。此外，还要能够为一部分信息技术教学应用的积极分子提供各种方便使用的开发工具。

2. 软件建设的思路

为了推动信息素养培育，提高教学效益，改进学校教学管理工作，学校除了建立信息系统以外，还要重视软件的建设问题。软件建设与硬件建设是相当不同的，下面主要讨论软件建设的一些思路。

（1）建库是推广应用的保证

软件、硬件与人是一个相辅相成的整体，三者必须协调发展。软件的特点是它的"软"，既有看不见、摸不着的一面，又有灵活、适应性强的一面。因为看不见、摸不着，而且一般功能比较复杂，内容比较多，所以人们只有通过使用才能了解与认识，经过一次使用就可以加深一次理解。在正式教学与开展教学管理工作之前使用软件，不像备课时阅读一些资料那么简单方便，需要启动与使用信息设备，而且，按照自己的设想去经历整个教学过程是一件十分耗时的事，除非对软件有很大的信心，或者进行信息技术教学应用的决心很大，否则，教学人员是不会花很多的精力去了解与使用的。因此，学校除了要在政策上鼓励与敦促学校工作人员应用信息技术以外（例如，把应用信息技术的教学实验作为教学研究的一项课题，对于能够很好地在工作中使用信息技术的人员予以奖励，在职称评定时把信息素养作为标准之一等），更重要的是要提供获得与了解软件的方便。为此，一项有用的措施是建立软件信息库与软件库。此外，为了帮助教师备课与提高教学水平，在学校建立教学资料库已经如同在学校建立教师阅览室一样重要了。

①软件信息库

如果已经建立了校园网，那么软件信息库可以与软件库联系在一起建立；如果暂时还没有建立校园网的打算，那么也必须以适当的方式建立软件信息库（例如，以信息卡片库的方式存放在机房管理人员处）。软件信息库通常由一些软件信息卡组成。学校通过一定的方式经常公布有关信息，使得学校人员可以方便地发现自己感兴趣的软件，而且能够知道权威人士对这些软件的评价，于是他们就会积极地阅读与尝试使用。

②软件库

软件库是将学校的所有软件集中管理的一种方式，特别是在建立校园网以后，可以以库的方式让学校全体有关人员共享库中的软件。即使没有校园网，也可以采取集中所有软件的方式，让学校人员根据自己的需要借用有关软件。这里值得一提的是，当学校中的许多教师都能够利用一些软件开发工具来自己制作一些电子教材时，由于时间、精力等原因，一般来说，都只会开发一些片断的教学过程的电子教材，而且不会做标题封面，交互方式也比较简单，但是他们所做的很适合自己使用，符合他们的教学应用。学校最好的方法是让这些软件进入一个库，使学校中的其他人可以共同使用这些软件，而且能够帮助出主意，提高软件水平。

③教学资源库

学校在拥有信息设备以后，就应该利用信息设备把原来分散在个人手里的写在笔记或卡片上的教学资料集中起来，供学校里的人员共享，这就是建立教学资源库。这也为校园网的软件库做好了准备，一旦校园网建立，那么，学校各位教师之间就可以交流共享这些教学资料，有利于提高教师的教学水平。

（2）应该注意软件的经常性投入

软件是一种看不见、摸不着的资产，因此，在信息系统发展早期，人们有时会忽视它的投入问题，好像只有购买机器设备才是必要的，而买不买软件问题不大，他们在做资金投入预算时，往往把软件的添置与开发所要的费用放在比较次要的地位。现在，人们已经逐渐认识到软件在信息系统中的地位与作用，开始把软件的开发与添置费用列入投资预算，但是由于种种原因，人们还没有把软件的添置与开发作为一项经常费用来考虑，而是作为一种需要时才申请的项目费用来考虑。笔者认为，这是一个认识的误区。把学校信息系统建设作为一个项目，在初期进行投入预算时，系统软件应该与硬件、人员的初期培训费用一样被作为项目费用来考虑，但是软件的更新换代比较快，每次更新换代的成本不高，却可以使整个系统的功能得到较大的增强、使用更方便，能够更好地发挥机器硬件与人的潜力；同时，随着教育的发展、学科教材内容的变化，学校原有软件中有一部分可能再也没有使用意义了，要求有使用内容与教学思想更加符合时代特点的新软件；此外，各种软件能够进行的工作各不相同，信息技术教学应用与信息技术教育管理应用所要的软件品种很多，因此，不可能也不应该一次就全部采购完，有些软件还需要根据学校的需要进行设计与开发。所以，软件的投入应该是一种经常性的学校支出。如果学校不能长期单独列支信息系统的经费，那么根据其特性，它的来源可以列为几个方面。

①信息系统软件的更新换代是系统维护的日常需要。现在的系统软件发展很快，许多新的软件能够很好地发挥系统功能，或者建立一些有用的功能，从而提高系统的使用效益，或使学校师生使用更加方便。因此，根据需要更新一些系统软件是系统维护的一种日常需要。也就是说，在信息系统的维护费用中，应该有一部分是用于系统软件更新换代的长期预算。

②一些信息化教学应用软件的添置与开发是学校图书馆建设的一部分。目前，随着信息系统的发展，不少学校图书馆已经设立了电子阅览室，因此，一些电子百科全书类的信息化教学应用软件，以及复习、操练与练习类型的软件，都可以放在图书馆内供显示自学，供教师使用，作为电子化备课的重要信息资源。因此，学校图书资料建设费用的经常性开支中，应该有一部分用于添置电子类图书资料与学科教育的复习资料。

③一部分信息化教学应用软件是学校教学参考书建设的一部分，也是教具建设的一部分。为了学校教学的需要，每个教师都要有教学参考书，也需要准备各种教具，以提高教学效果。信息化教学应用等各种软件都是可以提高教学效果的设施，应该被作为教具与教师用的教学参考书的一部分来考虑它们的经常支出。

（3）政府应该鼓励与刺激信息资源与教育软件的开发与应用

教师信息素养的提高直接影响到学生信息素养的提高，从而提高整个国民的信息素养，可以这样说，教师信息素养的提高是国民信息素养提高的前提，因此，国家必须重视教师信息素养的提高。而在信息化建设过程中，政府部门不仅要对建立国家信息技术基础设施给予必要的大量投入，同时还必须鼓励信息资源与教育软件的开发与应用。这一方面有利于学校教师信息素养的培育，另一方面也有利于学校教育教学改革的深入发展。现在世界上各个国家与地区都十分重视信息资源与教育软件在教育信息化中的重要性，采取各种办法来鼓励与刺激信息资源与教育软件的开发与应用。主要做法有如下几种：

①政府投入组织开发

许多国家采取由政府组织开发信息资源与教育软件，提供给各个地区与学校使用的政策。英国 1981 年的"微电子教育计划"（MEP）与 1986 年开始的"微电子教育支持计划"（MESU）都是由政府投入，组织计算机与教育技术研究人员、教育心理研究人员、学校教师等一起设计开发各种教育软件。以色列的"教育系统计算机化实施方案"中，教育部投入的 800 万美元经费中，有 293 万用于教育软件与信息资源建设，超过总数的 1/3。我国越来越重视高校信息资源与教育软件的开发与应用，教育部在"校校通"工程中，也计划要开发系列的优秀教学课和丰富的课程资源，建设共享的教学资源库，通过计算机网络和卫星宽带网、电视节目、光盘等多种方式提供给各校，为全面推进素质教育提供信息支持，同时，教育部在中央电教馆成立了教育部基础教育资源中心，推动我国基础教育资源库的建设（CALIS）。日本政府明确提出要求，各类公立机构、民间企业、团体要对现有的各类教育内容的软件与主页进行整理，在适当的主页上开设综合教育栏目。

②政府通过项目、基金等鼓励学校开发与应用

有些政府从教育教学改革主要依靠基层的观念出发，通过主要面向学校的基金与项目的形式，鼓励各个学校对信息资源与教育软件的开发与应用。由加拿大联邦政府工业部牵头、于 1993 年开始建设的"加拿大学校网"（Canada's Schoolnet）是加拿大经济建设与教育发展方面的重大工程，1996 年开始了一项旨在鼓励中小学校师生开发利用网上信息资源的子项目"基层"（Grassroots），一方面为培训学校师生提供网上学习机会，另一方面鼓励中小学校师生开发网上信息资源与软件，一旦某个学校或者教师在因特网上开发了一个新颖的互动的电子教材，即可得到 300 加元的资助。这些做法既促使参与者积极利用加拿大学校网的信息资源，又不断丰富了网上的信息资源与教育软件。我国近年来通过一些教育科研项目，组织了一部分学校开发各种信息资源与教育软件，并带动了高校信息化教学应用的研究与实践，颇有成效。

③政府通过一定的政策鼓励企业开发信息资源与教育软件

一些国家强调，学校与学生是一个非常广泛、潜力巨大的市场，其市场的特点是暂时的回报也许不那么快，而且要有诸如对学校教师进行一定的培训等市场培育方面的进一步投入，但是经过市场培育以后，利益的回报是稳定的和

长期的,因此,要发挥市场的导向作用。例如,美国、日本利用各种政策鼓励企业参与信息资源与教育软件的开发与推广应用。日本政府制订了支持企业和团体开发教育软件的措施,对符合教学要求、质量好的开发项目给予经费支持;对优秀教育软件给予表彰与奖励,并且推动其应用。美国则一方面在市场分析方面作积极导向,在宣布学校信息化方面明确表示政府的支持,指出其市场的发展方向,引起投资者的关注,另一方面通过基金会项目投入以及免除部分税收的方式,鼓励企业参与教育软件的开发。

信息资源与教育软件的建设是国家、企业、学校与有志于这方面开发的各方人员共同努力的成果,忽略任何一方的努力都可能影响其发展,政府在其中必须发挥其调控作用。

(4)学校要积极鼓励信息资源与软件的应用

学校投入人力、物力来建设信息系统的目的,就是要通过信息资源和软件来营造一种培育信息素养的环境,而且通过信息资源和软件的广泛应用来提高学校教学与管理水平。软件是信息系统应用的关键,讲到底,一般人应用信息系统的方式实际上主要是应用一两个信息系统的软件。因此,鼓励学校人员应用软件就是提高他们信息素养的重要一步;而且,软件的作用也体现在其应用上,只有鼓励其应用,才能提高信息系统的使用效益。

鼓励应用学校信息资源与软件的措施可以有以下几方面。

①及时公布软件信息,告诉学校有关人员学校有哪一些软件可以提供使用,能够帮助教师解决什么问题。尤其对于原来教师常用的一些软件,在版本更新换代时,更要及时发布消息,说明其更新以后的特点,引起学校人员的兴趣。通过学校信息系统的公告板、学校正式通知、研讨会、公开课等来发布有关学校的信息资源与软件消息,是一种行之有效的办法。

②对软件使用中的问题要有帮助措施。例如,可以在学校信息系统中提供信箱与软件使用讨论园地等,这样,教师就不会因为遇到一点困难而放弃应用软件系统。同时,必要的讨论可以提高教师应用软件的能力与积极性。

③学校还应该有一些必要的鼓励措施。例如,对使用软件次数多的,在应用信息系统方面给予一些方便等。对参加软件开发设计的教师,应该考虑他们的工作量,并且应该承认他们的研究成果。教师采用多媒体进行教学,他的课时酬金可以是一般教师的 $2\sim3$ 倍,等等。此外,在校园网上提供学校人员推荐的新闻信息和软件,既有利于校园网上信息资源的更新,又有利于促进学校人员对校园网信息资源与软件的关注。

④开展鼓励教师积极应用信息技术的各种活动。通过各种课堂教学竞赛活

动与课外学术活动，鼓励教师积极应用信息技术，发展信息素养。例如，学校组织教师参加多媒体软件制作大赛，参加全国高校信息技术创新与实践活动等。

⑤由学校出面组织一些专题小组，研究如何正确使用各种软件，提高教学与管理效益，并提高应用水平。

3. 教学资源库的建设

前面我们讨论了学校要建设哪些库，在这些库中教学资源库的建设是一个重点，下面笔者谈谈如何建设教学资源库。

（1）教学资源库的内容

教学资源库主要指由素材类资源库、网络课程类教学资源等组成的资源库。

①素材类资源库主要包括：媒体素材库、课件素材库、案例素材库、题库、试卷素材库、文献素材库、常见问题素材库等。

②网络课程类教学资源库，即按学科课程的知识结构组织起来的，涵盖学科课程内容领域的，能自成体系的教学软件。包括网络课程课件库、积件库、电子教案（电子教案是作为教学线索贯穿并展示于教学过程的网页）、交互实验室、虚拟实验室。

（2）建设教学资源库的思考

①必须遵循国家教育技术标准委员会的技术规范和要求

国家教育技术标准化委员会所制定的由教育部发布的"教育资源建设技术规范"中，对资源分类、技术要求、属性标注都做了详细的描述和规定。其中对资源的分类提供三种基本分类方法，按素材类型分；按学科分；按适用对象分，这是三种常用的分类方法。另外在实际操作中还可以基于知识主题来分。一般在资源征集的时候，通常是按照资源素材类型进行汇集，而在具体管理应用时，我们通常从学科、从适用对象、从研究主题进行检索使用。

"教育资源建设技术规范"中定义的每种型资源，其属性字段都非常丰富，但在校本资源的建设与实际使用中，有很多属性对终端用户来说是不常用的。针对这种情况，可以将每种资源的属性分为基本属性和高级属性。其中基本属性主要是与资源的浏览查询检索以及版权来源等密切相关；包括资源名称、关键字、作者、适用对象、所属学科等。高级属性包括了除基本属性之外的其他所有属性。高级属性主要是为遵循资源建设标准以及为资源互换而设置保留的。

教学资源库建设不能各自为政，必须纳入全国教育教学资源库建设"一盘棋"之中。因此，教学资源库建设必须遵循国家教育技术标准委员会的技术规范和要求，要遵循规范、共享的原则；教学资源库是用来为各种各样的学习者、各种各样的教学形式和学习环境服务的，与社会接轨后，将面对更多、更复杂的学习者和学习环境。因此，资源库的建设从一开始就必须规范、标准，为资源共享创造有利条件。否则，辛辛苦苦建设起来的教学资源库将被废弃。因此，教学资源库建设必须遵循国家教育技术标准委员会的技术规范和要求，从而真正实现资源共享。

②充分做好教学资源库建设的准备工作

a. 领导重视，加强基础建设。教学资源库的建设流程主要是基于计算机网络的，因此应加大资源库建设中的硬件设备的经费投入，设备要配置高、速度快，又因为计算机的设备更新速度快，这种投入是长期的，不可能一次到位。要充分考虑设备的兼容性和扩充性，使设备的性价比在合理的范围内。加快计算机网络建设，为教学资源库的建设提供网络基础。

b. 更新观念，树立教学资源库建设系统观。在学校购买使用教学资源库的过程中，要树立教学资源库建设的系统观。学校教学资源库建设实施是一个系统过程。购买了教学资源并不代表就达到了购买的目的，投入使用也不代表达到了使用目的。因此树立教学资源库建设工程，它不但包括了资源数据内容本身的征集，还包括对征集资源为学习服务的应用，以及对资源建设过程的评价。

c. 打破传统观念，实现资源共享。传统教学资源库以校本资源和单个资源库为主，并且往往局限于区域性服务，而教学资源库要求打破区域的界线。因为单个资源库的服务能力是无法满足大学教育的需求的，只有将资源信息化，通过"校校通"，实现资源共享。

d. 长远考虑，精心规划，确定基本模型。随着相关技术的发展，教学资源库所能够采用的技术将不断增加，这些技术可能会与现有的计算机设备和软件脱节，因而不能排除在若干年后更新系统硬件和软件的可能性。回顾计算机应用的发展历程，这种替代是不可避免的。在这种替代过程中，关键问题是资源库所积累的数据资源是否能够跨平台迁移。因此，在确定教学资源库的基本模型时要考虑到与国际国内教学资源库的兼容性，根据这一要求，笔者提出学校教学资源库的基本模块，如图5-12所示：

③严格按照有关的法律、法规来建设教学资源库

面对严格的知识产权保护趋势，教学资源库应定位为中介服务模式以避免侵权风险。因此在建设教学资源库时，资源库可以自行将不属于著作权保护范

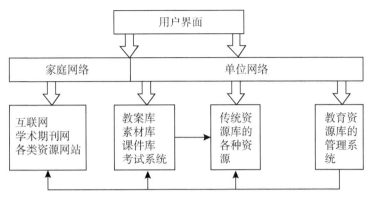

图 5-12　教学数字资源基本模型

围的资料和超出著作权保护期限的作品进行信息化转换、收集、整理、分类和相关使用。面向网络任何受著作权保护的作品进行信息化转换都必须征得著作权人的许可，并支付著作权使用费，避免侵权。这样，就可以依法建设，可以避免违反法律、法规，从而保证教学资源库建设依法、科学、有序。

④重点建设具有特色的教学资源库

信息化建设是"路、车、货"三者互动的关系：互联网好比是"路"，信息资源好比是"货"，而"车"则要靠我们去选择和开发三者缺一不可。教学资源库的建设要配备相应的硬件，但更重要的任务在于教育信息的收集与整理，为用户提供合适的"车"和"货"。一个较完备的教学资源库应在具备一般公众教学资源库基本功能的基础上，增设针对学校用户提供的基础教育特色服务。

a. 自建特色资源。每所学校都有自己的特色，完全可以将自己学校特色的课程、专业进行资料收集，做成网页形式或只通过网络发布，如现在许多老师上课都用课件上课，完全可以把这些课件收集起来，打成压缩包，配以相关文字说明，分门别类，制作成网页发布。别看刚开始数量比较小，但只要不断积累，就会由量变到质变。这种制作可以通过协作形式，由教育主管部门统一组织，每所学校制作一类，如一所学校制作物理，一所学校制作语文的，或是一所学校制作高中语文，一所学校制作初中语文。教育资料库不只是教育技术人员或是网络人员的工作，而是所有人员的工作，教育技术人员和网络技术人员只是去整理制作的，具体的收集分类制作是相关人员的。就如考试试卷，我们每学期都要考试，所有课程都要考试，把所有的考试试卷收集整理后放在网上就是资源。现在计算机也很普及了，许多老师用计算机备课写教案，把这些电子教案收集整理出来，也就是电子教案库。也可以让学生参与，现在学生基本都会使用计算机，可以将优秀的学生作业以及学生学习时自己收集整理的资料进行收集整理，做成作业库。

b. 购买加合作，重组资源库。通过购买教学信息资源，在选购资源库时，关键一点要考察资源库系统为用户参与资源建设所提供的互动功能。互动功能要简单易用，便于老师学生在教与学的过程中使用、制作资源。将资源建设与教学过程紧密关联，重视校本资源的积累效应，这就叫做"问渠哪得清如许，为有源头活水来"。实际中直接由厂商提供的资源内容不能满足用户对资源需求的现状也让我们清醒认识到在资源内容建设模式上要注重用户在资源建设中的互动作用；其次是由区域教育行政部门或学校协作组织来联合制作除极本资源以外的共享资源，切忌各校各自为战，虎头蛇尾。更不能单兵作战，以免因调研少，缺少规范，致使制作出的数据难以资源共享。

c. 通过互联网链接和检索相关有偿或无偿的信息资源库。如百度文库、豆瓣、Google 学术、MOOC 中国、网易公开课、搜狐公开课、新浪公开课、360 免费教育公开课等。

⑤组织全员培训

组织学科老师对教育教学资源的分类、技术要求及属性标注进行培训和学习，向他们介绍教学资源库的信息获取技术、讲解教学资源库检索途径和方法。

5.2.4　制度建设

在建设学校信息素养培育环境的时候，不能忘记另一个重要的部分，这就是学校内有关信息技术应用的管理问题，而对管理(无论是生产开发与建设的工程管理，还是各种事业的行政管理)来说，很重要的一点是，需要建立一套有效的规章制度来保证组织内各种工作的协调统一。许多国家与地区在推进信息技术教育的计划与过程中，都十分重视有关规章制度的建设。例如，日本文部省颁布的《教育信息化实施计划》中规定，要建立学校信息技术教学的管理体制，规定各级各类学校的校领导中，要有专人负责信息技术教学的管理工作，其职责是：进行信息技术教学指导与网络管理，组织教师培训，通过信息系统处理学校事务，研究信息技术教学的建设与发展等。日本文部省还要求各级教育委员会、教育事务所都必须建立信息技术教育专人负责的制度。要设立信息技术教学管理人员岗位，其职责是：研究制定本地区信息技术教学计划，规划本地区因特网系统的创建工作，维护因特网系统，组织信息技术培训，组织信息技术人员与社会志愿服务者为高校信息技术教育服务等。瑞典的有些地方规定，学校的计算机只能用于学习，一方面加强对学生上网的思想教育和法律教育，另一方面，学生都有自己的网上身份（如身份证号、电子邮件地址等），教学管理人员也可以监督管理学生使用信息技术的情况。

信息系统在一个学校中是至关重要的部分，不仅涉及学校的教学与管理，为学校全体师生员工所广泛应用，也是学校与上级领导、周围社区、学生家长、兄弟学校等联系的重要渠道；同时，从工程项目的角度来说，也是学校人力、物力投入比较大的一个项目。因此，从投入建设开始，都必须有一系列的规章制度来进行有效的管理，以提高效益，保证质量，节约成本。

1. 建设哪些规章制度

首先，我们来考虑一下究竟要建立什么样的规章制度。由于信息系统的牵涉面十分广，影响比较大，而且投入比较多，其相关的规章制度必然比较多。大家认为，一个学校与地区有关信息系统方面的规章制度可分为如下几个方面。

（1）与建立信息系统有关的规章制度

建立信息系统是一个学校比较大的且影响深远的项目，因此，需要一定的规章制度来协调系统建设的工程管理，保证将来的应用管理比较顺利。大致说来，可以包括如下一些制度：

①大型项目的管理规章制度。作为一个大型工程项目，必须有一套管理规章制度，包括计划、施工规范、验收办法等。

②信息系统应用的保障制度。在准备建立信息系统时．就应该考虑保证今后的广泛应用，因此，要有一定的制度。例如，我国许多地区在各个学校建立信息系统时，规定需要人员培训、机房建设的条件。此外，我们想指出的是，像校园网络一类的建设工程的实施，虽然系统集成商方面有一套工程质量保证方案，但一般学校并没有相应的技术力量对网络的建设工程实行监督。我们可以参考建筑工程的实施方法，采取第三方监督的网络实施方案：聘请具有相关知识的专家组成监督小组，或委托第三方单位作为监督方，监督方在整个网络建设过程中，监督工程的实施质量和方案的完成情况，三方合作，共同完成网络的建设。

③文档管理的规章制度。由于信息系统的应用范围非常广泛，而且前面已经讨论过，信息系统的建设阶段在应用的时候实际上也是它的维护阶段，而且要为它的更新换代提供有关信息。因此，在建立信息系统的时候，就要为今后的维护与应用提供有关信息，例如工程的施工图纸、系统工作原理的有关文

件、软硬件配置(说明可否升级与调整)说明等。对这些文档,应该有有效的管理制度,以便在信息系统的应用管理与系统维护时提供给有关人员。

(2)与使用信息系统有关的规章制度

建立信息系统的目的是为了在学校中广泛地使用信息系统,而为了协调学校中师生员工不同层次的应用,应该建立有关的规章制度。有关这方面的规章制度主要有以下几类。

①信息系统的应用管理制度

信息系统是提供学校所有师生员工以及其他有关人员(例如来访的客人、学生与潜在的学生的家长等)使用的,个人有不同的应用目标与权利,因此.需要规定个人的使用权利与义务,这就是信息系统的应用管理制度。此外,信息系统的应用管理制度还应该包括信息系统应用人员在遇到问题与困难时可以从什么地方得到帮助等支持应用的规定。

②信息系统的信息发布制度

应该鼓励学校师生员工以及社会各方面的人来应用学校的信息系统,这样不仅能够提高信息系统的使用效益,而且更重要的是,扩大了学校的影响,有力地支持了学校的教育教学改革。最重要的一点是.信息发布制度使得所有人都能够及时了解现在学校信息系统有些什么样的功能与新的信息资源,了解它们对自己的工作学习的意义与作用。

③信息系统的维护制度

信息系统的建立并不意味着信息系统已经可以完美地完成所有人希望它做的事情,它需要根据人们的使用情况适当地调整结构;另一方面,组成信息系统的各个软硬件的发展相当快,不断会有增加了新功能的软件新版本推出,稍加调整就可以提高信息系统的效率与改进信息系统的工作方式。因此,必须有信息系统的维护制度,包括设备维护与更新的经费来源,维护的间隔期限,维护人员的组织等。

(3)与信息资源有关的规章制度

学校信息系统中真正重要的是各种各样的信息资源,包括学校内部的各种数据库、各种自行设计的软件库与资料库等。这些资源是学校师生员工辛勤劳动的结果,也是反映学校特色的重要资源,是无法从外部得到的东西。因此,必须注意它们的安全保护,同时,要注意其广泛利用,提高信息系统的使用效益。一般说来,这方面的规章制度有如下几类。

①信息进入信息资源前的审查制度

信息资源是一个整体,它的内容添加、修改与减少都需要从整体考虑,而且，还要防止有害的信息破坏信息资源(例如有病毒的信息、思想内容不健康的信息等)，因此，应该有一套制度，规定哪些内容可以放入信息资源，那些内容应该在什么时候进行更新与翻译，规定信息资源更新的程序，由谁来进行内容审查与批准等。对于不同的信息资源，审查办法是不一样的。例如，学校发布的消息与公告等，通常由校长与书记审查批准；电子教材、教育软件通常由负责教务的校长组织有关学科有经验的教师审查，再由负责信息资源的校长批准等。此外，还应该有一定的规章制度鼓励人们为学校信息系统增加新的信息内容，可以采取奖励政策，也可以采取必要的强制规定(如果不及时更新自己负责的栏目的内容，就会受到批评等)。

②信息资源的使用管理制度

信息资源由学校内外各种人等使用。要协调它们的使用，保护信息资源的安全，就得要有信息资源的使用管理制度，规定各种人使用信息资源的权限(包括哪些人可以查找哪些信息内容、申请使用信息资源的程序与批准这种手续的责任者等)。

2. 规章制度建设构思考

怎样建立自己领导范围内的一些规章制度，保证工作的有序开展，始终是领导者的重要决策之一，有关信息系统的规章制度也不例外。在即将进入信息社会时，规章制度的建立需要注意如下一些方面。

(1)鼓励与促进信息技术广泛而深入地应用

首先，建立规章制度的目的是鼓励与促进信息技术广泛而深入地应用，而不是限制其使用。因此，在制定规章制度时，要从鼓励应用的角度出发。

①首先，更重要的是要有以不断提高信息系统与信息资源的使用价值为目标的制度，只有这样，师生员工才会踊跃使用学校信息系统。例如，在规章制度中规定，学校信息系统的内容必须更新与不断扩充，而且设有奖励制度与强制方法，促使信息内容的增加与质量的提高。

②其次，要使越来越多的人知道信息的内容与作用。信息发布的规章制度使得人们知道学校信息系统中有哪些信息资源与新的软硬件工具，它们有些什么作用，如果是原来的信息资源与信息工具的新版本，那么与原来的有什么不同，可以从什么地方找到这些资源与工具等。

③再次，要使人们在使用中不发生或者少发生问题，而且一旦发生问题，就可以得到帮助。

以上这些就是信息系统维护制度与应用管理制度的内容。

（2）保证信息系统与教育数学改革的持续发展

信息技术是一项发展非常迅速的新兴技术，其技术与功能不断得到更新与进步．而且学校的教育教学改革也是学校的一项经常性工作，也是不断发展的。因此，学校信息系统与教育教学改革是应该不断持续发展的事业。我们在考虑规章制度时必须注意这一点。具体地说，一方面要从经费投入、人员队伍等各个角度保证信息系统有条件更新改进；另一方面则要在学校教育教学改革的激励制度中规定使用现代信息技术来改进教育教学的必要性。例如，学校督导制度中规定了学校应用信息技术的程序，研究课题中支持倾向于使用停息技术的研究等。此外，在学校教育管理制度中，根据学校师生员工的信息素养程度，规定一些必须使用信息技术的内容，例如备课教案可以运用信息系统撰写，教师进行学生成绩统计时需要用信息系统传送等。

（3）处理保护自己的信息资源与共事之间的关系

在制定有关信息资源使用的管理制度时，还要注意处理好信息资源保护与信息资源共享的关系。既要保护好自己的信息资源不受病毒的破坏、网络黑客的侵犯，保证自己信息资源的纯洁性，又要提供学校师生员工与各有关方面的人使用。运用一些信息系统使用的权限制度与内容审查制度，再加上一些技术措施，可以减少、防止病毒等的入侵。

5.3　教师信息素养的评价体系

前面的章节对信息素养的基本评价体系已做了简单的介绍，由于教师信息素养教育体系具有自身的特征，再加上教师信息素养的评价，可以是对于一个国家或地区的教师的评价，也可以是对于一个具体教师的评价。教师信息素养的评价本身也有着各种不同的目的，因此有着各种类型的评价。例如，为了搞好信息素养培育的计划，需要进行诊断性评价；在培育过程中需要进行形成性评价，以帮助他们了解自己的进展，督促他们的学习；最后需要总结性评价，判断他们的信息素养水平。因此，对此的评价不能一概而论，应根据其实际情况构建评价体系。且我们在这里所讨论的主要是对于具体教师的信息素养的评价。

教师信息素养的评价的关键在于确定收集有关教师在信息素养方面的数据的方法与过程，以及如何根据这些数据作出对于他们信息素养水平的判断故在本章节中进行详细的讨论。

5.3.1　进行教师信息素养评价的作用及其重要性

1. 进行教师信息素养评价的作用

评价在教学中具有非常重要的功能和作用，包括鉴定、选拔、诊断、反馈、定向、教育等功能。而在教师信息素养培养过程中，评价具有以下几方面的作用。

(1)导向作用

评价的导向作用，主要指评价目标和评价指标体系具有方向性。在教师信息素养培育过程中，体现了信息化教育的目标和要求的评价体系，可为教师指明信息化教与学的方向和奋斗目标。具体表现为，它可以为教师信息素养培育指明了学习方向，明确相关的学习内容，采用适当的学习方式方法，减少不必要的硬件和软件投资；也能使教师更好的理解和应用信息技术引导学生，使教师在教学期间就能受到良好的信息技术熏陶，并能深切感受到信息技术带来的教学质量和效果的改进；还能使教师清楚地理解和掌握技能技术，具有信息技术学习的知情权，在学习中做到有的放矢。

(2)诊断作用

在评价活动中，通过对搜集到的信息资料进行整理和与教学目标的对比分析，不仅能评估教师的信息素养情况，也能解释一些导致不合格的原因，以便为后续的培育工作做出教学决策和改进，从这个方面来讲，评价如同体格检查，是对培育现状进行一次严谨的科学诊断。

(3)激励作用

评价的激励作用指评价具有激发行为动机，调动积极性的作用。在教师信息素养培育过程中，评价可使教师看到自己的成绩，找出不足，激发起改进和提高的内在需要与动力，增强信心，努力改进信息化教学工作和学习，从而达到提高信息技术能力、推动教育信息化的目的。

(4)调控作用

评价的调控功能．又称改进功能，指在评价过程中运用反馈的原理，将评价信息及时反馈给被评价者，达到及时强化正确的教育行为，调整、矫正不当的教育行为的目的，从而使教育过程不断得到优化。在教师信息素养培育过程中，教育的调控功能主要体现在强化教师的信息技术观念和操作行为。当前，人们对信息技术有很多误解，如信息技术能力就是计算机操作能力，信息化教学就是使用计算机开展的教学活动。而实际在教师使用信息技术的过程中，也存在很多不恰当的行为，如用计算机投影仪呈现知识而较少甚至不加讲解，这种方式虽然增加了信息量，但却跳进了"电灌"的误区。长此以往，就会给教师造成一些误解，如果不及时的澄清这些概念，纠正这些操作，而在教师进入教育领域后再行纠正，无疑会浪费很多时间，也加大了不必要的投资。

2. 进行教师信息素养评价的重要性

（1）从道理上说，掌握信息技术应该作为起码的教师资格。但毕竟不可能做到让全国的教师都从师范院校毕业后再教书，高校非师范专业的信息技术教育基本属于停滞状态，所以目前我国的教师资格考试没有对教师的信息技术能力做特别的要求。由于这些原因，使相当一部分学校和教师忽略了教师队伍信息素养的提高。现在，信息技术教育居于教师必修的一个学科，良好的信息素养更是属于教师教学必须具有的能力。如果不对教师的信息素养进行评价，相当一部分教师的传统教育观念就得不到应有的转变，他们认为可用可不用的"信息技术"自然会受到冷落，这显然是与信息化教育相违背的。广大教师是信息技术能够广泛应用的推动者．如果他们没有信息技术的实际应用能力，必然会影响教育信息化的发展进程。因此绝对不能忽视对教师信息素养进行有效的评价。

（2）加强对教师信息素养的评价工作是提高教师整体素质的需要，信息技术的现代化对教师的素质提出了更高的要求：教师不仅要懂得教育规律，具有丰富的教学经验，而且还应该熟练地掌握信息技术，并在教学中加以应用。开展教师的信息素养的评价，有利于强化教师对信息技术重要性的认识，有利于教师提高运用信息技术组织教学的能力，从而进一步提高教师队伍的整体素质。

（3）加强对教师信息素养的评价是推动教育信息化的需要。教育信息化离不开信息技术的广泛运用。教师作为教育工作的主力军，掌握必要的现代教育技术手段，对提高教育教学质量、提高教育信息化的程度和现代化水平具有十分重要的意义。

（4）加强对教师信息素养的评价可以大大增强教师在实际工作中应用信息技术的主动性和自觉性。通过教师的多学多用，不仅可以提高教师的信息技术应用能力，而且能够不断地促进教师教育思想、方法和手段的改革，不断提高人才培养质量。

5.3.2　现阶段我国教师信息素养评价原则及出发点

就我国目前的实际情况来看，虽然各级各类学校都有对教师教学效果的评价指标和体系，但在这些评价指标和体系中，包含对教师信息素养评价的内容却非常的少，更缺乏专门针对教师信息素养的综合评价指标和体系，对信息技术应用能力的评价仅仅停留在课件上，忽略了信息技术应用能力的其他方面，并且评价工作多以评奖评优为基本形式，专家主观评价为基本方法而展开。这些评价工作的组织方法有很大的不同，有的按教育层次组织，有的按学科专业组织，有的按地区组织，有的按行业系统组织，有的按学术团体组织，也有按领导职能部门组织的。这些评价工作的基本过程是由评价组织单位聘请的评价专家以课件开发者报送的文档、课件演示(由开发者或组织单位指定技术人员操作)和开发者现场答辩为依据进行评价，经统计这些专家的现场评价得分决定课件的获奖与否或获奖等级。如中央电教馆、教育信息管理中心组织的全国多媒体课件大赛都是按普教组、高教组分组进行评比。由于这些评价仅仅针对课件，组织分类也并不十分科学，使评价工作产生偏差，从而影响了整体评价的公正性，更不能对教师信息素养进行客观的综合评价。此外，我国在教师资格认证中，一般为对教育学、心理学、教师基本技能(如三笔字、普通话等)进行评价，而把信息技术的评价忽略了，也就是说有没有掌握信息技术能力不是教师资格认证的条件。因此，建立教师信息素养评价指标体系的目的是用一种能够获得公众认可的价值标准来衡量和判断教师和信息素养价值与优点，应该按照一定的原则来选择和组织，使得评价指标体系符合科学性、可操作性以及完备性的原则。

(1)科学性

评价指标首先应该符合科学性，也就是说它应该科学地反映教育的客观规律，而不是出自一部分人的臆测，也不能迎合一时的、个别人的需要。评价指标构成合理，能客观评价教师的实际信息技术应用能力，评价活动有利于规范教学软件的制作、使用和管理，有利于普及信息技术、促进教师信息素养的提高。

科学性的另一表现在于评价指标本身应该经得起实践的检验。实践是检验真理的唯一标准，只有通过按照一个评价指标进行评价工作，而后检查评价对象的教育价值与社会价值是否符合判断结果，从而判断评价指标的科学性。

(2)可行性

评价工作是一项十分繁重、细致的工作，需要评价人员根据评价指标体系去观察、记录、分析、处理学生和教师的各种信息。一方面，需要通过培训，使评价人员知道如何进行评价工作；另一方面，在制定评价指标时，应当考虑到它的可行性。可行性指的是：

a. 评价指标的各项内容应该是可以观察记录下来的现象与测试得到的结果。大多数评价信息的采集主要依靠评价人员的观察和问卷调查获得，因此观察项目与问卷调查项目应该是可以清晰地表达出来，易被评价人员调查记录的，而应该避免使用含糊不清的描述语言。

b. 评价指标尽管是一个完整的价值描述，但是应当尽力将其的小项目，使评价人员可以方便地观测与记录。

c. 根据评价指标进行评价所得的信息应该易于分析处理。分析处理所采集信息的最大的问题是大量信息所带来的相互矛盾与冲突的处理。一般来说，可以用树型结构来划分评价指标，从顶向下逐步细化、分成若干层次，而各个层次上各项之间没有什么相关性，这样可以减少评价指标内部的相互矛盾与冲突，同时也可以让评价人员了解体系中各个项目之间的关系。

(3)完备性

价值尽管可以从各方面去衡量与判断，但是作为一种体系来说，它应该是一个完整的整体性的判断，是对事物的优点与影响的全面的认识，因此任何一种评价内容都应该是完备的。

教师信息素养的价值主要反映在它对教师今后发展所产生的影响，前面已经讨论过，信息素养本身包括了信息意识情感、信息伦理道德、信息知识、信息能力等各个方面，而我们的信息素养评价指标就应该是全面地涉及信息素养的各个方面，而不能仅仅是计算机操作能力，更不能只是某种软件的使用能力或者某种语言的程序设计能力。

(4)针对性

对于不同层次的学校，处于教育信息化不同发展阶段的学校，因其教育教学应用力度、深度与广度要求不同，评价应该有不同的标准与要求，例如一所人才济济的重点大学与一所普通小学或中学相比，对前者的教师要求要比后者高。

根据信息素养的目标与内容分析，我们可以看出教师信息素养评价的出发点同样应该包括信息意识、信息伦理道德、信息知识以及信息能力等几个方面。

信息意识。信息意识与情感的程度是使用信息资源的一种自觉性，是现代人在信息社会中所必须具有的一种素质，对这一点的考核是至关重要的，而我们目前对于此在评价教师时并不太注意。

信息伦理道德。信息伦理道德也是现代人必须具有的信息素养的一部分，一直以来，我国高校承载了我国整个社会的大多数科研项目，同时，教师获得信息资源的渠道和方式呈现出多样化、便捷化和快速化，那么面对这众多的信息资源，教师如何取舍显得尤为重要，因此，在制定评价指标时必须考虑它。

信息知识。这一部分信息素养的评价项目，一般都会列入教师信息素养的评价指标。这里还可以进一步分解为：信息技术发展历史、信息技术工作的基本原理、信息系统的基本构成等几个方面。

信息能力。由于信息素养的操作性特点，信息能力是信息素养评价中最重要的部分。但是对于信息能力认识的不一致，造成信息能力评价标族的项目拟订困难。总的说来，它可以进一步分解为：信息技术的操作能力、信息查找能力、信息组织存储能力、信息组合编辑与表达的能力，也包括一定的程序设计能力、信息技术教学应用能力等。

5.3.3 现阶段我国教师信息素养的评价方法

1. 抽样问卷调查法

抽样问卷调查法是把要评价的各项指标以问卷发放给部分学生，让学生作出自己对教师的评价。抽样问卷调查法的优点有：首先，问卷易于操作。其次，所收集的数据比较可靠，因为问题都是封闭式的（有固定的选择答案）。最后，数据的编码、分析和解释也比较简单，因为学生的样本是有代表性的，可以对总体的情况作较为合理的判断。抽样调查法的缺点有：首先，有些教师可能不愿意或不能够提供所得的信息。例如关于态度或动机的问题，有时候教师可能不是十分明确地意识到决定其动机的因素是哪些。因此所提供的信息可能就不准确。当然也不能保证每一位教师的回答都是客观的。其次，封闭性的问题限制了教师选择答案的范围，有可能使某些类型的数据的有效性受损失，例如关于信仰和感情方面的数据。最后，问题的措词也很不容易，要设计一份好的问卷难度是较大的。尽管如此，抽样问卷调查仍然是收集原始数据的最常用的方法。抽样问卷调查法也可以在网上进行。

2. 考试认证评价法

考试是一种较为严格规范的具体评价方式，也是各种方法中最直接的、最快速的一种方法。根据一定的目的，按照一定的要求进行命题，通过被测试者解答的过程与结果，考察教师的信息技术素养的状况。

3. 教学现场调查法

教学现场调查法是学校在实际教学现场取得有关客观数据并作出相应的直接评价。由于这种方法最真实地反映了教师运用信息技术进行教学的状况，因此用这种方法取得的评价结论是比较客观的。由于各校间硬件环境条件不同，课程时间安排不同，师生的计算机知识水平也略有差异，因此这种方法完成整个评价的周期很长，另外，在采用实际教学现场法评价时，应用信息技术的人数必须具有一定的规模，并且要彻底避免为取得某项评价结果而对评价环境（背景）因素进行人为的变动。

上面的几种评价方法，每一种方法都有自己的优点和缺点。在实际的教师信息素养评价中，往往不是单纯地使用某一种方法，而是综合运用各种评价方法。

5.3.4　教师信息素养量化评价体系构建

在我们初步探讨了教师信息素养的构成要素和评价的基本原则以后，在我们综合了一个教师如果具有良好的信息素养，在最经常的大量的日常教育教学实践中的客观表现以后，我们就可以本着科学的从实际出发的原则，尝试编制教师信息素养的评价标准。有了这样的评价标准，将更好地促进教师目标明确地努力参加教师信息技术培训学习，以提高自身的信息素养。目标一旦明确，学校在培养教师信息素养的工作中，就能探索到更有效的途径和方法。虽然这样的评价标准肯定还很不成熟，难免有挂一漏万等欠妥之处，但比完全没有要好。它将在教育信息化的进程中得到进一步完善。我国学者对此方面的研究比较科学，是值得我们借鉴的。

1. 确定教师信息素养的量化评价方法

在制定评价指标时，首先确定教师信息素养评价的母项指标，然后提出初拟的子项指标，并且在分解出的众多初拟的子项指标中，保留能反映教师信息素养特性的，删除次要的、矛盾的。经过筛选，精简了子项指标，提高了指标质量，保证了评价的有效性。

2. 确定教师信息素养量化评价目标和权重

根据布卢姆的"教育分类学"，我们将教师信息素养评价目标要点确立为认知目标、情感目标和技能目标三个模块。而权重是各项指标相对重要程度的标志。权重的确定既是客观的，也是主观的。本指标体系的权重是以教师信息素养调查统计结果和参考相关的评价体系的权重为依据的。具体评价目标分类要点和权重如图 a。

此评价标准是针对一般教师编制的。这份评价方案体现了重视对教师信息意识的评价，重视对教师获取及创造性地综合利用信息能力方面的评价，而没有对信息技术的掌握提出过高要求，因为对一般教师在信息技术上提出过高要求是不切实际的，也无须有这样的导向。这份评价标准涵盖了教师信息素养的以下三个层面：（1）态度、意识层面；（2）信息技术操作掌握层面；（3）运用信息技术解决问题的整合创新能力层面。而权重的分配也基本是依据这样的考虑。我们只有用系统论的观点来看待教师信息素养的构成，才能对教师信息素养的培养内容、方法与评价有一个正确的理解。

3. 评价实施

（1）评价记录：评价人员在对被评价考的信息素养进行判断评价时，记录在其评价表的相应位置，即在表 a 上和各项指标后面的相应等级处划"√"。（表 5-1 可以作为对某个教师信息素养发展的报告表，也可以作为某一次考核成绩记载表）

（2）评价计算：收集评价信息资料进行统计处理，对每项信息素养作出计算结果，得出结论。表 5-1 中综合加权得分 Xx 计算公式：常数 20 为 5 分制到百分制的换算系数；Fx 为该项指标总权重（Fx＝Fn·Fnm·Fnmk）；Fn 为母项权重；Fnm 为一级子项权重；Fnmk 为二级子项权重；Vi 为各等级分值；R 为考核次数或考核组人数（注：R 参数只有作为教师信息素养发展报告表多次考核时用，如果只考核 1 次时或考核组只有 1 名成员时，其值均为 1）。例如某教师信息素养发展报告表上，在 B23 项了 3 个 A，1 个 B，根据公式 Xx＝Fx×Vi/R，那么 B23 项的加权得分就为 XB23＝20×0.30×0.40×0.40×（5×3＋4×1）/4＝4.56。

表 5-1　　　　　　　　　　　教师信息素养量化评价表

母项 Fn	权重 Fn	一级子项	全总 Fnm	二级子项	权重 Fnmk	A 5	B 4	C 3	D 2	综合加权得分 X x
A 认知目标	0.3	A₁信息技术基础知识	0.6	A₁₁图书资料传统知识	0.2					
				A₁₂计算机信息处理知识	0.3					
				A₁₃教学设计	0.2					
				A₁₄网络通讯基础知识	0.3					
		A₂信息技术文化	0.3	A₂₁对信息环境中社会、伦理、文化的一般性了解和认识	0.4					

表头：权重值 Fx＝fn·Fnm·Fnmk ；评价等次 Vi

329

续表

| 权重值 Fx = fn·Fnm·Fnmk | | | | | | 评价等次 Vi | | | | 综合加 |
母项 Fn	权重 Fn	一级 子项	全总 Fnm	二级 子项	权重 Fnmk	A 5	B 4	C 3	D 2	权加得分 X x
B 情感目标 0.3		B₁信息意识、情感、态度 0.6		B₁₁有强烈的求知欲，在教学中有信息需求的主动性	0.3					
				B₁₂对课堂内外信息的价值有敏锐的感受能力和持久的注意力	0.2					
				B₁₃有利用信息行为个人和教学服务的积极性	0.3					
				B₁₄在教学中对新信息的使用效果有预见性	0.2					
		B₂信息伦理道德 0.4		B₂₁了解计算机的使用对社会的利弊	0.3					
				B₂₂了解在硬件、软件、操作等方面计算机发展的现状和未来的趋势	0.3					
				B₂₃自觉维护计算机的使用在隐私问题、版权问题和计算机病毒等方面的道德问题	0.4					
C 技能目标 0.4		C₁操作和应用能力 0.15		C₁₁能熟练操作信息工具	1					
		C₂信息获取能力 0.15		C₂₁从丰富的信息源中选择、鉴别并获取所需信息	1					
		C₃评价信息能力 0.15		C₃₁对教学中众多信息的分析、鉴别、评价能力	1					
		C₄运用信息能力 0.2		C₄₁具有教学信息的组织、表达、传播及加工处理等方面能力	1					
		C₅创造信息能力 0.15		C₅₁在教学中能通过对众多信息的归纳、综合、抽象等思维活动，得出创新的结论	1					
		C₆信息技术教学应用能力 0.2		C₆₁能熟练掌握多媒体教学中的方法和信息技术与课程整合的方法	1					
累计										

总分 X＝XA11＋XA12＋…＋XC51；等级分与百分制换算一般为：A 优秀等级［100~85］，B 良好等级［84~75］，C 合格等级［74~60］，D 不合格等级［59—0］。

（3）分析总结：根据教师各项信息素养的得分 X，再结合各项评价指标的具体要求，分析评价，指出教师在哪些方面存在问题和差距，提出准确、客观、具体的改进建议，指出今后努力的方向，以提高其信息素养水平。

4. 评价时注意的事项

（1）坚持评价教师信息素养的信息源多元化

在对教师信息素养进行单因素评价时，评价的信息源主要有：学生、同事、专家、管理者和教师自己。由于学生的评价大都是学生从自身感受出发，对教师运用信息技术的效果进行评价，此外由于学生的评价结果常常受学生的个人情感的影响，有时难以准确地反映教师信息素养状况，但学生的评价是有价值的。专家、管理者和同事的评价十分重要，他们会从内行的角度审视整个教育过程，能比较客观、全面地反映教师的信息素养状况。同时教师的自我评价也是教师信息素养评价的一个重要方面，组织良好的自我评价对于提高教师对自我信息素养的认识有着积极影响和重要作用。只有学生评价、专家和同行评价及自我评价相互补充，才能使教师信息素养单因素评价工作做得公正、客观、准确。

（2）灵活发挥权重的作用权重是达到评价目的、调控评价结果的重要手段，权重的分配应尽量避免人为因素的干扰，做到集思广益，接近实际。但权重不是固定不变的，而是动态可变的。评价者可以根据不同时期、不同环境条件的不同要求变动权重，充分发挥权重的指挥棒作用。

（3）坚持定量评价与定性评价相结合的灵活性原则

灵活性原则是指教师信息素养评价要在保证正确导向、科学合理的前提下灵活选取评价方法。对教师信息素养进行评价的目的是全面了解教师的信息素养的情况，从而进一步提高教师的自身素质，因此，要求在评价时评价方法科学、合理，而定性评价和定量评价是搞好评价并使评价结论科学、合理、全面完整的两种不可分割的重要方法和手段，故在对教师信息素养量化评价的同时，必须与定性评价结合起来．充分肯定教师的信息素养。

（4）坚持评价结果及时反馈

在对教师信息素养进行评价时．对在评价中发现的问题，要及时进行反馈，使接受评价的教师及时改进。特别是要结合评价的各项具体要求，经过评价，指出接受评价的教师在哪些方面存在问题和差距，并提出具体的建议和修正方案。

(5)坚持评价活动的制度化

实施教师信息素养评价，是一项系统工程，需要组织者和测评者投入很多精力，因此，必须建立和健全各项配套管理制度，对评价工作的开展作精心安排，使教师的信息素养评价逐步走上制度化、规范化、科学化轨道，为评价和客观、科学、合理提供保障。

第6章 高校信息素养教育措施

6.1 提高大学生信息素养认识，优化教育教学环境

6.1.1 思想观念方面

1. 提高对信息素养的认识

信息存在于人类社会生活的方方面面，人的一切活动都包含着信息的交流与传递。个体在进行信息活动的过程中，个体的信息素养发挥着至关重要的作用。信息素养不仅在个人的学习工作生活中发挥着愈发重要的作用，更是信息社会对个人的全面发展提出的新要求。加强信息素养教育是时代发展对教育事业发展的新要求。信息素养包含信息知识、信息能力、信息意识与信息道德四个方面的内容。对信息素养形成正确的认识，就要充分认识到信息素养的内涵，要充分认识到信息素养对提高个人综合素质的重要意义、充分认识到信息素养对提高个体科研创新能力的重要意义。

通过本次的调查研究，笔者发现许多调查对象对信息素养的认识还不够深入，对信息素养内涵的理解较为薄弱，对信息素养在个人学习工作生活中重要程度的认识水平还有待提高。对信息素养尚未形成整体而清楚的认识。因此，应当加深学生对信息素养的理解、提高对信息素养重要性的认识。通过多种方式对信息素养进行宣传普及，提高学生、教师以及教育管理人员对信息素养的认识和理解，帮助其形成对信息素养的正确认识，认识到信息素养对个体生活以及人类社会生活的重要性。

正确的认识才能引发正确的行动。提高信息素养水平首先要帮助个体形成对信息素养科学正确的认识。鉴于硕士研究生群体的特殊性，高校可以通过组织传统的讲座、学术报告或学术论坛等形式对信息素养相关内容进行宣讲。此外，随着教育信息化的推进以及移动网络的广泛普及，高校可以借助当下流行

的社交媒体渠道对信息素养相关内容进行宣传普及，借助网络传播的互动性、快捷性、便利性等特征，采用学生群体中流行的形式对信息素养相关内容进行宣传教育活动，提高学生的可接受性和教育效果。通过一系列的活动，提高学生对信息素养的认识水平，使学生能够对信息素养的内涵、意义及其潜在作用形成正确的理解和认识，明确信息素养对提升自身综合素质的重要意义和地位，使学生主动地、有意识地提升自身的信息素养水平，提高个体的综合素质，促进个人的全面发展。

2. 提高对信息素养的重视程度

若要提高学生的信息素养水平，应当首先提高学生、学校以及社会对信息素养教育的重视程度。提高教育管理人员、信息资源管理人员、教师以及学生对信息素养的重视程度。教育管理部门应当将信息素养教育纳入学校的教育发展规划之中，以制度化的形式切实提高对信息素养教育的重视程度，促进信息素养教育的发展，提高学生的信息素养水平。高等院校肩负着培养高学历高层次人才的重任，更应当提高对信息素养及信息素养教育的认识，加强针对信息素养及信息素养教育的研究力度，为全社会范围内的信息素养教育起模范引领作用。信息素养水平的提高主要通过个体自身的努力，但是教学单位的信息素养教育活动对提高个体的信息素养水平发挥着重要作用。

根据本次研究的调查数据显示，应届毕业生即三年级学生的信息素养水平明显高于低年级学生的信息素养水平。表明在硕士研究生阶段，学生的信息素养水平有了一定的提高。对此进行进一步的分析研究，发现在研究生阶段信息素养水平的提高主要得益于自身自主的学习，而所在高校开展信息素养相关的教育活动。由此表明，学校对硕士研究生的信息素养教育比较欠缺。许多高校对信息检索相关课程的开设主要针对本科学生，由于时间等因素的影响，本科期间开设的课程对硕士研究生的针对性较弱，许多内容不适合硕士研究生进行的学习科研工作需求。有必要开设针对硕士研究生自身特征的信息检索相关的课程，以满足硕士研究生阶段学习和科研活动的需要。此外，可以以讲座等形式开展信息活动中的安全法律等方面的教育活动。

6.1.2　教育教学方面

1. 构建信息化环境

社会环境是人类存在与发展的基础，人的发展与社会的发展是相互联系、相互依存、相关促进的关系。个体所处的社会环境对个体的发展有着非常重要的影响。校园环境是硕士研究生最为主要的外部环境，学校的教育环境对其信息素养有重要影响。高等院校应当通过改进图书馆的服务与教育职能、提高校园的信息化数字化水平，打造优良的校园信息化环境，为提高学生信息素养水平提供良好的环境基础。

对于高等院校而言，图书馆是一所大学汇集文献信息与资源的主要机构，高校图书馆中的信息与图书资源为高校师生进行正常的教学、学习以及科学研究等工作提供信息资源保障，为学校师生的教学科研活动提供高质量、高水平的信息服务。高校图书馆在社会信息化与教育信息化的大背景下，应当充分挖掘高校图书馆的教育潜力，提高图书馆在信息素养教育的职能和作用，肩负起为学校信息素养教育做出应有贡献的责任。

目前看来，高校图书馆在高校实际教育工作中仅仅对师生提供了信息服务功能，其中的教育职能发挥的还不够充足。因此，高校图书馆应当充分发挥自身充足的图书信息资源、丰富的信息检索课程经验以及先进信息资源管理技术等优势，提高自身的信息素养水平；加强信息素养方面的研究，结合高校师生多样化、个性化、专业化的需求特征，改进图书馆信息服务方式，提高图书馆对高校师生信息服务的水平，营造良好的高校信息资源环境；根据时代特征以及师生实际需求改进并完善信息检索课程教学内容，继续推进信息检索能力教育，以切实可行的举措完善学校信息素养教育。

此外，学校还应改进网络服务水平，提高学校的网络服务质量，确保师生在校园中能够享受到畅通、高效的网络服务，为师生获取信息提供网络支持。

2. 提高教师队伍的信息素养水平

除了教学环境、自身认识等因素对学生的信息素养水平产生影响之外，教师在教学活动中表现出来的信息素养也会对学生的信息素养水平产生一定的影响。在新的时代背景下，尤其是对于高校的研究生的教师而言，教师在教育教学中的角色发生了很大的变化，教师传统的进行知识传授的部分大幅度减少，由知识的传授者改为促进研究生主动自主学习的引导者[①]。

由于硕士研究生培养形式和教学方式的独特性，硕士研究生的学习以及科学研究活动很大程度上取决于自身的意愿，扩大了硕士研究生时间、空间以及学习形式上的自主性和选择性。另外，随着互联网的便利性和开放性，信息的传播与共享愈发高效便捷，使得社会成员获取信息知识开展学习活动的方式和途径更加多样。教师对学生的影响已经不仅仅局限于自身知识储备方面，而是主要集中于教师行为方式、思维形式、态度价值观等方面[②]。在此背景下，教师的信息素养水平将在潜移默化中对学生产生重要的影响。

对于硕士研究生而言,导师是其最为经常直接接触到的教师,同时也是硕士研究生心目中最为权威的榜样。尤其对于已经成年的硕士研究生而言,身教的作用远远大于言传,例如教师对待新知识、新观念的态度,教师对信息的加工处理习惯和方式,教师在信息活动中在伦理道德方面表现出来的精神态度等,将会对硕士研究生的信息意识、信息道德等方面产生影响,进而影响到学生的信息素养水平。因此,提高教师的信息素养水平,对促进高校硕士研究生信息素养教育、提高研究生信息素养水平有积极影响。

3. 丰富信息素养教育形式

信息素养教育是一项浩大的具有综合性质的教育,并不能通过某一门学科的教育进行培养,而是通过各个学科的融合、结合教学活动以及学生自身的发展提高来共同完成。在传统教育方式中,应当增强信息素养教育与课程的融合。每一门课程的学习和教学活动都会涉及各种各校的信息活动,都会或多或少地应用到一定的信息素养。因此,应当在每一门学科的教学之中有意识地注重信息素养的培养。

将在线教育与传统教育相结合,以多种形式开展信息素养教育。随着信息技术和互联网的发展,以及互联网+教育的推动,得益于便利性、快捷性、高效性以及打破了时间空间等方面的限制等特点,近年来的在线教育获得了飞速发展。对于在线教育,信息技术手段得以充分利用,鉴于信息素养本身的特征,以在线教育的形式开展更容易取得较好的教学效果。

积极开展移动学习,充分利用网络进行信息素养教育,将信息素养教育融入学生的日常活动中去。借助网络媒体平台的形式,通过移动学习、碎片化学习加强信息素养教育。移动学习是在数字化学习和移动计算技术相结合的基础上发展而来的一种学习方式,被认为是未来时期进行学习所使用的主要形式。现在许多手机软件(例如微博、微信)即可支持移动移动学习,并能通过移动设备获取并管理信息。再加上移动设备带来新的空间感觉,移动学习相比于传统教育方式,信息分享的速度快,信息传播的范围广,突破了时间空间等维度的限制,学生可以利用自己的碎片时间进行随时随地的学习。此外,移动学习可以节约学校教师资源和教学费用。通过开展移动学习提高学生的信息素养水平不仅适应当前的信息化背景,更能充分利用学生的碎片时间,提高学生的时间利用效率。

6.2 加强高校图书馆阅读推广服务

6.2.1 高校图书馆与阅读

1. 阅读及阅读推广的内涵

（1）阅读的含义

北京大学王余光教授在《关于阅读文化研究的几个问题》一文中指出，阅读包含以下几层意思：①阅读是人类的一种认知过程，人们通过阅读探知未知，创造自我；②阅读是一种普遍的文化现象，它是人们获取知识的重要手段，是不受时间、地域限制的一种收到人们普遍接受的行为方式；③阅读是知识的传承和文化的延续。图书流传为人类文化的继承和创造提供了条件，而阅读则使文化的继承和创造成为可能；④阅读是人生的一部分。

阅读是个很大、很宽泛的概念。随着现代社会的发展，阅读的内涵和外延都在扩大，可以说阅读无处不在，无时不在。因此阅读分为广义阅读和狭义阅读。广义阅读是人从视觉材料中获取信息的过程，是人从符号中获得意义的一种社会实践活动和心理过程，凡是人类通过感觉器官能接受到的信号、并反馈到大脑，进而对信息进行存储、感受、分析、判断的过程，都可以成为阅读。视觉材料可以是文字和图片，包括符号、公式、图表，也可以是物体等。因此有人会说阅读城市、阅读生命等。狭义的阅读是指人类通过一定的载体，接收载体所提供的文字、图像等信息的过程。也就是说，阅读是信息知识的生产者和接受者借助于文本实现的一种信息知识传递过程。人是阅读的主题，书是阅读的客体。

（2）阅读推广的含义

推广即扩大事物使用的范围或其作用的范围，阅读推广是将阅读这种认知过程向更广的范围传播，使更多的人参与阅读活动。从传播学的角度分析，阅读推广包括五类要素：Who(谁)、Say What(说了什么)、In Which Channel(通过什么渠道)、To Whom(向谁说)以及 With What Effect(有什么效果)。具体地说，阅读推广是推广主体、阅读者、阅读对象以及推广媒介等要素在一定时空范围内设计、组合、组织和配置的结果，通过它们之间的相互作用，让阅读成为人们实现知识分享、提升精神境界、获得有用信息以及愉悦身心的一种渠道。阅读推广主体是阅读推广活动的组织者，如政府部门、民间团体、企事业单位、名人等。在现代社会，阅读推广的主要主体是新闻出版机构、文化机构、教育机构、传媒机构等社会机构。

2. 阅读的分类

(1)以阅读时是否发音为标准。一般以阅读时是否出声音为标准，则可以分为朗读、默读和视读三类，前两类也称为音读，后一类一般称为速读。朗读（有的称诵读）即发出声音的阅读，这类阅读多半在少儿识字、读书背诵时使用，或因老师需要了解学生是否真的会读，或检验学生阅读能力等；而默读则是表面没有发出声音，而大脑中仍然在默念阅读时的文字或符号读音的阅读，这种阅读是当今为最大多数人所熟悉并使用的阅读方法；视读即速读，它则是指完全由人的视觉器官眼睛识别后直接由大脑发生知觉的阅读方式，它的特点就是由眼睛识别后直接作用于大脑产生意义理解的阅读，整个过程极少有发生音读现象。

(2)以阅读速度的快慢为标准。若以阅读时的速度快慢为标准的话，一般可以分为速读和慢读两大类。以比平常阅读速度快三倍以上的速度进行阅读的我们称为"速读"，具体也可分为"线式阅读、面式阅读、图式阅读"的整体感知为特点阅读都可以叫做"速读"。速读的阅读速度一般比慢读快三到十倍左右。慢读一般是指阅读速度在每分钟一百字到三百字之间的阅读，以速度较慢为特点的阅读类型还有"听读、朗读、默读"等多种，我们在中小学教育中常见。

(3)以阅读效率的高低为标准。若以阅读理解效率的高低为标准的话，一般的阅读可分为"精读、速读、略读和泛读"四类。精读是读者对掌握阅读物要求最高的一种，这类阅读一般是用于工作、学习和考试复习中需要精确理解和记忆方面；速读则是需要从全文的从头到尾的阅读中获取有用信息的一种快速阅读方法，此种阅读的理解记忆精确度稍次于精读；而略读侧重于选择重点和要点式的概要式阅读；泛读则是目的性不强的泛泛而读。

(4)以阅读的功能与作用为标准。若以阅读的目的性和功能作用为标准的话，一般阅读也可分为多种。在国外，如日本、奥地利、美国等国家阅读专家研究后认为，可根据读者的动机不同，也可依据读物的性质不同，阅读大致可分为"理解性阅读、记忆性阅读、评价性阅读、创造性阅读、探测性阅读和消遣性阅读"等多种。由于阅读以个人为主体的多元性、复杂性和特殊性的特征，无论从哪个角度进行分类都具有其合理的成分和存在的依据，在阅读学的研究中同样发挥出其重要的作用，但由于分类的单一及细化，同时也不可避免地存在误区和盲点。

3. 阅读的方法

掌握一套系统的阅读的方法，对于阅读图书，获得自己所需的信息和知识是事半功倍的。而关于阅读的方法，可谓百家争鸣，各有各的观点。

孔子十分很喜欢读书，据《史记·孔子世家》记载，孔子"读《易》，韦编三绝"。在长期的阅读实践基础上，孔子也提出了一些阅读的方法。如在《论语·为政》中，他说："学而不思则罔，思而不学则殆。"又如在《论语·卫灵公》中说："吾尝终日不食，终日不寝，以思，无益，不如学也。"从中可以看出孔子认为在阅读时，读书时，对所读的内容要经过大脑的思考，要去想，读和思是相辅相成的，相得益彰，缺一不可。再如在《论语·述而》中，孔子说："述而不作，信而好古。"他认为在阅读前人著作的时候，应只阐述著作的本意，不能加自己的主观的观点。另外，他倡导"举一反三"的读书方法，在《论语·述而》中他说："举一隅不以三隅反，则不复也"，他希望读书的人能够触类旁通，运用已经掌握的知识，推及到更多与此相关联的知识。韩愈则强调"提要钩玄"的读书法。他在《进学解》中说："记事者必提其要，纂言者必钩其玄"，即对记事之文一定提取它的要点，对言论之编一定探索它深奥的旨意。他认为读书应该边阅读边把书中的要点和关键记下来，并勾画出难懂或是深奥的地方。同时，他认为"读书患不多，思义患不明。患足已不学，既学患不行"（《赠别元十八协律》八首之五），也就是说读书学习，只担心学得不够多；领会要义，只怕悟得不透彻，人最怕认为自己学得差不多够了，从而(骄傲自满)停止学习，已经学了的东西最怕不能掌握，不会付诸实践。朱熹认为："格物致知，读书穷理"和"为学之实，固在践履"作为读书的基本原则，他提出了许多读书之法，如"读书譬如饮食，从容咀嚼，其味必长；大嚼大咀，终不知味也"。"读书之法无它，惟是笃志虚心，反复详玩，为有功耳。""读书有三到，谓心到，眼到，口到……三到之中，心到最急。心既到矣，眼口岂有不倒乎?"。鲁迅先生认为："若是碰到疑问而只看那个地方，那么无论到多久都不懂的，所以，跳过去，再向前进，于是连以前的地方都明白了。"这种方法被称为"跳读"法，是对陶渊明的"不求甚解"读书方法的进一步发挥。它的好处是可以由此节省时间，提高阅读速度，把精力放在原著的整体理解和最重要的内容上。老舍说："我读书似乎只要求一点灵感。'印象甚佳'便是好书，我没工夫去细细分析它……'印象甚佳'有时候并不是全书的，而是书中的一段最入我的味；因为这一段使我对全书有了好感；其实这一段的美或者正足以破坏了全体的美，但是我不管；有一段叫我喜欢两天的，我就感谢不尽。"，此中方法被称为"印象法"。华罗庚主张：读书的第一步是"由薄到厚"。就是说，读书要扎扎实实，每个概念、定理都要追根求源、彻底清楚。这样一来，本来一本较薄的书，由于增加了不少内容，就变得"较厚"了，这是"由薄到厚"。这一步以后还有更为重要的一步，即在第一步的基础上能够分析归纳，抓住本质，把握整体，做到融会贯通。经过这样认真分析，就会感到真正应该记住的东西并不多，这就是"由厚到薄"这样一个过程，才能真正提高效率。余秋雨提出："应该着力寻找高于自己的'畏友'，使阅读成为一种既亲切又需花费不少脑力的进取性活动。尽量减少与自己已有水平基本相同的阅读层面，乐于接受好书对自己的塑造。我们的书架里可能有各种不同等级的书，适于选作精读对象的，不应是那些我们可以俯视、平视的书，而应该是我们需要仰视的书。"

纵观以上各位名人的读书方法，各有各的益处。其实读书方法应该是系统的，根据读物的不同和自己需求的不同，灵活选择自己的阅读方法，可以选择一种阅读方法进行阅读，也可以选择多种阅读方法交替进行阅读。

从阅读方式来说，一般情况下，把阅读分为快速阅读法和慢读法两种方式。

（1）快速阅读法

它是将被阅读的文字以组为单位进行整体阅读，而"组"内所包含的往往是一行、多行甚至整页内容，是一种让读者能够从文字材料中迅速接收信息的阅读法。主要方式是泛读、跳读和略读3种。

a. 泛读，泛即为广泛，即在相对较短的时间内，快速地阅读大量的图书，对图书的内容只取大概，不去细究。当今社会，知识产生速度加快，书籍（纸质图书和电子图书）的更新速度也随之加快。而且随着知识细分化，学科之间的交叉和融合日益紧密，因此可能为了解决某一问题，读者不可避免地需要在较短的时间内阅读大量的图书。

b. 跳读，则是阅读时，对书中的重要的内容去细读，对次要的内容则是跳过不读。这种方法有利于掌握书中的主要内容，但是由于书本内容形式的不同，限制了此种阅读方法的运用。对于层次分明、观点鲜明的书籍，跳读方法可谓十分适宜的；而对于结构复杂、重次不突出的书籍，跳读方法的使用则会有所限制。

c. 略读，意为简略，阅读时，迅速地翻一遍，只求对全书有个大概的印象，略观大意。

（2）慢读法

慢读法是传统阅读法，即按照字、词等少数几个单字为单位逐个阅读，是对书籍的深层次阅读。主要方式有朗读、熟读、精读 3 种。这三种方式是一种层层递进的关系。

a. 朗读，即大声地读，把文章逐字逐句地读出来，通过对声、韵、调和音变的综合运用进行创造性地读书。诵读法十分适合诗歌、散文类的著作。

b. 熟读，《朱子家训》有云："大抵观书先须熟读，使其言皆若出于吾之口。继以精思，使其意皆若出于吾之心，然后可以有得尔。"即为我们通常所说的书读百遍，其义自见，主要是通过反复阅读，不断强化阅读行为，达到对阅读内容理解与熟练的程度，最终达到读熟、读透，相关内容烂熟于心。熟读可以出声，也可以不出声。熟读能够帮助读者更好地熟悉读物、领悟读物的主旨。熟读比朗读要更高一个层次。熟读一般用于阅读专业书籍等。

c. 精读，也就是深入细致地读，对于文献的不止一遍地进行阅读，读和思相结合，反复地研读，对书中所蕴含的道理、要义有所领会。精读重在质量，而不是数量，它是在熟读基础上更进一步的阅读方法。精读文章，可分为至少三个层次来阅读。第一层，泛读，快速地浏览完全文，了解文章概略大意，对文章要表达的意思有一个充分全面的了解。在这个层次阅读完成之后，你就会发现一些疑问之处、喜爱之处、重要之处、有益之处。第二层，重点阅读上一层次发现的疑问之处、喜爱之处、重要之处、有益之处，可以大大加深你对此文章的理解和运用。在这个层次阅读完成之后，读者对这篇文章就会有了比较深刻的理解，如情节、人物、事件、结果、环境影响等，同时还会产生一些新的疑问和渴求。第三层，全面阅读。在上面的基础上，从头到尾再细细的阅读一遍，仔细推敲感兴趣的字词句、人物描写、语言、对白、感情刻画、内心描述等等，这样读者就能从本质上理解作者写此文的动机、感情、心理、手法、风格、效果以及对读者的感染程度。现代哲学家冯友兰的"十二字"名言就可以很好地诠释精读之法：精其选，解其言，知其意，明其理。

4. 阅读策略

（1）选择阅读策略

数学家王梓坤说过，读书要选择。世上有各种各样的书：有的不值一看，有的只值看 20 分钟、有的可看 5 年，有的可保存一辈子，有的将永远不朽。即使是不朽的超级名著，由于我们的精力与时间有限，也必须加以选择。果戈理的名著《死魂灵》中就有个名叫彼什伽秋的人物，他嗜书如命，什么书都读。结果，由于他毫无选择、毫无目标地阅读，最终还是一事无成。选择阅读策略主要是对众多图书进行阅读，并选择出那些自己所需要的图书。

选择阅读策略有两层含义：

第一层选择含义是，"读第一流的书"。在浩如烟海的图书文章中，只要经过认真的筛选和比较，你就不难发现，属于某一学科的第一流的代表著作有哪些，只要熟读这些著作，你就可以领略学科的全貌，了解学科的前沿和发展。

第二层选择含义是，"读一流学者写的书"。所谓的第一流的学者，是指在该学科领域里最知名、最有权威的科学家、学者。他们站在该学科或研究领域的最前沿，洞察该领域发展源流和发展趋势。读他们写的书，能够全面、准确地了解该学科领域的发展。要了解"第一流的书"和"第一流作者写的书"，其方法是通过推荐书目了解，或是请老师、家长推荐介绍。

滴水穿石非一日之寒，做任何事情都不是一蹴而就的，要循序渐进，读书也是如此。人的一生会要经过婴童时期、少年时期、青年时期、中年时期和老年时期，每个阶段都有适合的书籍，因此要根据自己的具体情况选择。

(2)对比阅读策略

对比阅读策略，比较常用于相同主题图书的阅读。具体方法是将两种或两种以上的图书对照阅读并进行分析，如将不同学派、不同观点的书籍放在一起对比阅读，或是同一书的不同版本进行对比等。可以从宏观角度对比，也可以从微观角度对比；可以对同一时期的不同阅读材料进行对比；也可以对不同时期的用相同创作方法的作品进行比较。在对比阅读策略时，应注意四个方面的问题：一是在阅读前要确定好比较的范围，选择出对比点，防止阅读陷入迷茫点；二是要善于找出材料的异同，对比阅读的核心思想就是要找出读物的异同；三是在对比时要注意思维的条理性，要养成边读边记的习惯；四是在对比阅读的过程中，不要只局限于一种阅读方法的使用，应综合运用多种阅读方法。

(3)计划阅读策略

零星时间阅读法。当今社会，随着生活节奏加快，人们经常会抱怨自己没有时间读书。其实归结其原因是不会"计划"阅读。制订计划有助于有条不紊地开展工作或是活动，为工作的圆满完成提供一定的保障。阅读也是同样，阅读是一种自学性质的活动，主要靠自发，因此阅读要善于利用闲暇的零星时间，制订计划进行阅读。著名数学家苏步青说过："我用的是零头布，做衣服有整料固然好，没有整段时间，就尽量把零星时间利用起来，加起来可观得很。"写下皇皇巨著《物种起源》的生物学家达尔文说："我从来不认为半小时是微不足道的很小的一段时间。"顾炎武在读书时采用"自督读书"的措施，做法是：首先给自己规定每天必须读完的卷数，接着限定自己每天读完规定的量后要将所读书抄写一遍，然后规定自己每读完一本书都要写札记。计划阅读有助于读者督促自己读书，让阅读活动在繁忙的生活中有序地进行。

5. 阅读的重要性

阅读对于高校师生个人信息素养的提高尤为重要。对于高校学习的师生，其知识体系透视通过课内外的自主学习而逐渐建立起来的。阅读时搜集和汲取知识的一条重要途径。前人所积累的实践经验以及理论都通过书籍等文献杂志积累下来，大量的阅读，读者会受到阅读内容的影响，通过主观能动性对所阅读的内容有所思、有所想，进而将自己已有的知识融汇到从所阅读书籍所获取的知识中区，相得益彰，开阔人们的视野，增长个人知识，能够帮助个人培养良好的自学能力和阅读能力，还可以进一步巩固所学的各种知识，提高个人的认读水平和作文能力，乃至对于各学科的学习都有极大的帮助。阅读不仅可以帮助师生建立自己的知识体系；同时对个人的道德素质和思想意识也有重大影响。"一本好书，可以影响人的一生。"这句话是有道理的。每个人都有自己心中的英雄或学习榜样，如军人、科学家、老师、英雄人物等。这些令自己崇拜或学习和模仿的楷模，也可以通过阅读各类书籍所认识。在进行阅读时，会潜意识地将自己的思想和行为与书中所描述的人物形象进行比较，无形中就提高了自身的思想意识和道德素质。

自古至今，中国的文人雅士就很重视阅读。中国著名的"唐宋八大家"之一，苏轼曾在《李氏山房藏书记》中有云："孔子圣人，其学必始于现书"，本句大意是：像孔子这样的圣人，他的学识也一定是从读书开始的。苏轼是北宋时期文学最高成就的代表，他在文、诗、词三方面都达到了极高的造诣，很多作品都广为流传。苏轼自己就很重视读书，如苏轼在《和董传留别》中说道："粗缯大布裹生涯，腹有诗书气自华"，意思是(古时一些学士)虽然穿着质地粗糙的衣服度过了一生(喻穷困潦倒)，但读万卷书，才华与气质(书卷气)不知不觉就显露出来。又他在《柳氏二外甥求笔迹》中说："颓笔成山未足珍，读书万卷始通神。"意思是用坏的笔堆成山，也未必能写出好东西；多读书才能写出真正的好作品。唐朝诗人李欣曾说："早知今日读书是，悔作从前任侠非。"意思是：我今天才知道，原来读书修身养性才是正道。想起过去一来，任侠狂放，实在后悔啊。宋朝著名理学家、思想家、哲学家、教育家、诗人朱熹曾指出："为学之道，莫先于穷理；穷理之要，必先于读书。"意思是：学习的方法，必定是先探究事理，而探究事理的关键，就是读书。从上可以看出，中国古代的文人把读书当做修身学习的根本。阅读对于他们来说不仅是出仕的途径，还是他们娱乐消遣的工具。如陶渊明在《五柳先生传》中说："好读书，不求甚解；每有会意，便欣然忘食。"意思是说(五柳先生)喜欢读书，读书只求领会要旨，不在一字一句的解释上过分深究；每当对书中的内容有所领会的时候，就会高兴得忘了吃饭。中国古代的文人往往乐于追求高雅脱俗的生活情调，以一种艺术境界、审美方式来调节和弥补现实生活中的"实在"和"世俗"，从而获取心理平衡。因此阅读作为一种高雅不俗的娱乐方式，博得了文人的青睐和厚爱。

中国当代著名学者、北京大学教授王余光在其论文《世纪之交读者阅读习惯的变化》中说："阅读是人类特有的文明行为和社会现象。可以说，人类文明史也是一部阅读的历史。"中华人民共和国新闻出版总署副署长邬书林在其《为中华民族大复兴而阅读》中写道："阅读，是人生最基本的文化权利。它让我们去打开一个又一个未知的隐秘世界，让我们知识丰富，视野开阔，思想深刻；让我们超越时空的限制和束缚，不断丰富生命的体验。"学者朱永新在《阅读改变我们的一切》中这样写道："没有阅读就不可能有个体的心灵成长，就不可能有精神的发育，阅读不能改变人生的长度，因为人的生命长度有基因、保健等各种元素，但可以改变人生的宽度和厚度，阅读不能改变我们的长相，但可以改变人的品位和气象。有些人相貌普普通通，但是'听君一席话，胜读十年书'，你觉得他很厚重，他可以给你很多智慧。人的相貌际遇遗传无法改变，但是人的精神可以通过阅读而从容气象万千。人的阅读，对个体的精神成长是非常重要的。"中国人民大学校长纪宝成教授说过："于个人，读书益智修身；于社会，读书构建秩序与和谐；于国家，读书富国强民。中华民族有尊重知识、推崇读书的优良传统，我们赢发扬光大"。然而近年来，我国国民纸质阅读形式并不乐观。隶属新闻出版总署的中国新闻出版研究院发布第九次全国国民阅读调查数据显示："2011年，我国18~70周岁国民人均阅读传统纸质图书4.35本"，而韩国的11本、法国的20本、日本的40本、犹太人的64本。2012上海书展暨"书香中国"上海周上，时任国家新闻出版总署副署长阎晓宏表示，和发达国家相比，我国的阅读水准仍然较低。欧美国家年人均阅读量约为16本，北欧国家达到24本，而我国年人均阅读量仅为6本。这引起我国党中央、国务院的高度重视。2014年3月，李克强总理在做《政府工作报告》中，首次提到倡导全民阅读；2015年3月，"全民阅读"再次被写入《政府工作报告》，中外记者问及原因时，李克强解释道，去年起草《政府工作报告》时，不仅文化界、出版界的人士，而且经济界和企业家都向他提出要支持全民阅读活动，报告要加上"全民阅读"的字样。"而且还有人担忧，说现在中国民众每年的阅读量还不到有些国家人均的十分之一。"李克强说，"这些建议让我深思，说明人们不仅在追求物质财富的增加，而且希望有更丰富的精神生活"。书籍和阅读是人类文明传承的主要载体。"我希望全民阅读能够形成一种氛围，无处不在。"李克强指出，全民的阅读量逐年增加，也是中国社会进步、文明程度提高的重要标志。而且把阅读作为一种生活方式，将之与工作方式相结合，不仅会增加发展的创新力量，还会增强社会的道德力量。

6.2.2 图书馆与阅读推广

在第二章中，已经介绍了图书馆的产生和发展、图书馆的定义及构成要素以及高校图书馆与高校信息素养教育的关系。从中可以发现，图书馆是阅读推广的主力军，也是阅读推广的重要场所。

1. 图书馆使阅读大众化。

在中国漫长的封建统治历史上，阅读一直是统治阶级和少数人的权利。费孝通有一个观点最能反映这种现象。他在《论"知识阶级"》中说："文献不是大家都可以得到的，文字也不是大家都识的。规范、蟾童、文字结合了之后，社会上才有了知道标准规范知识的特殊任务，称为君子，为士，为读书人，为知识分子。"古代虽有藏书楼，它的拥有和使用权同样只是统治阶级和少数人。清代诗人、散文家袁枚的《黄生借书说》有云："余幼好书，家贫难致。有张氏藏书甚富。往借，不与，归而形诸梦。"意思是，我小时候爱好读书，（但）家里穷，很难得到书读。有个姓张的人家，藏书很多。（我）到他家去借，（他）不借给我，回来以后我梦中还出现向他借书的情形。宋周辉《清波杂志》之《借书》篇载，唐杜暹在自家藏书后写着"清俸买来手自校，子孙读之知圣道，鬻及借人为不孝"等字。其直接将借书与孝道联系起来，如若借书即为不孝。因此，在清朝末期之前，阅读一直是少数人所能享受的文化权利。

鸦片战争以后，中国被迫结束闭关锁国政策，西方文化传入，20世纪初公共图书馆在中国出现。五四运动时期，在民主科学思潮中兴起了平民主义的教育思想，产生了大众阅读的强烈需要，图书馆以启民智、改良社会、改良民众为职责，展开了一系列的阅读推广活动，使阅读为普通民众接受和认可。当时的图书馆为了使其充分发挥社会教育职能，以多种服务形式进行阅读推广，如通俗图书馆、民众图书馆、公众图书馆、巡回文库等贴近普通民众，为民众服务，还利用电台广播、报纸等媒介宣传图书，如北平市立第一普通图书馆就曾在电台开播有关读书方面的节目。随着图书馆多种服务形式的出现，西方"平民化的图书馆"理念的传播，以及推广宣传活动的展开，阅读逐渐从"但非士夫官吏，即不得享其权利"到"人人皆有资格为读者"。

2. 阅读推广是图书馆的重要职能

从图书馆的性质来讲，图书馆是公益社会性的组织机构，它是人类知识的宝库、文献信息资源中心，尤其是公共图书馆面向的是任何的读者，阅读推广本身就是图书馆的主要工作项目之一。1931年阮冈纳赞在《图书馆学五定律》中前三条定律就很好地做出了阐释。(1)"书是为了用的"：图书馆的主要职能不是收藏和保存图书，而是使图书得到充分的利用，这是图书馆工作的出发点和目的。图书馆工作的展开应以书藏以致用为基本点，从方便读者的角度出发为读者进行服务，吸引读者到馆读书。(2)"每个读者有其书"：图书馆的大门向一切人敞开。图书馆决不应为少数受优惠者所垄断，而要让每个人都享有利用图书馆的平等权利，真正做到书为每个人和每个人都有其书。(3)"每本书有其读者"：为每本书找到其合适的读者。这三条定律为图书馆首先奠定了图书馆为广大读者服务的职责，进一步又为图书馆怎样工作做了详细的解释，要以扩大读者阅读服务为目的，为读者找书，帮书寻找其读者，吸引更多的人进行阅读，最大限度地满足读者的阅读需求。《中国图书馆服务宣言》则说的更为明确：图书馆努力促进全民阅读。图书馆为公民终身学习提供保障，促进学习型社会的建设。

从图书馆历史、尤其是公共图书馆的历史发展进程看，阅读推广活动的出现与普及，是图书馆发展到一定层次、一定水平的产物。纵观我国百年来图书馆的历史(也就是近现代图书馆产生和发展的历史)，可以说经历了三个历史阶段：一是从藏书楼阶段，即为封闭阶段，此时期的图书是少数人特权的财产，并不属于大众，二是开放阶段，即从对部分人开放到对全社会普遍开放，三是从被动地接受服务到主动的推广服务。这个过程进行的漫长而艰难，可以说，直到进入本世纪以来，我国图书馆才大体完成了前二个阶段的使命，亦即基本实现了对全社会普遍、均等、免费开放。现在正在迈向第三个阶段，亦即进入了大力开展阅读活动，向全社会主动推送图书馆服务的新时期。因此，我们今天进行图书馆阅读推广工作，在某种程度上也是历史发展之必然，是图书馆发展的历史趋势。

从图书馆业务工作的发展趋势看，图书馆工作业务正向着大融合的方向，或者说是综合的方向发展，即图书馆的服务不仅限于图书馆的传统服务，如书目的借还、书库的监管，它还融合了其他的新型的服务，如嵌入式服务、信息咨询等。它不仅是图书馆，还是各类信息资源集散中心，甚至还可以是音乐厅、文化讲坛、学术交流场所、新技术体验中心、展览馆、博物馆等。正如

《图书馆学五定律》中最后一条定律所说："图书馆是一个生长着的有机体。"图书馆只有通过不断地发展，扩充自己的各项功能，才能丰富和拓展图书馆的服务内容，提升和强化图书馆的服务品质，增强和扩大图书馆的服务影响。这种发展趋势，主要就是通过阅读推广工作来实现的。

3. 图书馆是大众阅读的核心地区

虽然目前，我国的计算机网络技术得到普及，人们可以当之无愧地说进入了大数据时代，人们可以不受地域限制地获取自己所需的信息和书籍，但是这依旧不能改变图书馆是大众阅读核心区域的地位。首先，从读者阅读内容来讲，虽然随着大众传媒的兴起，人们的阅读更加呈现出多元化的趋势，大众阅读也呈现分众化的趋势，不同的人有各自不同的爱好，而只有图书馆独有丰富的阅读资源，所收藏的包括所有学科、各种程度的知识，才能满足读者不同的爱好与需求，图书馆是满足大众阅读多元化的主要阵地。其次，从读者阅读方式来讲，目前新技术的推广改变了人们的阅读习惯，除了传统的纸质出版物阅读之外，越来越多人们倾向于网络阅读或是移动阅读等方式，而图书馆事业也顺应时代潮流，与时俱进，发展数字图书馆工程，能够满足读者各种阅读方式的需要，成为大众阅读的核心地区。图书馆事业的发展也能满足大众新的阅读需要。最后，从出版物出版来讲，现代出版技术的进步使得出版周期越来越短，这一方面使得人们能够阅读到更新更快的知识，另一方面也影响了大众阅读的连续性，很多好书都是匆匆上市又慌忙退市。这使得读者想收集和阅读以前的经典知识有了一定的困难。图书馆负有保存文化知识的使命，它系统地保存了各时期大量的阅读材料，可以保证大众的连续性。图书馆能够保证大众阅读的连续性。总之，要进行深入系统的阅读，完整全面地掌握知识，图书馆是最好的场所，甚至是唯一的场所。只有图书馆，才具有完备的文献资源保障体系，才能为读书人提供全面系统的文献服务；也只有在图书馆，才能领略到完整的科学知识体系和全部的人类文化遗产，从而站在巨人的肩膀上来看这个世界。

4. 阅读推广工作的顺利完成离不开图书馆

从阅读推广工作内容来讲，阅读推广的工作内容主要是各种形态的书籍文献资源的阅读的推广，而图书馆自诞生之日起就密切地与书籍联系起来，图书馆本身就是文献信息中心，因此图书馆是阅读推广工作顺利开展的首先选择的场所；从阅读推广学科性质来讲，阅读是一门学科，对这门学科的认识和研究是一个漫长的过程。对这一学科发展的过程，北京大学王余光教授在《关于阅读文化研究的几个问题》一文中有所研究，他指出：将阅读作为一个研究对象进行理论探讨，是在文明经典形成以后。每个民族在其文明史初期都曾出现过圣贤智哲，他们著书立说，成为后世经典。后人如何阅读、阐释前贤经典，于是出现了注疏经典的经学，从学术上看，经学的出现就是阅读学的开始。一般认为，西方是从古希腊法典、典籍释义和《圣经》释义开始的，中国则始于先秦，成书于汉代经学。早期的阅读学就是释义学，认为阅读的目的是把握文本的意义……80年代现代阅读学发展很快，研究内容主要是读者阅读心理和生理过程、阅读规律、阅读技法、阅读教学等。而图书馆学者很重视对阅读学的研究，如刘亮、慎明旭在其论文《联合国教科文组织的阅读推广活动及图书馆在其中的作用》中介绍了联合国教科文组织对全球的阅读推广活动的设想和安排，旨在使各国的图书馆界了解阅读推广的"世界大局"、"全球大计"，树立大局观，更好地找定位、找机遇。郎杰斌、吴蜀红的《美国国会图书馆开展阅读推广活动的考察分析》探求美国经验，揭示了美国国会图书馆的图书中心在全美图书馆阅读推广活动中的领导作用，以对国内的阅读推广模式选型有所启发。秦鸿的《英国阅读推广活动考察》追寻英国经验，介绍了英国图书馆界联手公司和慈善机构所开展的丰富多彩的阅读推广活动。张彬的《读图也是阅读，图中也有经典》则揭示了当前图书馆阅读推广活动的一个弱区——对读图的忽视，意在扭转这种局面。可以说我国图书馆学学者对阅读推广的技巧、方法逐渐形成了一套行之有效的专业体系，有利于阅读推广的开展。因此，阅读推广工作的顺利完成离不开图书馆。

5. 图书馆与阅读推广的互动关系影响和制约国家和民族的发展

学者王艳在《图书馆与大众阅读关系研究》一文中指出："图书馆是一个民族智慧提高的基地，而一个民族是否使用图书馆以及图书馆的使用程度如何，从某种意义上说是衡量一个民族进步的标志。西方发达国家图书馆产生较早，发展和利用水平也较高，人们从心底认可和喜爱图书馆，每逢节假日许多家庭都把进图书馆阅读作为一项节目，图书馆的大众阅读成为一种文化，人们的知识水平和创造水平也相应地得到提高，国民整体素质也得以提高；而图书馆也发挥自己的力量多途径地开展阅读活动，倡导和鼓励阅读，人们认可图书馆的地位和功用，整个社会也更加重视图书馆的发展。如此，图书馆与大众阅读形成了很好的良性互动关系，这直接促进了国家的进步。总之，形成图书馆与大众阅读的良性互动关系，是国家和民族发展和进步必不可少的因素。"

6.2.3 高校图书馆的阅读推广

1. 大学生阅读现状

（1）2015年春期在校大学生阅读现状调查

在校大学生是阅读的主力军，也是国家建设的主要力量，少年智则国智，少年强则国强，少年进步则国进步，因此，可以说大学生自身的知识构成体系直接影响到国家的未来。阅读一直作为大学生自我学习的重要途径，因此对大学生的阅读状况研究十分重要。

本次调查以南阳理工学院、中原工学院以及南阳师范学院三个院校的在校大学生为调查范围，从中随机选取了600名在校大学生为研究对象。旨在通过调查研究，客观地了解大学生阅读的状况。本文的调查采用纸质调查问卷和在线调查两种方式；鉴于在校大学生对书籍期刊分类的了解不深，故将纸质调查问卷问题形式设置为以填空为主，并在填空后面设有提示项（具体见表6-1），在分析调查问卷时将其所填的期刊按照《中图法》归类，纸质调查问卷共300份，回收调查问卷300份，有效调查问卷300份；在线调查与纸质调查问卷的设置一样，主要是采用问答式，调查人数300人，回答问题人数为300人，调查时间截至2015年6月底。

表6-1 **2015年春季在校大学生阅读情况调查问卷**

2015年春期在校大学生阅读情况调查问卷

1. 你的专业
2. 性别
3. 你喜欢阅读的书刊是什么？喜欢阅读的原因是什么？（具体的书名或是类别均可，与专业相关的书刊，直接写"相关专业书刊"即可。）
4. 平均每天阅读时长为多少？
   A. 小于30分钟　　　　B. 30~60分钟　　　　C. 大于60分钟
5. 你阅读书刊的类型是什么？（可多选）
   A. 纸质书刊　　　　　B. 电子书刊
6. 你平时阅读的地点是哪里？（可多选）
   A. 图书馆　　　　　　B. 教室（自习室）　　　　C. 宿舍

（2）2015年春季在校大学生阅读调查情况分析

通过回收到的调查问卷对比分析，得到以下结果，具体见表6-2、表6-3、

表 6-4 和表 6-5。

表 6-2 **2015 年春期在校大学生阅读情况调查分析**

调查对象	书刊阅读名次	书刊类别	阅读人数比例
学生	1	文学类	78%
	1	艺术类	78%
	1	与专业相关	78%
	2	社会科学总论类	67%
	3	语言、文字类	40%

表 6-3 **2015 年春期在校大学生阅读时间分析**

调查对象	阅读时长(每天)	阅读人数比例
学生	小于 30 分钟	38.9%
	30~60 分钟之间	46.2%
	大于 60 分钟	14.9%

表 6-4 **2015 年春期在校大学生阅读书刊类型分析**

调查对象	阅读书刊类型	阅读人数比例
学生	纸质书刊	89.3%
	电子书刊	87%

表 6-5 **2015 年春期在校大学生阅读地点分析**

调查对象	阅读地点	阅读人数比例
学生	图书馆	90%
	教室(自习室)	65.4%
	宿舍	55.4%

从表中可以看出,目前大学生的阅读内容主要是文学艺术类的书刊以及与专业相关的书刊阅读人数比较低,其中有 93% 的在校生表示阅读与专业相关的书籍主要是为了考级或做作业,而对文学艺术类书刊的阅读,78% 的在校生

表示主要是为了消遣时间，22%的在校生是为了扩充自己的知识体系；对于对语言、文字类的书刊阅读的学生中，有83%的学生表示阅读此类图书是为了英语四六级考试；从中可以发现大学生的阅读呈现出功利性阅读以及娱乐性阅读的现象。

每天阅读时长最多的是30~60分钟，说明相对来说，大部分在校大学生能够保持每天阅读书刊的习惯；阅读地点主要是在图书馆，其次是教室（自习室），最后是宿舍，而且在宿舍阅读的学生中87.8%的学生表示在宿舍阅读主要是阅读电子书刊，这说明图书馆的阅读环境得到了多数学生的认可。

根据表6.2.5可以看出，在以学生读者未调查对象情况下，虽然近几年纸质书刊依然占阅读的主流，但是随着手机、平板电脑、电脑等数字媒介普遍使用，对电子类型书刊的阅读也逐渐成为人类阅读的习惯。

另外，通过文献调研发，以"大学生阅读现状"为检索词，以2005年6月30日至2015年6月30日为时间限制，在中国知网CNKI上搜寻相关文章，经去重剔除无关文章后，得到相关论文200篇。从这些论文中，经浏览再次选取所需文章，发现有很多学者认为在校大学生确实有浅阅读、功利性阅读、娱乐型阅读和随意性阅读的现象，如娄亚莉发表的论文《大学生阅读现状分析及图书馆导读服务——以广东警官学院学生为调查分析对象》，罗巧燕的《高职院校大学生阅读现状实证研究——以顺德职业技术学院为例》等。一些学者通过调查同样发现大学生阅读内容以考试图书、娱乐杂志、网络文学为主，如学者乌兰发表的论文《大学生阅读取向对高校图书馆馆藏建设的启示》、谢智君发表的论文《就当代大学生阅读素养现状提出的几点高校图书馆工作建议》。这些观点都与本次调查结果相契合，表明本次调查结果具有一定的科学性和参考性。从这些调查可以发现，学者刘开琼在论文《高校图书馆阅读推广模式探究》中提出的："从总体上看，目前大学生阅读状况令人担忧。因此，高校图书馆应充分发挥其职能，大力开展阅读推广活动"这条建议是值得采纳的。

2. 高校教师阅读现状

（1）2015年春期高校教师阅读现状调查

本次调查以南阳理工学院、中原工学院以及南阳师范学院三个院校的在校教师为调查范围，从中随机选取了200名在校教师为研究对象。旨在通过调查研究，客观地了解教师阅读的状况。本次的调查采用纸质调查问卷和在线调查两种方式；本次调查将纸质调查问卷问题形式设置为以填空为主，并在填空后面设有提示项（具体见表6-6），在分析调查问卷时将其所填的期刊按照《中图法》归类，纸质调查问卷共100份，回收调查问卷80份，有效调查问卷78份；

在线调查与纸质调查问卷的设置一样，主要是采用问答式，调查人数 100 人，回答问题人数为 100 人，调查时间截止到 2015 年 6 月底。

表 6-6　　　　　　　　　**2015 年春期高校教师阅读情况调查问卷**

2015 年春期高校教师阅读情况调查问卷

1. 性别

2. 你喜欢阅读的书刊是什么？喜欢阅读的原因是什么？（具体的书名或是类别均可，与专业相关的书刊，直接写"相关专业书刊"即可。）

3. 平均每天阅读时长为多少？

　A. 小于 30 分钟　　　　B. 30~60 分钟　　　　C. 大于 60 分钟

4. 你阅读书刊的类型是什么？（可多选）

　A. 纸质书刊　　　　　B. 电子书刊

5. 你平时阅读的地点是哪里？（可多选）

　A. 图书馆　　　　　B. 办公室　　　　C. 家

（2）2015 年春期高校教师阅读情况调查情况分析

通过对高校教师阅读情况调查问卷的统计与整理，得到结果如下（具体见表 6-7、表 6-8 和、表 6-9 以及表 6-10）。

表 6-7　　　　　　　　**2015 年春期高校教师阅读内容分析表**

调查对象	书刊阅读名次	书刊类别	阅读人数比例
教师	1	专业类	100%
	2	社会科学总论类	87.3%
	3	综合类图书或期刊、综合连续出版物	77.3%

表 6-8　　　　　　　　**2015 年春期高校教师阅读时间分析表**

调查对象	阅读时间(每天)	阅读人数比例
教师	小于 30 分钟	0%
	30~60 分钟	47%
	大于 60 分钟	53%

表 6-9   **2015 年春期高校教师阅读书刊类型分析表**

调查对象	阅读书刊类型	阅读人数比例
教师	纸质书刊	89%
	电子书刊	100%

表 6-10   **2015 年春期高校教师阅读地点分析表**

调查对象	阅读地点	阅读人数比例
教师	图书馆	43%
	办公室	27%
	家	100%

　　通过表 6-7 分析，可以清楚地看到所有的高校教师都会阅读与专业相关的书刊，大多数高校教师表示对此类书刊的阅读除了是为了完成科研项目、教学需求外，还主要是以更新自己的专业知识结构体系，及时了解本专业的学术新动态及学习他人的研究成果；而对社会科学总类的书刊的阅读主要是阅读新闻类的期刊，如《中国新闻周刊》《新视野》等，此类书刊的阅读，78.8%的教师表示是为了关注国家时事；而综合类图书或期刊、综合连续出版物主要是阅读如《读者》《看天下》等类型的期刊，有 44%的教师表示是为了消遣时间而阅读此类的图书，有 56%的教师表示是为了增加视野，扩充自己的知识面。

　　通过表 6-8、表 6-9 以及表 6-10 可以看出，高校教师每天阅读的时间均超过 30 分钟以上，这说明教师群体很重视对书刊的阅读，而他们阅读的书刊的类型以电子书刊居多，这说明电子书刊在教师阅读中已经呈现出主流趋势，究其原因，有 74.5%的教师表示选择电子书刊的阅读主要是因为电子书刊的阅读比较便利，可以自由选择时间、地点阅读，也可以快速地查询到所需阅读的书刊，对于感兴趣的文章、段落或是句子也方便保存，可快速复制到其他设备上。内容更新也快，可以知道正在发生或是刚刚发生的事情；而对于阅读地点的选择，所有的老师表示在家阅读，主要是由于家庭生活方面的原因。

　　从以上分析中可以看出，作为高文化素质群体的高校教师还是十分重视阅读的。但是由于各种原因，图书馆在高校教师阅读图书中扮演的角色呈现出逐渐淡出的趋势，这对于高校图书馆来说是十分危险的，因此高校图书馆应重视对高校教师的服务，争取通过阅读推广活动，更好地为高校教师服务，加强自己在教师阅读活动中的地位。

3. 高校图书馆阅读推广的现状

近年来，全国各高校图书馆十分重视阅读推广活动。从活动举办量来说，可以说各高校的阅读推广活动已十分普遍，并且绝大部分高校阅读推广活动都在每年的 4 月 23 日世界读书日前后举办，如活动月、读书月等，大部分高校每年一次，一些高校两年举办一次类似的活动；从相关论文发表量来说，自 2010 年 1 月 1 日起至 2015 年 1 月 1 日，以"高校图书馆阅读推广活动"为检索词，在 CNKI 上进行学术论文检索，共检索到论文 335 篇，可见，学者十分关注高校图书馆阅读推广的工作。他们研究的主题主要从国外高校图书馆阅读推广的方法、中外高校图书馆阅读推广方法比较、中国高校图书馆阅读推广的问题、策略、方法、评价体系等各个方面作出了探索和研究。

高校阅读推广活动类型，通过对各论文的研读与总结，发现阅读推广的活动可以分为展示型、竞赛型、引导型、教学型和体验型五种类型。

表 6-11　　　　　　　　　　　**高校阅读推广类型**

阅读推广类型	阅读推广方式
展示型	经典著作展、书法作品展、校园阅读摄影比赛展
竞赛型	读书征文比赛、读书有奖知识竞赛、书签设计大赛、品书思辨大赛等
引导型	图书推介、图书导读、名家讲坛
教学型	读书认证
体验型	名著影视欣赏、名著名篇朗读、经典视频展播

4. 高校图书馆阅读推广策略

高校图书馆不但是学校的信息资源中心，而且还是学校的科研单位。高校图书馆主要研究的是怎样更好地为读者提供服务，怎样能让图书馆所收藏的图书发挥最大的价值等问题，而对本馆所藏书刊的阅读推广活动正式很好地解决这一问题的方法。但是需注意的是，阅读推广活动的进行并不是盲目的、随意的；而是科学的、系统的、有章可循的。因此为了高校图书馆能够顺利地进行阅读推广活动，应首先建立一套合理的、科学的阅读推广策略。

（1）建立阅读推广的长效机制

阅读推广活动应该是一项长期的系统工程，但是，据调查目前，我国各高校的阅读推广活动多数是阶段性的，往往每年以"读书月"、读书节或"世界读书日"的形式集中举办，短期内会产生轰动效果，但是长远效应却不明显。对于高校图书馆来说，阅读的主体是大学生，而且大学生走进社会后又会成为社会阅读群体中的重要组成部分，因此大学生科学的阅读习惯的培养显得尤为重要。然而阶段性的阅读推广活动对于培养大学生良好的阅读习惯产生的影响几乎是微乎其微的。因此，高校图书馆的阅读活动应当建立长效机制。方法具体如下：

①从国家层面讲要制定阅读法，用法律保障阅读，对建立阅读推广长效机制提供了有力的法律保障。以立法的方式推进阅读推广活动已经被很多国家认可，如美国于1998年制定的《阅读卓越法》以及2002年实施的《不让一个孩子掉队法》，将全民阅读推广活动法制化；韩国于2006年颁布了《阅读文化振兴法》，以企能够保障韩国国民的月度计划，培养国民的终身阅读的习惯。我国的全民阅读立法已经纳入国家立法计划。

②对于高校图书馆而言，首先要设立阅读推广主体机构。高校图书馆应设立阅读推广主体机构来专门负责推广活动统筹、规划与指导全校阅读推广工作，还应设置专门阅读推广岗位，有专人负责组织全校阅读推广工作，研究大学生读者群体的心理特点，并对其阅读状况、需求以及阅读特点进行深入剖析，制定适合其阅读兴趣的推广方案。常设机构的设置不仅有利于积累经验、提高效率、增长学识、保持活动延续性，而且有利于图书馆培养自己的阅读学专家和阅读推广互动策划专家，对于阅读推广活动的可持续发展是一个重要保障。其次在图书馆的外围环境来讲，图书馆应寻求外力的合作和帮助，图书馆可以联合各院系，在各院系设立阅读推广工作小组，并征求各院系有名的学者负责指导阅读，对本院系学生进行有针对性的阅读指导工作。并帮助学生成立学生自助阅读组织，一方面能够充分扩充阅读推广的参与主体，另一方面有助于提高大写阅读能力，激发其学习热情，丰富校园文化。

（2）建立阅读推广专员终身学习考核机制

阅读推广活动并不是简单对图书书名的介绍，而需要对图书进行深层次的介绍，使读者了解图书的内容，对图书产生阅读的兴趣。阅读推广活动是一种综合性的活动，一个成功的阅读推广工作要求阅读推广专员了解并分析当代读者的阅读心理，能够制定科学合理的阅读推广策略，能够不受自己主观影响客观地为读者推荐图书，而且图书的导读工作又要求专员能够具备清晰的准确公正客观的表达能力，并且对书籍具备敏锐的挑选能力，总之，阅读推广工作要求阅读推广专员具有较高的专业综合素质。那么，应该如何提高阅读推广专员自身的综合素养呢？具体策略如下：

①就阅读推广专员本身而言，首先要树立终身学习终身阅读的意识。意识具有主观能动性，阅读推广专员要鼓励自己不断学习阅读推广的相关知识，变被动学习为主动学习，牢固树立"学习即工作、学习即生活"的理念，养成自觉学习的良好习惯。主动学习，是终身学习最重要的基础，强化个人自学至关重要。其次，不能被动地等待为读者服务，要主动热情地为读者服务，把每一位师生自觉地当成服务的对象。阅读推广专员应该秉承着"以读者为本"的服务理念，主动调查了解全校师生的阅读状况、阅读心理、阅读方式以及阅读需求，运用自己所储备的知识主动热情地为读者服务，以提高读者的阅读兴趣。

②就图书馆而言，首先要为阅读推广专员提供学习的机会，阅读推广专员的学习应当是系统的长期的，应该制订一个科学合理的学习计划。学习要在不能影响专员的正常的工作时间下进行。学习的方式可以通过专家讲座、去其他学校学习、专员业务交流会等。其次应当实施建立阅读推广专员工作考核激励机制。一方面馆内不定期地举办阅读推广服务知识测试大赛以了解专员的学习情况，也在一定程度上督促专员自主学习相关知识；另一方面建立阅读推广活动服务回馈平台，从用户那里获取他们对各个阅读推广专员的评价。对于考核优秀的专员在精神上和物质上予以奖励，对于不能胜任的专员予以解聘，这样不但活跃了图书馆的学习气氛，还能提高专员的服务质量。

(3)建立阅读推广的科学理论支撑体系

学者张华艳在《试论高校图书馆阅读推广活动的长效机制》中提出：阅读推广活动要想在实践上取得好效果，就必须在理论上有所建树。高校图书馆阅读推广工作需要明确阅读推广的目标、了解读者个性化需求、对阅读推广的效果进行评估等，从而为高校图书馆阅读推广活动的实施提供科学的、系统的保障。因此，建立阅读推广系统的理论体系应从以下几个方面努力。

①整体规划，明确阅读推广的目标。没有目标就没有方向，同时，阅读推广活动的目标也决定着活动推广的方法、内容和思路。因此，明确阅读推广目标是做好阅读推广活动的关键。高校图书馆作为文化的传播者、社会文明的传承者和社会教育的实践者不应该把追求轰动效果、完成上级的任务指标等作为阅读推广活动的目标。而应该着眼于学校的人才培养目标，根据目前大学生阅读的盲目性、局限性、功利性等现状，全面规划，跟随时代的变化不断探索大学生阅读推广的新模式，组织开展有效的阅读推广活动，满足现代大学生的阅读需求，培养良好的阅读习惯，强化终生学习的理念；并在阅读推广活动中有意无痕地逐步培养和提升大学生的阅读素养，使他们能形成高尚的阅读兴趣，并最终使他们通过阅读提升自身的品格和品位，成为一个适应社会需求、具有

健全人格和创新知识的人才。

②加强读者研究，树立尊重读者个性化、多样化需求的服务理念。图书馆的职业理念中，很重要的一条是尊重读者的阅读自由，也就是说要尊重读者对阅读方式、阅读媒介、阅读内容的自由选择。而目前，计算机网络技术和以数字化为支撑体系的新媒体的发展很大程度上颠覆了现有的阅读维度，数字信息阅读、音频视频阅读、多媒体互动阅读等给读者尤其是大学生读者带来了全新的阅读体验。因此，高校图书馆要建立阅读推广的长效机制就必须在阅读推广活动中始终坚持尊重读者自由的服务理念，尊重读者个性化多样化的需求。为此，高校图书馆应加强对阅读本身以及对读者的研究。一方面，图书馆应该明白，阅读的内涵和外延是随着时代的变迁而不断变化的。我们可以这样理解：阅读＝内容＋载体。经过加工处理的信息依附于合适的载体呈现给受众，使受众能理解并获得相应的信息的活动便是阅读，阅读不应该在内容上受到束缚，应该是开放的；阅读更不应该在载体上受到束缚，应该是发展的。另一方面，应加强对大学生的阅读兴趣、阅读行为、阅读心理及阅读习惯等研究。了解大学生的阅读现象，面对大学生中普遍存在的"浅阅读"、"功利阅读"以及"网络阅读"等现象，图书馆本身应该辩证地去认识。浅阅读不代表深阅读的消亡，它是深层次阅读的起点；功利阅读并不仅仅是为追求物质利益的阅读，它其实是读者获取知识、技能及追求成功的重要手段，是深层次阅读的基础；"网络阅读"是阅读的发展趋势，它融欣赏型阅读、学习型阅读和娱乐型阅读为一体，是阅读推广活动中不可规避的一种阅读方式。因此，面对满足读者的多元化阅读需求，多层次的阅读方式，图书馆应该打破传统思想枷锁，用最前卫的理念来诠释阅读，倡导新时代的阅读文化，迎接阅读多样化的时代。给阅读方式的转变予更多的关注，并由此去深入思考服务的策略，因势利导，去建设新的阅读发展空间；应在形式上适应读者阅读习惯，在环境上愉悦读者，方式上方便读者阅读，内容上吸引读者，用现代技术来支持读者阅读。加强深层次的服务，满足不同阅读习惯的读者的多元化阅读需求，才是阅读推广活动长效机制的发展之路。

③不断探索，建立阅读推广的科学评价指标。阅读推广评价指标体系的建立是阅读推广活动走向成熟与完善的重要标志。但是阅读评价指标体系是一个系统性极强的科学体系，评价指标体系的建立单靠某个单位或某个学者是很难独立完成的。它需要中国图书馆学会阅读推广委员会下属的大学生阅读专业委员会牵头组织筹划，经过阅读推广专家及学者充分的论证，才能建立起针对高校图书馆阅读推广活动的评价机制和评价体系。同时，高校图书馆在每次阅读

推广活动后对该活动的基本评价又是国家阅读推广委员会制定高校图书馆阅读评价体系的实践基础和有效依据。因此高校图书馆在阅读推广活动中必须逐步设立面对大学生阅读推广的基本评价指标。首先，在评价主体的选择上应该全面、科学。针对某一阅读推广活动，既要有高校图书馆的自我评价，又要有上级部门或图书馆阅读推广联盟馆之间的评价，更要有活动的参与主体——学生读者的评价，应该避免因为评价主体的单一而导致的评价结果的片面化。其次，在评价的方式上，应该坚持全方位多角度的综合评价原则。在评估活动效果时应该将问卷调查、观察访谈、专家点评、评估测验等方式的评价结果汇总并进行综合分析，避免因评价形式单一而使评价结果有失偏颇。再次，在评价深度上，高校图书馆应该明确，在评价体系中对主要评价指标的思考应该遵循科学性、客观性、系统性、发展性的原则。因此评价不能停留在表面指标上，而应该是一套科学的、多点观测的评价指标体系，立体、全面地考量阅读推广活动的得失。最后，在评价的广度上，图书馆既要重视对每一次阅读推广活动进行系统评价，从中总结出每次活动的经验与不足，为下次活动的开展提供科学的借鉴；又要从长远出发，对各项阅读推广活动进行综合评价，从中筛选出读者喜闻乐见的，参与度高，收益最大的活动方式，并将这些活动作为常规活动开展，以此来推进阅读推广的长效性。

(4)建立多元的阅读推广科学指导体系

学者张华艳在《试论高校图书馆阅读推广活动的长效机制》中认为：制度保障与理论支撑只是阅读推广活动的前提和基础，而具体的推广活动中的文化氛围、活动的视角、活动的深度和广度以及活动中所采取的措施等则是影响阅读推广活动长效性的直接因素。在具体的推广活动中应该统筹考虑这诸多因素的影响，力求建立多元化的阅读推广科学指导体系。

①营造阅读文化氛围与加强引导相结合。阅读推广过程中阅读文化氛围的影响力不可小觑。走进图书馆，优雅和谐的阅读环境，良好的服务态度和优质的服务质量等是开展阅读推广的良好氛围，是吸引读者走进图书馆享受阅读的前提。在这种环境下学生会不自觉地对阅读产生一种向往和冲动。因此，高校图书馆应该积极从多角度入手来营造浓厚的阅读文化氛围，引导学生逐步走进阅读。如可以通过营建温馨和谐的书香环境来增强图书馆对读者的吸引力；通过加强对不同层次学生的阅读引导使学生对阅读产生浓厚的兴趣并逐渐开始阅读；通过举办集读者阅读、馆员互动等各种形式为一体，围绕一个主题全方位、多层次地开展展览、讲座、演出等系列活动来激发读者的深阅读。需要说明的是，加强对大学生的阅读引导应从新生入学前开始，建议高校图书馆与该

校相关部门协商，通过精心设计将图书馆的基本概况、历年开展阅读推广活动的精彩图片、馆长馆员的殷切寄语以及一些大学生必读的经典书目等印制成精美的宣传手册，与高校新生录取通知书一并寄发给被录取的新生，使正在对大学进行憧憬与向往的准大学生们能充分认识到图书馆在其整个大学期间乃至整个人生的成长过程中的重要地位和作用，从而使他们在入学伊始就能确立良好的阅读动机。

②注重阅读推广的广度和深度。高校图书馆阅读推广的首要目标在于支持学校的人才培养计划，既要培养学生的专业素养，又要培养他们的人文素养。在人文素养培养过程中使学生逐步提高自身的道德修养、思辨表达能力、审美水平以及对是非观念、基本价值的判断能力等，并最终使他们成为一个适应社会需求、具有健全人格和创新知识的人才。这些能力的培养是需要学生在注重阅读的广度和深度过程中逐步内化实现的。这就要求高校图书馆在阅读推广过程中应该注重将阅读的深度和广度相结合。首先，阅读推广活动应该注重将专业阅读与经典阅读相结合，引导大学生打好专业基础知识的同时，广泛阅读古今中外经典著作，逐步拓展和提高学生的阅读的广度。其次，应该注重将网络阅读与传统阅读相结合，在阅读推广时，应该有效利用网络信息便捷的获取方式、直接冲击感官的阅读效果、人性化和个性化的阅读环境、阅读的交互性等网络阅读特性来激发读者的阅读兴趣，同时应以传统的阅读精神引导网络阅读，并对网络阅读的内容和方法加以规范和引导，端正阅读动机，并引导学生事先做好阅读计划，努力提高阅读品味，培养阅读"定力"，使学生在阅读活动中既能体味网络阅读的广，又能品味传统阅读的深，使网络阅读与传统阅读相得益彰、互为补充。最后，应该注重将阅读、思考与写作相结合。国际阅读素养研究认为，一个有策略的优质读者必须具备一定的阅读素养，也就是要具有一定的阅读品味、阅读兴趣、感悟与思考能力以及写作表达能力。基于这样的认识，高校图书馆在阅读推广时不仅要重视阅读环节，还应该鼓励学生独立思考和写作，引导他们在阅读过程中通过对阅读内容的理解和领悟，结合自身经历形成自己独立的思考，并将自己的思考落笔为文字。在这种阅读、思考与写作过程中，学生的阅读品味会不断得到提升、阅读兴趣不断得到激发、阅读领域也会变得更加广泛，从而达到阅读的广度与深度相结合的良好效果。

③注重约束机制与激励机制相结合。阅读的主动性是人们自主地寻找知识的一种行为，主动性的阅读活动可以帮助人们认识自我，发现自我，更好地领悟知识的真谛，实现自己思想的自主性、独立性，把握住知识的本质与朴质，磨砺思维与判断，培养自己的创造力。自主性阅读是知识创新的推动力。培养

阅读的自主性也是高校图书馆阅读推广活动的重要目标。为了引导大学生完成由被动阅读到主动阅读的转变，高校图书馆在开展阅读推广活动时还应该建立一定的约束机制和激励机制来更好地干预和影响大学生的阅读行为。高校图书馆一方面应将阅读作为高校教育发展的基本指标，在学校相关部门的支持和配合下制定并完善相应的规章制度，明确地将阅读和学生的学业相关联，和大学期间的各项评奖评优等活动挂钩，建立阅读学分制或用阅读量等作为毕业资格认证的重要因素等约束机制，引导学生由不阅读逐渐走向阅读。另一方面，高校图书馆还应该建立行之有效的激励机制，如设立常规的优秀读者奖项、定期评选读者优秀书评，向公开刊物推荐学生优秀读书征文等，通过这些激励机制可以及时发现和激励读者的阅读行为，分享他们的阅读感受并为他们提供全方位的阅读服务，使他们通过阅读能获得无与伦比的被认可感和成就感，从而进一步激发他们阅读的兴趣。阅读推广的约束机制和激励机制可以在很大程度上合理地引导大学生的阅读倾向，激发大学生的阅读兴趣及主动性，循序渐进地培养他们主动阅读、自主阅读与终生阅读的习惯，同时，也为高校图书馆阅读推广活动的可持续发展提供保证。

(5)建立阅读推广活动评估体系

目前，国外最具有影响力的两个阅读评价研究分别是 PIRLS 和 PISA。PIRLS(Progress in International Reading Literacy Study)即国际阅读素养进展研究，是由国际教育成绩评价委员会(IEA)主持的全球性学生阅读素养比较研究。PILRLS 主要以四年级学生为评价对象，每五年对学生阅读能力进行一次评价。全世界已经有 55 个国家和地区参与其中，华文阅读区域的香港、中国台北、新加坡已经参与该项目。PISA (Programme for International Student Assessment)即国际学生评价项目，是由经济合作与发展组织(OECD)主持的国际学生学习评价研究。PLSA 以 15 岁 3 个月至 16 岁 2 个月的学生为评价对象，每三年进行一次评价，评价内容除阅读素养外，还包括数学素养和科学素养。该项目共有 67 个国家和地区参与，华文阅读区域的中国香港、中国澳门、中国台北和中国上海参与了该项目。PIRLS 与 PLSA 都是基于阅读的能力层次来评价学生阅读素养，从而发现影响阅读的因素以促进学生阅读能力的发展。美国国家教育进展评估项目 NAEP(National Assessment of Education Progress) ，是由全美教育发展评价委员会主持的中小学生学业评价项目，阅读评估作为其子项目，能够全面、深刻地检测出美国中小学生实际的阅读能力。西班牙学者使用 EGRA(Early Grade Reading Assessment，即早期阅读评估方法)以抽样的方式对西班牙国内的儿童阅读情况进行了调查。这项调查以 400 名 6~8 岁儿童作为样本，证明了对西班牙儿童进行早期阅读障碍风险监测和早期阅读教育计划是有用的。葡萄牙的国民阅读计划 NRP(The National Reading Plan)是由葡萄牙教育部于 2006 年发起的一项长期、连续的全民阅读活动，计划分为两个五年阶段，共持续十年。在 NRP 的评估过程中采用了混合方法，评价信息源来自计划的推广者、目标人群以及其他方式参与者三部分，具体操作过程使用了基于各种调查的定量分析和基于文档分析、观察、采访、案例研究等的定性分析。该项目将国民阅读作为一个整体，在全国范围内通过多指标、混合方法的指标体系反映关于 NRP 项目的民意情况。

我国的一些地区和城市也开始了一些关于全民阅读的评估工作。如 2012 年江苏省张家港市发布全国第一个城市评估指标体系——"书香城市"建设指标评价体系，该体系以城市为评价对象，包括阅读设施、阅读资源、阅读组织、阅读活动、阅读环境、阅读成效及保障条件等 7 个一级指标，以及 44 个二级指标和 87 个三级指标。2015 年 4 月 8 日，《武汉市全民阅读综合评估指标体系(试行版)》正式向社会公众发布。《指标体系》包括基础建设、服务系统、阅读活动、阅读绩效及保障措施 5 个大模块，即一级指标 5 个，下设二级指标 18 个，三级指标 73 个。

然而，就目前而言高校范围内使用的阅读推广评估体系还没有建立起来。阅读推广活动评估机制的建立对于阅读推广活动是至关重要的。阅读推广活动有没有效果、读者是否认可、对图书馆是否有益，都需要通过评估体系来显示出来。而建立高校阅读推广评估体系，推进高校阅读评价工作由"模糊定性"向"科学考量"转变，需要立足于以下条件：

①确定并划分评估对象与评估主体

评估对象主要是指高校阅读推广活动主要所涉及的范围。对评估对象的划分可以从社会属性上划分，即教师和学生；也可以根据学科性质或是系别划分，从学科性质和系别划分。从教师和学生的角度进行评估对象的划分，主要是考虑到教师和学生在社会中的职责和生活方式不同，由于科研、工作的需要，高校教师可能本身就要阅读大量的文献，对于他们的评估不能只限于在一段时间内阅读书籍的多少；而学生作为评估主题，首先要清楚学生只是相对固定的，对学生阅读情况的评估应承一种追随式的状态，其次是当今的大学生被称为"数字原住民"，他们接触电子文献的次数要比接触纸质文献的次数要多，因此在对他们进行评估时，应注意对电子文献的侧重考量。根据学科性质或是系别划分，主要是由于专业的性质往往会影响人们的生活方式；如社会科学类的大多数专业中的群体从高中时就需要阅读背诵大量的人文知识等方面的内容，而自然科学类的大多群体则是更注重实验；另外，社会科学类的人群可能更喜欢阅读小说、散文等文学类的作品，而自然科学类的人群可能喜欢阅读与自己专业相关的文献。因此在确定及划分评估对象时，应该根据具体的情况而定，不能以高校整体为对象，容易造成一刀切；而且划分人群，可以进行不同的横向比较，有利于各类人群形成竞争关系，同时，通过最终的得分一方面可知各人群阅读推过活动情况的孰优孰劣，对阅读推广活动做得好予以鼓励和宣传，形成良性的循环，对于活动做得不好的予以督促和支持，使得其工作朝着更好的方向发展；另一方面也可以分析出不同人群的阅读倾向，以便为以后的阅读推广服务提供有效的数据参考。

②指标体系的构建

指标体系的构建是以通过对推广活动的量化考核进而反映活动推广情况的现状，能够发现其中的问题，揭示阅读现状的不足，以促进阅读活动持续健康地进行。因此指标体系的设计应遵循以下原则：

a. 科学性。阅读推广活动是一个复杂的系统工程，任何孤立的指标难以真实反映全民阅读建设工作的本质特征，指标必须构成一个评价体系，从不同层次反映全校阅读现状，覆盖高校师生阅读的方方面面。构建全面系统、层次分明的评估指标体系，才能够准确如实反映全校阅读的建设情况。

b. 可行性。评价的指标应达到合理有效、便于操作的要求。首先，设计的指标应明确其使用范围，确保其有效性，能够直接或间接的反映全校阅读的具体情况；其次，应确保指标涉及的数据易采集，计算公式应科学合理，评价过程简单易行。

c. 特色性。首先，评价指标体系应突出全校阅读建设工作中的亮点，注重全校阅读建设中具有示范性、带动性、引领性的做法。其次，评价指标体系应突出学校文化特色，重视本校特色资源的宣传和利用。

因此对指标体系的设计和构思应该立足于对全校师生阅读情况有一个全方位认识的基础之上，多方位多角度来进行评估。具体内容应包括以下内容：

a. 阅读条件的建设。阅读条件指面向全校师生的阅读场所和阅读资源。具体包括阅读基础设施建设、阅读文献资源建设。阅读基础设施包括各类图书室、阅览室等阅读设施。文献资源建设要求阅读基础设施参照相关标准，确保文献资源的收藏量与更新度，保证读者"有书读"。同时，顺应数字时代的发展趋势，大力倡导数字阅读，设置二级指标"电子阅读"，从电子阅读平台的构建、电子资源的建设、电子阅读设备的提供以及阅读场所中无线网络覆盖情况 4 个方面引导全校数字阅读建设。

b. 阅读氛围的营造。阅读氛围指在全校范围内形成的被公众认可和接受的读书风气或环境，主要包括图书馆的宣传引领和全校师生的自发参与。图书馆通过举办各种形式的阅读活动，进行宣传等来引领全校师生"多读书、读好书"，而全校师生通过参与阅读活动，参加读书小组等加入到阅读队伍中来。"独乐乐不如众乐乐"，师生在阅读交流中相互促进，有利于在全校形成"爱读书、勤读书、读好书、善读书"的良好氛围和文明风尚。

c. 阅读感受的反馈。高校阅读推广活动应坚持"以读者为中心"的工作导向。注重参与主体的心理与收获，不能一味追求活动场面大小与外界的关注度。从读者角度看，应该考虑阅读设施的访问是否便捷、文献资源是否丰富、活动内容是否受欢迎、宣传口号是否吸引人、推荐书目是否合用、环境布置是否优雅、图书服务是否到位等。为使得读者能够从阅读推广活动中获得实实在在的收获，必须通过深入全面的调查，获取读者对全民阅读的硬件设施、文献资源、阅读环境、服务态度等多方面的满意度情况，以改进现有工作中的不足。

d. 持续发展的保障。为确保高校阅读推广活动的可持续发展，从政策、经费以及人才三大方面建立保障机制。政策上应坚持图书馆主导、全校师生共同参与的原则，成立领导团队，负责全校阅读推广工作的组织协调；制定规章制度，明确责任人及责任范围，从制度上确保阅读推广活动的顺利开展；建立专家委员会，发挥图书馆在阅读推广活动中的作用。经费上应保证硬件基础建设、文献资源建设以及阅读活动的投入。建立多元投入机制，鼓励全校师生对阅读推广活动贡献一份力量。人才上应确保相关服务人员的岗位津贴，同时通过培训教育，提高服务人员素质，提升阅读推广活动的服务质量。

就具体的分值设计和考核标准而言，可参考国家各地区的相关政策和标准。目前为止，各高校还没有一个系统的评估体系，因此本书详细地介绍武汉市于 2015 年 4 月 8 日向社会公众发布的《武汉市全民阅读综合评估指标体系(试行版)》，以便各高校评估体系参考。《武汉市全民阅读综合评估指标体系(试行版)》《指标体系》分值设置为 2 个部分：评分值 160 分，加分值 40 分，总共 200 分。其中评分值设为两个梯度，即达标值 120 分和目标值 160 分。5个一级指标的达标值分别为：基础建设 36 分；服务系统 23 分；阅读活动 19分；阅读绩效 18 分；保障措施 24 分。目标值分别为：基础建设 48 分；服务系统 27 分；阅读活动 25 分；阅读绩效 33 分；保障措施 27 分。达标值的设置主要是为了考核武汉市各城区建设工作是否完成基本任务，达到合格标准。若某城区分数低于 120 分，各一级指标分值也未达到达标分值，则认为该城区全民阅读建设情况不佳。加分的设置主要是为了鼓励和宣传武汉市各城区全民阅读建设中具有示范性、带动性、引领性的做法，发扬长处，将这些工作亮点做大做好，成为城区全民阅读建设的特色。通过最终的得分排名，可得知各城区全民阅读建设情况孰优孰劣。对建设工作做得好的城区予以鼓励和宣传，扩大其影响力，形成良性循环；对建设工作做得不够的城区予以督促和支持，督促该城区加快完成全民阅读的基础建设，达到基本标准，同时加大扶持力度，使得该城区的全民阅读建设朝着更好的方向发展。

　　从以上的指标体系可以看出，高校应立足于本校现实阅读情况的基础，借鉴现有的政策法规以及参考标准建立指标体系。值得注意的是，指标体系的制定是一个不断完善的过程，一个科学的体系应该经得住实践的检验以及时间的洗礼。因此，高校阅读推广活动评估指标体系的构建要敢于在阅读推广活动的开展中进行检验并随着活动的进行适时地调整，不断地深化考核标准，最终形成一套科学合理可持续使用的评估标准体系，以协助高校阅读推广活动的展开。

6.2.4　阅读书目推荐

1. 2013 年中国好书榜

　　2014 年 4 月 23 日，是第 19 个世界读书日，首届中国好书评选结果也在这一天在中央电视台公布。"2013 中国好书"评选活动由中宣部出版局部署，旨在引领大众阅读风尚、提升大众阅读品位，建立长效的精品图书推荐机制，打造优秀图书导读、推荐系统平台。该活动由中国图书评论学会召集成立评选专家团队，从 2013 年中国海量出版的图书中，参考 2013 年全国 32 家图书出版机构的好书榜、47 家报纸杂志好书榜、15 家门户网站好书榜，结合开卷统计的销售数据、新华书店销售数据、各大网站书店销售数据，以及中国最优秀的图书出版机构报送的优秀图书，在此基础上形成了 115 本图书的候选名单，经过评选团队多轮投票和论证，共为我们推荐了 29 本好书，以下就是 2013 年中国好书榜榜单。（来源：http：//www.book110.com/1525.html）

　　（1）《繁花》

　　作者：金宇澄

　　这是一部地域小说，人物的行走，可找到"有形"地图的对应。这也是一部记忆小说，六十年代的少年旧梦，辐射广泛，处处人间烟火的斑斓记忆，九十年代的声色犬马，是一场接一场的流水席，叙事在两个时空里频繁交替，传奇叠生，延伸了关于上海的"不一致"和错综复杂的局面，小心翼翼的嘲讽，咄咄逼人的漫画，暗藏上海的时尚与流行；昨日的遗漏，或是明天的启示……即使繁花零落，死神到来，一曲终了，人犹未散。

（2）《带灯》

作者：贾平凹

《带灯》是贾平凹带给文坛、带给读者的又一惊喜，作品不仅保持了作者以往的艺术特点，更是达到了新的文学高度。小说的主人公是一个名叫"带灯"的女乡镇干部，她原名叫"萤"，即萤火虫，像带着一盏灯在黑夜中巡行。这个名字也显示了带灯的命运，拼命地燃烧和照亮，却命里注定地微弱无力，终归尘土。带灯是镇综合治理办公室的主任，她容貌美丽、孤芳自赏却又有那么一点不合时宜，主要负责处理乡村所有的纠纷和上访事件，每天面对的都是农民的鸡毛蒜皮和纠缠麻烦。农村的琐事让人心烦又让人同情，带灯在矛盾中完成着自己乡镇干部的职责，她既不愿意伤害百姓，又要维持基层社会的稳定。带灯从一出场，就浮现着与众不同的超然脱俗，她有丰富的内心和丰沛的情感，她更愿意在乡间的山风树谷中寻找安宁。她每天面对最让人无法摆脱的杂乱，内心却不断向上飞升，带灯在现实中无处可逃的时候，她把精神理想寄托放了远方的情感想象之中，远方的乡人元天亮成了她在浊世中的精神寄托，她在不断地给他写信，向他诉说。所以，带灯的痛苦是无法救赎的，她既无法摆脱现实，又没有能力得到解脱。带灯是这个时代的悲剧，她注定要燃烧了自己来祭奠理想。

（3）《平如美棠：我俩的故事》

作者：饶平如

《平如美棠：我俩的故事》向读者还原了一段不被时间改变、不因际遇转移的纯粹的爱情故事，这在当今时代、当今世界尤其显得珍贵与震撼。饶先生以"绘画"和"拼贴"的方式完成家族史，他的私人记忆不仅记录下有大半个世纪中国家与民族的风风雨雨，更是大历史叙事下的普通人/家庭的个体体验，感人至深。非专业的素人创作本身具有强大的原创性，作者以自己单纯的美学来完美表达出这段爱情故事与家族历史，画作受到专业人士肯定，本身极具收藏价值。

（4）《小艾·爸爸特别特别地想你》

作者：丁午

这是一本可遇不可求的书，一本独一无二的书，一本感人至深的书，一本记载历史的书。著名漫画家丁午在"文革"中（1969）被下放到河南干校，在干校，他想念留在北京的 8 岁女儿，只能用写信来寄托感情。由于女儿太小认不了几个字，还由于他是个漫画家，所以他的信主要是画出来的，其内容主要是父女之情的表达和对干校劳动生活的描述，真挚、生动，无意中记载了特殊年代一段难忘的感情和一段难忘的历史。

（5）《站在两个世界的边缘》

作者：程浩，网名伯爵在城堡。

2013 年 8 月 21 日中午，走完了他短暂的 20 岁的一生。1993 年出生后便没有下地走过路，医生曾断定他活不过五岁。二十年间，不知道收到过多少张医生下给病危通知单。病魔是他生活的一部分："什么心脏衰竭、肾结石、肾积水、胆囊炎、肺炎、支气管炎、肺部感染等。"他写道："我想说，真正牛的，不是那些可以随口拿来夸耀的事迹，而是那些在困境中依然保持微笑的凡人。"打动了无数网友。他的突然离去，引发了无数网友的自发悼念和对生命的反思。

（6）《这边风景》

作者：王蒙

小说以新疆农村为背景，从公社粮食盗窃案入笔，用层层剥开的悬念和西域独特风土人情，为读者展示了一幅现代西域生活的全景图。同时，也反映了汉、维两族人民在特殊的历史背景下的真实生活，以及两族人民的相互理解与友爱共处，带有历史沉重的分量，又将日常生活中的人物塑造得极为生动，悬念迭生，矛盾冲突集中，独具新疆风情，情节精彩，语言机智幽默。《这边风景》为你开打新疆后厨房，看到一个原汁原味的新疆。

（7）《等一个人咖啡》

作者：九把刀

《等一个人咖啡》是九把刀第一本没有超能力、没有吸血鬼、没有狼人、没有连续杀人犯、没有魔法棒，简简单单就是一个充满爱情氛围的故事。清新的风格、幽默的笔调、最纯真的爱情，这就是九把刀第　部爱情小说《等一个人咖啡》留给我们的永不磨灭的记忆。

人文、社科类

（8）《出梁庄记》

作者：梁鸿

中国有近 2.5 亿农民和梁庄打工者一样，他们是中国特色农民，长期远离土地，长期寄居城市，他们对故乡已经陌生，对城市未曾熟悉。然而，他们构成完整的农村与城市，构成完整的中国。他们是一个共同体的存在样态，我们是如何思考并以什么样的姿态参与了他们的生态发展？看梁庄人走出去的路，看中国农民走出去的过程，看见"看不见"的中国。

(9)《民国乃敌国也：政治文化转型下的清遗民》

作者：林志宏

本书视角独特，在近几年中国大陆出版的民国/辛亥题材书中，这恐怕是唯一的一部从辛亥"失败者"的角度、深入探讨"清遗民"们的政治/文化活动，从而更加全面深刻地理解现代中国的著作。作者注重"内部分析"的方法，以"同情之理解"的立场来解释人物的行为动机，而不是轻易地下结论，使用是非、进步落后之类先定的概念去裁断人物。这正是严谨的史家的工作。

(10)《钱文忠解读〈百家姓〉》

作者：钱文忠

一部中华文明的血脉史！与每个中国人都切身相关的姓氏符号详解！神秘来历、曲折迁徙、掌故轶闻，尽在这场百家姓氏寻根之旅！为什么要有姓？你的姓氏在历史文化长河中象征着什么？你的姓氏是如何演变的？你这一脉的迁徙路线是怎样的？此姓与彼姓有何正向与负向关系？你祖上有哪些大人物、坏人物或怪人物？你，也可以决定你这一"姓"的鲜艳度与饱和度！本书经由学术明星钱文忠教授在在央视《百家讲坛》的同名讲座演讲稿整理而成，四字一讲，共21讲。涉及《百家姓》前80个姓的起源和演变、迁徙路线，关于各个姓的文史典故、名人轶事等。内容信息量大，知识面广，语言风趣幽默，通俗易懂。

政治、经济类

(11)《中国经济双重转型之路》

作者：厉以宁

本书以产权改革为核心，讨论了土地确权、国有企业的进一步改革、民营企业的产权维护、收入分配制度改革、城镇化、自主创新、产业升级、社会资本的创造等问题；总结了改革开放30多年以来中国由计划经济体制转向市场经济体制，由传统的农业社会转向工业社会的双重转型过程中的经验，对中国未来的改革和发展作出了前瞻性的分析和研究，并阐明了中国的发展经济学实质上就是从计划经济体制向市场经济体制转型的发展经济学。

(12)《正道沧桑：社会主义500年》

该书内容由中共北京市委宣传部、中共北京市委讲师团、北京电视台联手全国社科理论界权威专家学者，共同编写，旨在普及社会主义，特别是中国特色社会主义基本知识，弘扬社会主义核心价值观，坚定道路自信、制度自信、理论自信，揭示实现中华民族伟大复兴和中国梦的正确之路、希望之路。这也是对十八大精神学习的进一步深化，是党的群众路线教育学习的一本生动教材。

（13）《苦难辉煌：中国共产党的力量从哪里来？》

作者：金一南

本书改编自中央电视台 12 集大型纪录片《苦难辉煌》，在保留原纪录片内容精髓的基础上，通过多次润色加工而成。全书以全视角、新材料、新思辨真实再现了中国共产党自成立、创建人民军队到抗日战争爆发前十多年间艰苦奋斗的历程。

（14）《改革是中国最大的红利》

《改革是中国最大的红利》以探讨、宣讲中国改革红利问题为主题，约请了成思危、厉以宁、吴敬琏、林毅夫、高尚全、周小川、陈锡文、周瑞金、张卓元、樊纲、汪玉凯、熊澄宇、杨伟民、常修泽、郑新立、贾康、宋晓梧、迟福林、彭森等 19 位顶级专家学者就如何通过重点领域的改革来释放改革红利这个主题谈设想、提建议，与读者一起共话改革。专家学者的探讨从十八大后改革整体走势入手，对经济体制、政治体制、社会体制、文化体制、生态文明机制的改革发展分别进行了深入分析和总结，对国有企业、金融体制、财税体制、收入分配体制、城镇化与"三农"问题等与中国未来发展息息相关的重要领域的改革给出了中肯建议和意见。《改革是中国最大的红利》集合专家学者深厚的智识为决策层提供改革建言，以深入浅出的叙述为广大干部群众凝聚改革共识提供一份生动的参考文本，是直击中国改革焦点和前途的箴言集合。

（15）《重启改革议程》

中国为什么能够在过去的 30 年里保持经济的高速增长，从一个贫穷的国家跃为世界第二大经济体？中国今天面临的问题是怎么造成的？如何应对这些问题与挑战？中国怎样才能实现顺利转型，成为富强、民主、文明、和谐的现代国家？这些问题关系到每个公民的福祉，本书将与读者朋友一同思考，共同为重启改革议程、创造中国更加美好的未来而努力。

（16）《毛泽东年谱》

这部年谱记述了一代伟人毛泽东一九四九年至一九七六的生平、经历和实践活动，反映了他对中国革命的丰功伟绩，特别是多侧面多角度地体现了他的科学思想体系，包括他的理论观点、战略思想、政策和策略以及关于思想方法和工作方法的论述等，展示了他的思想发展轨迹，反映了他作为中国共产党第一代领导集体的核心把马克思主义的普遍原理同中国革命的具体实践相结合的具体过程，并尽可能地表现他的胸怀、情操、气度和风貌。这部年谱从一个极其重要的方面反映了中国共产党领导新民主主义革命走过的艰难曲折的道路和光辉历程，走到取得全国胜利。

(17)《苏共亡党十年祭》

作者：黄苇町

《苏共亡党二十年祭》对苏共败亡教训作了更加系统精深的思考：权力过分集中、民主缺失，是苏共垮台的总病根。只有科学、深刻地反思，以史为鉴，历史悲剧才能以历史的进步来补偿。作者以深刻的分析和思辨能力，对照苏联和中国当前及世界形势，全方位解读和研究苏共的失败，同时也是寻找我们党肌体上可能潜伏的"病灶"，具有很高的理论指导意义和执政参考价值。

科普类

(18)《科学外史》

作者：江晓原

作者从历史上种种趣事入手，揭示科学之前世今生，将科学从人们盲目迷信和崇拜的神坛上请下来，还其应有面目。行文之中，注重科学技术与社会、文化诸外部因素之关联及互动；作者又喜用学术眼光分析逸闻趣事，常有标新立异之论点及表达初看似乎离经叛道，细察则仍言之成理。而对于唯科学主义之弊端及谬误，作者关注尤多。

(19)《只有医生知道》

作者：张羽

这是一本有关女性的百科全书。抱着"大医治未病"的愿景，作者通过一个个生动的故事，在幽默而不乏温情的叙述中，力图帮助女性真正了解自己的身体，懂得爱护并且知道如何爱护自己，让女性真正掌控自己的身体、命运和生活的方向，不再受到无谓的伤害。

艺术类

(20)《南画十六观》

作者：朱良志

文人画是中国传统艺术的精华，是一个至今仍引起兴趣、具有研究价值的问题。本书不是平面研究文人画，不是梳理文人画发展的历史，而是选择文人画发展中的一个问题——"真性"来集中讨论，这是文人画发展过程中带有根本性的问题，以突显对形成文人画的本质因素——人的内在精神气质的关注。

(21)《丁丁当当》

作者：曹文轩

"丁丁当当"系列是中国当代顶级儿童文学作家曹文轩挑战傻子题材，关注弱智群体，精心打造的寓言体系列小说，也是新闻出版总署"十二五重点规划图书"。丁丁、当当是一对充满灵性的傻子兄弟，两个肉体，好似一个灵魂。他们生活在一个常人无法理解的世界里。偶然的机会，他们跨入社会，和世俗世界发生这样那样的碰撞，演绎出或温馨或冷冽的故事。丁丁当当不像造物主失手产出的"劣质品"，反而像是一对天使，用一种永远也不会被"社会化过程"污染的天真、单纯和善良，反衬着人类各种灵魂的底色。

（22）《拥抱》

作者：幾米

一开始，我们就知道这应该是幾米历来作品中最甜蜜的一本书。因为以往幾米书中的感伤成分被降到最低，画面是如此喜悦而祥和，几乎是要溢出"幾米定义"的那种美好。一只孤单又骄傲的红毛狮子在草原上睡午觉，突然天上掉下来一个包裹正好砸在他头上，他生气地把包裹咬开，包裹盒子里却意外地掉出了一本书，一本叫做《拥抱》的绘本。红毛狮子打开绘本，书里满是各种动物与小朋友的温暖拥抱……

（23）《大数据时代》

作者：维克托迈尔-舍恩伯格

维克托最具洞见之处在于，他明确指出，大数据时代最大的转变就是，放弃对因果关系的渴求，而取而代之关注相关关系。也就是说只要知道"是什么"，而不需要知道"为什么"。这颠覆了千百年来人类的思维惯例，对人类的认知和与世界交流的方式提出了全新的挑战。本书认为大数据的核心就是预测。大数据将为人类的生活创造前所未有的可量化的维度。大数据已经成为了新发明和新服务的源泉，而更多的改变正蓄势待发。书中展示了谷歌、微软、亚马逊、IBM、苹果、facebook、twitter、VISA 等大数据先锋们最具价值的应用案例。

（24）《重估价值——反思被遗忘的 20 世纪》

作者：托尼·朱特（Tony Judt，1948—2010）

托尼·朱特以其标志性的锐利和活力，在一系列令人眼花缭乱的主题之间建立起发人深省的联系——从法国马克思主义者到美国外交政策，从全球化的经济到对大屠杀的记忆。他向我们揭示了在"制造神话"战胜"理解"、"否认"战胜"记忆"的过程中，真正的历史在多大程度上被遗弃了，而那些被遗忘的问题是多么重要——对于我们的今天，对于我们的未来。

（25）《洪业传》

作者：陈毓贤

洪业(1893—1980)，号煨莲，系英文学名(Wiliiam)的同音异译。1922 年自美国学成归国，参与创建燕京大学，并历任燕大历史系教授、系主任、文理科科长、图书馆馆长等职。1946 年后赴美，担任哈佛燕京学社研究员。洪业先生是近代中国著名的历史学者，与钱穆、顾颉刚、陈寅恪等人同为大家。洪业的一生，正反映着中国近百年来知识分子所面对的各种抉择与问题，他一生的经历与故事、治学与交游都与中国近百年来历史有着极丰富而深远的关联。

(26)《变革中国——市场经济的中国之路》

作者：罗纳德·哈里·科斯(Ronald H. Coase)

《变革中国——市场经济的中国之路》是新制度经济学鼻祖、产权理论的创始人、102 岁的诺贝尔经济学家得主科斯讲述的一个有着中国特色的独特故事。在过去 30 年里，中国从一个市场和企业精神被禁锢而贫困潦倒的国度，成功地转型为一个市场开放、私企盛行的全球经济重镇。改革伊始，中国领导人痛定思痛，解放思想，实事求是，在坚守社会主义立场的同时，官方和民间改革并举，共同打造"中国特色社会主义市场经济"。本书向世人揭示这一切的来龙去脉。它展现给读者中国走向现代市场经济的曲折险途和波澜历程。

(27)《不一样的卡梅拉》

作者：克利斯提昂·约里波瓦(ChristianJolibois)

《不一样的卡梅拉》作为一种桥梁，把孩子和世界联系起来，让不同的文化背景在孩子心里留下最初的美好印象。卡梅拉和它的孩子们不仅是一群小鸡，更是帮助孩子进行心灵探索的朋友。我们可以把卡梅拉当做一种象征，一种成长路上必不可少的"伴侣"。读不一样的卡梅拉，成就与众不同的你!

(28)《绝望锻炼了我：朴槿惠自传》

作者：朴槿惠

朴槿惠以最平实的笔触，娓娓道出她的过往人生，处处可见她对父母的追慕与怀念之情、对韩国人民怀抱的使命感，以及历经大起大落后的省思与坚韧。《绝望锻炼了我：朴槿惠自传》全书自朴槿惠的少女时代始，描述了总统府青瓦台中的"第一家庭"如何过着寻常的生活。母亲遇刺后，朴槿惠担当起"第一夫人"的角色，其间得以了解政治的基本议题和国家的基本状况。父亲也遭暗杀后，她与弟妹黯然离开青瓦台。面对种种不堪现实与外界批判，她对人性和权力有了更深入的认识，决心远离政治。

(29)《3D 打印：从想象到现实》

作者：胡迪·利普森

这本书讲述了 3D 打印技术的突破性发展，以及 3D 打印技术将如何应用在学校、厨房、医院等场所的。这本书预测，不远的未来，我们完全可以用电脑把自己想要的东西设计出来，然后进行三维打印，就像我们现在可以在线编辑文档一样。通过电子设计文件或设计蓝图，3D打印技术将会把数字信息转化为实体物品。当然，这还不是3D打印的全部，3D打印最具魔力的地方是，它将给材料科学、生物科学带来翻天覆地的变化，最终的结果是科学技术和创新呈现爆发式的变革。

2. 2014年中国好书榜

2015年4月23日"世界读书日"当晚20时，"2014中国好书颁奖盛典"在央视一套隆重播出，30本年度好书最终入选"2014中国好书"。"中国好书"的具体评选由中国图书评论学会主办。此次活动参选图书共计549种，均为2014年出版。主要来源为：全国主要媒体发布的2014年好书排行榜入榜图书及重点推荐的2014年优秀图书，中国图书评论学会"中国好书"月榜上榜图书，全国重点出版社申报的印数为3万册以上的精品畅销图书，以及知名书评人推荐的优秀图书。本次入选的图书分为：主题出版、社会科学、文学艺术、科普生活、少儿、引进版六大类别，另外评出两种年度致敬图书。入选图书具有鲜明的特色：一是面向大众，切合大众读者阅读需求；二是市场认可，具有较大社会影响和一定的畅销潜质；三是颇具权威性，具有较高的文化品质和阅读价值。（来源：http：//wenhua.youth.cn/xwjj/201504/t20150424_6596667.htm）

荣誉图书：

（1）《习近平总书记系列重要讲话读本》

作者：习近平

《习近平总书记系列重要讲话读本》全面准确阐释了习近平总书记系列重要讲话的科学内涵和精神实质，观点鲜明、文风清新、可读性强，为学习领会讲话精神提供了重要指导。党的十八大以来，习近平总书记发表了一系列重要讲话，围绕坚持和发展中国特色社会主义、实现中华民族伟大复兴的中国梦，围绕推进经济建设、政治建设、文化建设、社会建设、生态文明建设，围绕推进国防和军队建设、祖国统一、外交工作等，围绕从严管党治党、全面提高党的建设科学化水平，提出许多新思想新观点新论断新要求，深刻回答了新形势下党和国家发展的一系列重大理论和现实问题。

（2）《习近平谈治国理政》

作者：习近平

《习近平谈治国理政》一书收入了习近平总书记在2012年11月15日至2014年6月13日这段时间内的讲话、谈话、演讲、答问、批示、贺信等79

篇，分为18个专题。为帮助各国读者了解中国社会制度和历史文化，本书作了必要注释。该书还收入了习近平总书记各个时期的照片45幅，帮助读者了解他的工作和生活。党的十八大以来，以习近平同志为总书记的党中央，带领全党全国各族人民开启了改革开放和现代化建设的新征程。在治国理政新的实践中，习近平总书记发表了一系列重要论述，提出了许多新思想新观点新论断，深刻回答了新的时代条件下党和国家发展的重大理论和现实问题，集中展示了中央领导集体的治国理念和执政方略。

3．其他入围好书

（1）《邓小平传：1904—1974》

作者：中共中央文献研究室

由中共中央文献研究室编，杨胜群主编的《邓小平传（1904—1974）》（上、下），共108万字，近百幅图片，以丰富翔实的档案材料，生动细腻地叙述了邓小平在新民主主义革命、社会主义革命和建设时期，逐步成长为以毛泽东为核心的第一代中央领导集体重要成员的曲折历程，全面反映了邓小平为民族独立、人民解放和国家富强而不懈奋斗的光辉业绩、建立的不朽功勋和作出的重大贡献。同时，也真实地再现了邓小平历经磨难而矢志不渝的坚定信仰、坚韧性格、宽广胸襟、崇高品格、精神风范和人格力量。是一部真实再现邓小平1904年至1974年生平业绩的鸿篇巨制，也是一部真实反映党史、国史、军史的鸿篇巨制。

（2）《道路自信：中国为什么能（精编版）》

作者：玛雅

这是一部中国趋势形势正能量分析的书稿，是一部客观、提气的作品。15位中国当代最有影响力的战略思想家，他们从各自的视角、专业对"中国道路"进行了分析解读，总结了共和国60多年的发展道路和发展经验，分析中国在今天世界政治经济中的地位以及面对的机遇和挑战，展望人类未来的发展方向和中国将为世界所作贡献。从事实和理论层面阐述中国道路自信、理论自信、制度自信的依据所在。

（3）《一篇读罢头飞雪，重读马克思》

作者：韩毓海

作者韩毓海用平实、生动甚至略带犀利的笔触，援引马克思著作中的精彩部分，充分解读了马克思对当今世界社会发展趋势以及经济危机的成功预测和判断。针对马克思的三部作品《资本论》《法兰西内战》和《路易·波拿巴的雾月十八日》，作者引导读者沿着马克思的足迹解读资本主义、社会主义、货币、债务、道德、信用等，并反思马克思对上述问题的剖析有哪些现实指导意义，从而鞭策现代人要想看懂并解决政治、经济、社会发展问题，就要回归马克思。

(4)《雪域长歌——西藏 1949—1960》

作者：张小康

通过真实可信的历史记录，作品以讲故事的方式，对"老西藏"英雄群体可歌可泣的动人故事进行了生动的描述，全面、完整、真实、准确地记录了人民解放军数万将士，克服无数艰难险阻，分别从西南、西北两个方向进军西藏，解放西藏，建设西藏，完成西藏民主改革，实现西藏百万农奴翻身解放的伟大历史进程。

(5)《万万没想到：用理工科思维理解世界》

作者：万维刚

全书以理性思维取胜，作者糅合了大量的前沿新知，得出了自己的批判性认识。它是反不靠谱的常识性的思维惯性，是反常识的；它是反听着无害但喝起来有毒的心灵鸡汤，是反成功学的；它要用"科研的格调"来理解和认识世界，你需要有靠谱的判断力。作者常用有趣的实验、数据来解读感性的事物，其理工科思维涉及行为经济学、认知心理学、社会学、统计学、物理等许多学科，以前沿的科学视角解读生活，为人们提供了认知的新方法。

(6)《1944：腾冲之围》

作者：余戈

全书以海峡两岸和日本、美国的各种战斗详报、地方史志、新闻通讯、战地电文、"三亲者"回忆等材料为基础，相互参证，详加辨析，以逐日甚至逐小时的密度，生动描画出和平时代的人们无法想象的艰辛、繁难、曲折、残酷的战争图景，读者借此可以了解"十四年抗战"中所包蕴的一切，重新理解"艰苦卓绝"的血肉意义，明白无数前辈付出了怎样"轻易"而伟大的牺牲，才为中国"搏得"大国地位奠定基础。

(7)《甲午殇思》

作者：刘声东、张铁柱、主编，刘亚洲等撰

《甲午殇思》将报纸刊发的 27 篇 5000 字删节版文章恢复成万字的完整版，新增 3 篇，并进行了严格的审定与修正，辅之以珍贵历史和文物图片。全书展现了当年甲午战争的历史细节，展示并分析比较了战争双方的国家制度、军队建设、战略战术、人物风貌、在外人眼中的形象等宏观、微观诸多方面，有助于读者详细了解整场战争的背景，客观思考战争胜负的原因，及其对当时及眼下中国社会的深远影响。

(8)《文明之光(2 册)》

作者：吴军

《文明之光》系列大致按照从地球诞生到近现代的顺序讲述了人类文明进程的各个阶段，每个章节相对独立，全景式地展现了人类文明发展历程中的多样性。《文明之光》系列第一册讲述从人类文明开始到近代大航海这一历史阶段，共八个专题。第二册讲述了从近代科学兴起，到工业革命时代，以及原子能应用这一历史阶段，共八个专题。第三册讲述了音乐、美术、计算机、互联网、金融、硅谷对世界科技发展的启迪、微粒子和宇宙天文学、环境保护等，共八个专题。

(9)《中国古代物质文化》

作者：孙机

中国古代的物质文化成就，是我们这个东方大国五千年辉煌历史中重要的组成部分，是基本国情，本应成为常识，家喻户晓。孙机先生以大家的底蕴、晓畅的文笔，把中国古代物质文化的基本知识，系统地呈现在这部书里。

(10)《建筑的意境》

作者：萧默

《建筑的意境》是建筑史家萧默关于中西建筑史的学术随笔，文章短小，浅显易懂，可读性强。作者把中西建筑置于思想文化的背景下解读，清晰地展现出了各种风格的建筑所呈现出的独特气质。让读者深入了解中西建筑大到宫殿小到民居的形态和制式所含藏着的文化内涵。本书通过文化解读建筑，为中西建筑的每一种造型每一个细节都找到了文化的脚注。同时还比较了中式建筑和西方建筑大相径庭的审美意趣，揭示出了中西方在思想文化上的差异。

(11)《她们知道我来过：中国首都高危老人深度关怀笔记》

作者：张大诺

本书作者在长达十年的时间里，关怀近百位八十岁以上的老奶奶，他发现：高龄奶奶的精神世界异常丰富；她们的烦恼与痛苦非常复杂；她们身上的人性温情与生命力量让人震撼。本书将大量实用关怀技巧融入到生动的故事中，把"高龄老人关怀"这一涉及每个家庭的艰难事情变成了"人人皆可做好"的事情，是每个家庭必备的教科书般的关怀宝典。

(12)《瞻对：终于融化的铁疙瘩——一个两百年的康巴传奇》

作者：阿来

本书以瞻对 200 余年的历史为载体，将一个民风强悍、号称铁疙瘩的部落

"融化史"钩沉出来，讲述了一段独特而神秘的藏地传奇。同时也展现了汉藏交汇之地的藏民独特的生存境况，并借此传达了作者对川属藏族文化的现代反思。

(13)《奇士王世襄》

作者：窦忠如

著名人物传记作家窦忠如，王世襄先生生前的小友，他笔下的《奇士王世襄》真实记录了一代奇人的人生之路。数百张弥足珍贵的照片，立体再现了王世襄多彩多姿的人生传奇。相信该书的出版，将会引起爱好王世襄的人们的极大关注，将在出版界引起新的轰动。

(14)《人间词话七讲》

作者：［加］叶嘉莹

近代大学者王国维，在他的词学著作《人间词话》中，以哲学和美学的角度，对中国诗词境界进行了高度概括。而叶嘉莹先生则以全新的视角，对王国维《人间词话》进行了重新解析，从而形成了两代诗词研究大家的隔空对话。

(15)《洗澡之后》

作者：杨绛

《洗澡》是一部反映新中国成立后，知识分子思想改造运动的长篇小说。作品人物众多，故事曲折，其中尤以姚宓和许彦成之间的纯洁感情为人所称道。但也有读者对这两人的关系妄加揣测，对他们之间的纯真情谊有所怀疑。作者为了防止"姚宓与许彦成之间那份纯洁的友情"被人误会，在已近百岁高龄的时候，开始动笔创作了这部续集。

(16)《上庄记》

作者：季栋梁

热土难离，乡音不改。爱得艰难，土得本色。上庄是西北大山深处的一个小山村，荒寒闭塞，没有通电，连手机信号都没有，吃水靠接天雨。年轻人纷纷选择进城打工，老幼孤寡艰难留守。学校面临政策性撤并，上学也成为小村留守儿童的奢望……"土桌子，土台子，里面坐着一群土孩子。"一群像全天下所有孩子一样朝气蓬勃的留守儿童，正是乡村宿命的守护者——老村长眼里的希望，也是老村长心中沉甸甸的重担……

(17)《时间移民》

作者：刘慈欣

《时间移民》是中国科幻文学之王刘慈欣的中短篇小说集，其中包括《时间移民》《镜子》《吞食者》《西洋》等刘慈欣经典获奖作品，是近年来刘慈欣作品的最好版本。

(18)《从你的全世界路过：精装升级版》

作者：张嘉佳

这是一本纷杂凌乱的书。像朋友在深夜跟你在叙述，叙述他走过的千山万水。那么多篇章，有温暖的，有明亮的，有落单的，有疯狂的，有无聊的，有胡说八道的。当你辗转失眠时，当你需要安慰时，当你等待列车时，当你赖床慵懒时，当你饭后困顿时，应该都能找到一章合适的。

(19)《先前的风气》

作者：穆涛

《先前的风气》是作家穆涛的散文集，内容涉及经史春秋、历法农事、道德觉悟、帝皇将相、旧砖新墙、文情书画、饮食男女……除了少数大篇幅，大多仅为寥寥数百字或千余字。但篇幅短小不等于内容单薄，形体瘦弱不等于思想乏力；相反，穆涛的散文文以载道，言之有物，在小中见大，在绵里藏针。文字磅礴大气、犀利尖锐，处处闪现着中国传统士大夫难能可贵的儒雅、抱朴、惜字如金、心忧天下的人性光华。

(20)《极简中国书法史》

作者：刘涛

本书从文字的起源与功能变化、书体的演变发展与兴衰更替、书写主体的变化及书家的风格特点与文脉传承、帝王的喜好风尚及其影响等方面出发，清晰呈现了书法之发展脉络及其实用与艺术并重的双重特点，展现出了承载千年中国文化艺术精神的书法艺术的独特魅力。

(21)《小楼与大师：科学殿堂的人和事》

作者：卢昌海

本书以"近景式"的描写方式，来刻画科学史上的一些著名人物，还原一些重大事件，使读者看到了科学家在公式定理外的一些细节，他们或幽默、或毒舌、或有局限，但更多的是他们在逆境中的坚持，在错误中的探索。作者文笔生动流畅，思维犀利，作品有很强的启发性和可读性，读者既可以了解到各种引人入胜的科学史话、科学家故事，以及它们背后发人深省的社会渊源；也可以学到丰富多彩的科学知识。

(22)《虫子旁》

作者：朱赢椿

这个世界很小，小得足够被我们忽略、遗忘，但跟我们一样，虫子也有着惊心动魄的生活。蚂蚁被一根落下的枯枝砸断了腰肢；烟管蜗牛想在夏日的午后睡上一个美美的午觉，却未能如愿；而千足虫卡在路缝里，即使有一千条腿也无济于事……

(23)《最美的教育最简单》

作者：尹建莉

本书最大的特点是紧贴当下教育现实，还原教育真相，让大家看到美好的教育并不复杂，有效的教育往往是朴素而简单的。作者依据经典教育学和心理学理论，以学者的严谨和妈妈的亲和，对大家面临的种种教育问题进行了深入而细致的解读，并指出教育面临的种种误区，同时为读者提供许多可操作的方法。

(24)《点亮小桔灯：金波 80 岁寄小读者》

作者：金波

此作品是著名儿童文学作家金波在 80 岁来临之际写给孩子们的书。所选作品的角度是：面对孩子，如写信、如聊天、如交流、如一起回忆。这本书的设计没有过多地考虑儿童视角，而是从成人喜欢、儿童也喜欢的角度去构思。旨在用好的文学作品去引导和培养儿童的审美，而不是迁就。

(25)小水的除夕

作者：祁智

放寒假了，四年级的小水和同学们在家常一样的腊月里驻足——善于奔跑的刘锦辉总是"抢枪"；小麦拉了小水的手；孙定远把羊藏在了大槐树上；邵校长请客人吃了猪油红汤葱花面；熊一菲等来了一个伤心的消息……孩子们怀揣着各自憨拙的愿望，面朝新年。而小水，在除夕到来的时候，终于等到了从远方回来过年的爸爸。

(26)少年的荣耀

作者：李东华

《少年的荣耀》是十一岁的男孩沙良和伙伴们在战争岁月里的成长故事。他们曾经无忧无虑的孩子，与战争的猝然相遇，导致他们失学、失亲，甚至失去生命。但他们对未来的梦想，对生命和家园的爱，骨子里的乐观和勇气，从未被战火泯灭。粗糙的生活让他们的成长之路更艰辛，但也把他们的个性磨砺得硬朗、坚忍；生活更严峻，但也让他们体味到苦难中的温暖所在。

(27)看不见的森林：林中自然笔记

作者：［美］哈斯凯尔

这是一本森林观测笔记。在这本书里，一位生物学家以一年的时间为主线，在每次的观测中，为我们揭开藏在森林一平方米地域里的秘密。在这本完全原创的书里，生物学家戴维以一小片森林作为整个自然界的缩影，向我们生动地展示了这片森林和居住其中的栖息者的生活状况。书的每一章都以一次简单的观察结果作为开头，比如藏在落叶层里的火蜥蜴，春天里野花的初次绽放。通过这些观察，戴维织就了一个生物生态网，向人们解释了把最小的微生物和最大的哺乳动物联系起来的科学观点，并描述了延续数千年甚至数百万年的生态系统。

(28)我的简史

作者：[英]霍金

史蒂芬·霍金浮光掠影般讲述了自己从战后的伦敦男孩成长为国际学术巨星的岁月。这部附有大量罕见照片的，简明的、风趣的、坦诚的自传让读者了解在过去著作中难得一见的霍金：被同学起绰号为爱因斯坦的好追根究底的小学生；曾经和同事为特别黑洞存在打赌的开玩笑者；在物理学和宇宙学世界博取立足之地的年轻的丈夫和父亲。以特有的谦逊和幽默的文笔，霍金倾谈他21岁时被诊断出 ALS 病后面临的挑战。追踪他的思想家的生涯，他解释早夭的前景如何迫使他取得一个又一个智慧的突破，还论及他的杰作——20 世纪标志性著作之一的《时间简史》的本源。

6.3　学术论文的写作培训

6.3.1　学术论文与学术规范

1. 学术论文

(1)学术论文的功用

在前面的章节，已经对什么是学术论文做了简单的解释。论文是对学术论文的简称。国家标准 GB7713—87 对学术论文所作的定义："学术论文是某一学术课题在实验性，理论性或观测性上具有新的科学研究成果或创新见解和知识的科学记录，或是某种已知原理应用于实际中取得新进展的科学总结，用以提供学术会议上宣读，交流或讨论；或在学术刊物上发表；或作其他用途的书面文件。"

具体说来，学术论文具有以下作用：

①可以记录新的科研成果，本身就是学术研究的有效手段。

②促进学术交流，成果推广和科技发展。

③促进科研的深化。

④是考核作者知识，科研水平的重要载体之一。

国外高校对学术论文写作教学相当重视，一些发达国家如美、日等，无论文科还是理工科，关于学术论文写作要讲授二三十课时。日本长冈技术科技大学校长川上正光在《科学与创造》一书中说："大学的最大使命是创造出学问、技术，要培养出具有创造力的人。因此可以说，论文写作教学是培养大学生独立思考能力，创见能力的重要手段之一。

（2）学位论文的种类

学位论文根据角度的不同，可以进行不同的分类。按功能，学位论文可以分为研究论文和考核论文，其中考核论文又可以分为课程论文、学年论文、毕业论文以及学位论文。而学位论文又可以分为学士学位论文、硕士学位论文以及博士学位论文。

具体说来，考核论文：

①学年论文：使学生初步学会使用专业知识进行科学研究的方法。一般从大三开始（有专业选修课程之后）

②毕业论文：毕业生总结性的独立作业，考验学生综合运用所学知识解决实际问题的能力，一般在导师指导下选定题目，进行研究和撰写，完成后要进行答辩再评定成绩。

③学位论文：申请学位提交的学术论文，一般分三级，一般同毕业论文合二为一。

学位论文：

a. 学士学位论文：要求有一定心得（一般要求 12000 字左右）。

b. 硕士学位论文：要求有新见解，反映出作者有独立从事科研的能力（一般要求 4 万~5 万字）。

c. 博士学位论文：要求在科学或专门技术上做出创造性成果，能从论文的写作中反映出作者有渊博的理论知识和相当熟练的科研能力（一般要求 10 万字）。

从论文的内容上，可以将学位论文分为理论型论文、实验型论文以及描述型论文。

a. 理论型论文：一般来说，此类论文是人们在实践活动中或是从前人的论述中发现或提出问题，通过分析、推理、论证及证明，得出新的观点、结论或新的规律、新的定理，使问题得到解决。该类型论文在写作格式上没有严格的规范性，只要求围绕主题取材，论证严密而合乎逻辑，文句准确而有说服力。研究的主体不同，其特点也不同。通常，理论型论文有以下两种类型。

第一，以通过收集的各种类型相关主题的资料为研究对象讨论规律的理论型论文。这类论文的正文结构形式有下列三种。

其一，空间式：以事物的方位和构成部分为顺序的结构。

其二，时间式：以时间先后和事物发展过程为顺序的机构。这种结构式有时不标明时间，而是按照发生、发展、结果的顺序来定的，这也是一种时间结构。

其三，现象本质式：首先摆出观测的现象和有关资料，然后进行分析，找出本质和规律。

第二，以抽象理论为研究主题的理论型论文，其常见结构形式有下列三种。

其一，验证式：首先给出公式、方程或原理，然后进行计算推导，最后运用于实例进行验证。如果同时运用几个定理和公式，则可采用并列式逐个计算和说明。

其二，证明式：首先给出定理、定义，然后再逐一证明；其证明往往是逐层深入的关系，但有时需要同时分别证明几个定理，这时，几个部分之间又是并列的关系。

其三，剖析式：将原理或理论分解为若干方面，逐项研究。

另外，从论文的载体上，可以将学术论文分为期刊论文、会议论文以及学位论文。需强调的是文献综述、专题述评和可行性报告三种类型的情报调研报告也属于学术性论文的范畴。

b. 实验型论文

该类论文的正文一般有"材料和方法"、"结果与分析"以及"讨论"三个部分。

第一，"材料和方法"

其一，介绍实验用材料。

其二，介绍实验设备、装置和仪器。

其三，介绍实验方法和过程。

第二，"结果与分析"部分是论文的核心内容，结果是实验过程所观测到的现象和数据。该部分内容包括实验的产品、实验过程所观测到的现象、实验食品记录的图像与数据，以及对上述现象、数据进行的统计分析等。这部分内容包括实验的产品、实验过程所观测到的现象、实验食品记录的图像与数据，以及对上述现象、数据进行的统计分析等。

其一，数据要充分、准确可靠。

其二，科学处理和选择实验数据。

其三，实验结果按一定的逻辑顺序编排。

其四，尽量通过图表表达。

其五，分析合乎逻辑，有理有据。

第三，"讨论"是对试验方法和结果进行的综合分析研究，内容包括：

其一，对实验结果进行综合分析。

其二，与别人的有关的实验结果比较，说明本项试验的结果与他人的结果之间的异同，以及本论文的创新之处。

其三，根据本项试验结果得出的结论，提出假说或学说。

其四，由试验结果在理论研究或生产实践中的价值和意义。

其五，有试验结果提出哪些新的待进一步进行研究的问题等。

c. 描述型论文

该类论文的正文结果形势比较固定，大多数描述和讨论两个部分。该论文的主要写作特点是：

第一，在写作内同上论述动物、植物、微生物新物种发现的论文；其描述部分的主要内容有新属种和名称、产地、形态特征、生活环境、分布等；讨论部分的内容主要是进行比较分析，即与相邻近的属种进行比较，说明它们的主要区别，有时还要指出新属种的意义和价值。

第二，在写作方法上，必须掌握描述的方法，形象具体地描述处对象的形态、颜色、亮度、声音、动作等，必须精确描述之处，要分毫不差。与文学的描写不同，不要求活灵活现、栩栩如生，而要求准确、真实地刻画出对象的主要特征。

该类论文的讨论部分要简略、条理要清楚，无须进行大量的分析和推理。

(3) 学位论文的特点

① 独创性：学术论文不同于教科书，甚至不同于某些学术专著（知识的传播和普及常规性的知识讲解）。

② 科学性：揭示事物发展的客观规律，从客观实际出发，具有现实意义，事实、事物、事件真实客观，不带个人偏见，不主观臆断，以最充分、确实有力的加论据作为立论依据，论证严谨而充分，富有逻辑效果，深层的专业理论知识。

③ 创新性：

a. 对研究对象经过周密观察、调查、分析研究，从中发现别人过去没发现过或没分析过的问题。

b. 在综合别人认识基础上进行创新，包括：选题新、方法新、资料新。

④学术性(理论性)：即遵循客观规律，讲究科学真实性。学术性时学术文章区别于其他文章的重要标志。由于学术论文侧重于对事物进行抽象的概括或论证。

⑤可读性(文科论文)，忌玩弄辞藻。论文的文字必须严谨、精练、客观、通顺，论文层次安排合理、清楚，紧紧扣住论文的主题。

2. 学术规范

(1)学术规范的内涵

①学术规范的定义

学术规范是指人们在长期的学术实践活动中所逐步形成的被学术界公认的一些行为规则。这类规则大体可以分为三个层次：①技术层次，包括各种符号的使用、成果的署名、引文的注释等；②内容层次，包括理论、概念和研究方法的运用等；③道德层次，包括对待学术事业的态度、学术责任等。其中技术层次的规范，虽然是外在的、形式上的，但在很大程度上反映着在内容和道德层次上所达到的水平，是基础性、核心性的，也是最重要的规范要求。如果从学科角度考察，学术规范至少可分为两个层次：①各学科通行的基础性规范；②在某一学科内通行的学科规范(如史学规范、经济学规范等)。我国的学术规范自古已有。礼崩乐坏，孔子所以欲克己复礼，"前人之书当名引，不当暗袭"，这些是中国最基本的学术传统。现代学术规范产生于 17 世纪后期现代科学诞生的过程中，而我国的现代学术规范起始于 20 世纪 90 年代。2004 年 8 月 16 日，教育部发布了中华人民共和国成立以来的第一部《高等学校哲学社会科学研究学术规范(试行)》。《规范》对高校哲学社会科学研究的基本规范、学术引文规范、学术成果规范、学术评价规范和学术批评规范都作了明确的规定，对明确学术要求、保证学术质量、维护学术尊严、净化学术环境，具有重要作用。《规范》既比较全面地涉及了学术规范的方方面面，又具有现实针对性。如《规范》对引文问题作出明确规定："引文应以原始文献和第一手资料为原则。凡引用他人观点、方案、资料、数据等，无论曾否发表，无论是纸质或电子版，均应详加注释。凡转引文献资料，应如实说明。"《规范》对学术成果的署名混乱问题作出约束："学术成果的署名应实事求是。署名者应对该项成果承担相应的学术责任、道义责任和法律责任。"《规范》对基础研究成果和应用研究成果的评价提出了不同的标准和尺度："学术评价应以学术价值或社会效益为基本标准。对基础研究成果的评价，应以学术积累和学术创新为主要尺度；对应用研究成果的评价，应注重其社会效益或经济效益。"

不依规矩，不成方圆。学术规范建设具有重要的价值和作用。一是学术规范有助于彰显学术研究的价值，使学术活动制度化、学术研究标准化和专业化。二是学术规范有助于学术积累和创新，强调学术史的研究和学术传统的养成，从而推动学科发展。三是学术规范有助于解决学风建设问题，规约和惩处学术研究活动中的各种不良行为。学术规范是科学研究理论的有机组成部分，它的研究是一个涉及伦理学、法学、社会学、科学学以及文章学等广泛领域复杂问题的新课题。当前学界存在的"规范"不足和"规范"过度的两种方向相反的弊端，对学术创新都会形成约束。

②学术规范的体系构成

顾名思义，学术规范活动是伴随着学术活动的过程而进行的，他对学术活动具有严格、规范的制约。而学术活动一般是资料的收集、整理，并以此为基础的学术研究，或进一步地学术写作、对自己或他人学术成果的述评等形式，是在人的意识的主观指导下进行的，因此，要想学术规范很好地嵌入到学术活动中，那么学术人必须具备基本的学术道德规范和技术规范，此外，为了使学术规范能够更彻底地实行，国家应制定相关法律强制实施。因此，学术道德规范、学术技术规范以及学术法律规范构成了学术规范的体系，三者是相辅相成，缺一不可的。

a. 学术道德规范

学术道德规范，则是从思想修养和职业道德方面对学术工作者提出的要求，是学术规范的基本内容之一。早在公元 501—502 年，我国南朝文学理论家刘勰在其著作学《文心雕龙·原道》中说："文之为德也大矣，与天地并生者何哉！"而此中的"文德"，就是指学术道德，古人讲学术道德看作为与"天地"并存的大事。当代，我国教育部《关于加强学术道德建设的若干意见》（教人〔2002〕24 号），对学术道德规范做出了明确的界定。其内容主要有：

第一，增强献身科教、服务社会的历史使命感和社会员任感。要将自己置身于科教兴国和中华民族伟大复兴的宏图伟业之中，以繁荣学术、发展先进文化、推进社会进步为己任，努力攀登科学高峰。要增强事业心、责任感，正确对待学术研究中的名和利，将个人的事业发展与国家、民族的发展需要结合起来，反对沽名钓誉、急功近利、自私自利、损人利己等不良风气。

第二，坚持实事求是的科学精神和严谨的治学态度。要忠于真理、探求真知，自觉维护学术尊严和学者的声誉。要模范遵守学术研究的基本规范，以知识创新和技术创新，作为科学研究的直接目标和动力，把学术价值和创新作为衡量学术水平的标准。在学术研究工作中要坚持严肃认真、严谨细致、一丝不苟的科学态度，不得虚报成果，反对投机取巧、粗制滥造、盲目追求数量不顾质量的浮躁作风和行为。

第三，树立法制观念，保护知识产权，尊重他人劳动和权益。要严于律己，依照学术规范，按照有关规定引用和应用他人的研究成果，不得剽窃、抄袭他人成果，不得在未参与工作的研究成果中署名，反对以任何不正当手段谋取利益的行为。

第四，认真履行职责，维护学术评价的客观公正。认真负责地参与学术评价，正确运用学术权力，公正地发表评审意见是评审专家的职责。在参与各种推荐、评审、鉴定、答辩和评奖等活动中，要坚持客观公正的评价标准，坚持按章办事，不徇私情，自觉抵制不良社会风气的影响和干扰。

b. 学术技术规范

学术技术规范同学术道德规范一样，是学术工作者应具备的基本素养，它主要是指学术论文写作规范、学术评价规范、学术批评规范和学术引用规范。其中尤以学术论文写作规范最为重要。学术论文写作技术规范的内容主要包括以下三方面：

第一，学术成果应观点明确，资料充分，论证严密；内容与形式应完美统一，达到现点鲜明结构严谨，条理分明，文字通畅。

第二，学术成果的格式应符合要求。各刊物目前对成果的格式要求并不统一。就学术论文而言，既有执行国家标准 GB 7713—87 的，也有执行自定标准的，如《大学图书馆学报》。不论刊物执行何种标准，论文中都必须具有以下项目：题名、作者姓名及工作单位、摘要、关键词、中国分类号、正文、参考文献、作者简介，以及英文题名、英文摘要和英文关键词等。另外，基金资助项目论文应对有关项目信息加以注明。

第三，参考文献的著录应符合要求。我国在 1987 年就制定了国家标准《文后参考文献著录规则》(GB/T 7714—1987)，对文后参考文献的著录做了明确规定，2005 年 10 月 1 日，已开始实施修订后的《文后参考文献著录规则》(GB/T 7714—2005)，但人们在学术活动中往往有意无意地忽视它，使得文后的参考文献著录很不规范。随着学术期刊规范化建设的开展，参考文献著录混乱的现象一定会有很大的改观。因此，作者在学术活动中也应该主动配合期刊规范化工作，认真地、自觉地执行已有的国家学术标准。

另外，需要强调的是，作者在著录参考文献时，不得将未查阅过的文献转抄入自己的参考文献目录中，不得为增加引证率而将自己(或他人)与本论题不相干的文献列入参考文献目录。

c. 学术法律规范

学术法律规范是一种社会行为，是指学术活动中必须遵循的国家法律法规的要求。我国目前尚未制定专门的法律来规范人们的学术活动，与学术活动有关的行为规则分散在民法通则、著作权法、专利法、保密法、统计法、出版管理条例等法律法规和《公民道德实施纲要》、教育部《关于加强学术道德建设若干意见》、《关于树立社会主义荣辱观，进一步加强学术道德建设的意见》、《高等学校哲学社会科学研究学术规范》、《学位论文作假行为处理办法》和中国科学技术协会《科技工作者科学道德规范》等文件中。如，《高等学校哲学社会科学研究学术规范（试行）》第5条规定：高校哲学社会科学研究工作者应遵守《中华人民共和国著作权法》、《中华人民共和国专利法》、《中华人民共和国国家通用语言文字法》等相关法律、法规。目前，我国各高校和科研院所一般都据此制定了本单位的学术规范方面的管理性文件，如上海交通大学分别于2006年和2009年制定了《上海交通大学学术道德行为规范（试行）》和《上海交通大学研究生学术规范》，上海理工大学于2009年6月发布了《上海理工大学研究生学术行为规范》。我国的台湾、澳门等地已把剽窃纳入到刑法规制的范围。如《澳门著作权法》规定：窃取和赝造他人作品是犯罪行为，对作案者可判处1年的监禁以及相关的罚金。《台湾著作权法》中也规定：利用他人著作时，未注明著作的出处，即为犯罪。国外（如日本等国）也有将剽窃犯罪化处理的规定。

学术法律规范主要内容可以概括为以下几个方面：

第一，学术研究不得泄露国家秘密和单位的技术秘密。国家秘密是关系国家的安全和利益，依照法定程序确定，在一定时间内只限一定范围的人员知悉的事项。这些事项主要是国家事务的重大决策中的秘密事项、国防建设和武装力量活动中的秘密事项、外交和外事活动中的秘密事项以及对外承担保密义务的事项、国民经济和社会发展中的秘密事项、科学技术中的秘密事项、维护国家安全活动和追查刑事犯罪中的秘密事项、政党的秘密事项，以及其他经国家保密工作部门确定应当保守的国家秘密事项等。学术活动中对涉及的国家秘密必须保密，否则将要承担相应的法律责任。另外，根据《中华人民共和国促进科技成果转化法》等法律的规定，企业、事业单位应当建立健全技术秘密保护制度，保护本单位的技术秘密，职工应当遵守本单位的技术秘密保护制度，在学术活动中必须保守单位技术秘密，不得泄露。

第二，学术活动不得干涉宗教事务。根据《宗教事务条例》的规定，在出版学术著作时，其中不得含有破坏信教公民与不信教公民和睦相处的内容；破坏不同宗教之间和睦以及宗教内部和睦的内容；歧视、侮辱信教公民或者不信教公民的内容；宣扬宗教极端主义和违背宗教的独立自主自办原则的内容，等等。

第三，学术活动应遵守著作权法、专利法规定。学术活动涉及最多的就是知识产权问题。因此，著作权法等知识产权方面的法律法规，往往就是学术活动应遵守的行为准则。其主要内容是：未经合作者许可，不能将与他人合作创作的作品当做自己单独创作的作品发表；未参加创作，不可在他人作品上署名；不允许剽窃、抄袭他人作品；禁止在法定期限内一稿多投；合理使用他人作品，等等。

第四，应遵守语言文字规范。学术活动中，应使用国家通用的语言文字，方言、繁体字、异体字只有在特殊情况下，即在出版、教学、研究中确需使用时方可使用；汉语文出版物应当符合国家通用语言文字的规范和标准，汉语文出版物中需要使用外国语言文字的，应当用国家通用语言文字做必要的注释。

(2)违反学术规范的最常见行为——学术造假

学术造假首先是一种违背学术道德和科学精神的表现，是学术领域中学风浮躁和急功近利的产物。美国于2005年公布的一份研究报告指出，有近1/3被调查的美国国家卫生研究院资助的3247位处于职业生涯中期和早期的科学家承认自己曾犯有某些不当行为。近年来，中国高校弄虚作假现象比较严重。学术丑闻频频曝光，学术腐败已经蔓延到多数的学术领域。中国政法大学教授杨玉圣称，几乎中国所有高校都有学者涉嫌学术造假或腐败。高教研究专家、华东师大唐安国教授指出，目前学术环境比较浮躁，一些人在名利的诱惑面前心态失衡，某些监管制度的严重缺失，这又为他们打开了方便之门；另外，学校要争排行，一般很难对科研项目和科研人员进行有效的审查。可见，学术造假已成为全球风气，对科学的严谨性与真实性构成了严重的威胁。当然，学术造假行为并非是始于今日，唐代文学家、哲学家、散文家和思想家柳宗元在《辩文子》里说："其浑而类者少，窃取他书以合之者多，凡孟管辈数家，皆见剽窃。"在学术造假行为中，剽窃经常会与适当引用的界限比较模糊。因此本章节着重介绍学术剽窃。

在《辞海》中给"剽窃"的定义是："窃取别人的文章以为己作"，在《现代汉语词典》的定义是："把别人的作品或语句抄袭当做自己的"；《美国现代语言联合会》指出，剽窃是指在你的写作中使用他人的观点或表述而没有恰当说明出处……这包括逐字复述，复制他人的写作，或使用不属于你自己的观点而没有给出恰当的引用；《美国语文学会研究论文写作指南》指出，在你自己的文章中使用他人的思想、见解或语言表述，而没有申明其来源的就是剽窃；世界知识产权组织认为：剽窃或抄袭，"一般理解为将他人作品的全部或部分，以或多或少改变形式或内容的方式，当做自己的作品发表……在创作一部新作品时仅仅自由使用他人作品中的思想与创作方法，不能与抄袭混为一谈。另一方面，抄袭一般也不得理解为仅仅限于形式上的相同，以一种新的文学和艺术表现形式将他人作品的内容加以改编，冒称自己的原作公之于众，只要校改编的内容并非众所周知的文化遗产的一部分，则亦为抄袭。"我国《著作权法》所称"抄袭"、"剽窃"是同一概念，是指"将他人作品或者作品的片段窃为己有"。抄袭侵权需具备四个要件：①行为具有违法性；②有损害的客观事实存在；③和损害事实有因果关系；④行为人有过错。综上所述，对于原著未经或基本未经修改的抄录，就是剽窃。剽窃是一种侵犯别人著作权的行为。

在这里需要强调的是，一些人单纯地认为原文照搬地抄袭别人的学术著作才是剽窃，其实使用他人的观点、构思或是论证，只是变换措辞也是剽窃；照搬他人学术著作中的引文与注释也是剽窃。

6.3.2　学术论文的撰写

一般来说，无论是对高校学习的学生还是对在高校工作的教师以及教辅人员来说，学术论文的写作是一样最基本也是最根本的素养。而通常情况下，学术论文写作的程序为：选题→获取文献信息资料→提炼观点→列提纲→拟草稿→修改→定稿。可见，作为"获取资料"的重要方式——文献信息检索，是论文选题和写作过程中不可或缺的阶段。另外，文献信息检索与学术论文写作也是相辅相成的关系；文献信息检索（沉浸在文献中）的最终目的之一是撰写学术论文，文献信息的收集和整理的过程业有助于作者在文献中找到自己所需要的东西。

1. 中文学术论文的撰写

（1）文献信息的收集和整理

文献信息的收集和整理能够帮助作者了解相关问题的历史和现状，能够形成关于研究对象的一般印象，有助于观察和访问，有助于了解事物的全貌，厘清思路，形成对事实科学认识的方法，因此懂得如何全面地收集和整理文献信息显得尤为重要。

①文献信息的收集

通常情况下，收集文献可以先从那些就近的、容易找到的材料着手，再根据研究的需要，陆续寻找那些分散在各处、不易得到的资料。收集文献是一个较为漫长的过程，为了使整个过程进行得更有效，可以根据实际情况分为若干阶段进行整理。在每一个阶段，对手头收集到的文献做一些初步的整理，分门别类，以提高下一阶段收集文献的指向性和效率。此外，还可以使用前面章节介绍的数据库进行检索，在具有相应条件的环境中，快速查找、获取所需的文献资料。需要强调的是，收集文献，不只是在有了具体的研究任务后才做，更重要的是在平时经常注意积累和收集各种文献资料，养成习惯，持之以恒。可以通过写读书摘要、做笔记、做卡片等方式，有重点地采集文献中与自己研究课题相关的部分来收集文献。写读书摘记与读书笔记既是收集文献信息的方法，又在某种意义上是制作文献的方法。因为在读书摘记和笔记中渗透了更多的制作者的思维活动，它有时第二手文献的构成部分，有时又是新的第一手文献的创造过程，在研究构成中形成的"半成品"。读书摘记以摘记文献资料的主要观点为任务。因不受篇幅限制，它的内容提供很详细。研究者在读到一些较有价值的文献，或者读到一些在主要观点和总体结构上很有启发的资料时，就可采用读书摘记的方式，把其主要观点和结构的框架摘记下来。总之，摘记的重点在于"摘记"，不在于"评价"。与摘记不同，笔记的重点在于"评"。评论的方式有总评、分章节评和重点选评。写得好的读书笔记，即能提出新思想和新观点的读书笔记，本身就是一种科研成果。常用的卡片有目录卡、内容提要卡、文摘卡三种形式。

收集研究文献的方式主要有三种：

a. 平时相关知识的储备。在知识和信息的学习过程中，第一步就是知识储备，即平时对专题知识的积累。只有当一些专题知识积累到一定程度后，才会专门收集这方面的资料来进一步扩充和深入。因此，学习过程始终伴随着文献的阅读、选择、收集，是对知识进一步筛选和鉴别的过程，但此时的鉴别过程已经不是停在文献表面信息和对外部特征上，而是进入文献内容中去鉴别、比较并最终提炼。关于如何积累专业知识相关信息，在上一章节已经详细说明，本处不再细说。

b. 数据库检索方式。数据库检索方式是指利用已有的数据库对所需信息进行检索，目前使用的数据库军事网络版数据库(如中国知网、万方、EBSCO等)。

c. 参考文献检索方式。参考文献检索方式又称为追溯查找方式和引文索引法，即根据文献和书后所列的参考文献目录追踪查找有关文献，常用的数据库有中国引文数据库、科学引文数据库。

而收集文献的四种方法如下：

a. 顺查法：以课题相关内容研究开始的时间为起点，逐步推进到当前新出版的文献。这样比较费时间，但可查全，有利于了解课题研究的全过程，多用于范围较广，所需文献系统全面、复杂的研究课题。

b. 抽查法：选择某课题领域发展迅速、研究成果较多的时期进行重点检索，以节省时间；一般多用于时间紧张的小型项目研究，容易漏检。

c. 追溯法：利用手头的文献所附的引文注释和参考文献目录作为线索，逐一追查原文，再从这些原文所附的参考文献目录逐一扩展，就像滚雪球一样扩展。

d. 逆查法：从当前的文献逐年回溯过去的文献，知道满足需要为止，多用于新课题研究的文献收集。

②文献信息的整理

文献信息的整理是学术论文写作过程中比较重要的环节。它包括对文献的阅读、记录、鉴别、分类整理和制定文献原则。对文献阅读的原则和方法，在前面的章节已经详细介绍过。在此，着重介绍一下文献的鉴别以及分类整理。

a. 文献的鉴别

鉴别文献真伪的方式主要是通过对文献物质载体上的物理性质的技术测定来判断文献形式的年代，另外可以借鉴校勘学中的"他校法"、"理校法"以及"本校法"来进行辨别真伪。在对文献辨别中，"他校法"，是以他书或其他材料来校勘本书，注重以其书与本书相关的种种引文来辨别真伪；"理校法"，是根据史书的体例原则、遣词造句的特色来辨别，需要研究者对古籍、音韵、训诂、历史、典故等知识有很深的造诣；"本校法"是以本书前后互证，抉摘异同，辨别是非。可以使正文与正文比较，也可以是正文与注文的互校、或文义与体例、文辞押韵等的互校。

b. 文献的分类整理

一般情况下，书籍的分类整理可以通过定性分析进行整理，也可以参考《中国图书馆分类法》的学科分类将其分类。《中国图书馆分类法》包括"马列主义、毛泽东思想，哲学，社会科学，自然科学，综合性图书五大部类，22 个基本大类，具体如下：

A 马克思主义、列宁主义、毛泽东思想、邓小平理论

B 哲学、宗教

C 社会科学总论

D 政治、法律

E 军事

F 经济

G 文化、科学、教育、体育

H 语言、文字

I 文学

J 艺术

K 历史、地理

N 自然科学总论

O 数理科学和化学

P 天文学、地球科学

Q 生物科学

R 医药、卫生

S 农业科学

T 工业技术

U 交通运输

V 航空、航天

X 环境科学、安全科学

Z 综合性图书

而对于期刊、会议、学位论文等电子文档，可以用电子管理档案的办法来管理这些文件，按主题分类建立分级目录文件夹；文件存储使用文献的提名保存，建立目录页文件，以便随时列出各篇的题录；将纸质散页文件扫描存储到计算机中，以图片形式保存。

收藏的既不是书，也不是电子文献，而是书中摘录的只言片语，或者成为知识单元，其最好的保存方法就是记学习笔记，也可以输入计算机将其积累保存下来。

(2)题目

当文献信息资料收集、整理完毕，紧接着就要确定题目。题目是学术论文的必要组成部分。他要求用简洁、恰当的词组反映文章的特定内容，将论文的主题明白无误地告诉读者，并且使之具有画龙点睛、启迪读者兴趣的功能。在一般情况下，题目中应包括文章的主要关键词。题名切忌用较长的主、谓、宾语结构的完整语句逐点描述论文的内容，以保证达到"简洁"的要求；而"恰当"的要求反映在用词的中肯、醒目、易懂、好记上。当然，也要避免过分笼统或哗众取宠的所谓简洁，缺乏可检索性，以至于名实不符或无法反映出每篇文章应有的特色。题名简单，不应过长，一般不宜超过20个字。

（3）署名

无论哪种学术论文，著者署名是不可缺少的部分。著者是指论文的作者，能够对论文的构思、具体研究工作的执行及撰稿执笔等方面的全部或局部上做出主要贡献的人员，能够对论文的主要内容负责答辩的人员，是论文的法定权人和责任者。署名人数不该太多，对论文设计的部分内容做过咨询、给过某种帮助或参与常规劳务的人员不宜按著者身份署名，但可以注明他们曾参与了哪一部分具体工作，或通过文末致谢的方式对他们的贡献和劳动表示谢意。合写论文的著者应按论文工作贡献的多少顺序排列。著者的姓名应给全名，一般用真实姓名。同时，还应给出著者完成研究工作的单位或著者所在的工作单位或通信地址。

（4）摘要

摘要是现代学术论文的必不可少部分，很少有学术论文可以省略文摘。文摘是以提供文献内容梗概为目的，不加评论和补充解释，简明确切地记述文献重要内容的短文，应包括目的、方法、结果、结论。文摘有两种写法：报道性文摘——指明一次文献的主题范围及内容梗概的简明文摘，也称简介；指示性文摘——指示一次文献的陈述主题及取得的成果性质和水平的简明文摘。介乎其间的是报道/指示性文摘——以报道性文摘形式表述一次文献中信息价值较高的部分，而以指示性文摘形式表述其余部分的文摘。一般的学术论文都应尽量写成报道性文摘，而对综述性、资料性或评论性的文章可写成指示性或报道、指示性文摘。文摘可由作者自己写，也可由编者写。编写时，要客观、如实地反映一次文献；要着重反映文稿中的新观点；不要重复本学科领域已成为常识的内容；要简单地重复题名中已有的信息；书写要合乎语法，尽量与文稿的文体保持一致；结构要严谨，表达要简明，语义要确切；要用第三人称的写法。通常中文摘要以不超过400字为宜，纯指示性摘要可以简短一些，应控制在200字上下（GB 6447—86规定：报道性摘要和报道/指示性摘要一般以400字为宜；指示性摘要一般以200字左右为宜。GB 7713—87规定：中文摘要一般不宜超过200~300字；外文摘要不宜超过250个实词。如遇特殊需要字数可以略多）。对于使用英、俄、德、日、法等外文书写的一次文献，它们的摘要可以适当详尽一些。学位论文等文献具有某种特殊性，为了评审，可写成变异式的摘要，不受字数的限制。摘要的编写应该客观、真实，切忌掺杂进编写者的主观见解、解释和评论。

摘要应具有独立性和自明性，并拥有与一次文献同等量的主要信息，即不阅读文献的全文，就能获得必要的信息。因此摘要是一种可以被引用的完整短文。摘要的书写要求详细见国家标准 GB 6447—86、GB 7713—87。

(5)关键词

为了便于读者从浩如烟海的书刊中寻找文献，特别是适应计算机自动检索的需要，应在文摘后给出 3~8 个关键词。选能反映文献特征内容、通用性比较强的关键词。首先要选列入主题词表中的规范性词，如在《汉语主题词表》和专业性主题词表(如 NASA 词表、INIS 词表、TEST 词表、MeSH 词表等)中选取。那些确能反映论文的主题内容但现行的主题词表还来不及收入的词或词组可以作为自由词列出，以补充关键词个数的不足或为了更好地表达论文的主题内容。关键词作为论文的一个组成部分，列于摘要段之后。

(6)引言

引言，又叫前言、序等，经常作为学术论文的开端，主要回答："What(什么)"和"Why(为什么)"这两个问题。它简明介绍学术论文的背景、相关领域的前人研究历史与现状，以及著者的意图与分析依据，包括学术论文的追求目标、研究范围和理论、技术方案的选取等。引言中要写的内容大致有如下几项。

①研究理由、目的和背景。包括问题的提出，研究对象及基本特征，前人对这一问题做了哪些工作，存在哪些不足；希望解决什么问题，该问题的解决有什么作用和意义；研究工作的背景是什么。要回答的问题比较多，只能采取简述的方式，通常用一两句话即把某一个问题交代清楚，无需赘言。

②理论依据、实验基础和研究方法。如果沿用已知的理论、原理和方法，则只需提及一笔或标注出有关文献。如果要引出新的概念或术语，则应加以定义或阐明。

③预期的结果及其地位、作用和意义。要写得自然、概括、简洁、确切。

引言的写作要求包括以下四点：

a. 语言精练，重点突出。引言中要求写的内容较多，而篇幅有限，这就需要根据研究课题的具体情况确定阐述重点。共知的、前人文献中已有的不必细写。主要写好研究的理由、目的、方法和预期结果。意思要明确，语言要精练。

b. 科学客观，立意新颖。引言是基于论文全文写作的一个总括，有些会介绍一些在论文数据信息的来源、收集方法，因此引言要科学客观，不落俗套。另外，有的作者在论文的引言部分喜欢对自己的研究工作或能力表示谦虚，如"由于时间仓促，论文会出现不足之处，请读者批评指正"等，这些内容都不必写。论文既然可以发表，就是有他的独到之处，论文毕竟是自家之言，有人会认可作者的观点，也有人会反驳，论文的作者应对自己的论文有信心，否则就不要编写、投稿甚至是发表。如果作者感觉有确实要写的必要，那么可以在论文末尾撰写写作说明，但是要实事求是、客观且简练具体，不能笼统介绍就一笔带过。

c. 主题鲜明，不绕弯子。注意，不能过多铺垫。否则会显得论文冗余，主题不明确。

（7）正文

正文是学术论文的核心组成部分。本部分主要是回答"How（怎么做）"这个问题的。

正文应充分阐明学术论文的观点、原理、方法及具体达到预期目标的整个过程，并且突出一个"新"字，以反映论文的独创性。根据需要，论文可以分层深入，逐层剖析，根据论文结构，合理分设标题和子标题。学术论文写作不要求文字华丽，但要求思路清晰，合乎逻辑，用语简洁、准确、明快、流畅；内容科学、客观、完备，要尽量以事实和数据为依据；凡用简要的文字能够说清楚的，应用文字陈述，用文字不容易说明白或比较繁琐的，应用表或图来陈述。物理量和单位应采用法定计量单位。

学术论文的论点、论据和论证都在这里阐述，因此它占主要篇幅。由于论文作者的研究工作涉及的学科、选题、研究对象和研究方法、工作进程、结果表达方式等差异很大，所以对正文要写的内容不能做统一规定；但是，总的思路和结构安排应当符合"提出论点，通过论据（事实和/或数据）来对论点加以论证"这一共同的要求。

①主题思想和正文结构

该部分是学术论文写作的中心环节，要把论文的主题思想在正文部分确立起来，同时要安排好正文的结构，选择好正文的材料，以充分而有效地表达论文的主题。

论文主题，即作者总的意图或基本观点的体现，对论文的价值起主导和决定作用。对学术论文主题的基本要求是：新颖、深刻、集中、鲜明。

a. 主题新颖，就是要研究、解决、创立和提出前人没有研究和解决的问题，选题时必须广泛查阅文献资料，了解与本课题有关的前人的工作；研究时应从新的角度去探索；写作时应认真分析研究实验、观察、测试、计算及调查、统计结果，得出新的见解和观点。

b. 主题深刻，就是要抓住问题的本质，揭示事物的主要矛盾，总结出事物存在、运动、变化和发展的客观规律。要使主题深刻，就不能停留在简单地描述现象，堆砌材料，和盘托出实验或观测、统计数据的阶段，而应透过现象抓住事物的本质，在分析材料、整理实验或观察结果的基础上提出能反映客观规律的见解，将实践知识上升为理论，得出有价值的结论。

c. 主题集中，就是一篇论文只有一个中心。要使主题集中，就不能面面俱到，凡与本文主题无关或关系不大的内容不应涉及，更不能过多阐述，否则就会使问题繁杂，脉络不清，主题淡化。

d. 主题鲜明，就是论文的中心思想地位突出，除了在论文的题名、摘要、引言、结论部分明确地点出主题外，在正文部分更要注意突出主题。

②对材料的要求

所谓材料，就是为了表现主题而收集到的各种事实、数据和观点等。按来源分，材料有以下 3 种。

a. 直接材料，即作者亲自通过调查或科学实验得到的材料。

b. 间接材料，即作者从文献资料中得到的或由他人提供的材料。

c. 发展材料，即作者对直接材料和间接材料加以整理、分析、研究而形成的材料。

选择材料时应遵循以下原则：首先必要而充分。必要即必不可少，缺此不能表现主题。写作时应紧紧抓住这类材料，而与主题无关的材料，则不论来得多么不容易也不要采用，即使一时用了，在修改时也应割爱。充分即量要足够，必要的材料若没有一定的数量，有时难以清楚论证问题，即所谓"证据不足"。有了足够的量，才能从中选出足够的必要材料；真实而准确。真实既不虚假，材料来自客观实际，即来自社会调查、生产时间和科学实验，而不是虚拟或编造的。准确即完全符合世界。学术论文十分强调科学性，要求观点有十足的可信度，因此研究方法、调查方式和实验方案的选取都要合理，实验操作和数据的采集、记录及处理要正确，才能获得真实而准确的材料。写作时要尽量用直接材料；对间接材料要分析和核对，引用是要在全面理解的基础上合理取舍，避免断章取义，更不能歪曲原意；形成发展材料时，要保持有材料的客观性，力求避免由主观因素可能造成的失真；典型而新颖。典型即材料能反映事物的本质特征。这样的材料能使道理具体化，描述形象化，有极强的说服力。要获得典型的材料，必须深入调查和研究工作，否则难以捕获事物的本质；应善于从众多、繁杂的材料中取其具有代表性的，而将一般性的材料不吝舍去。新颖即新鲜、不陈旧。要使材料新颖，关键是要做开拓性工作，不断获得创新性成果，同时，收集文献资料面要广，量要大，并多做分析、比较，从中选取能反映新进展、新成果的新材料，而摒弃过时的陈旧材料。

③对结构的要求

正文以至整篇论文的结构，是指节、段的层次及其划分。不同内容的正文，有其各自合理的结构，但是总的要求是，层次清楚，节、段安排符合逻辑顺序，服从读者的认识和思维规律。对于不同科学技术问题，阐明或论证的方法可能不同，应根据具体情况，灵活处理，采取合适的结构顺序和结构层次，组织好段落，安排好材料。说明、描写、记叙和论证时应注意，一节、一个段落、一个自然段，甚至一个句组、一个句子只能有一个中心，并应互相连贯、脱节和交叉混杂的问题，以使全文主题明确、中心突出、脉络清晰、层次分明、过渡自然，达到结构严谨的要求。

④对论证的要求

论证是指用论据证明论点的推理过程，其作用是说服读者相信作者论题的正确性，即"以理服人"。论证是学术论文的主要表达方式，当然也是在正文部分所要采用的基本写作手段。论证是由论点、论据和论证方式 3 个环节组成。

常用的论证方式如下。

a. 举例论证　运用具体事例，真实可信，增强文章说服力。

b. 道理论证　引用名言，具有权威性，论证有力。

c. 对比论证　正确错误分明，是非曲直明确，给人印象深刻。

d. 比喻论证　道理讲得通俗易懂，语言生动形象，容易被人接受。

e. 反正论证　从反面来证明论点，如数学上的反证法。思维形式也是演绎推理。

f. 归谬法。先假定某一论点是正确的，然后以此为前提，导出一个显然是荒谬的结论，从而证明假定的那一论点是错的。这种方法只是用于驳论。思维形式是演绎反驳推理。

总之，在正文写作中应恰当地使用这些论证方式，并遵守论证的逻辑规则，在组织好真实而充分的材料即论据的基础上，通过符合逻辑的推理和论证，使论文的主要论点即作者的主要观点为读者所接受。当然，严密论证的结果也可能否定了原来的某些论点。这并不可怕，反而是好事，因为它保证了论文的科学性，同时表明作者具有"坚持真理，修正错误"的科学态度。

⑤正文内容

正文可以分为几个段落，正文没有固定的格式，但是一般都是参考参照国家标准 GB/T1.1—2000《标准化工作导则　第 1 部分：标准的结构和编写规则》第 5 章第 2 节"层次的描述和编号"的有关规定，学术论文的章、条的划分、编号和排列均应采用阿拉伯数字分级编写，即一级标题的编号为 1，2，…；二级标题的编号为 1.1，1.2，…，2.1，2.2，…；三级标题的编号为 1.1.1，1.1.2，…，如此等等，详细参见 GB/T 1.1—2000 和 GB 7713—87《科学技术报告、学位论文和学术论文的编写格式》。

对学术论文的正文部分写作的总要求是：明晰、准确、完备、简洁。具体地说来，要用正确的观点去统率材料，论点要正确、合理、鲜明，分析说理要合乎正确的原则，要善于从"小事"论起，但是不要以叙述代替议论，要以理服人。还要注意的问题是：层次。条理要清楚，要围绕中心去逐层论述。最重要的是要'清先后主次"；要弄清哪些该先说，哪些该后说，哪些为主，哪些为次，哪些要多说，说得详细一些，哪些要少说，说得简括一些。这里的关键是要围绕中心。比较常用的方法是：论点在完，分析议论随后，以作出结论收尾。其中分析议论的部分，是先摆事实还是后摆事实，是先讲道理还是后讲道理，就要看具体情况和作者本人的写作习惯而定了。要按照议论文本身的规律去安排内容。一篇议论文，一般都包括三个部分，就是："提出问题。分析问题和解决问题。"开头部分，一般都用来提出问题，完成"提出论点"的任务。这一部分要说清这篇作文所说的"是什么"。中间部分，一般都占较长的篇幅，分为好几个段落，是这篇作文的"重心"。这个部分应该用来"分析问题"。提出充分的论据(或者摆事实，或者讲道理)，去论证论点的任务，主要是在这一部分完成。这一部分要说清这篇作文"为什么"要这样讲。结尾部分(或者叫"结束部分")，主要是用来完成"解决问题"的任务。具体的方式有：做出结论；指出解决问题的方法；或者二者兼而有之。这一部分是要说清这篇作文要告诉人们"怎么办"。可以这样说：一篇议论文的安排方式是："'提出问题——分析问题——解决问题"，或者说是："论点——论据——结论"、"是什么——为什么——怎么办"。最后要注意的问题是：议论文的语言要准确、简洁、具体。辨别词义要严格，用词必须没有歧义，不能词不达意、模棱两可。要简洁顺畅，恰如其分。要讲究辞藻文采，把抽象的道理讲得具体、形象，生动而有风趣。可以采用灵活多变的句式。用长句，缜密无漏洞；用短句，干净利索。肯定的说法，可以改用双重否定的句式；该直陈其事时用点设问句、反问句。这可以增强文章的感情色彩。

(8)结论和建议

结论又称结束语、结语。它是在理论分析和实验验证的基础上，通过严密的逻辑推理而得出的富有创造性、指导性、经验性的结果描述。它又以自身的条理性、明确性、客观性反映了论文或研究成果的价值。结论与引言相呼应，同摘要一样，其作用是便于读者阅读和为二次文献作者提供依据。

①结论的内容与格式。结论不是研究结果的简单重复，而是对研究结果更深入一步的认识，是从正文部分的全部内容出发，并涉及引言的部分内容，经过判断、归纳、推理等过程，将研究结果升华成新的总观点。其内容要点如下：a. 本研究结果说明了什么问题，得出了什么规律性的东西，解决了什么理论或实际问题；b. 对前人有关本问题的看法做了哪些检验，哪些与本研究结果一致，哪些不一致，作者做了哪些修正、补充、发展或否定；c. 本研究的不足之处或遗留问题。对于某一篇论文的"结论"，上述要点 a. 是必需的，而 b. 和 c. 视论文的具体内容可以有，也可以没有；如果不可能导出结论，也可以没有结论而进行必要的讨论。

结论的格式安排可作如下考虑：

如果结论的内容较多，可以分条来写，并给以编号，如 1），2），3）等，每条成一段，包括几句话或一句话；如果结论段内容较少，可以不分条写，整个为一段，几句话。

结论里应包括必要的数据，但主要是用文字表达，一般不再用插图和表格。

②结论和建议的撰写要求。a. 概括准确；措词严谨。结论是论文最终的、总体的总结，对论文创新内容的概括应当准确、完整，不要轻易放弃，更不要漏掉一条有价值的结论，但也不能凭空杜撰。措辞要严谨，语句要像法律条文那样，只能作一种解释，清清楚楚，不能模棱两可，含糊其辞。肯定和否定要明确，一般不用"大概"、"也许"、"可能是"这类词语，以免使人有似是而非的感觉，怀疑论文的真正价值。b. 明确具体，简短精练。结论段有相对的独立性，专业读者和情报人员可以只看摘要和（或）结论而能大致了解论文反映的成果和成果的价值，所以结论段应提供明确、具体的定性和定量的信息。对要点要具体表述，不能用抽象和笼统的语言。可读性要强，如一般不单用量符号，而宜用量名称。行文要简短，不再展开论述，不对论文中各段的小结作简单重复。语言要锤炼，删去可有可无的词语，如"通过理论分析和实验验证，可得出下列结论"这样的行文一般都是废话。c. 不作自我评价。研究成果或论文的真正价值是通过具体"结论"来体现的，所以不宜用如"本研究具有国际先进水平"、"本研究结果属国内首创"、"本研究结果填补了国内空白"一类语句来做自我评价。成果到底属何种水平，是不是首创，是否填补了空白，读者自会评说，不必由论文作者把它写在结论里。

"建议"部分可以单独用一个标题，也可以包括在结论段，如作为结论的最末一条。如果没有建议，也不要勉强杜撰。

（9）致谢

现代科学技术研究往往不是一个人能单独完成的，而需要他人的合作与帮助，因此，当研究成果以论文形式发表时，作者应当对他人的劳动给以充分肯定，并对他们表示感谢。

致谢的对象是，凡对本研究直接提供过资金、设备、人力，以及文献资料等支持和帮助的团体和个人。致谢一般单独成段，放在文章的最后面，但它不是论文的必要组成部分。致谢也可以列出标题并贯以序号，也可不列标题，空一行置于"结论"段之后。

（10）参考文献

"参考文献"即"文后参考文献"，据新的《文后参考文献著录规则》（GB/T 7714—2005），是指"为撰写或编辑论文和著作而引用的有关文献信息资源。"按规定，在学术论文中，凡是引用前人（包括作者自己过去）已发表的文献中的观点、数据和材料等，都要对它们在文中出现的地方予以标明，并在文末（致谢段之后）列出参考文献。这项工作叫做参考文献著录。

被列入的参考文献应该只限于那些著者亲自阅读过和论文中引用过，而且正式发表的出版物，或其他有关档案资料，包括专利等文献。私人通信、内部讲义及未发表的著作，一般不宜作为参考文献著录，但可用脚注或文内注的方式，以说明引用依据。

文后参考文献的著录方法有"顺序编码制"和"著者-出版年制"。前者根据正文中引用参考文献的先后，按著者、题名、出版事项的顺序逐项著录；后者首先根据文种（按中文、日文、英文、俄文、其他文种的顺序）集中，然后按参考文献著者的姓氏笔画或姓氏首字母的顺序排列，同一著者有多篇文献被参考引用时，再按文献出版年份的先后依次给出。其中，顺序编码制为我国学术期刊所普遍采用。

①文内标注格式。采用顺序编码制时，在引文处，按它们出现的先后用阿拉伯数字连续编码，并将序码置于方括号内，视具体情况把序码作为上角标，或者作为语句的组成部分。

②文后参考文献的著录格式。文后参考文献著录格式应按国家标准（GB/T 7714—2005）或出版社编辑部要求的格式。各类文献著录格式及举例如下：

◆ 专著著录格式

[序号]著者. 书名[M]版本（第1版不写）. 出版地：出版者，出版年：起止页码.

[1]张厚生主编．信息检索[M]．南京：东南大学出版社，1997：32-36

[2]焦玉英，符绍宏，何绍华编著．信息检索[M]．武汉：武汉大学出版社，2008：12-15

◆　期刊著录格式

[序号]作者．篇名[J]．刊名，出版年份，卷号(期号)：起止页码．

[1]张晓娟，张寒露，范玉珊，李复郡，贾涵．高校信息素养教育的基本模式及国内外实践研究[J]．大学图书馆学报，2012，02：95-101.

[2]郭太敏，曹志梅，谭黎娟，张霞．大学生信息素养一体化教育体系及其构建对策[J]．大学图书馆学报，2012，02：102-104，119.

[3]潘燕桃，廖昀赟．大学生信息素养教育的"慕课"化趋势[J]．大学图书馆学报，2014，04：21-27.

[4]张晓娟．信息素养：标准、模式及其实现[J]．图书情报知识，2009，01：17-23，29.

◆　学位论文著录格式

[序号]作者．题名[D]．出版地或保存地点：出版者或保存单位，年：起止页码．

[1]刘孝文．信息素养评估指标体系研究[D]．河北大学，2006.

[2]王馨．网络环境下大学生信息素养现状及培养研究[D]．同济大学，2007.

[3]徐爽．论大学图书馆信息素养教育[D]．华东师范大学，2007.

◆　报纸著录格式

[序号]作者．题名[N]．报纸名称，出版年份—月—日(版次).

[1]陈建强，马超．南开大学首推学生发展辅学支持体系[N]．光明日报，2015-08-10006.

[2]中共湖州市委理论学习中心组．坚定不移践行"绿水青山就是金山银山"[N]．湖州日报，2015-08-10001.

[3]李生清．当好忠诚于党无愧于群众的"关键少数"[N]．江苏法制报，2015-08-1000B.

◆　科技报告著录格式

[序号]作者．报告题名，报告编号[R]．出版地：出版者，出版年．

[1]唐钧．"公共服务均等化"保障6种基本权利[J]．时事报告，2006，06.

[2]韩俊．中国农业现代化六大问题[J]．时事报告，2012，03.

◆ 标准著录格式

［顺序号］起草责任者．标准编号（标准代号标准顺序号—发布年），标准名称［S］．出版地：出版者，出版年（也可略去起草责任者、出版地、出版者和出版年）．

［1］GB/T 16159—1996，汉语拼音正词法基本规则［S］．北京：中国标准出版社，1996.

［2］全国量和单位标准化技术委员会．GB 3100-3102-93，量和单位［S］．北京：中国标准出版社，1994.

◆ 专利著录格式

［序号］专利申请者或所有者．专利题名：专利国别，专利号［P］．公告日期或公开日期．

［1］卢柯，吕坚．形成纳米结构的机械方法和专用机械设备，辽宁：CN1336321［P］．2002-02-20.

［2］木原竜儿，中岛卓哉，古畑诚．微型机械式静电振子，日本：CN1625046［P］．2005-06-08.

◆ 会议录著录格式

［序号］会议主办者．会议录名称［C］．出版地点：出版者，出版日期．

［1］中国力学学会．中国力学学会学术大会'2009论文摘要集［C］．郑州：［出版者不详］，2009.

◆ 专著、会议录、汇编作品中析出的文献

［序号］析出文献主要责任者．析出文献题名［文献类型标志］．析出文献其他责任者//专著主要责任者．专著题名：其他题名信息．版本项．出版地：出版者，出版年：析出文献的页码．

［1］蒋平，郭波，张昆仑．机械制造的工艺可靠性研究综述［A］．中国机械工程学会可靠性工程分会．2010年全国机械行业可靠性技术学术交流会暨第四届可靠性工程分会第二次全体委员大会论文集［C］．中国机械工程学会可靠性工程分会，2010：7.

［2］翟慧强，张金萍，于玲，王丹．机械振动测试系统综述［A］．中共沈阳市委员会、沈阳市人民政府、中国科学院沈阳分院．第十届沈阳科学学术年会论文集（信息科学与工程技术分册）［C］．中共沈阳市委员会、沈阳市人民政府、中国科学院沈阳分院，2013：4.

◆ 传统文献网络电子版

［序号］主要责任考．题名：其他题名信息［文献类型标志/OL］．出版地：

出版者，出版年(更新或修改日期)[引用日期]. 获取或访问路径.

a. 期刊论文网络电子版：[序号]. 作者. 题名[J/OL]. 刊物名称，年，卷(期)：页码[引用日期]. 获取或访问路径.

[1]杨枚. 高校图书馆社会化信息服务模式探索与实践——以广州大学图书馆为例[J/OL]. 图书馆杂志，2011（3）：59-61[2015-06-01]. http：//wenku. baidu. com/view/618c2d4fe45c3b3567ec8bec. html。

b. 电子公告(包括来自 BBS 的信息)：[序号]. 作者. 标题[EB/OL]. [检索日期]. 网址.

[1]北京师范大学图书馆. 图书馆自助打印服务[EB/OL]. [2015-06-01]. http：//www. lib. bnu. edu. cn/fuwu/hjyss_ zizhudayin. htm.

c. 数据库中检索的非传统型文献：序号. 作者. 标题[DB/OL]. [检索日期]. 网址.

[1]马景娣. 应对变革　创新服务　谋求发展[DB/OL]. [2015-06-02]. http：//wenku. baidu. com/link？url＝dCMf79FUdtauD7M6aOpvxbzaJdB7hrcZV9fRm AOUPHQFzGWlfjOT0sgHJOFE51uS2Tiv8A-9bNL5ReGtg2WnJ4GjwWyBKT RobnGy10zju-C.

d. 报纸论文网络电子版：[序引]作者. 题名[N/OL]. 报纸名，年-月-日(版次)[引用日期]. 获取或访问路径.

[1]陈香. 他们是中国儿童阅读推广人[N/OL]. 中华读书报，2008-01-23[2015-07-03]. http：//www. gmw. cn/01ds/2008-01/23/content_ 726674. htm.

e. 图书(包括专著、会议文集或汇编作品)网络电子版：[序号]作者. 题名[M/OL 或 C/OL 或 G/OL]. 其他责任者. 出版地：出版者，出版年：页码[引用日期]. 获取或访问路径.

[1]孙武. 孙子兵法[M/OL]. 杭州：浙江出版集团数字传媒有限公司，2014：29[2015-07-12]. http：//yuedu. baidu. com/ebook/96622f1a0b1c59eef8c 7b4cc？fr＝aladdin&key＝孙子兵法

（11）附录

附录是论文的附件，不是必要组成部分。它在不增加文献正文部分的篇幅和不影响正文主体内容叙述连贯性的前提下，向读者提供论文中部分内容的详尽推导、演算、证明、仪器、装备或解释、说明，以及提供有关数据、曲线、照片或其他辅助资料如计算机的框图和程序软件等。

附录与正文一样，编入连续页码。

附录段置于参考文献表之后，依次用大写正体 A，B，C，…编号，如以

"附录 A"、"附录 B"做标题前导词。

附录中的插图、表格、公式、参考文献等的序号与正文分开，另行编制，如编为"图 a1"，"图 b1"；"表 a1"，"表 c1"；"式（a1）"：式（c1）；"文献[a1]"；"文献[b1]等。

（12）注释

解释题名项、作者及论文中的某些内容，均可使用注释。能在行文时用括号直接注释的，尽量不单独列出。

不随文列出的注释叫做脚注。用加半个圆括号的阿拉伯数字 1），2），3）等，或用圈码①，②，③等作为标注符号，置于需要注释的词、词组或句子的右上角。每页均从数码 1）或①开始，当页只有 1 个脚注时，也用 1）或①。注释内容应置于该页地脚，并在页面的左边用一短细水平线与正文分开，细线的长度为版面宽度的 1/4。

（13）有关学术论文规范表达的几个重要问题

①插图和表格

插图和表格是论文的重要组成部分。对于它们的设计和制作，要强调以下几点。

a. 图和表都应精确。对于能以文字表达清楚的内容，则不使用图或表；对于以大量文字表达不清楚但以图或表能表达清楚的内容，则使用图或表；对于只用 1 个表或图就能说明的内容，则不要使用 2 个或更多的图或表。

b. 每个图或表都应有图序或表序。图序的格式为"图 1"、"图 2"、"图 3"等，表序的格式为"表 1"、"表 2"、"表 3"等。

c. 每个图或表都应有图题或表题。图题或表题应是最准确、最简练的并能反映图或表特定内容的词语的逻辑组合，一般是词组（很少用句子），而且绝大多数是以名词或名词性词组为中心语的偏正词组（很少用动宾词组），要求准确得体、简短精练、容易认读。

d. 图或表中的标目，应采用量与单位比值的形式，即"量名称或（和）量符号/单位"，如"p/Pa"；而不采用不科学并容易引起歧义的表示方法，如"p，Pa"、"压力，Pa"、"压力（Pa）"、"压力 p（MPa）"。

②中图分类号和文献标识码的选取

为了从论文的学科属性方面揭示其表达的中心内容，同时为了使读者从学科领域、专业门类的角度进行（族性）检索，并为文章的分类统计创造条件，期刊编辑部、学位论文审定机构往往要求论文作者对自己的论文标注中国分类号。

a. 中图分类号选取的原则

第一，在文献内容与形式的关系上应以内容为主要依据；在基础科学与应用科学的关系上以其内容重点、作者写作意图、读者对象的需要为依据。

第二，尽可能给予较详细的分类号，以准确反映文献内容的学科属性。

第三，在涉及文献内容中应用与被应用的关系时，一般都选取被应用的学科专业所属的分类号。

第四，在分化学料与边缘学科、交叉学科关系上，如果这门新兴学科是由某一门学科分化出来的则应选取该学科分类号。

b. 中图分类号选取的方法

第一，利用《中国分类主题词表》选取正确的分类号：对于一般作者而言，要想通过较短的时间学会和了解《中国图书馆分类法》，进而掌握这部大型工具书的使用是不现实的。而通过使用《中国分类主题词表》则能帮助作者既快又准地选取相应的分类号。具体做法是利用该词表中"主题词—分类号对应表"部分，以主题词款目和主题词串标题的字顺为序，从主题词入手，及时、便捷地查到分类号。

第二，通过查找数据库中类似的主题论文，了解其中国分类号，经过分析、比较，选定相应的分类号。具体步骤是：在《中国期刊全文数据库》或《中国科技期刊数据库》中(或其他有关数据库)中检索与作者即将投稿的论文主题相类似或相近的主题词，可以在得到一批相关文献的同时，清楚了解相应的分类号并限定所需的分类号。

c. 文献标识码的选取

文献标识码是我国目前较有影响的大型全文学术期刊数据库《中国期刊全文数据库》对其收录的期刊上刊登的论文的类型所规定的标识码。各标识码的具体含义是：

第一，理论与应用研究学术论文〔包括综述报告)；

第二，实用性技术成果报告(科技)、理论学习与社会实践总结(社科)；

第三，业务指导与技术管理性文章(包括领导讲话、特约评论等)；

第四，一般动态性信息(通讯、报道、会议活动、专访等)：

第五，文件、资料(包括历史资料、统计资料、机构、人物、书刊、知识介绍等)。

另外，不属于上述各类型的文章以及文摘、通讯、补白、广告、启事等不加文献标识码。中文文章的文献标识码以"文献标识码："或［文献标识码］作为标识，如：文献标识码：B。英文文章的文献标识码以"Document code："作为标识。

③数字与符号的使用规则

a. 汉字数字与阿拉伯数字

什么情况使用汉字数字，什么情况使用阿拉伯数字，国家标准有规定。

总的原则是：凡是可以使用阿拉伯数字而且又很得体的地方，均应使用阿拉伯数字。

第一，使用阿拉伯数字的场合。

- 公元世纪、年代、年、月、日、时刻。如：20 世纪 80 年代；2015 年 2 月 1 日；13 时 15 分 20 秒。注意：年份不能简写，如 1999 年在任何地方都不能写作 99 年。"时刻"可用标准化格式表示，如"12 时 5 分 18 秒"可写为"12：05：38"。日期与日的时间的组合，表示方法是：年-月-日 T 时：分：秒。T 为时间标志符。"时"、"分"、"秒"之间的分隔符是冒号（：）而不是比号（：）。例如"1999 年 1 月 15 日 12 时 5 分 18 秒"，可表示为"1999-01-15T12：05：18"。这种方式更多地用在图表中

- 计量单位和计数单位前的数字。如：食盐 200g，牛奶 250ml；猪 15 头，鱼 3 条；3 个特点，2 条意见，200 多人。

- 纯数字，包括整数、小数、分数、百分数、比例，以及一部分概数。如：4，-0.3，4/5，56%，3：2，10 多，300 余。

- 产品型号、样品编号，以及各种代号或序号。

- 文后参考文献著录中的数字（古籍除外）。

第二，使用汉字数字的场合。

- 定型的词、词组、成语、惯用语、缩略语，以及具有修饰色彩的词语中作为语素的数字，必须用汉字数字。例如：第一，二倍体，三氧化二铝，十二指肠，星期五，"十二五"计划，第一作者等。

- 相邻两个数字连用表示的概数。例如：五六十万元人民币，四五百人，数字中间不用顿号"、"。

- 带有"几"字的数字表示的概数。例如：十几，几百，三千几百万，几万分之一。

- 各国、各民族的非公历纪年及月日。

- 含有月日简称表示事件、节日和其他特定含义的词组中的数字。例如："一二·九"运动，"五四"运动，"一·一七"批示。

b. 数字的书写规则

第一，书写和排印 4 位和 4 位以上的数字要采用三位分节法，即从小数点

算起，向左和向右每 3 位数之间留出 1/4 个汉字大小的空隙。例如：3 245，3，145，3.1415。

第二，小数点前用来定位的"0"不能省略。如 0.5 不能写作 .5。

第三，阿拉伯数字不能与除"万"、"亿"外的汉字数词连用。如"一千五百万"可写为"1500 万"，但不能写为"1 千 5 百万"。

第四，数值的有效位数必须全部写出。例如：一组有 3 位有效数字的电流值"0.450，0.600，0.850A"，不能写作"0.45，0.6，0.85A"。

第五，表示数值范围和公差时应注意几点：其一，表示数值范围或量值的波动变化幅度采用浪纹号（～，占一个汉字位置）。例如：120—130kg，70～80朵花。其二，表示百分数范围时，前一个百分号不能省略。如"50%—65%"不能写成"50—65%"。其三，用"万"或"亿"表示的数值范围，每个数值中的"万"或"亿"不能省略。如"30 万—60 万"不能写成"30—60 万"。其四，单位不完全相同的量值范围，每个量值的单位应全部写出，如"4h—6h30min"不能写作"4—6h25min"；但单位相同的量值范围，前一个量值的单位可以省略，如"150g—750g"可以写作"150—750g"。其五，量值与其公差的单位相同、上下公差也相等时，单位可以只写 1 次。其六，量值的上下公差不相同时，公差应分别写在量值的右上、右下角；量值与公差的单位不相同时，单位应分别写出。其七，表示带百分数公差的中心值时，百分号（%）只需写 1 次，同时"%"前的中心值与公差应当用括号括起。例如"（60+5）%"任何时候都不得写作"60+5%"，也不得写作"60%+5%"。

第六，用量值相乘表示面积或体积时，每个数值的单位都应写出。例如：50cm×60cm，不能写作 50×60cm，也不能写作 50×60cm^2。

第七，一组量值的单位相同时，可以只在最末一个量值后写出单位，其余量值的单位可以省略。如"45mm，42mm，35mm"，可以写作"45，42，35mm"。各量值后的点号可以用"，"，也可以用"、"，但全文应统一。

c. 英文中符号的使用规范

第一，标点占的字符数：英文标点中除了破折号"—"占 2 个英文字符外，其余均占 1 个英文字符（大致半个汉字）；数字范围号"—"占 2 个英文字符，连字符"—"占 1 个英文字符；英文中的省略号为 3 个由空格隔开的英文句点"..."，而不是"…"。

第二，英文标点符号中没有《》"、"和"～"。英文中书名一般用斜体表示，该用顿号时用逗号表示，数字范围用半字线"—"。英文中半角浪纹号"～"有时用在阿拉伯数字前表示近似。

第三，标点符号的空格与取舍：英文中引号内句子或短语末尾的逗号和句号等一律封闭在引号之内；英文破折号、数字范围号和连字符前后均不空格；英文引号和括号外面前后均空格，里面前后均不空格。带省略号的缩略语位于句末时，可省略一个黑点；但省略号位于句末时，句点不能省略。

2. 英文学术论文的撰写

英文学术论文写作是国际学术交流必需的技能。但是需要注意的是，英文学术论文和中文学术论文的撰写还是不尽相同的。由于中国人和西方人思维方式有所不同，从而导致写作风格上的差异。这一点突出表现在文章结构和表达上的不同，譬如说，通常中国人行文较为含蓄，因此文章各段之间可能存在不明显的内在关联；而西方人则比较直截了当，他们的文章结构往往一目了然。因此，即使已有一篇现成的中文论文，在其基础上写英文论文也不能直接简单地逐字逐句翻译。因此英文论文的写作格式是在撰写英语学术论文时最应该注意的方面，当然，英文学术论文的撰写同样应遵循学术论文的基本要求，如"讲究逻辑，表达清晰，用词准确"。

（1）英文学术论文写作的 IMRAD 模式

撰写英文科技论文的第一步就是推敲结构，使之成为西方人易于理解的形式。最简单有效的方法即采用 IMRAD 模式（Introduction，Materials and Mothods，Results，and Disscussion），这是西方学术论文最通用的一种方式。IMRAD 结构的逻辑体现在它能依次回答以下问题：

- Introduction 主要是用来回答本篇论文研究的是什么问题；
- Maerials and Methods 主要回答的是用什么方法和工具来研究本篇论文的问题；
- Results 就是解决其问题的方法，即答案；
- Dissucussion 主要是解释这些发现意味着什么。

按照这个结构整体规划论文时，有一个方法值得借鉴，即剑桥大学爱希比〔M. Ashby〕教授提出的"概念图"。首先在一张大纸上（A3 或 A4 纸，横放）写下文章题目，然后根据 IMRAD 的结构确定基本的段落主题，把它们写在不同的方框内。作者可以记录任何自己脑海中闪现的可以包括在该部分的内容，诸如段落标题、图表、需要进一步阐述的观点等，把它们写在方框附近的圈内，并用箭头标示它们的所属方框。画概念图的阶段也是自由思考的阶段，在此过程中不必拘泥于细节。哪些东西需要包括进文章？还需要做哪些工作，是找到某文献的原文，还是补画一张图表，或者需要再查找某个参考文献？当你发现自己需要再加进一个段落时就在概念图中添加一个新框。如果你发现原来的顺序需作调整，那就用箭头标示新的顺序。绘制概念图的过程看似儿童游戏，但其意义重大，它可以给你自由思考的空间，并通过图示的方式记录你思维发展的过程。这便是写论文的第一步：从整体考虑文章结构，思考各种组织文章的方法，准备好所需的资料，随时记录出现的新想法。采用这个方法，不论正式下笔时是从哪一部分写起，都能够能做到大局不乱。

（2）英文学术论文的组成及其写法

英文学术论文的组成与中文论文基本一致，一般也包括：题目、作者、论文摘要、关键词、引言、正文、结论、建议、致谢、附录以及参考文献。但并非所有的论文都要必备这些项目，可根据论文的类型及其内容自由选择其项目及这些项目的安排顺序。

①题目（Title）

英文学术论文中的题目和中文学术论文的要求是一样的，在上一章节，已经详尽介绍了一个标准的题目基本要求，即应该言简意赅，既不要太笼统，过于概括一般化；也不能过于繁琐，使读者难以理解论文的全貌。所以好的标题应能概括全篇内容，同时又能给人印象鲜明，引人注目。如果题目写得不好，这常常会使真正想了解它的读者错过阅读这篇文章的机会。

需要注意的是，英文学术论文的题目不用可以追寻语法结构，即不用主谓宾全部出现在题目中，但必须注意词的先后顺序。中文的题目喜欢用"论"、"浅论"以及"探究"等词，可是在英文学术论文题目中，这些词都是一些无意义的词，所以直接写主题即可。如"浅论高校图书馆的学科服务"，在英文学术论文的题目则是"The Subject Services in Institute of Technology Libraries"。标题中不要使用缩略语、化学分子式、专利商标名称、罕见的或过时的术语。同时按惯例，英文标题的第一个词和每个实词第一个字母要大写。

②作者（Author）

中英文学术论文的作者基本要求是一样的，在上一章节已经详细介绍。值得注意的是，外文期刊的中国作者姓名，不能西化，应按照中国的书写习惯，姓前名后。例如：Li Ming, Zhang Jia-Hui。

③摘要（Abstract）

学术论文在正文前面都有内容摘要。论文摘要应简明扼要，不仅能引人入胜、吸引读者去读全文，而且要能独立使用，使读者即使不看正文也能一目了然，了解论文的基本面貌，能代替阅读论文全文。

a. 英文摘要的基本内容。英文摘要通常放在正文前面，将论文的目的（puposes），主要研究过程（procedures）及所采用的方法（medthods），由此得到的主要结果(results)和得出的重要结论(conclusions)表达清楚。即英文摘要应包括：本文的目的或要解决的问题(Question)；所采用的方法及过程(Methods & Procedures)；主要结果及结论(Results & Conclusions)；本文的创新及独到之处(Innovation)。通常在摘要之后还要提供关键词，作为索引的补充，也表明文章的特性。关键词一般为 3~10 个，从论文中选出。在格式上，英文摘要由三部分组成；目的、过程及方法、结果和结论。

b. 英文摘要的基本要求。首先英文摘要要使用正规英语和标准术语，避免使用缩写词。使用语言要简洁、明确，一般不超过 150 个词。摘要本身要完整。有些读者是利用摘要或索引卡片进行研究工作的，很可能得不到全篇论文，因此应使读者通过英文摘要能对论文的主要目的，解决问题的方法、过程及主要的结果、结论和文章的创新、独到之处，有一个较为完整的了解。英文摘要要突出自己的创新、独到之处，要避免过于笼统的、空洞无物的一般论述和结论。要尽量利用文章中的公式、图表来阐述论文的方法、过程、结果和结论，使摘要的论述有根有据，使读者对论文的内容有一个清晰、全面的认识。同时，不要过于简单地只把论文标题加以扩展，使读者无法得到全文梗概。同时要尽量提高文字的信息含量，删去所有多余的字句。即摘要中只谈新的信息，同时要努力使摘要简洁。要尽量删去一些不必要的词语，如：It is said that，It is reported that，The author discusses；对于一些不增加新的信息或不能增进读者对摘要理解的词语尽量不用，如：The author found/studied/discovered that，In this paper，This paper concerned 等。摘要尽量用短语，用动词的主动语态，同时最好用第三人称。描述作者的研究工作一般用过去时态，因为工作是过去做的。但在说明由这些工作所得出的结论时，应用现在时态。

c. 英文摘要的写作要点。"目的"主要说明写作目的或主要解决问题，这往往是摘要的开头。"目的"的写作可以利用文中采用的最新文献，非常简要地介绍前人的工作，但应不谈或少谈背景信息，同时还要避免在摘要的第一句重复题目或题目的一部分。"过程与方法"的作用是说明如何解决"目的"中提出的问题。它起着承前启后的作用，写作这一部分时应避免泛泛而谈，只进行定性的描述。因此在说明过程与方法时应结合论文中的公式与框图进行叙述。"结果和结论"说明论文的主要成就和贡献，在写作这一部分时要尽量结合实验结果或仿真结果的图、表、曲线等来说明。同时在结尾部分还应尽量地将论文的结果和他人最新的研究成果进行比较，以突出创新、独到之处。

④引言

引言看似简单，但并不容易写好。好的引言通常包括三部分内容：介绍研究课题(性质，范围等等)：陈述对于该课题已有的主要研究成果：解释你对课题研究的特殊贡献，例如使用了什么新方法等。写这一部分应该尽量简练。好的起始句非常重要，因为引文应该吸引读者而不是让读者生厌。在引言这一部分可以简单介绍你的主要研究结果和结论，也可以不介绍结论而只介绍研究方法。读者读完引言之后看论文的其他部分不应该再有惊奇的发现，因为读科技论文的读者希望开头就知道结果。中国人写引言时常常对自己的研究工作或能力表示自谦。但在英文引言中这会让人觉得作者不负责任，缺乏严肃性，同时使论文显得不简练。因此写作引言时要采用客观的口气，由读者对论文的水平做出他自己的评价。

⑤正文

在主体这一部分，作者要详细说明所采用的实验方法、实验过程及其他研究方法，同时还要对实验结果进行分析。

a. 方法。方法部分的目的在于描述所用的材料，实验装置，实验方法，理论模型，计算方法。写好这部分的关键在于把握好"度"，即提供恰到好处的细节，避免过于简单或繁琐(太繁复或不必需的公式、推导可放入附录)。衡量标准是看你所提供的细节是否足以让感兴趣的专业读者重复你的实验或方法。在这一部分不需要汇报结果。

b. 结果。在结果部分只需要如实地汇报结果和数据即可，无需加入自己的解释，让结果和数据来表达研究结论。这一部分通常会包含图表。读者在阅读一篇论文时，往往看完题目和摘要后就会浏览所有图表，有进一步兴趣才会再读文章的其他部分，所以图表非常重要。它们不仅应该简明、清晰、准确，还应该完整，即每一个图表均应有详尽说明，读者即使不看论文的文字部分也能够理解图表所要传达的信息。图表的顺序也很重要，它们应该体现行文的逻辑。有些作者习惯于将一系列图表陈列在一起，不在表头作解释，仅在文字中简单地进行介绍，期待读者自己去研究理解各个图表，这种做法是不可取的。

c. 讨论分析。讨论分析是论文的精髓所在，也是中国人普遍感到难写的部分，其内容可能包括：提炼原理，揭示关联，进行归纳：提出分析，模型或理论：解释结果与作者进行的分析，模型或理论之间的联系。因为包含了作者的观点和解释，这一部分在行文时需要注意语气，不可夸张；同时也要注意避免无关紧要或并不相关的内容。

d. 正文部分的写作应注意的问题。①对实验所用材料要详细说明。要说明材料的名称、数量、制备方法及技术规格。材料的名称不宜采用其商品名称，因为这会给人以一种不正规、不严肃的印象，似乎是在为某些商品做广告。详细说明实验仪器、规格、实验条件及获得数据的方法。如果所采用的实验方法或其他研究方法不是标准的，也不是前人验证过的，则就要详述，以使读者能够再现及验证其准确性和精确性。叙述实验或研究方法时可采用图、表、照片等辅助手段，以加深理解，同时也节省篇幅。对实验或研究结果的分析要严格区分事实和推断的界限。在分析结果时要突出新的发现和观点。作者的意见、专家的意见和其他人的意见，不能作为事实来论述。从类似的现象进行推断或从反面事例进行推论，都没有说服力。如果在实验过程中发现方法有某些错误，在论文中也可说明，以便其他人借鉴。在分析结果时也可论述对该课题今后的计划、打算，这样可使读者对课题的全貌有一个全面的了解。

⑥结论

在论文的结论部分，作者应该总结阐明论文的主要结果及其重要性，同时点明局限性或有所保留的地方。结论应该是水到渠成，不应有让读者感到惊奇的内容，通常也不应该引用文章其他部分未曾提及的文献。爱希比教授的"概念图表明，结论实际上就是把结果和讨论的精要部分进行总结。结论可以分点陈述，简洁概括，达到"豹尾"的效果。

⑦致谢、附录

论文后的致谢是对给予帮助的单位或个人表示感谢，并说明其所起的作用和贡献。因为课题的研究工作往往不是一个人或几个人的力量所能完成的。因此这一部分是必要的。

致谢常包括下列内容：

a. 对为论文提供建议、帮助或者解释者，表示感谢。在"致谢"中可指出其具体内容及所起的作用。

b. 对为研究工作提供帮助的机构或个人表示感谢。特别是对那些提供实验设备或其他材料的人员表示感谢。

c. 若课题或论文利用了外来的经济上的资助，则应对支持者表示感谢。

致谢中应避免使用单词"wish"，可以用 thank。

对于复杂的计算公式的推导过程，某些图表等，若将它们插入有关部分可能会使正文杂乱无章，常常以附录的形式给出。附录常放在参考文献之前，有些也放在参考文献之后。

⑧参考文献

在英文论文中凡引用其他作者的文章、观点或研究成果，都应在参考文献栏中标明出处。参考文献可以引用正式发表的论文、专利、毕业论文、专著等。引用时要完整、清楚，应包括作者姓名、著作名称、出版单位和日期等。

各学术期刊所采用的参考文献格式并不一样，主要有系列格式：

a. Modern Language Association（美国现代语言协会，MLA）格式：主要用于人文科学领域。可参考：

- http：//www. liu. edu/cwis/cwp/library/workshop/citmla. htm［美国长岛（Long Island）大学整理］；

- http://www. sourceaid. com/reference/pdf/citayion-guide. pdf （SourcedAid，LIC 公司整理）。

b. American Chemical Society（美国化学学会，ACS）格式：主要用于化学领域。可参考：The ACS style guide：a manual for authors and editors/Janet S. Dodd, editor；Marianne C. Brogan, advisory editor. Washington，DC：American Chemical Society，1986.

c. American Psycholigical Association（美国心理学会，APA）格式：主要用于心理、教育等社会科学领域。可参考：

- http：//www. liu. edu. /cwis/cwp/library/workshop/citama. htm。（美国长岛大学整理）

- http://www. sourceaid. com/reference/pdf/citation-guide. pdf （SourceAid，LLC 公司整理）。

d. American Medical Association（美国医学会，AMA）格式：主要用于生物医学领域。可参考：

- http://www. liu. edu. /cwis/cwp/library/workshop/citama. htm。（美国长岛大学整理）

e. Council of Science Editors 科学编辑理事会（cSE，前身为生物学编辑理事会 CBE）格式：主要用于自然科学领域。可参考：http：//www. sourceaid. com/reference/pdf/citation-guide. pdf （SourceAid，LLC 公司整理）。

f. Chicago Manual of Style（CMS，芝加哥格式）：应用于图书、杂志、报纸以及人文科学领域。可参考：

- http://www. liu. edu. /cwis/cwp/library/workshop/citama. htm。（美国长岛大学整理）

- http://www. sourceaid. com/reference/pdf/citation-guide. pdf （SourceAid，LLC 公司整理）。

g. Harvard Style（哈佛格式，也叫 Author-date sstem，作者-日期体系）：应用于各学科。可参考网络资源：http：//lib. gdou. edu. cn/service/harvardreferencing. pdf(南澳大利亚大学整理)。

h. ICMJE《生物医学期刊对原稿的统一要求》(国际医学期刊编辑委员会,International Committee of Medical Journal Editors),又称温哥华格式(Vancouver Style):主要用于生物医学期刊。可参考:http：/www. icmje. org（ICMJE 网站）。

(3)英文学术论文的语言技巧

①时态

撰写英文论文会涉及时态。通常科技论文采用的时态为一般过去时,但在列表、进行统计分析或描述不争事实时应该采用一般现在时。但根据 1989 年 R. A. Day 提出的建议,论文中凡涉及研究领域内已存在的理论和知识(包括他人在此之前发表过的论文)时均应采用一般现在时来表示对理论贡献者们的尊重。以此推理,引言和讨论的绝大部分内容(即涉及研究领域内已有的理论和知识的部分)应采用一般现在时。按照 Day 的建议,摘要通常应该采用一般过去时,因为作者在这里主要是介绍自己的工作。

表6-12 论文各部分所用时态情况表

时态	引言	方法	结果	讨论
现在时	大量使用	很少使用	很少使用	大量使用
过去时	偶尔使用	大量使用	大量使用	偶尔使用

②语态

除了时态,语态也是撰写英文论文应该注意的方面。读者可能会发现大量英文学术论文都采用被动语态,这虽然是事实,但并不是规则。其实,使用被动态语态往往违背科技论文精确、简洁的要求。譬如"It was discovered that"就远没有"I discovered"来得清晰明了。如果在论文中通篇采用被动语态,结果会让读者不明白作者到底是在引用别人的工作还是自己的工作。学术论文中主动语态和被动语态可以并用,具体使用哪种语态首先取决于句子所要强调的重点,同时应该考虑表达的简练和精确。

以上是撰写英文学术论文的语言基本常识,写一篇好的英文学术论文平时除了在立意构思、内容方面需要反复推敲、修改,语法、时态、格式等方面也学要注意。写完初稿后最好再修改几次,在最终定稿前要仔细检查格式、标点符号以及参考文献格式等,每一细节都不应忽视。

6.3.3　参考文献的管理

1. 文献管理方法

　　信息时代,广大科研工作者通过电子资源可以随时随地检索丰富的信息资源,而浩瀚的信息资源成了科研工作者不得不面对的另一现实问题。如何保存检索到的相关主题的文献信息,在写作时便捷地引用,并且,在撰写学术论文时,科研工作者常因写作逻辑的调整而改变参考文献的顺序,或因不同刊物对参考文献标引的格式的要求不同而不断修改参考文献格式。对于参考文献列表的整理成为撰写论文过程中最繁琐的内容,浪费了学者们的大部分时间与精力。因此,需要建立良好的文献管理方法来进行上述工作。而文献管理软件彻底改变了科研工作者文献管理的现状,不用再自建文件夹并为给不同文件夹命名而烦恼。

2. 文献管理软件

　　文献管理的发展经历了手工整理参考文献、非专业化工具管理、专业化工具管理几个历程。手工整理参考文献时期,科研工作者阅读纸质文献,并进行手抄、复印或者剪报等方式,对参考文献进行整理,效率比较低。互联网出现以后,尤其是电子文献的出现开始使用 Excel 表格、资源管理器等对参考文献整理、编辑。这种方式,由于手工整理参考文献,但效率也不高。在专业化工具管理阶段,出现了专门管理文献的参考文献管理软件,效率较高。参考文献管理软件,又称书目数据库。随着互联网的发展、计算机技术的进一步应用,专业化工具管理的参考文献管理软件得到了快速发展。以国外 RM、EndNote,国内 NE 为代表的第一代产品,为最常见的单击版文线管理软件时期。随后发展到以国外 EndNote,国内中国知网的 E-LEARNING 为代表的第二代产品,为基于局域网版的文献管理软件 & 文献管理网站时期。下面重点介绍NoteExpress 和 EndNote Web。

　　(1)NoteExpress 文献管理软件

　　①NoteExpress 文献管理软件简介

　　NoteExpress 是由北京爱琴海软件公司开发的专业文献管理软件,目前已经被中国社会科学院、清华大学、北京大学医学部、北京师范大学、首都医科大学、南方医科大学、首都经贸大学、中国矿业大学、北京航空航天大学、北京工业大学、中山大学、中国医科院、中国水产研究院、中国环境科学研究院等单位正式整体采用,成为中国文献管理软件市场上的第一品牌。公司网址为：http：//www. RefLib. org,教育网网址为：http：//www. SciNote. com。

NoteExpress 提供了以文献的题录为核心的科研模式，先阅读题录、文摘后，读者再有针对性地下载有价值的全文。这样既提高了电子数据库的利用率，避免了恶意下载，又节约了读者的时间。NoteExpress 的主要功能有：

● NoteExpress 具有查重以及去重功能，避免重复下载和重复阅读。

● 在 NoteExpress 中，你可以方便地建立文件夹对文献进行归类。你也可以使用软件中的标识功能对文献进行进一步整理。同时，你也可以使用 NoteExpress 方便地为每条文献条目添加 PDF、CAJView、超星、doc 等任何格式的附件。在 NoteExpress 中，你还可以批量对文献添加附件。

● NoteExpress 具有方便且丰富的笔记功能，你可以随手记录下你的研究想法，而且每篇笔记和原始文献之间可以互相链接，方便读者随时记录和查阅，大幅度提高研究效率。

● NoteExpress 具有强大的批量编辑、强大的检索功能，而且多分类管理功能可以帮助你迅速定位谋篇文献。

● NoteExpress 可以方便快键地生成参考文献：论文及学术著作等参考文献格式有严格要求，如果手工插入引用文献，仅字体、引文顺序的调整就要耗费很多时间，更不用说不同参考文献格式的调整和校对了，这个过程相对枯燥且费时。通过 NoteExpress，用户可以随时插入要引用的文献信息，且会自动生成你需要的参考文献格式。而且如果用户改投文章需要调整参考文献格式，你可以非常方便地进行一键转换，这样既提高了写作效率，又符合相关投稿规范。NoteExpress 内置 1600 种国内外常见学术期刊、学位论文等文献样式。

● 从输出速度到内存占用，NoteExpress 与国内外产品相比都处于明显优势。首创的多国语言模板功能，自动根据所引用的参考文献语言不同，差异化输出。

②NoteExpress 使用方法

a. NoteExpress 软件安装

NoteExpress 必须下载后才可以使用，其可以在 NoteExpress 的官网上免费下载和试用。软件下载后，可以自己选择安装路径。安装后，双击桌面的 NoteExpress 图标，就可以打开使用。一般情况下，第一次启动 NoteExpress 都会打开 sample 数据库。当然也可以创建自己的数据库。NoteExpress 软件提供标识、文件夹、笔记、附件、查重、批量编辑和替换、批量链接附件等非常有用的管理模块。可以为题录添加任意格式的文件，比如常见的 PDF，DOC，MP3，JEPG 等文件，添加文件夹和关联数据库中的其他题录，当然也可以为题录添加关联笔记，并且插入图片、表格和公式等。

b. 新建数据库

在 NoteExpress 界面中，可以通过点击工具栏上的图标，或者选择菜单"文件"下拉菜单中的"新建数据库"来创建新数据。定义数据库的存放位置和保存名称。NoteExpress 数据库的文件后缀为".nel"，所以如果在 Windows 资源管理器中没有隐藏文件后缀的话，新建数据库以"数据库名.nel"的形式呈现。

c. 数据导入

用户可根据需要选择在线导入、过滤器导入、手工导入、全文导入和题录更新四种方式中的一种，将数据导入到相应的题录数据库中。

第一，在线导入。

点击工具栏上该图标右侧的小箭头，或点击菜单"检索"中的"在线检索"，选择"选择数据库"（NoteExpress 会记录最近的检索记录，如果记录中有序要检索的数据库则直接选择），在弹出的对话框中，滑动鼠标定位需要检索的数据库，或使用搜索功能快速定位目标数据库。然后双击该数据库进行联机检索。在弹出的检索对话框中，输入检索关键字，或设置其他的检索条件（可以添加或删除检索域）。设置完毕后，点击"检索"，NoteExpress 将会自动抓取符合检索条件的题录。当题录数据抓取完毕后，NoteExpress 会在状态栏给出相应的检索结果。在结果列表中，双击某条题录打开查看题录信息，勾选和导出题录到 NoteExpress。注意 NoteExpress 只会将勾选的题录导入。默认情况下，NoteExpress 是勾选所有抓取的题录，如果需要 NoteExpress 不自动勾选题录，只需点击该图标，在下次检索时，NoteExpress 就不会勾选任何题录了。当然用户可以点击"勾选"来选择或去掉勾选的题录。选择完毕后，点击图标保存题录，然后选择需要导入的文件夹导入。

第二，过滤器导入。

目前有几种广泛使用的题录信息格斯，比如 RIS 格式，所以在导入 RIS 格式的题录时，选择 RIS 过滤器就可以导入相应信息。但不同的数据库提供商可能会采用自己的数据格式，所以要求用户在导入时，一定要根据各数据库选择合适的过滤器。NoteExpress 内置了上百种数据库的过滤器。如果用户遇到无法导出导入的数据库，可以登录 NoteExpress 网站下载新的过滤器，或者到技术支持论文寻求技术支持。

第三，手动添加。

如果需要手动添加一些题录信息，用户可以使用"Ctrl+N"的快捷键或点击"题录"菜单，从下拉菜单中选择"新建题录"然后在题录对话框中根据相应的字段输入信息即可。

第四，全文导入和题录更新。

通常情况下，有很多用户在使用 NoteExpress 文献管理软件之前，可能已经下载了众多的文献全文，比如 PDF 全文。如果需要将这些题录信息导入 NoteExpress，重新在数据库中搜索再导入 NoteExpress 无疑会使任务变得非常繁琐。在 NoteExpress 中，全文导入工具可以让用户非常方便地将这些题录信息导入软件，然后借助题录更新在补充全题录的其他信息。方法如下：

其一，全文导入。

点击"文件"菜单，然后从下拉菜单中选择"导入文件"，如果需要导入单个文件，点击"添加文件"；如果需要导入多个文件，则需要点击"添加目录"，然后选择题录保存的文件夹。在弹出的对话框中，选择需要要导入的文件(按下"Ctrl"点击选择多个文件)或目录，然后点击"打开"，点击"导入"。

其二，在线更新。

如果导入的题录信息不完整，则需借助 NoteExpress 的在线更新，用户可以将不完整的信息补充完整。操作如下：

- 选择需要更新的题录(点击"Ctrl"选择多个题录)
- 点击"检索"菜单，从中选择"在线更新题录"，再选择"自动更新"。
- 当 NoteExpress 找到匹配的信息后，选择"应用更新"补充完整题录信息。

d. 管理题录

NoteExpress 提供许多功能强大的管理模块帮助用户管理数据库，比如虚拟文件、附件和标记。

第一，虚拟文件夹。

当用户将题录导入数据库后，用户可以非常方便和高校的对这些题录进行管理。在 NoteExpress 中，用户可以创建虚拟文件夹(比如关于某个主题或关键词)对题录进行分门别类的整理。

- 右击树形结构的"题录"，选择"添加文件夹"，或者使用键盘的 insert 快捷键创建新的虚拟文件夹。如果需要在某个文件夹下创建子文件夹，右击该文件夹，选择"添加文件夹"，或者使用键盘 insert 快捷键。用户也可以将某文件夹直接拖入其他文件夹。
- 添加文件夹后，用户也可以右击该文件夹进行命名或移动。

第二，附件。

在 NoteExpress 中，用户可以添加任何形式的文件(比如 PDF，MS Word，JPEG 等等)作为 NoteExpress 的附件，操作的方法有两种：

● 点击需要添加附件的题录，切换到"附件"的预览窗口，右击选择添加文件。

● 拖放添加附件：选择需要添加的附件文件，然后拖送到"附件"的预览窗口。

在 NoteExpress 中，有两种方式可以查看某条题录是否添加了附件：若添加了附件，标记列中或多出一个红色色块；在预览窗口的工具栏上会多出一个回形针。单击回形针，可以快速地打开链接附件中第一个文件。

在 NoteExpress 中，批量链接附件是一个非常有用的功能，它可以帮助用户快速和高效的添加多个文件。方法如下：

● 点击"工具"菜单，选择"批量链接附件"

● 在弹出窗口中，选择需要批量链接的虚拟文件夹，在电脑上定位文件保存的位置，设置文件链接的匹配程度。注意，点击"更多"展开链接文件类型设置。NoteExpress 默认只链接 PDF 和 DOC 格式文件，需要关联其他格式的文献，则需勾选掉"仅包括所匹配的文件类型"选项。

● 点击"开始"，NoteExpress 将会自动匹配题录和文件，为用户加了关联。

第三，查找重复题录。

一般情况下，不可避免地会出现一个数据库中存在重复的题录信息。如果需要找出重复的信息，可借助 NoteExpress 的查找重复题录功能。方法如下：

● 点击"工具"菜单，选择"查找重复题录"

● 在弹出窗口中，选择需要查找重复题录的虚拟文件夹，定义重复题录的字段设置，比如默认时 NoteExpress 通过题录类型、作者、年份、标题字段进行重复题录查询，用户可以根据需要添加或勾选其他字段。

● 点击"查找"，NoteExpress 将自动推送重复题录信息。

第四，标记

在 NoteExpress 中，用户可以对题录使用标记以突出题录。默认情况下，NoteExpress 已经设置了带圈的数字标记。需要标记题录时，从列表中选择"标记"，然后点击"自定义"，用户即可编辑标记名称，添加或删除更多标记。

e. 题录统计

NoteExpress 提供了基本的统计功能方便用户了解数据库中的题录信息。如果需要对某个虚拟文件夹进行统计，右击该文件夹，从列表中选择"文件夹信息统计"，在弹出查看中，选择需要同级的字段进行统计，NoteExpress 将会推送相应的统计结果。

f. 发现

该软件可以对文献题录进行细节、预览、综述、附件、笔记、位置等展示，用户可以通过上述信息的展示清晰地了解文献的著录细节、不同标引格式、网址链接地址、下载全文情况、在阅读时对文献进行的批注、文献所在文件夹的位置等。

g. 写作

该软件可实现与 Word 的无缝链接，可在 Word 中即插即用。主要功能如下：

● 插入引文：将在 NoteExpress 主程序中选择的题录插入到 Word 中光标的停留处，生成当前输出样式的文中引文格式。

● 编辑引文：编辑插入的引文，可以修改、删除、更新以及调整题录顺序，编辑完毕之后需要重新格式化参考文献。当删除引文时，光标停留在需要编辑的引文处，单击"编辑引文"按钮，出现编辑引文页面。

● 格式化参考文献：单击"格式化"按钮，出现"格式化参考文献"和"布局"按钮，选择所需要的输出样式以及布局。

● 定位引文：这是 2.0 版本新增的引文定位和跳转功能，可以在一篇题录的引文和尾注/脚注之间进行直接跳转。当光标位于引文处时，单击"定位"图标，会自动跳转到与该引文对应的参考文献。

● 查找引文：这是 2.0 版本新增功能，用于查找论文中多次引用同一篇引文的引文位置，可配合"上一条"以及"下一条"按钮进行查找。

● 插入笔记：将 NoteExpress 主程序中选择的笔记插入到 Word 光标停留处，用该功能可将平时阅读文献时记录的思想火花直接插入 Word，形成论文成果。

● 导出数据库：可将目前插入到论文中的引文信息导入到数据库中形成题录，生成的题录包括参考文献索引的内容。

● 更新题录信息：对于已经插入到 Word 中的引文题录，如果在主程序中进行过修改，只要单击该按钮，文中引文及参考文献索引将同步更新。

● 清除域代码：注意，清除域代码以后，将不能对该篇文章进行格式化，文中引文和文后参考文献索引或脚注均固定。

● 设置：用于设置 Word 插件的常规功能、快捷键等。用户在使用时，可在拟插入参考文献的地方单击"转到 NoteExpress"，在 NoteExpress 程序选择所要插入的引文后单击"插入引文"完成引文的插入。同时该插件允许用户根据投稿要求色值参考文献格式，其基本选项包括 GB 7714——2005、Authordated、Amer Sociological assn、Numbered（Multingual）、Annotated（Multingual）、用户也可以通过选择浏览查看更多参考文献格式，如 IEEE 等不同出版商对参考文献格式的要求，该软件支持这些出版商的参考文献格式化。软件也支持用户对参考文献格式进行自定义修改。如果在浏览中无法找到要投稿的期刊格式，用户也可以直接对参考文献进行修改以达到投稿要求。

（2）EndNote Web

①简介

EndNote Web 是目前最流行的参考文献管理软件之一。EndNote Web 是一款基于网络的文献管理和科研论文写作工具，并与 Web of Knowledge 和 EndNote 完全整合。. Web of Knowledge 用户可以免费登录 EndNote Web 来标记研究文献和撰写科技论文，这一过程通过整合变得非常容易和顺畅。同时，EndNote Web 和 EndNote 都支持方便的与同事协同工作。学生等可以使用 EndNote Web 组织和格式化他们论文和研究中引用的文献。对于专业研究者，EndNote Web 是对单机版 EndNote 的补充，提供给不在自己电脑前的使用者是一种管理文献的方法。EndNote Web 随 SCI 的购买赠送使用。

②EndNote Web 的使用

a. 注册并登录

EndNote Web 首次使用可以通过以下网址注册并登录：http://isiknowledge.com。用户注册后，也可以通过 http://www.myendoteweb.com/。进行登录。注册时，密码需要 8 个字符以上，密码必须有字母、数字、和其他符号。注册成功后，可以在任何地方访问 EndNote Web。

b. 收集参考文献

EndNote Web 提供四种收集参考文献方式：在线检索、从 ISI Web of Knowledge 记录保存、把 txt 格式的文献导入以及手工输入。

第一，在线检索。

首先在"收集"界面选择数据库，点击"选择收藏夹"，页面自动跳转，选择"在线检索"，页面中会出现三个检索框，如图 6-1 所示，并在者三个检索框中输入检索式。点击"搜索"即可。对于检索结果，可以勾选所需检索结果前面的选择框，添加到组。

第二，把 txt 格式的文献导入。

用户在其他数据库中检索时，可将获得的检索结果以文本文件的形式存盘后，导入 EndNote Web。但在存盘时，须选择适当的下载格式，并以纯文本（*. txt）保存。常用的数据库推荐下载格式可在 EndNote Web 的"帮助（help）"

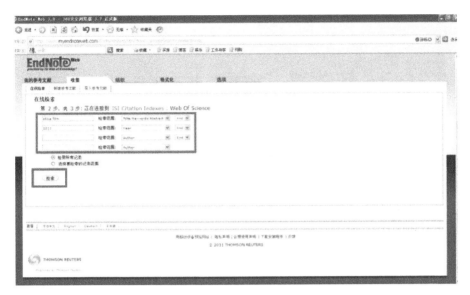

图 6-1 在线检索界面

中的"Import Formats"中获得。

第三，手工录入。

在"收集"界面，选择"新建参考文献"，会出现相应检索界面，主要有作者、文献名、时间年、第二作者等，具体见图 6-2 所示。输入相应信息后，点击"保存"。

第四，从 ISI Web of Knowledge 记录保存。

在 ISI Web of Knowledge 检索结果页面，选中需要保存的记录。或者在页面下部，指定需要保存的记录范围，页面上的所有记录、记录区间(最多可选择 500 条)。通过选择范围，可以保存多条记录。单击保存。已经保存了记录，就会一个小图标。单击小图标或者页面上部的"我的 EndNote Web"后，EndNote Web 就打开了。

c. 创建保存文件夹

保存的记录被存放在"我的参考文献"的[未归档]里，建议在每次记录保存后再将其移动到"我的组"中。单击"未归档"，在页面右侧显示未归档的文献记录。通过选中复选框从列表中选择需要的记录。在"添加到组"的下拉菜单中选择新建组。在弹出的对话框中，输入新建组的名称。组名用中、英文均可，每个用户最多可以创建 500 个组，"我的参考文献"最多可以保存 1 万条

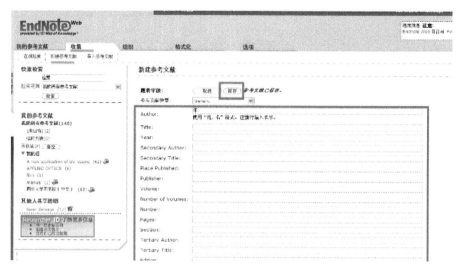

图 6-2　新建参考文献界面

记录。

　　d. 文件夹的共享、变更

　　单击"组织"标签下的"管理我的组"；选中某个文件夹进行共享设定；单击共享对象的设定按钮"共享管理"。在开始共享此组中输入共享对象的 EndNote Web 用户登录电子邮件地址，最后单击"应用"。共享的组会在对方的"我的参考文献"的"其他人的组"中出现。可单击"重命名"来修改组的名称；也可单击"删除"选择要删除的组。

　　e. 输出参考文献格式的选择

　　单击"格式化"标签；选择书目；选择希望进行格式化的参考文献组；单击"定制此列表"，在页面右侧显示期刊选择列表；选择常用的期刊，单击"复制到收藏夹"。格式化的参考文献列表可以在 Word 中引用，实现即插即用。

参 考 文 献

专著类

[1]张厚生，袁曦临主编. 信息素养[M]. 南京：东南大学出版社，2007.

[2]王理编著. 信息素养[M]. 北京：科学出版社，2010.

[3]荣曼生著. 教师信息素养论[M]. 哈尔滨：黑龙江教育出版社，2006.

[4]柯平主编. 信息素养与信息检索概论[M]. 天津：南开大学出版社，2005.

[5]黄英惠著. 大学生信息素养论[M]. 哈尔滨：黑龙江教育出版社，2007.

[6]陈农心，李雪冰，廖志刚编. 大学生信息素养教程[M]. 广州：中山大学出版社，2009.

[7]郭向勇主编. 信息素养教程[M]. 北京：电子工业出版社，2012.

[8]王吉庆编著. 信息素养论[M]. 上海：上海教育出版社，1999.

[9]柯昌军主编. 信息素养的培养与发展[M]. 北京：中央民族大学出版社，2002.

[10]秦殿启主编. 文献检索与信息素养教育[M]. 南京：南京大学出版社，2008.

[11]许征尼主编. 信息素养与信息检索[M]. 合肥：中国科学技术大学出版社，2010.

[12]钟柏昌著. 信息素养高级教程[M]. 北京：科学出版社，2014.

[13]李志河著. 大学生信息素养教育[M]. 北京：清华大学出版社，2010.

[14]杨家燕，杨颖，汤伟著. 大学生信息素养[M]. 成都：电子科技大学出版社，2014.

[15]刘鸿，刘春主编. 信息素养与信息检索[M]. 北京：科学出版社，2015.

[16]孙济庆主编. 信息社会与信息素养 2010 年全国高校文献检索教学研讨会论文集[M]. 上海：华东理工大学出版社，2010.

[17]战德臣，聂兰顺著. 大学计算机：计算与信息素养 第 2 版[M]. 北京：高

等教育出版社，2014.

[18]程远东主编. 信息素养养成与现代信息检索[M]. 北京：北京出版社，2014.

[19]董玉琦主编. 农村初中学生信息素养发展策略研究[M]. 北京：高等教育出版社，2007.

[20]宋凯编著. 大学生信息素养教程[M]. 北京：国防工业出版社，2013

[21]卫德平主编. 教师信息素养基础[M]. 上海：百家出版社，2005.

[22]那春光，毕宏，陈怡冰编著. 大学生信息素养教程[M]. 大连：大连海事大学出版社，2010.

[23]张士靖著. 医学信息素养研究与实践[M]. 武汉：湖北科学技术出版社，2010.

[24]韩静娴，赵曼娟编著. 信息素养教育理论与实践[M]. 广州：世界图书广东出版公司，2014.

[25]唐伦刚，储冬红编著. 大学生信息素养教育[M]. 武汉：华中科技大学出版社，2015.

[26]南京信息职业技术学院编. 起点与跨越：大学生信息素养入门[M]. 南京：江苏科学技术出版社，2008.

[27]赵莉编著. 信息素养实用教程[M]. 北京：中国轻工业出版社，2013.

[28]张静波等编著. 信息素养能力与教育[M]. 北京：科学出版社，2007.

[29]杨守文主编. 信息素养与知识服务[M]. 北京：北京邮电大学出版社，2011.

[30]《图书情报工作》杂志社编. 信息素养的研究与实践进展[M]. 北京：海洋出版社，2014.

[31]焦玉英，符绍宏，何绍华编著. 信息检索[M]. 武汉：武汉大学出版社，2008.

[32]张厚生主编. 信息检索[M]. 南京：东南大学出版社，1997.

[33]何晓萍，胡德华主编. 信息检索[M]. 北京：海洋出版社，2002.

[34]焦玉英等编著. 信息检索[M]. 武汉：武汉大学出版社，2001.

[35]毕强，张海涛主编. 信息检索[M]. 长春：吉林大学出版社，2003.

[36]龚斌，宋茜主编. 信息检索[M]. 天津：天津大学出版社，2010.

[37]黄如花主编. 信息检索[M]. 武汉：武汉大学出版社，2010.

[38]张厚生主编. 信息检索[M]. 南京：东南大学出版社，2006.

[39]张海政等编著. 信息检索[M]. 合肥：安徽科学技术出版社，2007.

[40]马桂琴主编. 信息检索[M]. 兰州：兰州大学出版社，2006.

[41]吴晞编著. 天下万世共读之 公共图书馆与阅读推广[M]. 上海：上海科学技术文献出版社，2014.

[42]徐雁主编. 全民阅读推广手册[M]. 深圳：海天出版社，2011.

[43]赵颖梅主编. 阅读推广理论与实践研究[M]. 成都：西南交通大学出版社，2015.

[44]赵俊玲，郭腊梅，杨绍志主编. 阅读推广 理念 方法 案例[M]. 北京：国家图书馆出版社，2013.

[45]刘漫主编. 大学生阅读行为与图书馆阅读推广[M]. 哈尔滨：黑龙江科学技术出版社，2015.

[46]陈钰，赵曼娟，毛雁编著. 大学生阅读推广与校园文化建设[M]. 广州：世界图书广东出版公司，2014.

[47]图书情报工作杂志社编. 国民阅读推广与图书馆[M]. 北京：海洋出版社，2011.

[48]白雪冰，王瑞颖，蓝强著. 数字图书馆读者服务与阅读推广[M]. 北京：现代出版社，2013.

[49]张维特主编. 30年中国人的阅读心灵史[M]. 北京：中国对外翻译出版公司，2009.

[50]王国强编. 两岸三地阅读推广[M]. 澳门：澳门图书馆暨资讯管理协会，2011.

[51]王余光等著. 中国阅读文化史论[M]. 北京：北京图书馆出版社，2007.

[52]王龙著. 阅读文化概论[M]. 长春：吉林大学出版社，2014.

论文类

[1]李婷婷，谷秀洁. 英国高校信息素养教育进展[J]. 图书与情报，2012，01：48-55.

[2]谢守美，赵文军. 嵌入式信息素养教育——信息素养教育的新途径[J]. 情报资料工作，2012，01：108-111.

[3]程文艳，张军亮，郑洪兰，周红梅. 国外高校图书馆推广阅读文化的实例及启示[J]. 图书馆建设，2012，05：47-50+54.

[4]张晓娟，张寒露，范玉珊，李复郡，贾涵. 高校信息素养教育的基本模式及国内外实践研究[J]. 大学图书馆学报，2012，02：95-101.

[5]郭太敏，曹志梅，谭黎娟，张霞. 大学生信息素养一体化教育体系及其构

建对策[J]. 大学图书馆学报，2012，02：102-104，119.

［6］鄂丽君，李微，郑洪兰，朱学军. 高校图书馆基于区域图书馆联盟开展阅读推广的探讨[J]. 图书馆建设，2012，06：55-59.

［7］汪晓东. 从教师信息素养到教师信息行为[J]. 开放教育研究，2012，04：26-35.

［8］郑伟青. 高校图书馆阅读推广实践现状调查与分析——以"211工程"高校图书馆为例[J]. 图书馆工作与研究，2012，08：108-112.

［9］万乔. 高校图书馆阅读推广形式和对策研究[J]. 科技情报开发与经济，2012，19：33-35.

［10］岳修志. 基于问卷调查的高校阅读推广活动评价[J]. 大学图书馆学报，2012，05：101-106.

［11］黄志琴. 基于云服务的高校数字阅读推广研究[J]. 图书馆学研究，2014，03：20-23.

［12］李园园. 高校图书馆阅读推广机制研究——以同济大学图书馆立体阅读为例[J]. 图书馆学研究，2014，07：85-88+96.

［13］刘小娜. 全媒体时代高校图书馆阅读推广探究[J]. 图书馆研究，2014，01：56-59.

［14］许建兰，成松柳. 高校图书馆阅读推广活动的整体策划与落实——以长沙理工大学图书馆为例[J]. 高校图书馆工作，2014，02：13-16+19.

［15］李颖. 微博在高校图书馆阅读推广中的应用研究[J]. 山东工会论坛，2014，01：173-175.

［16］王芙容，薛利平. 高校图书馆阅读推广面临的挑战及对策——从两部小说的冷热现象说起[J]. 新世纪图书馆，2014，05：34-37+41.

［17］张淼. 基于网站建设的高校图书馆阅读推广问题及策略[J]. 图书馆工作与研究，2014，05：45-49.

［18］魏秀娟. 协同创新：共谋共享高校图书馆阅读推广的新形式——河南省高校图工委阅读推广10周年回顾[J]. 大学图书馆学报，2014，02：44-49.

［19］张依凤. 高校图书馆阅读推广常态化探讨[J]. 梧州学院学报，2014，03：71-74.

［20］袁家莉. 由"读吧！新加坡"探讨我国高校图书馆的阅读推广[J]. 新世纪图书馆，2014，07：30-33.

［21］刘彩娥. 国内高校图书馆阅读推广活动的几个误区[J]. 图书馆，2014，03：111-112，123.

[22]季亚娟，王醒宇. 国内外大学生阅读情况比较及高校图书馆阅读教育与推广的反思[J]. 图书馆杂志，2014，08：65-69，52.

[23]王姝，魏群义，黄娟. 高校图书馆阅读推广理论架构与实践——以重庆大学图书馆为例[J]. 图书情报工作，2014，11：73-76，103.

[24]吴蕾. 利用通识平台开展高校图书馆阅读推广[J]. 中华医学图书情报杂志，2014，08：56-58.

[25]王洪华. 国外高校图书馆阅读推广活动及启示[J]. 图书馆学刊，2014，08：137-140.

[26]杨鹤林. 元素养：美国高等教育信息素养新标准前瞻[J]. 大学图书馆学报，2014，03：5-10.

[27]万乔. 高校图书馆阅读推广案例对比分析——以河南大学、湖南师范大学、长沙理工大学为例[J]. 农业网络信息，2014，09：62-64.

[28]游祎. 美国高校阅读推广活动发展情况探析[J]. 图书馆理论与实践，2014，09：89-92.

[29]潘燕桃，廖昀赟. 大学生信息素养教育的"慕课"化趋势[J]. 大学图书馆学报，2014，04：21-27.

[30]程灿华，钟良健. 高校图书馆阅读推广服务的创新[J]. 图书情报工作，2014，S1：104-106.

[31]胡昇. 谈高校图书馆阅读推广中的问题与对策[J]. 高校图书馆工作，2014，06：85-87.

[32]张晓娟. 信息素养：标准、模式及其实现[J]. 图书情报知识，2009，01：17-23，29.

[33]马费成，丁韧，李卓卓. 案例研究：武汉地区高校学生信息素养现状分析[J]. 图书情报知识，2009，01：24-29.

[34]王晓力. 国外高校信息素养教育[J]. 大学图书馆学报，2009，01：92-96.

[35]邱璇，丁韧. 高校学生信息素养评价指标体系构建及启示[J]. 图书情报知识，2009，06：75-80.

[36]秦美娟，何广铿. 大学英语教师信息素养内涵探讨[J]. 外语界，2009，05：18-25+41.

[37]白苏红. 构建高校图书馆阅读推广服务机制的几点建议[J]. 现代妇女（下旬），2014，11：359.

[38]金秋萍. 基于问卷调查的高校图书馆阅读推广活动评价分析[J]. 书馆学研究，2014，24：70-74.

[39] 连朝曦. 微信在高校图书馆阅读推广中的应用[J]. 图书馆学刊, 2014, 12：78-82.

[40] 石莉. 高校图书馆构建全方位多层次立体阅读推广体系探析[J]. 图书馆界, 2014, 06：80-82, 86.

[41] 张煊. 校图书馆阅读推广活动的整体策划与落实——从北京工商大学读书节谈起[J]. 科技视界, 2015, 01：246-247.

[42] 程萌萌, 夏文菁, 王嘉舟, 郑颖, 张剑平.《全球媒体和信息素养评估框架》(UNESCO)解读及其启示[J]. 远程教育杂志, 2015, 01：21-29.

[43] 刘海兰. 高校图书馆在阅读推广活动中存在的问题及对策研究——以潍坊学院读书节为例[J]. 潍坊学院学报, 2014, 05：107-109.

[44] 隆茜. "翻转课堂"应用于信息素养教育课程的实证研究[J]. 大学图书馆学报, 2014, 06：97-102, 96.

[45] 黄如花, 钟雨祺, 熊婉盈. 国内外信息素养类MOOC的调查与分析[J]. 图书与情报, 2014, 06：1-7.

[46] 牟静. 大数据环境下的高校图书馆阅读推广研究——利益相关者共赢视角[J]. 图书馆研究, 2015, 01：72-75.

[47] 吴惠茹. 阅读推广视角下的高校图书馆读书会实践研究[J]. 图书与情报, 2014, 06：76-81.

[48] 张建静. 高校图书馆阅读推广研究综述[J]. 图书情报工作, 2014, S2：120-125.

[49] 黄蕾. 20年来国内信息素养教育研究与实践综述[J]. 图书馆杂志, 2015, 03：16-22.

[50] 耿晓宁, 王洪波. 高校图书馆阅读推广活动现状与对策[J]. 图书馆学刊, 2015, 01：78-83.

[51] 谢艳芳. 阅读推广与核心价值：高校图书馆服务的新认识[J]. 图书馆工作与研究, 2015, 03：9-12, 32.

[52] 施晓莹, 张岩, 夏婧, 朱健. 南京地区高校图书馆阅读推广活动调查分析[J]. 大学图书情报学刊, 2015, 01：15-19, 40.

[53] 吴静. 大学生阅读推广的可持续发展对策研究——基于南京高校读书节的调查分析[J]. 现代情报, 2015, 03：170-174.

[54] 龚芙蓉. 基于文献调研的国内外高校信息素养教学内容与模式趋势探析[J]. 大学图书馆学报, 2015, 02：88-95.

[55] 李秋奇. 高校图书馆阅读推广活动研究[J]. 佳木斯职业学院学报, 2015,

06：385，387.

[56]周剑，王艳，Iris XIE. 世代特征，信息环境变迁与大学生信息素养教育创新[J]. 中国图书馆学报，2015，04：25-39.

[57]黄如花，李白杨. MOOC 背景下信息素养教育的变革[J]. 图书情报知识，2015，04：14-25.

[58]张华艳. 试论高校图书馆阅读推广活动的长效机制[J]. 图书馆研究，2015，04：58-64.

[59]崔芳. 高校阅读推广须举全校之力[J]. 职教论坛，2015，23：93-96.

[60]吴锦辉. 2014 年高校阅读推广活动优秀案例分析与启示[J]. 图书情报工作，2015，10：79-85.

[61]李海霞. 全民阅读与高校阅读推广[J]. 出版广角，2015，08：114-116.

[62]周荻，隋欣. 高校阅读推广中存在的问题及策略[J]. 鞍山师范学院学报，2015，02：105-108.

[63]李海霞. 全民阅读与高校图书馆阅读推广模式分析[J]. 兰台世界，2015，23：150-151.

[64]马艳霞. 国内外信息素养评价标准比较研究[J]. 图书馆学研究，2010，02：85-92.

[65]娜日，吴晓伟，吕继红. 国内外信息素养标准研究现状与展望[J]. 图书情报工作，2010，03：32-35.

[66]江媛媛，张晓娟. 中美高校信息素养指标体系及课程设置的比较研究[J]. 图书情报知识，2010，04：58-64.

[67]娜日，吴晓伟，吕继红. 大学生信息素养教育提升策略研究[J]. 情报杂志，2010，08：178-181+143.

[68]张士靖，杜建，周志超. 信息素养领域演进路径、研究热点与前沿的可视化分析[J]. 大学图书馆学报，2010，05：101-106.

[69]张麟. 高校图书馆义务馆员参与阅读推广工作探索[J]. 内蒙古科技与经济，2011，12：112-114.

[70]伍素梅，刘艳梅. 数字时代高校图书馆阅读推广探讨[J]. 科技信息，2011，20：217-218.

[71]常正霞. 大学生信息素养现状分析[J]. 电化教育研究，2011，08：53-57.

[72]韩宇，朱伟丽. 当信息素养教育遇到游戏[J]. 大学图书馆学报，2011，03：86-90.

[73]朱晓丽. 基于信息素养培养的研究生文献检索课教学研究[J]. 图书馆学研

究，2011，23：62-65.

［74］宗霞. 以有效阅读为中心优化高校图书馆阅读推广措施［J］. 中国科技信息，2011，24：144，148.

［75］刘孝文. 信息素养评估指标体系研究［D］. 河北大学，2006.

［76］胡洪彬. 1995—2011 年我国信息素养教育研究综述［J］. 图书馆论坛，2013，01：168-172.

［77］姚显霞. 基于读者问卷调查的高校阅读推广活动评价与分析——以中原工学院为例［J］. 图书馆论坛，2013，01：144-147.

［78］苑世芬. 高校图书馆新媒体阅读推广策略研究［J］. 现代情报，2013，01：74-77，81.

［79］高协，宋海艳，郭晶，李丽. 面向创新的信息素养教育规划与实践——以上海交通大学图书馆为例［J］. 图书情报工作，2013，02：10-14.

［80］陈颖. 全民阅读背景下高校阅读推广与监测体系构建研究［J］. 经营管理者，2013，09：255.

［81］黄健. 高校阅读推广活动的影响因素及其评价［J］. 大学图书馆学报，2013，02：93-96.

［82］钟志贤. 面向终身学习：信息素养的内涵、演进与标准［J］. 中国远程教育，2013，08：21-29+95.

［83］张敏. 高校辅导员担任阅读推广人的探索［J］. 图书馆论坛，2013，05：153-156.

［84］李伟. 高校阅读推广活动策划流程研究［J］. 新世纪图书馆，2013，11：57-59.

［85］陈亚珊. 高校图书馆阅读推广存在的问题及对策分析［J］. 新世纪图书馆，2013，09：32-35，64.

［86］袁曦临. 高校信息素养教育课程建设与学习模式的探讨［J］. 现代情报，2007，11：199-201，206.

［87］王馨. 网络环境下大学生信息素养现状及培养研究［D］. 同济大学，2007.

［88］徐爽. 论大学图书馆信息素养教育［D］. 华东师范大学，2007.

［89］孙素华. 大学生信息素养评价方法及应用研究［D］. 河北工业大学，2007.

［90］周小磊，袁曦临. 高校学生信息素养状况调查与分析研究［J］. 图书馆学研究，2008，02：84-88.

［91］张意柳. 大学生信息素养教育的缺失与对策［J］. 现代情报，2006，05：197-199.

[92]王莹. 军队院校本科生信息素养标准研究[D]. 第四军医大学, 2008.

[93]谢徐萍. E 时代英语教师信息素养探论[J]. 外语界, 2005, 04: 9-12, 18.

[94]张倩苇. 信息素养与信息素养教育[J]. 电化教育研究, 2001, 02: 9-14.

[95]刘丽. 高校阅读推广活动研究[D]. 河北大学, 2014.

[96]王笑寒. 安徽省高校图书馆阅读推广研究[D]. 安徽大学, 2015.

[97]喻丽, 李昆明. 我国财经高校图书馆阅读推广现状分析及反思[J]. 图书情报工作, 2015, 14: 73-79.

[98]王梅, 陈洪滨, 惠涓澈. 高校馆员馆外做阅读推广工作的努力与实践——以"2014 图书馆员阅读推广彩云之旅"活动为例[J]. 大学图书馆学报, 2015, 05: 69-73.

[99]冯英华. 社会化媒体在高校图书馆阅读推广中的大学生需求及应用研究——以苏南地区部分高校为例[J]. 山东图书馆学刊, 2013, 06: 66-70+85.

[100]李新祥. 数字时代我国国民阅读行为嬗变及对策研究[D]. 武汉大学, 2013.